Louis Sarno

DER GESANG DES WALDES

Mein Leben bei den Pygmäen

Aus dem Amerikanischen
von Michael Müller

Carl Hanser Verlag

Titel der Originalausgabe:
Song from the Forest
(Houghton Mifflin, New York 1993)

1 2 3 4 5   93 94 95 96 97

ISBN 3-446-17439-7

Satz: Fotosatz Reinhard Amann, Aichstetten
Druck und Bindung: Franz Spiegel Buch GmbH, Ulm
Printed in Germany

Inhalt

Vorwort

Ich wurde von einem Lied ins Herz von Afrika gelockt. Jetzt, zurückblickend, kommt es mir selbst seltsam und wunderbar vor, daß ein Lied eine solche Kraft über mich hatte, daß es mich dazu brachte, aus den gewohnten Bahnen meines Lebens auszubrechen und mich Hals über Kopf in ein Abenteuer zu stürzen, das solch tiefgehende und bleibenden Veränderungen in mir bewirkte – ein Abenteuer, das noch nicht zu Ende ist.

Musik hat immer großen Einfluß auf mich gehabt. Als Junge wollte ich Komponist werden – wie meine Helden Beethoven und Schubert. Aber als ich heranwuchs, führte mich das Leben in andere Richtungen. Ich verlor meine Liebe zur Musik nie, aber ich wurde in die Fremde verschlagen, bis sogar zwischen meiner kostbaren Schallplattensammlung und mir schließlich fünftausend Meilen lagen. Mehr und mehr verblaßten meine Lieblingssonaten und -symphonien schließlich zu liebevollen Erinnerungen an jenes Leben, das ich hinter mir gelassen hatte.

Und dann, als ich in einer nordeuropäischen Großstadt in einer Winternacht allein vor dem Radio saß, entdeckte ich die Musik aufs neue. Das Lied, das aus dem Lautsprecher drang, war anders als alles, das ich bis dahin gehört hatte: Stimmen verbanden sich zu einem zarten polyphonen Geflecht, sie woben eine auf- und abschwellende Melodie, die sich scheinbar endlos wiederholte und eine hypnotische Wirkung hatte, wie das Geräusch von Wellen, die sich an einer Küste brechen. Als der Gesang zu Ende war, gab ein Ansager etwas auf Flämisch bekannt; alles, was ich erfuhr, war, daß dieses Lied irgendwo aus Zentralafrika herkam.

Ich war überrascht, daß eine Musik, die so anders war als

die, mit der ich aufgewachsen war, mich so in ihren Bann zog. Es war, als ob das in mir, was auf Musik ansprach, sich in den Jahren, in denen es geschlummert hatte, verpuppt hätte und daß dann etwas Neues und Unerwartetes aus dem Kokon ausgeschlüpft wäre. Das Lied ergriff von mir Besitz, und besessen versuchte ich herauszufinden, was es war. Ich stieß auf Aufnahmen ähnlicher Musik und erfuhr so, daß ich ein Lied der Pygmäen gehört hatte.

Die Pygmäen Zentralafrikas bilden die größte Population von Jägern und Sammlern, die es noch auf der Erde gibt. Der Name »Pygmäe« begegnet zum erstenmal in der griechischen Antike, die Menschen selbst kommen allerdings schon in viel älteren Aufzeichnungen vor, und wir wissen aus diesen frühen Berichten, daß ihre Musik für die alten Ägypter eine Quelle der Faszination war. Nach Aristoteles jedoch verwies man die Pygmäen in den Bereich des Mythos, und erst in der zweiten Hälfte des 19. Jahrhunderts wurden sie von den Europäern »wiederentdeckt«. Diese Bewohner des Regenwaldes haben sich bis zum heutigen Tag ihre eigene, im großen und ganzen intakte Kultur bewahrt; sie leben in einer musikalischen Tradition, deren Ursprünge möglicherweis in einer Zeit liegen, in der Ackerbau noch unbekannt war.

Ich stöberte jede verfügbare Aufnahme dieser Musik auf und plünderte schließlich sogar Sammlungen von Museen, um mein Verlangen zu stillen. Aber je mehr ich hörte, desto unruhiger wurde ich. Die Musik schien in mir eine vage Erinnerung wachzurufen, an etwas zu appellieren, das ich vielleicht einmal in einem Traum erfahren hatte. Und als diese verschüttete Kenntnis zu neuem Leben erweckt wurde, verband sie sich mit wilder Sehnsucht. Über mich selbst verwirrt, machte ich Pläne, nach Afrika zu reisen, um eine Pygmäenmusik aufzuspüren, von der es keine Schallplattenaufnahmen gab. Was mich in den Regenwald rief, waren also nicht die Lieder, die ich gehört hatte, sondern eine Musik, von der ich nur annehmen konnte, daß sie existierte.

In Zentralafrika gibt es mehrere größere Gruppen von Pygmäen. Im östlichen Kongobecken, in Zaire, leben die Mbuti und die Twa. Im westlichen Kongobecken bewohnen die Aka das Gebiet zwischen den Flüssen Unbangi und Sangha; im Westen des Sangha leben die Baka, und im Ogooúe-Becken, in Gabun, die Bongo. Jede Gruppe ist in mehrere Untergruppen, in Stämme oder Sippen, unterteilt; die Ba-Benjellé stellen die Untergruppe der Aka dar, die am weitesten westlich lebt. Zu ihrem Territorium gehören einige der am wenigsten erforschten Regenwaldgebiete der ganzen Welt.

Ich entschloß mich, bei den Ba-Benjellé nach meiner Musik zu suchen. Ich würde nach Bangui fliegen, der Hauptstadt der Zentralafrikanischen Republik, und mich dann quer durch das Land zu dem sechshundert Meilen entfernten Dörfchen Bomandjombo aufmachen, das im Herzen des Ba-Benjellé-Territoriums lag. Ich hoffte, in dem das Dorf umgebenden Regenwald Kontakt zu den Pygmäen finden zu können.

Ohne eigentlich den inneren Drang, dem ich gehorchte, genau zu verstehen, kaufte ich ein One-Way-Ticket nach Bangui – ein Rückflug-Ticket konnte ich mir nicht leisten. Und voller Beklommenheit bestieg ich dann an einem kühlen Morgen in Paris ein Flugzeug, das mich auf einen fremden Kontinent bringen würde, in ein Land, in dem ich keine Menschenseele kannte. Dort wollte ich nach meiner Musik suchen – einer Musik, die vielleicht nichts anderes war als ein Zustand meiner Imagination.

Ainsi donc la vie

Sieben Stunden dauerte er bis zur Landung in Bangui – nicht viel Zeit für eine Reise von einer Welt in die andere, für mich aber mehr als genug, um darüber nachzusinnen, was meine Unternehmung alles für mich bedeuten würde. Ich hatte meinen Job in Amsterdam an den Nagel gehängt, meine Wohnung aufgegeben und mich bei allen verabschiedet – so als ob ich nie wieder zurückkehren würde. Meine Freunde waren von dem beeindruckt gewesen, was sie als meinen Mut bezeichnet hatten, einen solchen Sprung ins Unbekannte zu wagen. Ich konnte aber nicht umhin, mich zu fragen, ob es wirklich Mut war, wenn man mehr aus einem Zwang heraus handelte als aus einer freien Willensentscheidung.

Ursprünglich hatte ich die Mbuti-Pygmäen im Ituri-Waldgebiet des nordöstlichen Zaire besuchen wollen. Mehr als ein Jahr lang hatte ich mit Collin Turnbull korrespondiert, dessen Buch *The Forest People*, sein Bericht über einen zweijährigen Aufenthalt bei den Mbuti gegen Ende der fünfziger Jahre, mich entscheidend zu einem eigenen derartigen Vorhaben inspiriert hatte. Turnbull hatte mir großzügigerweise angeboten, mich mit einer auf Band aufgezeichneten Botschaft an seinen Mbuti-Freund Kengé auszustatten, in der er mich ihm als seinen »Bruder« vorstellte. In jedem Fall, so hatte er mir versichert, bräuchte ich mir keine Sorgen darüber zu machen, ob die Pygmäen mich akzeptieren würden; wenn mir ihre Musik wirklich gefiel, würde ich gut mit ihnen auskommen. Was die Finanzierung meiner Expedition betraf, so würden, wenn ich erst einmal bei den Pygmäen lebte, zwei Dollar am Tag ausreichen – allerdings, so hatte ein mysteriöser Nachsatz gelautet, kämen dazu noch die Ausgaben für Tabak.

Das hatte mir als Ermutigung gereicht: Ich würde zu den Mbuti reisen, und Turnbulls Stimme auf dem Tonband würde sicherstellen, daß sie mich bei sich aufnehmen würden.

Jetzt war ich aber auf dem Weg in einen Regenwald, der fast tausend Meilen westlich von dem Ituri-Gebiet lag, um eine Gruppe von Pygmäen aufzusuchen, die als Ba-Benjellé bekannt waren. Verschiedene Faktoren hatten meine Wahl beeinflußt. Die Ba-Benjellé lebten in der Nähe großer unberührter Waldgebiete. Sie waren einer der ersten Pygmäenstämme gewesen, bei denen man Tonaufnahmen gemacht hatte; dies war Mitte der vierziger Jahre geschehen, als eine französische Expedition in ihr Territorium vorgedrungen war; danach hatte man sie aber in Ruhe gelassen. Die Mbuti hingegen waren in jüngster Zeit immer mehr in den Mittelpunkt intensiver Forschungsarbeiten von verschiedenen Spezialistenteams gerückt. Der Wald von Ituri wurde durch eine Straße entzweigeschnitten, die sich zur Hauptverkehrsader zwischen Ostafrika und Westafrika entwickelt hatte. Zugegeben: die Straße war nicht befestigt und in einem fürchterlichen Zustand, aber sie wurde von den Überlandlastern befahren, die jedes Jahr große Gruppen von europäischen Touristen auf ihrem Weg von oder nach Nairobi durch den Wald beförderten. Die Straße, die sich in das Gebiet der Ba-Benjellé hineinschlängelte, endete hingegen zwanzig Meilen südlich von Bomandjombo vor einer Urwaldmauer.

Vor allem war es aber ihre Musik, die mich zu den Ba-Benjellé hinzog. Ich hatte die frühen Aufnahmen, die man bei ihnen gemacht hatte, aufgespürt; die Musik war von einer rhythmischen Komplexität, die der Mbuti-Musik, die ich gehört hatte, fehlte, und die einzelnen melodischen Phrasen waren länger und verschlungener. In den sechziger Jahren hatte sich Simha Arom, ein Ethno-Musikologe, bis an den nördlichen Rand des Benjellé-Territoriums, wo der Urwald der Savanne weicht, vorgewagt, und einige der Stücke, die er aufgenommen hatte, faszinierten mich, weil sie erahnen ließen, welches musikalische Potential dort vorhanden war.

Eine Weile lang war ich in Spekulationen darüber versunken, was ich wohl alles finden würde. Als wir die Sahara zur Hälfte überflogen hatten, kam mir der Gedanke, daß meine gewöhnliche Zurückhaltung gegenüber Fremden wohl kaum dazu beitragen würde, mir in einem Land, in dem ich niemanden kannte, Freunde zu verschaffen. Ich beschloß daher, mit dem Passagier neben mir eine Unterhaltung anzufangen; es war ein bärtiger Mann mit einem Namen, den man nicht vergißt: André la Guerre. André lebte und arbeitete seit einem Jahr in Paris und war jetzt auf der Reise nach Bangui, um seiner Familie einen Weihnachtsbesuch abzustatten. Ich bat ihn, mir einige Sätze in Sango beizubringen. Sango war ursprünglich eine Handelssprache gewesen, die an den Ufern des Ubangi gesprochen wurde, hatte sich jedoch zu Anfang unseres Jahrhunderts immer mehr verbreitet und war schließlich zur Landessprache der Zentralafrikanischen Republik geworden – und damit in Konkurrenz zur Amtssprache Französisch getreten. Sango wurde auch im Radio häufig verwendet. Ich lernte, wie man sagt »Ich wandere von Dorf zu Dorf«, »Wie weit bis zum nächsten Dorf«, »Ich will ein kleineres Dorf besuchen« und »Ich will in den Wald gehen«.

»Warum reisen Sie überhaupt nach Centrafrique?« fragte André mich schließlich.

»Ich will die Dörfer von Pygmäen besuchen und ihre Musik aufnehmen.«

»Ah, Pygmäen!« rief André aus.

Er gab zu, daß er selbst nie einem Pygmäen begegnet war, er hatte aber in Bangui viele Geschichten über sie gehört. Er meinte, daß es schwierig für mich sein würde, Kontakt zu ihnen zu bekommen. Sie seien an Fremde nicht gewöhnt und würden vermutlich fliehen, sobald sie mich zu Gesicht bekämen.

Es war dunkel, als wir in Bangui auf dem M'poko-Flughafen landeten. Als wir einer hinter dem anderen aus dem

Flugzeug stiegen, atmete ich erstmals afrikanische Luft ein: den Geruch von Holzfeuern, aromatisiert durch eine Spur Blütenduft. Wärme und Feuchtigkeit hüllten mich ein.

Im Zollgebäude herrschte Chaos: Scharen von Menschen drängten sich zu den hölzernen Tischen, um den Inhalt ihrer Gepäckstücke inspizieren zu lassen. Ich hatte Angst, daß ich wegen meiner dreißig unbespielten Kassetten Probleme bekommen könnte, aber als der Zöllner sie zutage förderte und ich ihren Zweck erklärte, kritzelte er mit einem Stück Kreide ein Abfertigungszeichen auf meine Reisetaschen.

Mittlerweile war es kurz vor Mitternacht. Taxifahrer waren mit ihren gelben Peugeots zum Flughafen geströmt, um die Ankunft unserer Maschine abzuwarten; die Fahrer stritten sich jetzt um Fahrgäste, sie schnappten sich mit Gewalt die Koffer und schleiften deren Eigentümer an der Hand mit sich. An mehreren Stellen kam es zu regelrechtem Tauziehen. Ich verfolgte diese Szenen mit einiger Beklommenheit, als auf einmal Hände auftauchten und meine Taschen hochhoben.

»Kommen Sie«, sagte ein junger Mann, und bevor ich Gelegenheit bekam, zu antworten oder den Fahrpreis auszuhandeln, bahnten wir uns schon unseren Weg durch die Menge. Als wir bei einem Taxi ankamen, sah ich zu meiner Erleichterung André la Guerre mit lächelndem Gesicht auf mich warten. Er war von den Mitgliedern seiner Familie umringt – Männern, Frauen und einer Reihe von Kindern. Sein Freund der Taxifahrer würde ihn nach Hause bringen, erklärte er, und mich dann dort absetzen, wo immer ich hinwollte.

»Sind Sie sicher, daß noch Platz für mich ist?« fragte ich zweifelnd. Wir waren mindestens zehn Personen.

André und der Fahrer lachten. Natürlich gab es genug Platz!

Wir quetschten uns alle in den Wagen und fuhren los. Bald verließen wir die Hauptstraße und bogen auf einen

Weg ein, der in einen Wirrwarr von ebenerdigen Häusern aus Lehmziegeln hineinführte. Die Scheinwerfer huschten über Palmen und Mangobäume und Gruppen von Papaya- und Bananenpflanzen. Wir waren in einem der *quartiers*, in denen die Mehrzahl der fünfhunderttausend Einwohner Banguis lebt. Im Grunde waren die *quartiers* nichts anderes als eine Vielzahl eng zusammengedrängter afrikanischer Dörfer. Wasser wurde aus Brunnen geschöpft, und nachts bildeten Kerosinlampen die einzige Beleuchtung.

Nachdem er André und seine Familie bei ihrem Heim abgesetzt hatte, brachte der Chauffeur mich auf meinen Wunsch hin zu einem »billigen Hotel«. Es lag an einer der Hauptstraßen, die ins Stadtzentrum führten, war aber ein wenig abseits in einem Palmenhain verborgen, den man mit bunten Weihnachtslämpchen geschmückt hatte. Ich kletterte aus dem Wagen und gab dem Fahrer ein Trinkgeld.

Der Mann an der Rezeption, der hinter seiner Theke eingeschlafen war, wurde wach – und blieb es gerade lang genug, um mich einzutragen und mir einen Schlüssel auszuhändigen. Ein alter Mann trug mein Gepäck auf mein Zimmer. Nach einer kalten Dusche – warmes Wasser gab es nicht – kroch ich ins Bett, um zum erstenmal in meinem Leben auf afrikanischem Boden zu schlafen.

Als ich am nächsten Morgen erwachte, hörte ich Stimmengewirr. Es war erst sieben, aber für afrikanische Verhältnisse hatte ich verschlafen. Ich trödelte noch bis halb acht im Bett herum, um mich innerlich darauf vorzubereiten, einer mir unbekannten Welt entgegenzutreten. Vor mir lag ein volles Programm – ich mußte Genehmigungen einholen, mußte meine Fahrt organisieren –, und ich wußte nicht, wo ich anfangen sollte. Ich zog mich an und setzte mich noch einen Augenblick lang auf die Bettkante. Dann öffnete ich schließlich die Tür und wagte den ersten Schritt nach draußen.

Grelles Licht blendete mich eine Minute lang. Als sich

meine Augen daran gewöhnt hatten, sah ich, daß auf den Straßen dichter Verkehr herrschte – aber nicht von Autos, sondern von Fußgängern. Die Frauen waren vom Hals bis zu den Füßen in Bahnen von farbenfroh gemustertem Baumwollstoff gewickelt, der afrikanischen Abart des Sarong. Manche trugen Büschel von Früchten auf ihren Köpfen. Einige schoben auch zweirädrige Karren, auf denen sich die gehäuteten und geviertelten Rümpfe von Rindern türmten; andere trugen Radios in der Hand oder auch gar nichts. Schulkinder zogen, ihre Hefte an sich gedrückt, in Gruppen vorüber und schwatzten laut. Halbwüchsige Jungen verkauften Zigaretten und Süßigkeiten oder liefen mit Gestellen, von denen Gürtel, Hemden und Krawatten herabbaumelten, herum. Die Straßenmitte war für die Mopeds reserviert, die, gelenkt von Männern in Anzügen, die ihre Aktentaschen hinter sich auf den Sitz geschnallt hatten, vorbeiknatterten. Hin und wieder sauste auch ein gelbes Taxi vorüber.

Der Hotelportier vom Abend zuvor war immer noch im Dienst, als ich hinging, um mich nach dem Preis des Zimmers zu erkundigen.

»Fünfzehntausend Francs«, sagte er.

»Fünfzehntausend Francs pro Nacht?« fragte ich – das waren mehr als fünfzig Dollar, und ich hatte gerade fünfhundert Dollar in der Tasche.

Mein Mut sank. Ich würde umziehen müssen, bevor ich überhaupt die Auseinandersetzung mit der staatlichen Bürokratie um meine Genehmigungen würde aufnehmen können. Aber wohin? Für den Augenblick war Claude, der verschlafene Empfangschef, der einzige Freund, den ich auf der weiten Welt hatte. Ich lud ihn zu einer Tasse Kaffee ein. Er erwiderte, daß seine vierundzwanzig-Stunden-Schicht bald zu Ende sei und er dann nach Hause gehen wolle, um sich auszuschlafen. Kaffee sei also nicht gerade das Richtige für ihn. Er würde aber gerne ein Bier trinken.

Wir setzten uns auf die schattige Terrasse. Claude machte seine Flasche mit Mocaf, dem einheimischen Bier, mit den Zähnen auf. Ich ließ Erklärungen über den Zweck meines Besuchs vom Stapel und endete schließlich mit Klagen über die Preise des Hotels. Ich könne es mir einfach nicht leisten, noch eine Nacht zu bleiben.

Meine Notlage schien sofort Sympathiegefühle in Claude wachzurufen. Fünfzig Dollar pro Nacht, das sei wirklich eine Menge. Aber was könnte er schon tun? Dies sei das billigste Hotel der Stadt! Eine Zeitlang grübelten wir schweigend vor uns hin. Dann seufzte Claude und schüttelte den Kopf. Wenn er daheim nur Elektrizität hätte, murmelte er, würde er mich mit Freuden einladen, bei ihm zu wohnen.

»Elektrizität?« rief ich. »Aber ich werde doch im Urwald bei den Pygmäen leben. Ich brauche keinen Strom!«

Claude lachte und schüttelte mir die Hand.

Claude wohnte in Galabadja, einem *quartier*, das mehrere Meilen von dem kleinen Geschäftszentrum Banguis entfernt war. Als wir mit einem Taxi hinfuhren, warnte Claude mich, daß es in seinem Haushalt in letzter Zeit nicht sehr ruhig zugehe. Er habe sich eine zweite Frau genommen, Nadine, und seine erste Frau, Odette, sei über diese Neuerung nicht sehr glücklich.

Als wir dann auf einem der vielen Fußpfade weitergingen, die das Quartier zick-zack-förmig durchschnitten, und in unzählige Szenen aus dem Familienleben hineinplatzten, starrten die Menschen uns neugierig an. Überall wurde das Wort *moonju*, weißer Mann, laut. Ein-, zweimal kreischten Kinder bei meinem Anblick auf und ergriffen die Flucht. Odette und Nadine begrüßten mich bei meiner Ankunft mit offener Verwunderung, nachdem Claude ihnen aber erklärt hate, daß ich ein paar Tage lang ihr Gast sein würde, schlug ihre Überraschung in Entzücken über solch unerwartete Aussichten um.

Bis zum Abend hatte mein Eintreffen eine Reihe gesellschaftlicher Visiten von Verwandten und Nachbarn ausgelöst, die aufgeregt herbeigeströmt waren, um mich willkommen zu heißen, herauszufinden, was mich hergeführt hatte, und Bier zu trinken. Am Abend erschienen dann die älteren Brüder Claudes, Demien und Roland, die in einem anderen *quartier* wohnten, um den Gerüchten, daß sich ein *moonju* bei ihrem kleinen Bruder aufhalte, nachzugehen. Am Nachmittag des nächsten Tages kamen sie wieder – in Begleitung ihrer Ehefrauen und Kinder und mehrerer Freunde. Sich mit anderen zu treffen, war das, was dem Leben in den *quartiers* seinen Sinn gab.

Claude absolvierte jeden zweiten Tag eine Vierundzwanzig-Stunden-Schicht in dem Hotel. An den Tagen, an denen er zu Hause war, kam es gewöhnlich zu Reibereien mit seinen beiden Frauen; Odette und Nadine feindeten sich nie gegenseitig an, sondern Claude war immer die Zielscheibe von beiden. Odette erledigte die meisten Arbeiten im Haushalt, aber wenn Claude ihr einen Befehl gab, tat sie so, als ob sie nichts gehört hätte. Die Streitereien, die daraus entstanden, waren ein Quell ständiger Erheiterung für Nadine, die bei jeder Beleidigung, die die beiden sich an die Köpfe warfen, laut herauslachte. Eines Abends schleuderte Odette eine Bierflasche nach Claude. Die Flasche sauste an seinem Kopf vorbei, sie verfehlte ihn nur um Zentimeter. Außer sich vor Wut stürzte sich Claude auf seine Frau, umklammerte sie und riß sie zu Boden. Eine Minute lang wälzten sie sich im Staub, dann schrie Claude plötzlich auf und fuhr in die Höhe. Odette hatte ihn in den Schenkel gebissen.

An den Abenden, an denen er im Hotel war, war das Leben im Hause von Claude der Inbegriff der Ruhe. Odette und Nadine schienen sich zu mögen wie zwei Schwestern und teilten sich alle Aufgaben. Manchmal saßen sie zusammen und unterhielten sich mit leisen, melodiösen Stimmen, wobei sie oft kicherten. Bei diesen Gelegenheiten zog mich Sango in seinen Bann, die Rhythmen und Klänge der Sprache beschworen Bilder von dem Leben herauf, wie es sich seit Jahrhunderten in den Dörfern an den Ufern des Ubangi abspielte.

Ich mußte mich um meine Genehmigungen kümmern;

nachdem ich mich ein paar Tage ausgeruht und mich der entspannten Lebensweise der Menschen um mich herum angepaßt hatte, führte ich eine neue Tagesroutine für mich ein. An den Tagen, an denen Claude in die Innenstadt fuhr, begleitete ich ihn morgens bis zum Hotel und machte mich von dort zu den verschiedenen Ämtern auf, bei denen ich vorsprechen mußte. Auf Claudes Rat hin begab ich mich zuerst zu der offiziellen Tourismus-Agentur und legte dort meine Pläne dar. Man wies mich darauf hin, daß es in einer Entfernung von nur sechzig Meilen von Bangui Pygmäen-Siedlungen gab. Wie die Mbuti hatten dieses Pygmäen – die Aka – im Laufe der Jahre viele Anthropologen zu Gesicht bekommen. Man hatte bei ihnen genetische Studien angestellt, und ihre Musik war wohl die bestdokumentierte Pygmäenmusik von Afrika. Man legte mir in der Agentur nahe, den Unbequemlichkeiten einer Reise nach Bomandjombo aus dem Weg zu gehen und einfach die Pygmäen in der Gegend von Mbaiki zu besuchen, was nur eine zweistündige Fahrt Richtung Süden erforderte. Man könnte mir binnen eines Tages die Erlaubnis dafür erteilen. Als ich jedoch an meinem ursprünglichen Plan festhielt, teilte man mir mit, daß ich eine »Reise-Ermächtigung« vom Amt für Bergwerke einholen müsse. In der Provinz, wo Bomandjombo lag, gab es Diamanten, und sie war zu einer Zone mit wichtigen Mineralvorkommen erklärt worden.

Das Amt für Bergwerke lag in einem anderen Teil der Stadt. Als ich dort vorbrachte, daß ich Tonaufnahmen machen wollte, schickte man mich zum Amt für Kunst und Kultur. Dort stießen meine Pläne auf Mißtrauen. Warum ich so felsenfest entschlossen sei, Bomandjombo zu besuchen? Wer ich denn sei, daß ich einfach behauptete, zwischen den Pygmäen von Bomandjombo und denen von Mbaiki gebe es einen so großen Unterschied? Außerdem, was könne ich denn anderes im Sinn haben als eine Ausbeutung der Pygmäen? Ich würde mit meinen Aufnahmen nach Amerika zurückfahren und viel Geld verdienen, während die Pygmäen arm wie zuvor zurückbleiben würden.

Diese abschließende Anschuldigung verletzte mich, und ich entgegnete scharf, daß ich jeglichen Profit, den ich machen würde – wenn das überhaupt möglich sei –, persönlich den Pygmäen zukommen lassen würde. Wir stritten miteinander, bis die Beamten um ein Uhr mittags das Büro schlossen. Als ich abzog, sagten sie mir, ich solle am nächsten Tag mit zwei Fotos von mir wiederkommen – sie würden meinen Antrag trotz allem bearbeiten. Auf meinem Rückweg ins *quartier* machte ich bei dem Hotel halt, um zusammen mit Claude mit einem Bier diesen ersten Schimmer eines Erfolges zu feiern.

Binnen einer Woche war mein Passierschein fertig. Der Direktor selbst zog ihn mit einer schwungvollen, triumphierenden Bewegung aus einer besonderen Mappe. Mit diesem Stück Papier, erklärte er stolz, würde ich keine Mühe haben, von dem Amt für Bergwerke eine Genehmigung zu erhalten. Der Minister für das Kommunikationswesen habe es eigenhändig unterschrieben.

Als ich mich erneut im Amt für das Bergwerkswesen präsentierte, sagte man mir, daß ich zwei weitere Fotos brauchte. Wieder verging eine Woche, dann nahm eines Tages ein Angestellter meinen Antrag in die eine Hand, ergriff mich mit der anderen und führte mich quer durch die Stadt zu einem kleinen Gebäude auf einem bewaldeten Hügel. Hier wurden die Einzelheiten meines Antrags in ein Register eingetragen, und dann wurde der Passierschein unterschrieben und gestempelt. Alles, was ich jetzt noch brauchte, erklärte der Angestellte mir fröhlich, sei die Unterschrift des Direktors der Bergwerke.

Am nächsten Morgen ging ich wieder hin. Der Sekretär forderte mich auf Platz zu nehmen und verschwand in einem angrenzenden Büroraum. Einen Augenblick später tauchte der Direktor auf und musterte mich.

»Sie sind also der Mann, der Aufnahmen von der Musik der Pygmäen machen will«, sagte er in strengem Ton.

Ich bereitete mich innerlich auf schlechte Nachrichten vor.

»Ich habe Ihr Papier unterschrieben«, fuhr er fort und streckte es mir entgegen. »Ich hoffe, daß es eine interessante Reise für Sie sein wird.«

Bomandjombo liegt vierhundert Meilen Luftlinie südwestlich von Bangui. Aber um dorthin zu gelangen, mußte ich erst dreihundert Meilen nach Nordwesten reisen, um die Urwaldgebiete zu umgehen, und dann von einer Stadt namens Baoro noch einmal fast dreihundert Meilen nach Süden. Ich würde die Fahrt mit einem »Busch-Taxi« machen. Claude gab mir zu verstehen, daß er mich gerne begleiten würde, aber der Besitzer des Hotels hatte kurz zuvor fast alle Angestellten gefeuert und, bis man Ersatzleute gefunden hatte, war Claude für Achtundvierzig-Stunden-Schichten an seiner Rezeptionstheke eingeteilt.

Claude rüttelte mich noch vor Morgengrauen wach. Er wollte mir helfen, mein Gepäck zu der Straße zu tragen, die das Busch-Taxi, das zu meinem Zielort ging, auf der Suche nach Kunden abfuhr. Wir mußten mehr als eine Meile zu Fuß zurücklegen. Als ich die letzten Dinge zusammenpackte, war alles still, als wir dann aber ins Freie traten und losmarschieren wollten, tauchten Odette und Nadine sowie ein Dutzend Nachbarn aus der Dunkelheit auf, um mir Lebewohl zu sagen.

Als wir die Stelle, wo die Fahrgäste aufgesammelt wurden, erreicht hatten, war es hell geworden. An einem Stand schlürften wir einen Kaffee. Plötzlich bog ein blauer Kombiwagen in die Straße ein und raste auf uns zu. Zwei staubbedeckte Männer hockten auf dem Dachgepäckständer, ein dritter hing in sehr riskanter Weise aus der Hecktür heraus; er hielt sich mit einer Hand fest und verkündete brüllend die Bestimmungsorte. Der Wagen war mit Blumenmustern bemalt und trug die Aufschrift *Ainsi donc la vie* – »So ist also das Leben«.

»Das ist es!« rief Claude und fing mit seinem Arm zu winken an.

Ainsi donc la vie stoppte mit quietschenden Bremsen.

»Nola?« fragte der Mann am hinteren Ende.

Nola war mehr als fünfhundert Meilen entfernt, ein hochgestecktes Ziel für diese alte Klapperkiste. Die beiden Männer auf dem Dach schnallten meine Reisetaschen mit langen Streifen aus alten Reifenschläuchen auf dem Gepäckhalter fest. Claude und ich umarmten uns ein letztes Mal.

Die Crew von *Ainsi donc la vie* bestand aus dem Fahrer und drei Helfern, deren Aufgabe es war, unterwegs improvisierte Reparaturen auszuführen. Die Aufgabe des Fahrers, eines hochgewachsenen, dünnen Mannes mit einem schütteren Schnurrbärtchen, war es, wie ein Höllenhund zu fahren. Ein paar Stunden lang sausten wir auf der Suche nach Kunden durch die Vorstädte. Wir sammelten weit mehr auf, als meiner Meinung nach hinten hineinpassen konnten, und ich begriff, daß ich mit meinem Sitz vorne, zwischen dem Fahrer und einer Zwei-Zentner-Frau, Glück gehabt hatte.

Bald lagen die letzten verstreuten Häuser von Bangui hinter uns, und dicht bewaldete Hügel flitzten vorbei. Der Fahrer war Moslem und sehr fromm. Einmal hielt er an, um auszusteigen und zu beten. Ich verstand bald seine Gründe: so wie er fuhr, mußte er stets darauf vorbereitet sein, vor den Pforten des Paradieses um Einlaß zu bitten.

Hundert Meilen hinter Bangui, bei einer Stadt namens Bossembelé, hörte die Tarmac-Decke auf, und die unbefestigte Straße begann. Bald traten wir eine lange Bergabfahrt an. Jede Unebenheit der Straße ließ *Ainsi donc la vie* meterweit durch die Luft segeln. Trotzdem drückte der Fahrer weiter aufs Gas. Am Fuß des Hügels machte die Straße einen Schwenk nach rechts, wir rasten aber geradeaus weiter, sausten von der Fahrbahn in ein mit hohem Gras bewachsenes Feld und krachten schließlich in einen drei Meter hohen Termitenhügel.

Die Mechaniker wurden als erste aktiv; der Rest von uns war zu benommen, um sich zu bewegen. Der Fahrer stieg aus, klopfte sich den Staub ab und inspizierte lässig die

Frontpartie des Taxis. Wir setzten uns an den Straßenrand, während die Mechaniker an dem Auto herumwerkelten. Ich fing ein Gespräch mit einem gepflegt gekleideten Kameruner namens Blaise an, der eine bis zum Platzen mit Papieren vollgestopfte Aktentasche bei sich trug. Er kehre von einer wichtigen diplomatischen Geheimmission nach Yaoundé zurück, behauptete er. Man habe schon mehrfach versucht, ihm seine Papiere zu stehlen. Jetzt wartete er angespannt darauf, daß wir weiterfahren könnten, um nicht die Nacht in dem für seine Diebe berüchtigten Yaloké verbringen zu müssen.

Wir nahmen unsere Reise ein paar Stunden später wieder auf. Kurz nach Anbruch der Dunkelheit rollten wir nach Yaloké hinein. Ungerührt erklärte der Fahrer, daß die Fahrt für *Ainsi donc la vie* hier zu Ende sei. Man würde einen ganzen Tag für Reparaturen brauchen. Vor einer Schar von Zuschauern wurde unser Gepäck abgeladen, und dann überließ man es uns, für uns selbst zu sorgen.

Die anderen Passagiere verstreuten sich schnell in der Dunkelheit, die plötzliche Wendung des Geschehens schien sie kaum zu beunruhigen. Sicherlich hatten sie in Yaloké Angehörige oder Freunde, bei denen sie übernachten konnten. Nur Blaise und ich blieben zögernd in der Nähe des Taxis stehen. Schließlich bot sich ein Junge an, uns zu einer *auberge* zu führen. Er griff nach Blaises Aktentasche, um sie für ihn zu tragen. Blaise riß sie mit einer heftigen Bewegung an sich und preßte sie an seine Brust; er schaute mich an, als ob er sagen wolle: »Sehen Sie.«

Am nächsten Morgen bestiegen wir ein Busch-Taxi, das *Rapide Car* hieß und in Richtung kamerunische Grenze unterwegs war. Wir erreichten ohne Zwischenfall Baoro. Dort stieg ich aus, um auf einen Wagen zu warten, der nach Süden, nach Nola ging. Einige alte Männer, die sich unter einem Mangobaum ausruhten, sagten mir, daß in dreißig Minuten ein Busch-Taxi fällig sei.

Ich war angenehm überrascht, als ich eine halbe Stunde

später tatsächlich das Röhren eines Motors näherkommen hörte. Ein langes torpedoförmiges Gefährt schlidderte so schnell um die Kurve, daß es ein Kielwasser aus hochspritzenden Kieselsteinen hinter sich herzog. Irgend etwas an ihm flößte Vertrauen ein: das hier war ein Busch-Taxi, das entschlossen war, an seinem Bestimmungsort anzukommen. Grell-rosa Buchstaben verkündeten stolz seinen Namen: *Tranquille Car.*

In der Umgebung von Baoro bestand die Vegetation aus spärlichem Strauchwerk, nach wenigen Meilen rasten wir aber durch ein ausgetrocknetes Waldgebiet. Termitenhügel aus leuchtend-rotem Laterit sausten vorbei, einige von ihnen waren an die viereinhalb Meter hoch und sahen wie die verwitterten Kastelle einer längst untergegangenen Zivilisation aus. Ich war fest, aber nicht unbequem, zwischen zwei anderen Fahrgästen eingekeilt. Die Nachmittagshitze wäre unerträglich gewesen, wenn nicht ein starker Wind durch die scheibenlosen Fenster hereingeweht wäre – ein willkommener Nebeneffekt des unerbittlichen Fahrttempos.

So brausten wir eine Zeitlang dahin; das Röhren des Motors machte jede Unterhaltung unmöglich. Ganz unerwartet verlangsamte sich dann unsere Fahrt. Vor uns stand am Straßenrand, mitten im Nirgendwo, ein anderes torpedoförmiges Busch-Taxi mit dem Namen *Tranquille Car.* Unzählige Fahrgäste, die im Gras herumgelegen hatten, richteten sich auf, als wir uns näherten. Ihr Fahrer lief uns entgegen.

Sie hätten am Vortag eine Panne gehabt, erklärte er uns. Es sei ein schlimmer Ort, um liegenzubleiben. Auf diesem Straßenstück hätten schon öfters Banditen Busch-Taxis überfallen. Er hielt inne, um um Wasser zu bitten. Wasserflaschen wurden hervorgeholt, und die gestrandten Passagiere, die sich mittlerweile um unseren Wagen geschart hatten, tranken durstig. Eine erregte Diskussion entbrannte, eine Entscheidung wurde gefällt, und ein kollektives Stöhnen stieg aus der Gruppe meiner Mitreisenden auf.

»Was ist los?« fragte ich den Mann neben mir.

»Wir werden alle diese Leute mitnehmen«, antwortete er angewidert.

Unser *Tranquille Car* war für dreißig Passagiere gebaut und schon bis auf den letzten Platz gefüllt. *Tranquille Car* Nr. 2 war von identischer Bauart und hatte ebenfalls eine volle Ladung befördert. Jetzt zwängten sich die anderen zu uns herein, wobei sie von den Mechanikern von hinten gedrückt und geschoben wurden. Einige Fahrgäste verloren die Nerven, und feindselige Worte flogen hin und her. Manche der Neuhinzugekommenen fanden sich am Ende in Stellungen wieder, in denen sie weder mit dem Boden noch mit den Sitzen Kontakt hatten. Zwei Stunden vergingen, bevor wir unsere Fahrt fortsetzen konnten.

Als die Sonne unterging, waren wir immer noch unterwegs. Jemand versuchte, eine kleine Lampe einzuschalten, aber es mißglückte. Zwei Studenten, die ausgestreckt auf den Köpfen und Schultern der unter ihnen sitzenden Fahrgäste lagen, fingen daraufhin ein Streitgespräch über Elektrizität an. Einer von ihnen setzte ganz ruhig seine Brille ab und übergab sie einem Freund. Dann ließ er seinen Arm vorschnellen und packte den anderen Studenten bei der Kehle: wildes Gewirbel von Fäusten und Füßen. Wutschnaubend trennten wir die Streithähne. Ein paar Minuten lang setzten sie ihren Kampf noch mit Beleidigungen fort: »Du bist ein Barbar! Du hast versucht, mich zu erwürgen!« »Du Wilder! Du wolltest mir die Ohren abreißen!«

Dann senkte sich die Stille der Erschöpfung über uns, und es herrschte, während *Tranquille Car* unbeirrt weiterrollte, gequältes Schweigen.

Ich verbrachte die Nacht in Nola; am Morgen machte ich ein Busch-Taxi ausfindig, das nach Bomandjombo fuhr. Wir hatten nur ein einziges Mal eine Panne, in einem vor Hitze glühenden Dorf, das von Maniokfeldern und einem hohen Wald umgeben war. Unser Fahrer borgte sich das Moped eines Einwohners, um wegen eines Ersatzteils nach Nola zurückzufahren; das kostete uns sieben Stunden.

Spät am Nachmittag bogen wir von der Hauptstraße auf einen Sandweg ab – früher war es wohl ein reiner Fußpfad gewesen –, der eine Savanne durchschnitt, auf der nur Büsche und verkrüppelte Bäume mit gewellten Stämmen wuchsen. Manchmal verlangsamten wir unser Tempo, weil uns eine kleine Herde von Rindern mit langen Hörnern begegnete; sie wurden von Männern gehütet, die in Roben gekleidet und mit Bogen und Köchern voll langen Pfeilen bewaffnet waren. Es waren Mbororo, nomadische Viehhirten aus dem Norden, Angehörige der großen Nation der Fulani. Bei Sonnenuntergang drangen wir in den Urwald ein und wurden sofort von der Dunkelheit verschluckt.

Mit eingeschalteten Scheinwerfern schienen wir durch einen Tunnel zu fahren. Pflanzenranken griffen nach uns und klatschten gegen die Windschutzscheibe, als wir vorbeidonnerten. Ich war so erregt, daß ich einfach nicht widerstehen konnte: Ich steckte meinen Kopf aus dem Fenster, um etwas von dieser üppigen Welt in mich einzuatmen. Nachdem mir ein paar Äste ins Gesicht geschlagen waren, forderten die anderen Fahrgäste mich auf, mit diesem Unsinn aufzuhören und das Fenster wieder hochzudrehen. Hin und wieder stiegen Passagiere an Stellen aus, wo ein paar brennende Kerosinlampen auf ein kleines Dorf hindeuteten. Um neun erreichten wir schließlich Bomandjombo.

Mein Gepäck und ich selbst wurden bei einer kleinen aus Holz gebauten Polizeistation abgegeben; der Diensthabende lud mich ein, über Nacht dort zu bleiben. Während des kurzen Interviews, das vor dem Schlafengehen stattfand, erklärte ich ihm den Zweck meines Besuchs. Er versicherte mir, daß ich an den richtigen Ort gekommen sei: hier gebe es überall Pygmäen.

Bei den Ba-Benjellé – auf Gedeih und Verderb

Bei Tageslicht war Bomandjombo eine Enttäuschung, vor allem nach der dramatischen Fahrt in der vergangenen Nacht. Es war ein großes Dorf mit ungefähr 1500 Einwohnern, das seinen alten Zauber so gut wie ganz verloren hatte, als hier zu Beginn der siebziger Jahre ein Sägewerk errichtet worden war. Das war die Zeit gewesen, in der der damalige Präsident Jean-Bedel Bokassa die Region für die kommerzielle Ausbeutung freigegeben hatte. Die ursprünglichen Dorfbewohner, der Stamm der Sangha-sangha, waren von Zuwanderern aus der ganzen Zentralafrikanischen Republik überschwemmt worden, die herbeigeströmt waren, um in der Holzindustrie zu arbeiten. Einmal, so erzählt man sich, habe Bokassa Nola einen Besuch abgestattet und sei so großartig empfangen worden, daß er geschworen habe, dort den Amtssitz eines Präfekten einzurichten. Das hatte er auch getan, und in Bomandjombo war als Folge davon eine Art Subpräfektur entstanden. Der Ort hatte Gendarmen und Polizisten bekommen und einen Bürgermeister, der über eine eigene Garde verfügte. Die Stadt hatte das Aussehen einer Narbe in der Uferbank des Sangha. Ihr häßlichster Teil war das Wohngebiet, das man für die Arbeiter des Sägewerks errichtet hatte – gerade Reihen ein und derselben Holzhäuser, zwischen denen kaum ein Baum wuchs. Der Boden bestand aus feinem Sand, und die Äquatorsonne brannte gnadenlos auf ihn herunter. Auf der anderen Seite des Sangha lag ein dichter dunstverhangener Wald, aus dem manchmal Elefanten auftauchten, um im Fluß zu baden.

Ich trat in den hellen Frühmorgen hinaus. Ein paar Meter von mir entfernt glitzerte der Sangha wie ein juwelenbesetztes Band. In seiner Mitte erstreckte sich eine lange, cremefarbene Sandbank. Ich konnte einen einsamen Fischer in einem Einbaum ausmachen, der im Schatten des Dschungels stromabwärts glitt.

Ein Dorfbewohner wartete bereits auf mich. Er hatte von meiner Ankunft Wind bekommen und war herbeigeeilt, um sich als Führer zu den umliegenden Pygmäenlagern anzubieten. Er hieß Christian und war trotz der frühen Morgenstunde schon nicht mehr nüchtern. Später erfuhr ich, daß er zur Nachtschicht der Sägewerkarbeiter gehörte, sechs Uhr morgens für ihn also das Ende des Tages war. Das änderte aber nichts an der Tatsache, daß er Säufer war. Er hatte unter Garantie zu jeder Tages- und Nachtzeit einen sitzen.

Christian war ein winziges Männlein – später begegnete ich vielen Pygmäen, die ihn überragten – mit der rauhesten Stimme, die ich jemals gehört hatte. Er war Junggeselle und ein Jahr zuvor aus Bangui gekommen, um im Sägewerk zu arbeiten. Er war ein gutherziger Kerl, es war unmöglich, ihn nicht zu mögen, auch wenn er manchmal eine Nervensäge war.

An jenem Morgen inspizierte ich mit Christian drei Pygmäenlager, die fast menschenleer waren; wahrscheinlich waren die meisten ihrer Bewohner auf die Jagd gegangen. Überrascht stellte ich fest, daß die Mehrzahl der bienenkorbförmigen Hütten aus Sperrholzabfällen gefertigt war, die man auf dem Holzlagerplatz zusammengeklaubt hatte, und nicht aus großen, ovalen Blättern, wie ich es auf Fotos gesehen hatte. Bei einigen hatte man Palmenblätter über das Sperrholz geworfen, das von wahllos plazierten Steinen, Bambusstäben und Holzblöcken an dem Rahmenwerk festgehalten wurde. Ich hatte noch nie solch schäbige Behausungen gesehen.

Die ersten beiden Camps befanden sich im Norden, nur wenig von Bomandjombo entfernt. Als wir uns auf den Weg in das dritte Lager, Amopolo, machten, das eine halbe Meile südlich von dem Dorf, in der Nähe des Sägewerks, lag, kamen mir langsam Zweifel, ob ich wirklich an den richtigen Ort gekommen war.

Amopolo, das nach einem Fluß benannt war, der in den Sangha mündete, bestand in Wirklichkeit aus drei oder vier Lagern, die durch brachliegende und vom Dschungel überwucherte Maniokpflanzungen voneinander getrennt waren. Ein Labyrinth von Pfaden verband die einzelnen Camps, die alle in Rufweite zueinander lagen. Diese Pfade waren so angelegt, daß man in das Städtchen oder in den Wald gelangen konnte, ohne eines der anderen Lager durchqueren zu müssen. Christian führte mich von dem einen zum anderen. Nur ein paar kleine Kinder und Frauen ließen sich blicken. Schließlich tauchte ein schlaftrunkener Mann aus einer der Hütten auf, um uns zu begrüßen. Er sprach wenig, lächelte aber heftig. Seine Vorderzähne waren spitz gefeilt. Ich gab ihm eine Zigarette.

Als wir dort standen und einander schweigend anlächelten, drang plötzlich der Klang einer Harfe an mein Ohr. Aus einer anderen Richtung kam das wie Flötentöne klingende Jodeln einer Frau, die ein Wiegenlied sang. Eine seltsame, machtvolle Ruhe lag in der Luft. Ich spürte es: *Dies war der Ort.*

»Ich werde in diesem Lager bleiben«, stieß ich hervor.

»Ah, *voilà*!« rief Christian triumphierend.

Auf Sango erklärte er dem Mann, warum ich gekommen war. Der *moonju*, sagte er, werde zwei Wochen in Amopolo wohnen – ich hoffte, drei Monate bleiben zu können, wollte die Pygmäen aber nicht sofort mit meinen Wünschen überfallen. Der *moonju* wolle mit seinem Radio die Tänze der Pygmäen aufnehmen; als Gegenleistung werde er ihnen Kaffee, Zucker, Salz und Zigaretten geben.

Der Pygmäe hörte sich das höflich an und schien mit dem Abkommen einverstanden zu sein. Er drückte seine Zustimmung aber in einer beunruhigend passiven Weise aus, aus der keine wirkliche Überzeugtheit sprach. Als wir uns umwandten, um zu gehen, streckte er seine Hand aus, als ob er meine schütteln wolle – aber nein, das war es nicht. Er wollte nur noch eine Zigarette.

Auf unserem Rückweg ins Dorf liefen wir auf dem Pfad

fast in eine Pygmäenfrau hinein. Sie lächelte, von der Begegnung überrascht. Sie trug eine Stachelschweinborste in der durchbohrten Nasenscheidewand befestigt, als ich aber einmal kurz wegschaute, benutzte sie die Gelegenheit, um diesen Schmuck verstohlen zu entfernen.

Am Nachmittag trug ich, von Christian begleitet, mein Gepäck nach Amopolo hinüber. Er hatte eigentlich seine Schuldigkeit getan, indem er mich bei den Pygmäen eingeführt hatte, und ich hoffte, daß er nun wieder verschwinden würde. Ich hatte ihm sogar im Dorf ein paar Drinks spendiert, um ihn außer Gefecht zu setzen, aber er war immer noch in Hochform.

Eine Schar von Männern hatte sich in Amopolo bereits versammelt, um den Gast zu erwarten. Die frohe Botschaft hatte sich rasch verbreitet. Ich wußte noch nicht, daß die Pygmäen einen *moonju* vor allem als jemanden betrachteten, den man gut schröpfen konnte, aber ich hatte schon das Gefühl, daß in der begeisterten Art, in der sie mich willkommen hießen, etwas wie Beutegier mitschwang. Sie geleiteten mich zu meinem neuen Heim im größten der Lager. Was wie die Überreste eines winzigen Gartenschuppens aussah, war im wahrsten Sinne des Wortes eine Rumpelkammer. Innen türmte sich ein Haufen undefinierbarer Abfälle.

Eine alte Frau fegte den Schuppen hastig aus, das heißt, sie schaufelte den Müll mit einem Stück steifer Antilopenhaut zusammen, aber es war zu spät. Ich hatte schon gemerkt, daß man mir das mieseste Zimmer im ganzen Hotel reserviert hatte. Nachdem man einige Anweisungen gebrüllt hatte, erschien ein Junge mit einer alten, zersprungenen Tür, die er auf den sandigen Boden fallen ließ. Wahrscheinlich sollte das mein Bett sein.

Christian stand mit den Pygmäen nicht auf vertrautem Fuß, aber er kannte einige der Berühmtesten und der Berüchtigsten von ihnen und begann mit den Vorstellungen. Ein kleiner, ältlicher Mann namens Simbu wurde als

»Häuptling« von ganz Amopolo eingeführt; ich würde in seinem Lager schlafen. Dimba, ein Mann mit scharfen Gesichtszügen, dessen Zehen von der Lepra weggefressen waren, war der Patriarch eines der anderen Lager. Sein Sohn Etubu hatte Simbus Tochter Kukpa geheiratet. Kukpas Großmutter mütterlicherseits, Esoosi, eine Frau mit stechenden Augen, übte einen beträchtlichen Einfluß aus. Ihr ältester Sohn Singali war ein rauh aussehender Bursche, der für seine wilden Sauftouren im Dorf verschrieen war. Einer der besten Freunde Singalis war Balonyona, der Ehemann von Matangu, der Frau mit der Stachelschweinborste.

Als ich ein Päckchen Zigaretten aufmachte, umringten mich die Männer sofort. In wenigen Sekunden war die Schachtel leer. Die alte Esoosi stand auf und hielt eine Rede, deren Inhalt Christian mir folgendermaßen übersetzte: der *moonju* ist gekommen, weil er Ruhe sucht. Lärm mag er nicht. Also, ihr alle, macht keinen Lärm!

Diese Fürsorge beruhigte mich, aber dann kam Simbu zum geschäftlichen Teil. Am Ende meines zweiwöchigen Aufenthalts würde ich den Bewohnern von Amopolo 20 000 zentralafrikanische Francs, den Gegenwert von fast 70 Dollar, zahlen! Für einen Augenblick brachte mich diese Summe aus der Fassung – ich besaß nur noch 35 000 Francs. Auch Christian verschlug es die Sprache. Dann versuchte er aber, ohne daß ich ein Wort gesagt hätte, Simbu auf 10 000 Francs herunterzuhandeln. Der blieb jedoch eisern, und da ich nicht gleich am ersten Abend einen schlechten Eindruck machen wollte, ging ich schließlich auf seine Forderungen ein. Jetzt war es an Simbu, ein verblüfftes Gesicht zu machen. Ich fügte hinzu, daß ich überdies eines Tages mit Kleidern für jedermann zurückkehren würde. Simbu hatte sein inneres Gleichgewicht schnell wiedergefunden, und seine Antwort war unzweideutig: wenn ich mit Kleidern für alle wiederkommen würde, würde das sehr schön sein. Fürs erste sollte ich aber nicht vergessen, die 20 000 Francs zu bezahlen.

Mir kamen allmählich Zweifel, ob diese Leute wirklich Pygmäen waren. Zum einen waren sie eigentlich zu groß. Einige der Männer maßen bestimmt 1 Meter 65. Und dann ihre Kleidung. Dimba war in eine Art majestätischer weißer Toga gewickelt. Ein paar von den Männern hatten Hüte auf, und ein großer Bursche trug sogar eine Weste. Hosen waren weit verbreitet. Und ich hatte insgeheim auf Rindentücher gehofft! Was die Frauen betraf, so war nur Esoosi eine individuelle Erscheinung für mich; der Rest von ihnen trat nur als anonyme Masse im Hintergrund in Erscheinung. Die Männer dominierten derart, daß ich kaum etwas anderes wahrnahm. Wie es die meisten Zentralafrikaner tun, wenn sie Weiße anreden, nannten sie mich *patron*. Ich haßte dieses Wort. Von meinen wenigen Wochen in Bangui her wußte ich, daß ich es erst dann nicht mehr zu hören bekommen würde, wenn ich ihre Freundschaft gewonnen hatte.

»*Patron. Pour vrai danser bien il faut vous achète la boisson.*«

Es war Singali. Er blickte mit einem Ausdruck zu mir auf, der zu besagen schien: »Heh, du willst doch, daß wir tanzen. Also was ist?« Hinter ihm stand Balonyona und schaute verärgert drein.

Sie wollten den lokalen schwarzgebrannten Fusel, *mbaku*, und sie wollten ihn in großen Mengen. Christian – es wurde mir jetzt klar, warum er dageblieben war – machte gemeinsame Sache mit ihnen, als sie mich zu überreden versuchten, fünf Liter zu kaufen. Ich handelte sie auf ein Quantum im Wert von 3000 Francs runter – ein paar Schlückchen für jede der Frauen, ein paar kräftige Züge für jeden der Männer. Die Menge, die sich während der Verhandlungen um uns versammelt hatte, spritzte sofort auseinander, als ich Singali das Geld übergab. Simbu, der das Geschehen aus einiger Entfernung verfolgt hatte, preschte jetzt vor. Er sagte etwas auf Sango zu Christian. Christian wandte sich zu mir um:

»Der Häuptling sagt, daß er selber keinen *mbaku* trinkt,

er will also statt dessen fünfhundert Francs für sein eigenes Amüsement.«

Ich rückte sie raus. Wenn das so weitergeht, dachte ich bitter, werde ich noch vor dem morgigen Tag blank sein.

Die Stimmung wurde jetzt angeregter. Ein paar Jungen schlugen die Trommeln, und ein paar Mädchen sangen bereits. Christian zog mit Singali los, um den Einkauf des *mbaku* zu überwachen. Der Mann mit der Weste, der sich als Fidel vorstellte, brachte mir meinen ersten Satz in der Pygmäensprache bei: *béké ndaku* – gib mir 'ne Zigarette. Dann schaute er mich mit einem breiten Lächeln an und sagte: *»Béké ndaku.«* Leute, die von den benachbarten Lagern herüberkamen, beleuchteten sich die Wege mit glimmenden Holzstäben, die sie in der Luft schwenkten und drehten, um die Glut am Leben zu erhalten. In dem Maße, in dem sich das Camp füllte, wurden immer mehr Forderungen nach Zigaretten laut. Ich fühlte mich allmählich belagert. Simbu, der sogenannte Häuptling, saß auf einem Baumstamm und tat nichts, um die Anarchie unter Kontrolle zu bringen. Ich sah mit Ungeduld Christians Rückkehr entgegen.

Als die *mbaku*-Expedition endlich wieder eintraf, wurde es offenkundig, daß der Schnapsverkäufer sie dafür belohnt hatte, daß sie ihm ein Geschäft eingebracht hatten. Christian taumelte, bei jedem Schritt bot er mit Mühe der Schwerkraft Trotz. Balonyona trug die große, bauchige Flasche mit dem milchigen Fusel auf dem Kopf.

»Monsieur Louis!« verkündete Christan. »Wir haben die Getränke gebracht!«

Sie stellten die Flasche zu meinen Füßen nieder. Balonyona schwankte leicht.

»C'est trop fort«, sagte er – ohne die Spur eines Lächelns.

Ein Blechbecher wurde herbeigeholt, und die Verteilung des Alkohols begann. Christan übernahm die Verantwortung für diese Operation. Des öfteren stahl er sich ein, zwei Schluck, bevor er den gefüllten Becher weiterreichte. Ein untersetzter junger Mann namens Maurice, der die Gestalt eines Herkules hatte, zog mich beiseite:

»Mais il a boire beaucoup! C'est trop voleurs les villageois! Il faut la couper toute suite même!«

Ich nahm an, daß er dagegen protestierte, daß Christian sich immer wieder was von dem Zeug stibitzte. Ich sprach also mit Christian, und eine Weile lang legte er löbliche Zurückhaltung an den Tag. Die Frauen hatten auf der zentralen Lichtung mehrere große Gruppen gebildet, die wohl den verschiedenen Camps entsprachen, zu denen sie gehörten. Sie lachten und schwatzten und sangen manchmal kurze Melodiefetzen, wie eine Chorgruppe, die sich vor einem Konzert einsingt. Ich meinte, daß es an der Zeit sei, mit den Aufnahmen zu beginnen. Ich rief Christian zu mir und erklärte ihm, wie es ablaufen sollte. Die Pygmäen würden singen, ich würde sie aufnehmen. Danach würden sie mir den Namen des Songs sagen, ich würde ihn aufschreiben. Dann würden sie das nächste Lied singen. Alles ganz einfach.

»D'accord!« krächzte Christian.

Er stolperte zu den Trommeln rüber und verkündete, was ich gesagt hatte. Da er auf Sango sprach, hatte ich keine Vorstellung davon, ob er es richtig hinbekam. Es machte aber auch kaum etwas aus, da sowieso niemand zuhörte. Ich war dankbar, als Fidel vortrat und allen ein *Tiens!* zubrüllte, obwohl das auch keine Wirkung hatte.

Schließlich nahmen Jugendliche den Platz der Kinder an den Trommeln ein und fingen an, mitreißende, sich überkreuzende Rhythmen zu schlagen. Fidel stellte sich vor die größte Gruppe der Frauen und ermunterte sie mit Wellenbewegungen seiner ausgestreckten Arme zum Singen; in seiner Weste sah er wie die Karikatur eines Orchesterdirigenten aus. Die Männer begannen, im Kreis um das Lagerfeuer herumzutanzen. Der Chorgesang schwoll mächtig an; ich spürte, wie meine Trommelfelle vibrierten, als die Frauenstimmen höchste Lautstärke erreichten. Ich schaltete das Aufnahmegerät ein und hielt die Mikrofone hoch.

Als das Lied zu Ende war, holte ich Notizheft und Kugelschreiber hervor. Einen Augenblick lang herrschte tiefes Schweigen. Ich konnte gerade die Gesichter der Frauen am Rand des vom Feuer beleuchteten Kreises erkennen. Sie schauten mich alle an. Maurice sagte Christian den Namen des Liedes und was er bedeutete. Christian übersetzte:

»Sie nennen das Lied ›Sombolo‹«, knarzte er. »Das bedeutet, Sombolo ist ein guter Tänzer, und die Frauen lieben es, seinen Namen zu singen.«

»Sombolo ist der Name eines Mannes?« fragte ich enttäuscht – ich hatte Elefantenjagdgesänge erwartet, Lieder, die man beim Einsammeln des wilden Honigs singt, Oden an die Elementargeister des Urwalds.

»*Oui, oui,* Sombolo!« riefen mehrere Pygmäen und deuteten auf einen muskulösen Mann, der neben dem Feuer stand und ein Gesicht wie Alfred E. Neumann aus dem Magazin *Mad* hatte. Ich schrieb auf: Nr. 1. *Sombolo.*

Das zweite Lied hieß »Mamadu« nach einem der jugendlichen Trommler; das dritte handelte von einem Baby, das in einem Krankenhaus auf die Welt gekommen war. Nach dem vierten Lied gab ich die ganze Benennungsprozedur auf. Ich merkte, daß ich damit die Pygmäen irritierte, die einfach tanzen wollten und langsam ungeduldig wurden. Es war sowieso alles Unsinn. Ich packte meine Aufnahmegeräte ein und beschloß, mir selber einen anzutrinken.

Um Mitternacht ging Christian, um die Nachtschicht im Sägewerk anzutreten. In seinem Zustand, dachte ich, kann er sich glücklich schätzen, wenn er sich nicht ein Bein absägt. Trotzdem tat es mir nicht leid, ihn abziehen zu sehen. Die Tanzerei ging noch ein paar Stunden weiter. Dann wurde die Luft kühl, und die Frauen begannen gruppenweise abzuwandern, nachdem sie sich brennende Scheite aus dem Feuer gegriffen hatten. Nach kurzer Zeit war von dem Feuer nur noch ein Haufen glühender Asche übrig, in die ich benommen hineinstarrte. Der Chor der Grillen wirkte lindernd; meine Kopfschmerzen vergingen bis auf ein sanftes Pochen in den Schläfen. Als ich schließlich wieder aufschaute, war ich allein.

Die meisten Pygmäen waren bei Sonnenaufgang wieder auf den Beinen. Mein eigener Versuch, Schlaf zu finden, war von einem unvorstellbaren Juckreiz zunichte gemacht worden. Der Strahl meiner Taschenlampe hatte die Ursache bloßgelegt: In der Spalte in meinem »Bett« hausten Wanzen.

»Hier kann ich nicht schlafen«, beschwerte ich mich am Morgen bei Maurice auf Französisch – ich hatte den Eindruck gewonnen, daß er die Sprache ganz gut verstand. »Es gibt da kleine Tiere, die mich auffressen.«

Ich zeigte auf die Wanzenhöhle.

»Aha!« lächelte Maurice. *»Mendili.«*

Und damit war die Angelegenheit für die Pygmäen erledigt. Offensichtlich rangierte mein Schlafproblem nicht sehr weit oben auf ihrer Tagesordnung. Außerdem brauchten sie mich in wachem Zustand, um noch mehr Zigaretten einheimsen zu können. Aus einem der benachbarten Lager rief jemand herüber: »Gibt es heute Abend Tanz?«

Maurice schaute mich erwartungsvoll an.

»Das Geld für *mbaku* ist zu Ende«, sagte ich, wobei ich zynischerweise annahm, daß die Frage eigentlich dem Schnaps gegolten hatte.

Maurice brüllte diese Neuigkeit zurück.

»Merde!« kam die Antwort.

Fidel schaute wegen einer Zigarette vorbei. Er trug immer noch seine Weste, aber was die Dunkelheit verborgen hatte, brachte das Sonnenlicht jetzt an den Tag. Die kunstvollen Rüschen auf den Schultern waren in Wirklichkeit Fransen, der Stoff war völlig durchgescheuert und zerrissen. Dunkle Flecken gaben der Weste ein geschecktes Aussehen. Der ursprüngliche Besitzer hatte sie vermutlich schon vor zehn Jahren auf den Müll geworfen. So war es mit allen Kleidungsstücken, die die Pygmäen trugen – sie hätten nur einer Vogelscheuche gut gestanden.

Ich war froh, Fidel zu sehen. Daß er in der Nacht zuvor versucht hatte, Ordnung in das Chaos zu bringen, hatte sich mir eingeprägt, es schien auf einen verantwortungsbewußten Charakter hinzudeuten. Außerdem hatte er damit Eindruck auf mich gemacht, daß er fast fließend Französisch sprach. Ich bemühte mich jetzt also, ihm zu erklären, daß es mich nur interessierte, Tänze aufzuzeichnen, die die Pygmäen für sich selbst veranstalteten, nicht solche, die sie eigens für mich aufführten. Fidel hörte mit einem Pokergesicht zu.

»So ist es«, pflichtete er mir bereitwillig und mit einem Lächeln bei, als er merkte, daß meine Rede zu Ende war.

Ich gab ihm seine Zigarette, und er trollte sich.

Meine nächsten Nachbarn zur Rechten waren Balonyona und Matangu mit ihrem vierjährigen Sohn Mbutu. An ihre Hütte schloß sich die von Esoosi an, dann kam die Singalis. Zu meiner Linken wohnte eine bissig aussehende alte Dame. Als unsere Blicke sich zum erstenmal begegneten, lächelte ich, sie behielt aber ihren mürrischen Gesichtsausdruck bei. Ihre Hütte war besonders verfallen. Häuptling Simbu wohnte mir gegenüber in der größten Hütte – einem einzelnen, geräumigen, bienenkorbförmigen Hügel. Andere Hütten hatten tunnelartige Zugänge, die an die von Iglus erinnerten.

Im Laufe des Morgens statteten mir viele Männer einen Besuch ab, um Zigaretten zu schnorren. Keiner von ihnen blieb lange, mit Ausnahme von Maurice, der das einzige schattige Plätzchen neben meiner Hütte mit Beschlag belegte und sich offensichtlich für den Rest des Tages nicht mehr von dort wegzubewegen gedachte. Jedesmal, wenn ich mir eine Zigarette ansteckte, fühlte ich mich verpflichtet, ihm auch eine zu geben. Er verstaute die meisten wortlos in seiner Hemdtasche. Irgendwann nickte er dann ein.

Gegen Mittag herrschte eine sengende Hitze. Ich schielte vor Erschöpfung und war schwindelig vor Hunger. Das Lager hatte sich geleert. Ich nahm an, daß alle auf die Jagd gegangen waren, und obwohl ihre Musik mich enttäuscht hatte, konnte ich nicht umhin, die schiere Vitalität dieser Leute zu bewundern, die eine ganze Nacht durchtanzen und danach den ganzen Tag auf der Jagd verbringen konnten. Ich täuschte mich aber – die meisten lagen in ihren Hütten und schliefen ihren Rausch aus. Nach einiger Zeit tauchte Simbu auf und nahm Kurs auf mich.

»*Patron*«, murmelte er, als er vor mir stand, »es gibt nichts zu essen.«

Balonyona hatte es offenbar mitgehört, denn er schoß ebenfalls aus seiner Hütte hervor.

»Wir haben alle gut für dich getanzt«, stotterte er in seinem Schnellfeuer-Französisch, »und jetzt sind wir hungrig!«

Ich hatte mir vorgestellt, ihr Essen mit ihnen zu teilen. Jetzt schien es so, daß sie von mir erwarteten, nicht nur für mich, sondern für sie alle Speise und Trank herbeizuschaffen! In stillem Zorn blätterte ich weitere tausend Francs hin – fünfhundert für jeden von ihnen. Als Singali später am Tag mit derselben Klage zu mir kam, erklärte ich, daß ich Balonyona schon fünfhundert Francs für Essen gegeben hätte.

»Du hast Balonyona fünfhundert Francs gegegen?« prustete er überrascht heraus.

»*Oui*«, antwortete ich.

Er sauste weg, um Balonyona zur Rede zu stellen.

Das Leben bei den Pygmäen sah ganz anders aus, als ich es mir in Europa bei der Vorbereitung meiner Reise ausgemalt hatte; die Wirklichkeit war ganz schön anstrengend. Ich hatte in meiner Naivität angenommen, daß meine Begeisterung für ihre Musik den Pygmäen keine Wahl lassen würde: Sie würden mich einfach nach kürzester Zeit ins Herz schließen müssen. Statt dessen schienen sie nur darauf aus zu sein, aus mir soviel herauszupressen, wie ich hergab. Es war beinahe so, als hielten sich ständig Besucher bei ihnen auf und als hätten sie die Kunst, Touristen auszunehmen, perfektioniert. Doch kamen mit Ausnahme der Jugoslawen, die das Sägewerk leiteten – und diese blieben meistens unter sich – nur selten Weiße in dieses Gebiet. Was mich am meisten zur Verzweiflung brachte, war, daß die Pygmäen – besonders die Männer, mein Kontakt zu den Frauen war immer noch minimal – so up-to-date, sogar *hip* zu sein schienen. Es fiel mir schwer, die Menschen, die ich vor mir sah, mit meinem vorgefaßten Bild von primitiven Jägern und Sammlern in Einklang zu bringen. Meiner Erwartung nach hätte jede ihrer Gesten eine rituelle Bedeutung besitzen und jede ihrer Äußerungen voller Weisheit sein müssen. In Amopolo merkte ich nichts von Ritualen, und ihr völliges Fehlen nahm mich gegen die Pygmäen ein, so, als sei es ihre Schuld, daß sie ihnen abhanden gekommen waren. Mir war noch nicht der Gedanke gekommen, daß ihre Rituale so sehr in ihr tägliches Leben eingebunden sein könnten, daß sie meiner Aufmerksamkeit entgingen.

Das Lager erwachte jeden Morgen gegen fünf zum Leben. Zwei Stunden später zogen die Männer mit ihren Speeren und Macheten los, während sich die Frauen versammelten, sich in Gruppen zusammensetzten, Körbe flickten und dabei schwatzten. Nach einiger Zeit folgten die Frauen den Männern; sie stülpten sich die leeren Körbe über den Kopf und brachen jauchzend, jodelnd und Melodiefetzen trällernd auf. Offensichtlich machte die Jagd viel Spaß. Wenn ich hörte, wie ihre Stimmen durch den Wald hallten und langsam leiser wurden, bis man sie nicht mehr vom Flöten der Vögel unterscheiden konnte, überkam mich ein starkes Verlangen, sie zu begleiten. Ich spürte aber, daß die Pygmäen das nicht gerne sehen würden, und brachte es nicht über mich, sie darum bitten. Alles was sie mir zu essen gaben, waren Maniokwurzeln und gekochte Kaulquappen, die wie Schlamm schmeckten. Nie sah ich einen Fetzen Fleisch im Lager, konnte es mir aber nicht vorstellen, daß sie jeden Tag mit leeren Händen von der Jagd zurückkehrten. Ich kam zu der Überzeugung, daß sie ihre Beute vor mir verbargen und daß die Jagd die Gelegenheit war, bei der sie mich am allerwenigsten dabeihaben wollten.

Mehrere Tage lang wurde ich ignoriert. Simbu, Mandubu und deren Mutter Esoosi taten gerade das Allernotwendigste für mich, sie sorgten dafür, daß ich jeden Tag zumindest eine Kaulquappenmahlzeit erhielt. Tagsüber, wenn die Sonne langsam in die Mitte des wolkenlosen Himmels gekrochen war und dort stundenlang hängenblieb, war ich oft völlig allein. Das einzige, worauf ich mich freuen konnte, war mein tägliches Bad im Amopolo, in dem großen Tümpel bei der wackeligen Plankenbrücke. Gewöhnlich leisteten mir ein oder zwei halbwüchsige Jungen Gesellschaft, manchmal waren es Mamadu, der Trommler, oder Biléma, den ich bald an der aus langen, gelben Strohhalmen gefertigten »Brille« erkannte, die er immer aufhatte. Oft kam aber auch ein mürrischer Jugendlicher mit, dessen Namen ich nicht kannte. Außer um nach der Seife zu verlangen, brachten sie kein Sterbenswörtchen heraus.

Gegen fünf Uhr nachmittags, wenn die Sonne sich allmählich aus einem weißglühenden Feuerball in eine in sanfterem Rosaorange glimmende Scheibe verwandelte, erwachten meine Lebensgeister wieder. Sobald der erste Pygmäe wieder aus dem Wald aufgetaucht war, kamen Leute aus Bomandjombo herbei. Die Frauen des Dorfes brachten getrocknete Maniokwurzeln, Salz, Erdnußbutter, Seife, kleine Kugeln aus frittiertem süßen Teig, die *makala* hießen, und Flaschen mit selbstgebranntem *mbaku*, in der Hoffnung, sie gegen Waldfrüchte, wie Pilze und *koko*, eßbare Blätter, eintauschen zu können. Die paar Männer, die aus dem Dorf herüberkamen, waren freundlich und versäumten es nie, mich zu grüßen. Der Handel zwischen den Leuten aus dem Dorf und den Pygmäen war lebhaft und rege. Die Frauen aus Bomandjombo griffen sich Blätterbüschel und gaben den Pygmäen im Tausch dafür kleine Schalen mit Maniok. Manchmal wiesen die Pygmäenfrauen den Maniok zurück und schnappten sich ihre Blätter wieder, was zu Streitereien führte. Während der ganzen Zeit leerten die Pygmäenfrauen ihre Körbe und ließen den Inhalt in der Dunkelheit der Hütten verschwinden, bevor die Leute aus dem Dorf erkennen konnten, was sie alles erbeutet hatten.

Bei Einbruch der Abenddämmerung waren die Handelsgeschäfte beendet und die Dorfbewohner wieder gegangen. Eine Ruhe senkte sich über das Lager, die ganz anders war als die lähmende Todesatmosphäre, die während der einsamen Nachmittage herrschte. In großen Holzmörsern stampften die Frauen Maniok zu Mehl und erfüllten das ganze Lager mit einem rhythmischen Geklopfe. Küchenfeuer wurden angezündet; die Leute riefen sich gegenseitig etwas zu; aus jeder Richtung klang schallendes Gelächter. In solchen Stunden spürte ich, daß hier mehr vor sich ging, als diese Menschen preisgaben, und daß sie wirklich die Hüter der geheimen Musik waren, nach der ich suchte.

An den Abenden hatte ich meinen Anteil an Besuchern, und obwohl ich mich nicht über den wahren Zweck ihrer Visiten hinwegtäuschen konnte – dem Gruß folgte unweigerlich die Forderung nach einer Zigarette –, tröstete mich die Tatsache, daß einige der jüngeren Männer regelmäßig ein bis zwei Stunden mit mir vor meiner Hütte hockten. Sie schlossen mich nicht in ihre Unterhaltung ein – sie legten bemerkenswert wenig Neugier an den Tag, was meine Person betraf –, aber ich genoß ihre Anwesenheit trotzdem. Ich war damit zufrieden, ihnen zuzuhören, sie zu beobachten und die Zigaretten zu liefern, die ihre Gespräche am Leben erhielten. Ich wertete es als positives Zeichen, daß sie angefangen hatten, sich in meiner Gegenwart zu entspannen; die Stammesältesten hielten sich allerdings in auffallender Weise fern. Zweifellos, sie mieden mich. Und was die Frauen anbelangte, deren Gesang mir Schauder über den Rücken jagte, so blieben sie so flüchtige und anonyme Erscheinungen wie zuvor.

Es vergingen Tage ohne Musik – wenn man von einem gelegentlichen Wiegenlied oder den Melodien absah, die die Frauen sangen, wenn sie in den Wald zogen. Als ich mir eines Morgens vor meiner Hütte das Gesicht wusch, entdeckte ich ein harfenähnliches Instrument, das zusammen mit einem Haufen von Abfällen in den Büschen hinter Balonyonas Behausung lag. Es war aus Holz und hatte Nylon-saiten. Mir kam die Harfenmusik wieder in den Sinn, die ich am Tag meiner Ankunft in Amopolo gehört hatte. Warum hatte ich seitdem keine mehr vernommen? Als ich Balonyona die Harfe zeigte und ihn fragte, ob er sie spielen könne, zupfte er ein paar Sekunden lang eine Melodie, fummelte dann an den sieben Saiten herum, bis das Instrument hoffnungslos verstimmt war, warf es in den Sand, und ging weg, um zu jagen. Wußte er wirklich nicht, wie man Harfe spielte? Oder war ich abgewiesen worden? Meine Unsicherheit wuchs immer mehr, und damit auch meine Zurückhaltung.

Eines Abends schlug ich einen anderen Kurs ein. Als die Dorfbewohner nach Bomandjombo zurückgekehrt waren, holte ich meinen Recorder hervor und legte eine der Kassetten ein, die ich in der ersten Nacht bespielt hatte. Noch bevor ich das Gerät eingeschaltet hatte, füllte sich die Nachbarschaft mit Pygmäen, die alles voller Neugierde verfolgten. Der Klang ihrer Musik löste stürmisches Gelächter bei ihnen aus, aus dem gleichzeitig Stolz und Befangenheit sprach. Es war eine ganz neue Erfahrung für sie, die eigene Musik aus einem Lautsprecher erklingen zu hören. Die Männer riefen einer nach dem anderen: »Das bin ich!« Die Frauen begannen, sich im Takt der Musik zu wiegen. Nach kurzer Zeit sangen sie alle so laut, daß ihre Stimmen die Bandaufnahme übertönten. Als ich das Gerät abstellte, schien es niemand zu bemerken. Ich rannte in meine Hütte, um die Mikrofone zu holen, und beglückwünschte mich selbst dazu, daß ich endlich etwas ins Rollen gebracht hatte. Tatsächlich, da bereitete sich ein Tanz vor. Ich pellte die Zellophanhülle von einer neuen Kassette.

»Patron«, hörte ich hinter mir eine leise, flehende Stimme sagen.

Ich drehte mich um. Singali schaute mir direkt in die Augen. Seine Miene besagte: »Nun mach mal, Mann! Oder muß ich es dir erst buchstabieren?«

»Heute abend brauchen wir keinen *mbaku*«, sagte ich auf Französisch und packte damit den Stier bei den Hörnern. »Der Tanz hat schon angefangen!«

»Nein, das ist nicht wahr!« entgegnete der neben Singali stehende Balonyona im Brustton der Überzeugung. »Die Frauen wollen sofort *mbaku*!«

Ich erwiderte, daß ich ihnen nicht glaube. Singali sagte etwas zu Balonyona, der daraufhin verschwand. Ein paar Sekunden später kam er mit einer alten Dame zurück.

»Oka«, forderte er sie auf.

Sie stand in der Tür und brabbelte heftig, wobei sie mit ihrer rechten Hand in meine Richtung fuchtelte, um ihre Worte zu unterstreichen. Als sie geendet hatte, führte Balonyona sie weg.

»Was hat sie gesagt?« fragte ich Singali.

»Sie sagte, daß die Frauen wünschen, daß du *mbaku* kaufst.«

Balonyona hatte den Trommlern draußen Einhalt geboten und verkündete etwas. Ich verstand ein paarmal das Wort *mbaku.*

»Jaaa!« jubelten sie alle.

Niedergeschlagen zählte ich 3000 Francs ab. Singali steckte das Geld ein und sprudelte plötzlich vor Begeisterung über. Heute abend, versprach er, würde ich richtige Pygmäentänze sehen.

Als ich meine Hütte verlassen wollte, schoß Simbu aus einer Ecke hervor. Ich hatte keine Ahnung, wie lange er dort gelauert hatte, vermutlich aber lange genug, um Zeuge der Transaktion zwischen Singali und mir zu werden. Diese Leute konnten einem mit ihren Überfällen wirklich den letzten Nerv rauben.

»Patron«, murmelte er in eindringlichem Ton, »ich trinke keinen *mbaku.*«

So läuft das also, dachte ich voller Verzweiflung, als ich weitere 500 Francs aus der Tasche grub. Mittlerweile war mir das Verlangen, Aufnahmen zu machen, völlig vergangen. Ich würde mich an diese plötzlichen Stimmungswechsel gewöhnen müssen, in den folgenden Monaten war es immer wieder so, daß die Pygmäen mich euphorische Höhenflüge antreten ließen, nur um mich einen Augenblick später um so heftiger wieder auf den Boden stürzen zu lassen. Ich verdächtigte sie sogar, meine Gefühle bewußt zu manipulieren.

Musik und Tanz waren an diesem Abend so, wie es vorauszusehen gewesen war. Ich hatte genug Pygmäengesänge auf Schallplatten gehört, um zu erkennen, daß ich nur Partymusik aufnahm. Gegen drei Uhr morgens ging die Feierei allmählich zu Ende, und Singali, Balonyona und ich hockten uns um die Überreste des Feuers. Wir unterhielten uns.

»Wenn du denkst, daß die Tänze heute abend gut waren«, sagte Singali, »dann solltest du uns erst einmal im Wald erleben.«

Ich wurde ein wenig munterer und sagte: »Das würde ich gerne.«

»Im Wald ist alles besser«, fügte Balonyona mit einem dünnen Lächeln hinzu.

Das war genau die Bemerkung, auf die ich seit meiner Ankunft gewartet hatte. Vielleicht bestand für diese Leute doch noch Hoffnung!

Wir diskutierten weiter über die verschiedensten Dinge, obwohl ich nur einen Bruchteil von dem verstand, was die beiden Männer mir erzählten. Ich hatte mittlerweile festgestellt, daß das »Französisch« der Pygmäen nichts anderes war, als ein geschicktes Jonglieren mit einigen Phrasen, die sie sich im Umgang mit den Leuten aus dem Sägewerk angeeignet hatten. Balonyona zeigte mir seinen linken Fuß. Die Haut an seinem rosafarbenen Zeh sah aus, als habe jemand mit einer Nadel hineingestochen. Er bemühte sich, mir die Ursache seines Leidens zu erklären.

»Fleischfressende Maden!« schrie ich alarmiert auf. »Hier im Sand?«

Ich schaute auf die Latschen an meinen Füßen.

»Nein, nein!« versicherten sie mir hastig. »Nur im Wald.«

Ich beruhigte mich wieder. Kurz vor Morgengrauen griff Singali sich eine der Trommeln und fing an zu spielen. Er und Balonyona sangen ein Duett, bis die Sonne aufging. Es war nichts Besonderes, ich nahm es aber trotzdem zur Erinnerung an diese Begebenheit auf. Ich war mir nicht sicher, aber es sah so aus, als hätte ich zwei neue Freunde gefunden.

In Amopolo lebten mindesten hundert Menschen, und es fiel mir schon schwer genug, die Männer auseinanderzuhalten. Was die Frauen betraf, mit denen ich kaum Kontakt hatte, war es fast unmöglich. Ich erkannte die alte Esoosi, die man wegen ihrer durchdringenden Augen kaum mit jemand anders verwechseln konnte. Eine Zeitlang hatte ich das Gefühl, daß Matangu, die in der Hütte neben mir wohnte, die einzige Frau sei, die ich zumindest oberflächlich kannte. Es stellte sich heraus, daß die alte Dame zu meiner Linken, der meine Anwesenheit zu mißfallen schien, Nyasu, die Mutter von Matangu, war. Singalis Frau Eloba erkannte ich bald, weil sie oft nebenan vorbeischaute, um mit Matangu zu schwatzen. Wie ihre Ehemänner waren auch die beiden Frauen eng miteinander befreundet. Simbus Frau Mandubu verwechselte ich oft mit ihrer Schwester, Elika. Elika, deren Mann ich noch nicht kennengelernt hatte, hatte drei hübsche Töchter, von denen die älteste ein Teenager mit Namen Bosso war. Von dem Augenblick an, da ich sie zum erstenmal zu Gesicht bekam, wußte ich, daß ich sie nie wieder vergessen würde.

Es geschah, als Bosso aus dem Wald zurückkehrte: Sie tauchte am entfernten Rand des Lagers auf und schritt über die Lichtung. Ihr sich wiegender, nach innen gewölbter Rücken – eine charakteristische Haltung der Pygmäenfrauen – verlieh ihrem Gang eine sinnliche Anmut. Von ihrem linken Ohr hing ein Zweiglein mit weißen Beeren herab. Sie trug ein Band aus Palmblättern um die Stirn und einen Lendenschurz und Blätterbüschel um die Taille. Sie schien im Licht des frühen Abends zu erglühen. Als sie mich dabei ertappte, wie ich sie anschaute, erwiderte sie meinen Blick mehrere Sekunden lang, bevor sie in ihrer Hütte verschwand.

Es entwickelte sich eine heimliche Beziehung zwischen uns. Obwohl Bosso mit Biléma, dem Mann mit der nachgemachten Brille, verheiratet war, genoß sie es, meine Aufmerksamkeit auf sich zu lenken, und brachte sich entsprechend zur Geltung. Ich war nur zu entzückt, wenn ich sie anschauen konnte. Durch sie gewann ich meine ersten Eindrücke von den Frauen. Ich entdeckte, daß die Männer ein Repertoire typischer Gesten besaßen und die Frauen ein anderes, das sich von dem der Männer völlig unterschied. Jede Bewegung Bossos schien aus einer unverfälschten Weiblichkeit aufzusteigen. Im Laufe der Zeit nahm ich dasselbe verspielte Naturell bei allen Frauen wahr, sogar bei meiner abweisend dreinschauenden Nachbarin Nyasu.

Zuerst entdeckte ich es aber nur bei Bosso. Sie war es, die meine Neugier auf die Pygmäen-Frauen weckte, mich dazu brachte, mich intensiver mit ihnen zu beschäftigen. Bosso war ein geheimnisvolles Wesen: Was hatte sie mit ihrem Geflirte im Sinn? Als ich sie singen hörte, schien ihre Stimme aus einer anderen Welt zu kommen, die eine mächtige Anziehungskraft auf mich hatte. Ich dachte mehr und mehr an Bosso – ich war in ihren Bann geraten.

Eines Nachmittags, als die Luft rein war, zählte ich mein Geld. Ich hatte nicht kontrolliert, wieviel ich ausgegeben hatte. Nachdem ich die 20000 Francs, die ich Simbu versprochen hatte, beiseitegelegt hatte, hatte ich den Rest vor allem für Zigaretten ausgegeben. Jedesmal, wenn ich in Gegenwart eines Pygmäen eine Zigarette anzündete, machte mich sein hungriger Leidensblick schwach, und ich gab ihm auch eine. Folglich versuchte ich, vor allem während der Mittagsstunden zu rauchen, wenn nur wenige Leute in der Nähe waren. Bis jetzt war ich ganz gut zurechtgekommen – es war immer ein 1000-Francs-Schein dagewesen, wenn ich nach einem gefischt hatte. Aber ich wußte, daß die fetten Zeiten nicht ewig dauern würden; mir waren nur noch 8000 Francs geblieben.

Ich mußte der Tatsache ins Auge blicken, daß ich mich

auf ein Vabanquespiel eingelassen hatte, als ich nach Afrika gekommen war, um die geheime Musik der Pygmäen ausfindig zu machen. Ich wußte nicht einmal, ob es eine solche musikalische Tradition gab, hatte aber jeden Cent von meinen mageren Ersparnissen für diese Unternehmung eingesetzt. Mit meinem One-Way-Ticket nach Bangui hatte ich eine Wette darauf abgeschlossen, daß ich diese Musik entdecken würde. Wenn sie existierte, so hatte ich naiv argumentiert, würde es ein Kinderspiel sein, genug Geld für eine seriöse und professionelle Expedition, die die Gesänge der Pygmäen aufnehmen sollte, zusammenzubringen. Jetzt, da meine Kasse sich geleert hatte, ging ich verzweifelt daran, diese Musik endlich aufzuspüren.

Bis zu diesem Zeitpunkt hatte man mich mehr oder weniger dazu zwingen müssen, *mbaku* zu kaufen, und vielleicht war das das Problem: Mein Widerwille hatte möglicherweise dem Enthusiasmus der Pygmäen einen Dämpfer aufgesetzt. Ich würde jetzt ein ganz offenes Angebot verkünden und dabei betonen, wie sehr ich hoffte, daß sie sich mit ähnlicher Offenheit erkenntlich zeigen würden. Ich würde alles das kaufen, von dem sie behaupteten, daß es für einen guten Tanz nötig sei, und gleichzeitig klarmachen, daß ich mein letztes Geld für sie verpulverte. Sicherlich würde meine Geste sie rühren, und sie würden mich ihre wahre Musik hören lassen. Natürlich war es mir klar, daß das Bestechung war, aber ich war von zu weit hergekommen, um jetzt einfach aufzugeben.

Am Abend übermittelte ich Balonyona die gute Kunde. Nachdem er sich meine Ausführungen darüber angehört hatte, wie nobel ich sei, und daß ich hoffte, ihre »wahre« Musik zu hören, antwortete er: »Monsieur Louis, du bist ein *wahrer* weißer Mann!« Dann rannte er los, um die frohe Botschaft zu verbreiten.

Man traf in aller Eile die nötigen Vorbereitungen. Wie gewöhnlich meldete sich Singali zur Stelle, um das Kommando über die *mbaku*-Brigade zu übernehmen. Ich hatte erfahren, daß er zwar keinen *mbaku* trank, dafür aber große Mengen Marihuana rauchte, wie einige andere Stammesälteste auch. Ich sorgte dafür, daß ein reichliches Quantum aus Bomandjombo herbeigeholt wurde. Es hatte sich herumgesprochen, daß getanzt werden sollte, und bald schlugen zwei Jugendliche einen kraftvollen, schnellen Rhythmus auf den Trommeln, während ein dritter sie auf einem Stück Wellblech begleitete. Die Frauen kamen zu kleinen Gruppen zusammen, sie schwatzten ohne Unterlaß und stießen ab und zu ein paar Jodellaute aus.

Als Singali zurückkam, stieg der Geräuschpegel. Erst kam es zu einem Disput über die Verteilung des *mbaku*, dann zankte sich Balonyona mit den Trommlern. Er hatte sich, vom Alkohol beflügelt, ein Grasröckchen angezogen und bestand darauf, eine der Trommeln zu übernehmen. Die Trommler leisteten Widerstand. Das Problem wurde dadurch verschärft, daß Mamadu, der beliebteste Trommler des Lagers, sich trotz der flehenden Bitten der Frauen weigerte mitzumachen. Als Singali versuchte, ihn herbeizuschleifen, entwand er sich ihm und floh.

Während der Tänze, die ich bereits miterlebt hatte, hatte ich bemerkt, daß jeder Gesang aus zwei unterschiedlichen Teilen bestand. Zunächst kam das eigentliche Lied mit leicht zu erkennenden Melodien, nach ungefähr zehn Minuten wichen diese aber einem rein rhythmischen Teil, in dem musikalische Themen völlig aufgegeben wurden. Diese rhythmischen Teile, die *esimé* hießen, hörten sich alle mehr oder weniger gleich an. Wenn sie begannen, wurde das Getanze wilder, die Frauen stießen schrille Phrasen oder einzelne Laute aus, die eine Oktave höher waren, als ich es für menschenmöglich gehalten hätte. Ihre Schreie folgten in präzisem Rhythmus, und diesen Rhythmus genau zu halten oder ihn plötzlich mit einem neuen, anderen zu durchbrechen, schien ein Zeichen für Virtuosität zu sein.

In dieser Nacht war es so, daß jedes Lied, kaum daß es begonnen hatte, sich in einem lärmenden *esimé* auflöste, das schnell zu einem Gelalle entartete. Es gab viele falsche

Einsätze, die Trommler hieben ohne Rücksicht auf die Sänger auf ihre Instrumente ein, die Sänger sangen, wenn die Trommler aussetzten. Singali fing mit Balonyona ein Streitgespräch an, das seltsamerweise in einem gräßlichen Französisch geführt wurde. Balonyona nannte Singali einen Schwachsinnigen. Singali schubste Balonyona. Balonyona fiel wie ein Brett auf den Rücken. *»Wo!«* riefen die Frauen. Balonyona sprang wieder auf die Füße, tänzelte wie ein Boxer herum, wirbelte mit den Fäusten und schwor Rache. Das war also meine letzte Chance gewesen, die geheime Musik der Pygmäen zu entdecken, und jetzt entwickelte sich alles zu einem Fiasko.

Von dem Fehlschlag erschüttert, zog ich mich unauffällig in meine Hütte zurück, packte meine Aufnahmegeräte ein und ging zu Bett. Ich war so sicher gewesen, daß mehr in diesen Leuten steckte, als es den Anschein hatte, und es war niederschmetternd, daß ich mich so vertan hatte. Ich brauchte Zeit, um mich zu erholen und meine Situation neu einzuschätzen. Die verheerenden Auswirkungen der gescheiterten Aufnahmesitzung auf meine Finanzen demoralisierten mich.

Mindestens eine Stunde lang merkte niemand, daß ich nicht mehr da war. Dann torkelte Singali in meine Hütte.

»Patron«, rief er ins Dunkel hinein. »Du schläfst?«

»Oui«, erwiderte ich aus den Tiefen meines Elends heraus. »Die Musik in Amopolo ist fürchterlich.«

Singali stand einen Augenblick lang schwankend über mir – vielleicht hatte ihn meine Verzweiflung trotz seiner Trunkenheit erreicht. Dann gab er auf und kehrte zu dem Chaos auf der Lichtung zurück. In den nächsten Stunden kam die Party immer mehr in Schwung, bis sie schließlich ihren Höhepunkt erreichte: einen Kampf zwischen Matangu und Eloba. Alle rotteten sich zusammen, um mitanzusehen, wie die beiden Frauen einander boxten und kratzten.

Bei jedem Schlag, den sie sich versetzten, schrien die Zuschauer im Chor auf. Die miteinander verschlungenen

Kämpferinnen taumelten erst in die eine, dann in die andere Richtung, und die Menge teilte sich jedesmal, um ihnen Platz zu machen. Schließlich rollten sie in Balonyonas Hütte hinein, aus der sie binnen kürzester Zeit Kleinholz machten.

Jetzt griffen die anderen endlich ein, sie zogen Eloba von Matangu herunter und schleiften sie weg. Eine Stille, die aus einem tiefen Schamgefühl aufzusteigen schien, erstickte schnell die trunkene Kakophonie. In wenigen Sekunden war die Lichtung wie leergefegt. Aus dem Wald ertönte der kollernde Ruf eines Turako. Wahrscheinlich hatte der Vogel wegen des Pandämoniums keinen Schlaf finden können. Dann erhob sich noch eine andere Stimme aus der Dunkelheit – ein blökendes Jammern, herzzerreißend in seiner Traurigkeit. Es war Matangu, die ihre einsame Klage herausschluchzte.

Am Morgen herrschte im Lager ungewöhnliche Ruhe. Die Leute wichen meinem Blick aus. Ich war fest entschlossen, den Pygmäen nie wieder *mbaku* zu kaufen – allerdings war das ein rein akademischer Vorsatz, da ich sowieso fast pleite war. Die paar Männer, die kühn oder waghalsig genug waren, um mich wegen einer Zigarette anzusprechen, mußten eine wütende Schimpfkanonade über sich ergehen lassen: die Pygmäen von Amopolo seien ein degenerierter Haufen. Ich schwor ihnen, daß ich richtige Pygmäen ausfindig machen würde.

Ich wußte aber nicht einmal, wie ich mit den paar mir verbleibenden Francs meine eigene Nikotinsucht befriedigen sollte, an eine Übersiedlung in ein anderes Pygmäenlager war gar nicht zu denken. Ich saß in Amopolo fest. Ich konnte noch nicht einmal nach Hause zurückkehren, bis ich einen Weg gefunden hatte, mein Rückflugticket zu bezahlen. Ob die Pygmäen mich nun mochten oder nicht, ich mußte noch eine Zeitlang bei ihnen bleiben. Ich hielt meine Verzweiflung in meinem Tagebuch fest. Als ich noch schrieb, marschierte Simbu, der den Ausschweifungen der

Nacht ferngeblieben war, mit entschlossenem Schritt auf mich zu; er brachte mir ein Frühstück.

»Wirklich«, entschuldigte er sich mit mehr Inbrunst als üblich, »es gibt kein Essen in unserem Dorf.«

Er reichte mir eine Schüssel Kaulquappen.

»Aber ich esse hier gut«, antwortete ich voll Sarkasmus.

Zu meiner Überraschung prustete er laut vor Lachen – vorher hatte ich ihn noch nicht einmal lächeln sehen. Ungläubig den Kopf schüttelnd und etwas in sich hineinmurmelnd, entfernte er sich wieder und ließ mich mit meinem Mahl allein.

Gegen Nachmittag beschloß ich, mich aus dem Lager zu schleichen und ein paar Erdnüsse zu kaufen. Es war nicht Hunger, der mich antrieb – die Kaulquappen-Portionen waren immer großzügig bemessen –, sondern das Verlangen, einmal wieder einen anderen Geschmack in den Mund zu bekommen. Mir fiel ein, daß ich schon die ganze Zeit über meine Kost hätte ergänzen können. Jetzt, da mir der Gedanke kam, hatte ich kaum noch einen Penny in der Tasche.

Ich kam mir wie ein Betrüger vor, als ich der Straße folgte, die ins Dorf führte. Ich hatte vorgehabt, nur von der Kost der Pygmäen zu leben, und hatte mit allen möglichen Sorten von Fleisch gerechnet, wilden Nüssen, wohlschmeckenden Wurzeln und Knollen, fremdartigen delikaten Früchten. Bekommen hatte ich nur Kaulquappen und Maniok. Fast alles bei den Pygmäen entsprach nicht meinen Erwartungen, die Realität war nicht nur anders – sondern schlimmer. In seinen Briefen hatte Colin Turnbull mir versichert, daß es im Regenwald nur wenige Moskitos gebe; da die Pygmäen im Regenwald lebten, hatte ich unbekümmert darauf verzichtet, mir ein Moskitonetz zu kaufen. Amopolo lag aber außerhalb des Waldes und in der Nähe eines großen Sumpfes. Myriaden von Moskitos fielen jede Nacht über uns her.

Die Geschichten, die ich in Bangui gehört hatte, hatten mich in Erregung versetzt. Eine Frau aus Nola hatte berichtet: »Die Pygmäen in der Nähe von Mbaiki sind an Fremde gewöhnt. Sie werden die ganze Zeit über von Wissenschaftlern besucht. Aber bei Nola sind sie sehr scheu. Sie schauen dich von der Seite an, und wenn du zurückguckst, wenden sie sich ab. Wenn du ihnen nur eine Zigarette gibst, sind sie überglücklich. Sie reichen sie von Hand zu Hand weiter und jeder von ihnen macht einen Zug. Dann tanzen sie und tanzen die ganze Nacht durch.« Andere hatten mir erzählt, daß die Pygmäen voller Schrekken ausreißen würden, wenn sie mich sähen, oder daß sie die Gabe hätten, sich unsichtbar zu machen. Bokassa, so sagte man, habe versucht, sich diese Kräfte der Pygmäen bei seinem Aufstieg zur Macht zunutze zu machen. Nichts hatte mich auf die Wirklichkeit von Amopolo vorbereitet. Ich hatte eine Niete gezogen. Amopolo war das Allerletzte.

Als ich das Dorf betrat, hatte ich mich in Ärger hineingesteigert. Aus Rache stopfte ich mich mit *makala* voll – für zehn Francs das Stück war es eine billige Leckerei. Dann erwarb ich eine Tüte gerösteter Erdnüsse, die ich mitnehmen und in meiner Hütte verstecken wollte, und einen Laib Brot für den Rückweg. Ich kaufte auch noch ein Päckchen Zigaretten, um mir eine Geheimreserve für die Zeit anzulegen, wenn ich kein Geld mehr haben würde.

Als ich wieder in Amopolo ankam, sah ich überrascht, daß eine große Gruppe von Frauen, dreißig oder mehr, vor meiner Hütte um einen verlassenen Termitenhügel herumsaß. Sie beobachteten mich, als ich mich langsam näherte. Ich bemerkte, daß Bosso unter ihnen war. Zuerst fragte ich mich nervös, ob sie von den Erdnüssen wußten, aber dieser zynische Gedanke verflog schnell unter ihren Blicken. Sie schauten mich einfach nur an. Ich versuchte es mit einem Lächeln. Nyasu, die vorher so sauertöpfisch gewesen war, lächelte zurück. Ich setzte mich vor meiner Hütte auf den Boden und wendete ihnen das Gesicht zu. Einen Augenblick vorher hatte mich noch stille Wut auf die Pygmäen erfüllt, jetzt wich der Ärger von mir. Ich fühlte mich von der

Gegenwart der Frauen merkwürdig getröstet und beruhigt. Aber was konnte sie dazu veranlaßt haben, zu mir zu kommen?

Nach zwanzig Minuten standen sie, eine nach der anderen, ohne ein Wort auf und gingen. Ich betrat meine Hütte und entdeckte mitten auf dem Bündel mit meinen Habseligkeiten eine große gelbe Papaya. Balonyona erschien und erklärte, daß Christian vorbeigekommen sei und die Frucht als Geschenk dagelassen habe. Obwohl ich froh war, daß ich ihm entgangen war, rührte mich die Geste. Die Papaya war reif und saftig. Spontan schnitt ich sie durch und gab Balonyona eine Hälfte. Balonyona kehrte mit seinem Anteil zu seiner Hütte zurück. Einen Augenblick später hörte ich Schlürfen und vergnügtes Gebrumme, als er, Matangu und Mbutu die Frucht verspeisten. Es hörte sich an, als ob sie noch nie zuvor eine Papaya gekostet hätten.

Am nächsten Morgen, es hatte gerade zu dämmern begonnen, stand Balonyona im Eingang meiner Hütte und drängte mich dazu, mit ihm zum Angeln zu gehen. Angeln? Mit Ausnahme einiger Jungen hatte bisher keiner der Pygmäen auch nur das geringste Interesse dafür gezeigt. Die älteren Jäger verachteten es geradezu. Ich war auch nicht gerade erpicht darauf, aber Balonyona blieb hartnäckig. Da es mein erster Ausflug in den Regenwald in Begleitung eines Pygmäen sein würde, stimmte ich schließlich zu. Ich kramte ein paar Angelschnüre und Haken hervor und stopfte mir heimlich den Mund mit Erdnüssen voll, da ich annehmen mußte, daß das Frühstück bei einem so frühen Aufbruch ausfallen würde.

Balonyona nahm die Sache offensichtlich ernst, denn wir zogen sofort los. Mehrere Jungen schlossen sich uns an. Wir marschierten erst nach Süden und schwenkten dann auf einen Pfad ein, der zum Sangha führte. Dies war nicht der Urwald, über den ich so viel gelesen hatte, mit wenig Unterholz und riesigen Bäumen, zwischen denen immerwährende Dunkelheit herrschte. Wir bahnten uns unseren

Weg durch ein endloses Dickicht, das sich mit einer bedrohlichen Vielfalt von Dornen zur Wehr setzte. Bei der leisesten Berührung lösten sich Stacheln und bohrten sich in meine Haut ein. Ranken wie Stacheldraht kreuzten in Fuß- und Halshöhe den Pfad. Baumstämme strotzten vor stahlharten Spießen, überall gab es mit Borsten besetzte Lianen. Hin und wieder stießen wir auch auf Dornengewächse vom klassischen Rosentypus. Der Dschungel wurde dichter und der Pfad hörte auf. Balonyona hackte mit seiner kleinen Machete auf das Dickicht ein und kam so rasch voran, daß ich ihn bald aus den Augen verlor. Einmal schrie ich in einem Augenblick der Panik auf.

Schließlich erreichten wir eine Lichtung. Balonyona erklärte, daß wir hierher gekommen waren, um Angelruten anzufertigen. Die Jungen schnitten einige Stecken zurecht, ich maß die Schnur ab und verteilte Haken, und wir bastelten unsere Angeln zusammen. Dann brachen wir wieder auf.

Der dichte Busch wich einem morastigen Wald. Wir balancierten vorsichtig über Wurzeln und auf dem Boden liegende Äste, um nicht in dem Schlamm zu versacken. Dann fiel das Terrain steil ab, und einige gefährliche Augenblicke lang krabbelten wir in einer Höhe von fünf Metern über ein Geflecht von Lianen. Der sumpfige Grund unter uns war von Elefantenfußstapfen übersät; in jedem der großen, runden Krater stand schwarzes Wasser. Nach einer Stunde betraten wir einen helleren und trockeneren Wald. Wir marschierten immer weiter und überquerten mehrere vielversprechende Wasserläufe. Jedesmal schlug ich vor, anzuhalten und endlich mit dem Angeln anzufangen, aber Balonyona wollte immer noch weiter vorstoßen. Er kenne die Stelle, an der man Würmer finden könne.

Gegen Mittag erreichten wir einen kleinen Fluß, der nicht anders aussah als die, die wir schon überquert hatten. Balonyona bückte sich und begann, mit seiner Machete in der schlammigen Uferbank herumzustochern. Im Regenwald kommt man nur schwer an Würmer heran, da Ameisen die Aufgabe übernommen haben, den Boden aufzulokkern. Balonyona fand sieben Würmer. Er wickelte sie vorsichtig in ein Blatt ein, übergab das Päckchen einem der Jungen und führte uns auf dem Weg zurück, auf dem wir gekommen waren, bis zu einem der Flüsse, die wir auf dem Hinmarsch überquert hatten. Wir befestigten die Köder an unseren Haken und warfen die Angeln aus.

Ein paarmal zuckte es an Balonyonas Angel. Er wartete immer ein bißchen und riß die Schnur dann aus dem Wasser. Jedesmal war der Köder verschwunden. Nach weniger als zwanzig Minuten hatten wir nur noch einen Wurm. Balonyona war gerade dabei, ihn auf seinen Haken zu spießen, als der Älteste der Jungen ihn vehement und mit einer Autorität, die ebenso verblüffend wie unerwartet war, für sich forderte. Ohne Widerrede gab Balonyona ihm den Wurm.

Der Junge hielt die Angel fünf Minuten lang ins Wasser und zog dann eine Elritze heraus.

»Laßt uns gehen«, sagte Balonyona, und wir machten uns auf den Rückweg nach Amopolo.

Wir erreichten das Lager zu der Stunde, in der das Licht der untergehenden Sonne alles mit einem zarten Glanz überzieht. Die Luft war vom Klang der üblichen Abendaktivitäten, willkommenen Anzeichen für die Gegenwart von Menschen, erfüllt. Auf der Lichtung waren einige Kinder voller Ernst dabei, ihren eigenen Tanz zu beginnen. Drei kleine Jungen bemannten die Trommeln, eine Reihe von Mädchen saß hinter ihnen, sie unterhielten sich, lachten und sangen Bruchstücke von Melodien. Bossos zwölfjährige Schwester Mbina dirigierte das ganze Unternehmen; sie hatte sich einen Blätterbausch umgebunden, der wie ein buschiger Schwanz aussah. Konzentriert überprüfte sie, welche Wirkung dieser Bausch machte, als sie mit kleinen schnellen Schritten nach vorne tänzelte und dabei mit dem Gesäß wackelte. Mit ihrer bezaubernden, klaren Stimme ermutigte sie die anderen zum Mitmachen. Einen Augenblick schien es so, als sei der Gesang in Gang gekommen, dann unterbrachen sie sich selbst mit Gelächter, stritten kurz darüber, wie man weitermachen solle, und fingen wieder von vorne an. In der Trommlerabteilung gab es Probleme: Die Vierjährigen konnten den Rhythmus nicht halten. Auf Mbinas Anweisung hin trat eine Mannschaft von Achtjährigen an ihre Stelle. Sofort wurde die Musik kraftvoller.

Als ich, umgeben von mehreren Männern, die auf ihre Zigaretten warteten, vor meiner Hütte saß und mein Abendessen verzehrte – wieder einmal Kaulquappen –, fiel mir auf, daß die Melodiefragmente der Kinder ganz anders klangen als die Gesänge, die ich bisher aufgenommen hatte. Sie hatten etwas Entzückendes an sich, schienen beinahe das Wesen der Kindheit auszudrücken. Unvermittelt kam mir der Gedanke, daß ich sie eigentlich aufnehmen sollte. Hier hatte ich endlich ein genuines Beispiel für die spontanen Tänze, für die die Pygmäen so berühmt waren. Es war gleichgültig, daß die Ausführenden nur Kinder waren, es konnte sehr gut die interessanteste Musik sein, die ich jemals in Amopolo hören würde.

Als ich meine Mikrofone eingestöpselt und mir den Recorder an einem Riemen um den Hals gehängt hatte, hatte die Musik beträchtlich mehr Schwung bekommen. Die Mikrofone hochhaltend, rannte ich aus meiner Hütte. Der Chor der Kinder war auf das Dreifache angewachsen. Sie sangen mit einer Hingabe, die einem ans Herz griff. Mbina stand im Zentrum der Aufmerksamkeit; sie tanzte ohne Pause eine kurze Schrittfolge nach der anderen. Ihre außergewöhnliche Stimme riß die anderen mit, bis die Musik freudig-erregt klang. Männer und Frauen eilten herbei, um zuzuschauen und aufmunternde Schreie auszustoßen. Dichtgedrängt standen sie in einem Kreis um das Mädchen. Zuerst waren aller Augen auf sie gerichtet, aber irgendwann bemerkte ich, daß die Rufe und das Lachen nicht mehr Mbina galten; mit ihr tanzte jetzt eine zweite Gestalt. Sie war von Kopf bis Fuß in ein schwarzes Tuch gehüllt und parodierte in übermütiger Weise Mbinas Bewegungen. Obwohl sie nichts sehen konnte, legte sie eine bemerkenswerte Gewandtheit an den Tag. Einen Augenblick später war sie verschwunden. Die Kinder riefen sie zurück, indem sie ein anderes Lied begannen. Mbina jodelte und tanzte weiter.

Bei Einbruch der Dunkelheit schlug die Stimmung plötzlich um. Ruhe trat ein, während die Frauen sich zu drei Gruppen, die den verschiedenen Lagern entsprachen, zusammensetzten. Mamadu übernahm das Kommando über die große Trommel. Die Männer wichen an den Rand der Lichtung zurück, einige ließen sich auf einer Bank nieder, die aus drei langen Bambusstangen bestand. Jetzt erscholl eine neue Art von Musik aus der Dunkelheit, ein voller polyphoner Klang durchzog das Lager, aus dem eine tiefe Sehnsucht zu sprechen schien. Ein paar Männer sangen leise mit, aber es war ganz klar die Musik der Frauen. Sie sangen mit großem Zartgefühl und schmückten die Melodie mit sanften Jodellauten aus. Sie betonten erst einen Teil der Melodie, dann einen anderen und ließen damit den Eindruck einer musikalischen Entwicklung entstehen, die über die zyklische Grundstruktur des Liedes hinwegtäuschte. Die Melodie, die aus zwei kurzen Phrasen und einem abfallenden Jodellaut bestand, schien mir das Schönste zu sein, was ich jemals gehört hatte. Für mich wurde sie zu einer Art Erkennungsmelodie, die immer, wenn ich sie vernahm, jene Monate in Amopolo heraufbeschwor. Später hörte ich, wie man mit ihr weinende Kinder in den Schlaf sang, bei den Tänzen wurde sie in zahlreichen Variationen immer wieder angestimmt, und aus ihren Kontramelodien entstanden neue Lieder. Wie alle Dinge im Urwald wurde sie schließlich schwächer und verschwand dann. In jener ersten Nacht gab sie mir jedoch Einblick in eine zeitenthobene, magische Welt.

Niemand tanzte mehr. Die drei Frauengruppen, jede um einen kleinen Stoß glühender Scheite hockend, antworteten einander in einem fugenähnlichen Wechselgesang. Als der Gesang mit ein paar vereinzelten Jodellauten ausgeklungen war, fing das *esimé* an. Die Frauen wisperten ihre Schreie in die Nacht, mit hohen und sanften Stimmen: *Ya tay!* Komm her! und *Béké!* Gib! Wenn Mamadu ein Zischen ausstieß, verstummten Trommler und Sänger mit demselben Taktschlag.

Die Frauen sangen noch stundenlang; jene besondere Melodie flackerte immer wieder auf, schwoll machtvoll an, riß mich mit ihren Verheißungen an sich und ließ ein schmerzliches Verlangen in mir wach werden. Bosso und ihre enge Freundin Owoosa saßen Rücken an Rücken in der Mitte der Gruppe nahe bei den Mikrofonen. Manchmal improvisierten die beiden kunstvolle Jodelsequenzen, wobei sie während der angeregtesten Momente ihres Duetts die Köpfe zur Seite neigten und aneinanderpreßten. Nyasu, die genau unterhalb des linken Mikrofones saß, jodelte mit einer leisen, ruhigen Stimme, wie es auch andere alte Frauen taten, so daß sich den strahlenden Stimmen der jüngeren Frauen ein sublim-tiefer Klang hinzufügte.

Was mich dabei verwirrte, ja sogar enttäuschte, war die untypische Zurückhaltung der Männer, die dabeisaßen und nur gelegentlich leise vor sich hinsangen. Bei früheren Gelegenheiten waren sie so versessen darauf gewesen, Aufmerksamkeit zu erregen, sie waren zu den Mikrofonen gerannt und hatten aus vollem Halse gebrüllt – sie waren eine regelrechte Plage gewesen. Jetzt hockten sie einfach in einem großen Klumpen zusammen. Ich richtete ein Mikrofon auf sie, um sie zum Mitmachen anzustacheln. Nur Dimba erhob die Stimme und ließ sein Summen für ein paar Sekunden lang in ein kaum hörbares Singen übergehen. Ich nahm an, daß sie starrköpfig waren und sich weigerten mitzusingen, weil ich heute abend keinen *mbaku* spendiert hatte.

Hin und wieder legte Mamadu die Trommelstöcke aus der Hand und verschwand. Wie ich erfuhr, war er ein temperamentvoller Künstler und führte sich immer so auf, wenn er das Gefühl hatte, daß sein Talent nicht genügend gewürdigt wurde. Solange er weg war, stimmten die Frauen probeweise das nächste Lied an und legten dessen Grundstimmung fest. Man hörte Rufe »Mamadu!« und »Komm zu den Trommeln«. Nach einiger Zeit kam er dann entweder freiwillig zurück oder ließ sich, immer noch schmollend, von einer der Frauen aus seiner Hütte schleppen.

Gegen Mitternacht, nach einer besonders ergreifenden Darbietung meines Lieblingsliedes, legte ich noch eine Kassette in das Gerät ein. Die Frauen fingen sofort ein neues Lied an. Zuerst waren ihre Stimmen sanft und trällernd, dann gingen sie langsam in ein freudiges Jodeln über. Aus den Augenwinkeln bemerkte ich einen kleinen Busch, wo mir vorher kein Busch aufgefallen war. Er stand nur wenig vom Rand der Lichtung entfernt und warf im Mondlicht einen kurzen Schatten. Als ich umherschaute, erblickte ich noch mehr Büsche, wo ich vorher keine gesehen hatte. Vor einigen Bäumen, nur knapp über dem Boden, schwankte ein riesiges Blatt wie im Wind auf und ab – es wehte aber gar kein Wind.

Einer der Büsche wuchs ein wenig in die Höhe, glitt weiter auf die Mitte der Lichtung zu und stand dann wieder bewegungslos. Ich meinte, trotz des lautstarken Gesangs der Frauen einen leisen Schrei zu vernehmen, von einer hohen, nasalen Stimme, die zugleich aus der Nähe und aus der Ferne zu kommen schien. Ein paar Minuten später hörte ich sie wieder, sie war lauter und mit Sicherheit näher gekommen. Die Musik wurde äußerst erregt und ging dann in ein wildes, komplexes *esimé* über.

»Ay-aaaaaa!« erscholl der Schrei direkt hinter mir und übertönte die Stimmen der Frauen.

Ein Riesenblatt glitt, sich langsam drehend, über die Lichtung und kam vor der größten Gruppe von Frauen zum Stillstand. Es neigte sich ihnen zu und schlug, im Rhythmus auf- und niederwogend, auf den Boden. Manchmal kreischte es mit einer seltsam unmenschlichen Stimme. Die Frauen gerieten geradezu in Raserei. Viele erhoben sich und tanzten auf der Stelle herum. Mit einem durchdringenden Zischen brachte das Blatt die Musik abrupt zum Verstummen. Einen Augenblick lang hörte man nur die Geräusche der Nachtinsekten. Dann zitterte das Blatt. Das verfilzte, niedrige Gestrüpp, das unter ihm auf dem Boden wucherte, wurde von dem Luftzug bewegt. Dann hörte das Blatt wieder auf sich zu bewegen. Es sprach.

Die Frauen lauschten schweigend. Als das Blatt zu Ende geredet hatte, antwortete aus der Ferne ein schwaches Echo, das dann wild durch den nächtlichen Wald schnatterte. »Ooh!« riefen mehrere Frauen aus. Irgend etwas knallte in der Nähe im Dschungel, und in der Ferne wurden langgezogene schrille Schreie laut. Einer der Büsche erhob sich, rannte ein paar Zentimeter vorwärts und erstarrte dann. Das Blatt fing wieder an zu zittern und sprach noch einmal. Ganz schwach vernahm ich noch andere Stimmen, die einander wie Echos antworteten, alle gleichzeitig oder auch im Duett aufkreischten. Der ganze Dschungel schien plötzlich auf geheimnisvolle Weise belebt zu sein. Das Blatt trug etwas in kurzen, schnellen Sprechsalven vor. Manchmal entlockte es den Frauen ein kollektives *Eeh-ho!* oder *Yay!* Manchmal löste es auch das angenehm klingende Gruppengelächter aus, das so typisch für die Frauen war: *Eh-hay-hay! Whoooh!* Gelegentlich antworteten sie auf seine Bemerkungen mit einem absichtlich dissonanten Schrei – zwei oder drei Tönen, die jeweils einen Halbton auseinanderlagen und die mehrere Sekunden lang angehalten wurden. Während der ganzen Zeit manövrierten sich die Büsche, einem nur ihnen bekannten, geheimnisvollen Plan folgend, in neue Stellungen hinein.

Schließlich zitterte das Blatt noch einmal heftig und glitt dann fort, wobei es einen grotesken Gesang kreischte, den die Frauen aufnahmen und in eine Melodie von übernatürlicher Schönheit verwandelten. Mamadu schlug ein paarmal auf die große Trommel, er steigerte sich langsam in den Rhythmus hinein. Alle denkbaren Arten seltsamer Schreie und Gackerlaute drangen aus dem Urwald. Gerade noch in Hörweite schienen zwei oder drei Stimmen einen erbitterten Streit auszufechten. Eine Stimme, die näher war, sang, hoffnungslos falsch und schief, das Lied der Frauen mit.

Die Musik hörte in dieser Nacht nicht auf. Die Urwaldgeister kehrten immer wieder zurück. Büsche lösten sich aus dem Dunkel am Rand der Lichtung und huschten im Zickzack, sich wie Kreisel um die eigene Achse drehend, durch das Lager. Das Blatt flatterte und wogte vor den Frauen. Eine dritte Art von Geistern tauchte auf. Wie Albinogeschöpfe, die in ewiger Dunkelheit leben, standen sie blaß im Mondlicht; sie hatten längliche, leere Gesichter und besaßen eine unerschöpfliche Energie. Sie flitzten und hopsten auf allen Vieren herum wie tobende Affen. Sie trommelten mit raschen Schlägen auf die Erde, stießen Grunzlaute aus und wackelten mit ihren komischen Köpfen. Sie rannten durch die Feuer, so daß die Glut in einem Funkenregen auseinanderstob. Einer von ihnen lief in Singalis Hütte und sprengte sich seinen Weg durch die Wand wieder hinaus. Wenn sie auf die Sängerinnen zuschossen, schrien die Frauen *»Wo!«* und ergriffen voller Schrecken die Flucht.

In den frühen Morgenstunden kam der Tanz langsam zum Erliegen. Dann zogen sich auch die Geister zurück, ihre Stimmen mischten sich aber noch in einige weitere Lieder ein. Schließlich kam ein Lied, bei dem sie nicht mehr zu hören waren. Dieser Gesang tröstete mich, er drückte gleichzeitig Erfüllung und Bedauern aus; er setzte sich aus tiefen Jodellauten zusammen, auf die keine Antwort mehr aus dem Dschungel erscholl. Das ruhige *esimé*, das ihm folgte, klang nach nur einer Minute aus. Ohne ein Wort zu sprechen, standen alle auf und gingen auseinander.

Als ich – in immer noch euphorischer Stimmung – unter mein Laken kroch, schoß mir der Gedanke durch den Kopf, daß man mich während der gesamten Zeremonie nicht ein einziges Mal um eine Zigarette gebeten hatte.

Herz im Wald

Am nächsten Morgen wirkte alles ganz verändert. Seit meiner Ankunft waren schon zwei Wochen vergangen, aber zum erstenmal sah ich, was Amopolo tatsächlich war. Die baumlose Lichtung, auf der es immer zu heiß und zu grell zu sein schien, der schmutzig-weiße, staubfeine Sand, die schäbigen Hütten – dies alles war eigentlich nur Kulisse, hinter der sich die Wirklichkeit verbarg.

Mit ernstem Gesicht tauchte Simbu aus seiner Hütte auf und ging über die Lichtung auf mich zu. Er sah aus, als sei er in einer wichtigen Mission zu mir unterwegs. Er stellte Schüsseln vor mir ab. Ich stutzte – keine Kaulquappen, sondern große Fleischbrocken! Ich schaute Simbu an.

»Stachelschwein«, sagte er und brach in Gelächter aus. Als er sich wieder gefangen hatte, fügte er hinzu: »Wir Pygmäen, wir essen viel Stachelschwein.« Er fing wieder zu lachen an.

»Fleisch«, dachte ich.

»Laß es dir schmecken,« sagte er mit Nachdruck.

Ich verschlang das Fleisch, leise vor mich hinknurrend, wie ein Raubtier.

Die Entscheidung der Pygmäen, mich das Erscheinen der Waldgeister miterleben zu lassen, hatte weitreichende Konsequenzen für mein ganzes Leben. Was sie zu dieser Entscheidung bewogen hatte, vermochte ich nicht zu erraten, aber ich fühlte mich in einer Hinsicht ungeheuer erleichtert: Wenn sie mich tatsächlich nicht gemocht hätten, wie ich es mir einzubilden begonnen hatte, hätten sie es nie so weit kommen lassen. Von ihnen akzeptiert worden zu sein, war ein Privileg, das ich nicht geringschätzen durfte. Ich hatte tatsächlich meine Musik entdeckt. Ihre komplizierte Struktur, ihre Subtilität und ihr tiefer emotioneller Gehalt überzeugten mich davon, daß ich auf eine der bedeutendsten kulturellen Traditionen der Menschheit gestoßen war. Es war eine Musik, die vermutlich älter als die Pyramiden war und immer noch lebte, und ihr wahrer künstlerischer Wert war von kaum jemandem erkannt worden.

Das außergewöhnliche Gefühl, zu einer intimen Gemeinschaft zu gehören, das ich während der Zeremonie verspürt hatte, hielt noch viele Tage an. Der ganz normale Umgang zwischen mir und den Pygmäen erhielt eine zweite Bedeutung: Es war so, als sagten sie jedesmal, wenn unsere Blicke sich begegneten, augenzwinkernd: »Jetzt kennst du unser Geheimnis. Jetzt weißt du, wer wir sind.« Die Zeremonie hatte viel stärker auf mich eingewirkt, als ich es hatte voraussehen können.

Am Morgen nach der Zeremonie entschuldigte ich mich bei den Pygmäen für all das, was ich ihnen in meinem Zorn vorgeworfen hatte. Sie lächelten nur nachsichtig. Wie könnte ich jetzt noch weggehen, lautete meine aufrichtig gemeinte Frage, nach dem, was ich in der vergangenen Nacht gesehen und gehört hätte? Sie erzählten mir wenig über die Geister des Waldes, nur daß man die Gesamtheit dieser Erscheinungen *mokoondi* nannte. Ich drang nicht weiter in sie. Für den Augenblick war ich mit dem Geheimnis zufrieden und bereit, die *mokoondi* zu akzeptieren, gleichgültig, wie viel die Pygmäen über sie preisgeben wollten.

Ich bekam jetzt in Amopolo viele Arten von Musik zu hören, vor allem die, die auf der Harfe, der *geedal*, gespielt wurde. Obwohl bei den meisten Pygmäengruppen von Zentralafrika auf der Harfe musiziert wird, sind fast alle Forscher der Meinung, daß sie nicht eines ihrer ursprünglichen Instrumente ist. In verfeinerteren Formen ist die Harfe eines der weitverbreitetsten Instrumente von ganz Afrika. Die Harfe der Pygmäen hat gewöhnlich nur fünf oder sechs Saiten. Die *geedal* war bei den Jungen sehr populär, sie brachten sich selbst bei, wie man darauf spielt. Die Frauen zeigten keinerlei Interesse für dieses Instrument. Was überschäumende Virtuosität anbetraf, war ein junger Mann namens Akété der herausragendste Spieler; Akété gehörte zu Dimbas Lager und war wohl der bestangezogene Mann von Amopolo. Er besaß sogar ein Radio! Bei seinen Darbietungen tat Akété sich immer mit seinem guten Freund Zalogwé zusammen, der in *Rap*-Manier satirische Texte zu den Liedern sang. Das Ergebnis war ein bemerkenswert innovativer Sound, eine Art Pygmäenpop, wie ich ihn sonst nie wieder hörte.

Es stellte sich heraus, daß Mamadu, der Trommler, auch ein aufstrebender Harfenist war. Obwohl nur wenig jünger als Akété, war er diesem, was die Technik betraf, weit unterlegen, aber er übte fleißig, fast besessen, bis in die frühen Morgenstunden hinein. In Amopolo gab es nur eine *geedal*, und Mamadu sicherte sie sich jeden Abend, wenn keiner der anerkannteren Spieler sie für sich forderte. Oft hörte ich ihn eine Passage so lange wiederholen, bis er sie, ohne zu stocken, spielen konnte. Niemand kam jedoch an Balonyona heran; in seinen Händen schien die *geedal* ganz einfach anders zu klingen. Virtuos und scheinbar mühelos variierte er jede Melodie immer wieder aufs neue. Wenn man seiner Musik lauschte, sah man einen Fluß durch den Urwald strömen. Manchmal saß er, wenn alle anderen schliefen, in seiner Hütte und spielte die halbe Nacht hindurch. Ich trieb dann langsam in den Schlaf und hörte die Musik in meinen Träumen, bis mich die Schönheit einer seiner Melodien wieder weckte. Obwohl ich später noch viele *geedal*-Spieler erlebte, hörte ich nie einen anderen, der an ihn heranreichte, und ich schätzte mich glücklich, ihn zum Nachbarn zu haben.

Die Jugendlichen hatten ihren eigenen Tanz, den sie *élanda* nannten. Nachdem sie sich zu einem Kreis aufgestellt hatten, jodelten die Mädchen immer wieder dieselbe kurze Melodie, während die Jungen aus ihrer Brust tiefe, grunzende Laute aufsteigen ließen. Alle Beteiligten traten abwechselnd in die Mitte des Kreises, tanzten einige Sekunden lang solo und wählten dann die Person aus, die nach ihnen an der Reihe war. Es war ein energiegeladener, temperamentvoller Tanz, der noch stundenlang, nachdem die Älteren schlafengegangen waren, andauerte. Viel von ihrer Energie bezogen die Tanzenden ohne Zweifel aus der Tatsache, daß ein *élanda* eine der besten Gelegenheiten zum Flirten war. Rendezvous wurden vereinbart, Liebesaffären nahmen ihren Anfang – es waren auch viele verheiratete junge Paare dabei –, Pärchen schlichen sich unauffällig davon und tauchten zwanzig Minuten später wieder auf.

Die Singspiele der Kinder bezauberten mich immer wieder aufs neue. Kleinkinder lernten die Lieder und Spiele direkt von ihren älteren Gefährten. In Europa und Amerika hat man festgestellt, daß viele Kinderreime, wie sie etwa beim Seilspringen gesungen werden, jahrhundertealt sind, und ich vermute, daß die meisten Lieder, mit denen die Pygmäenkinder ihre Spiele begleiten, ebenso alt sind. Während die zu *élanda* und *eboka* – dem Trommeltanz – gesungenen Lieder sich im Laufe der Jahre veränderten, ein jedes von ihnen erst an Beliebtheit gewann und dann nach einigen Monaten kaum noch gesungen wurde, bis es schließlich ganz aus dem Repertoire verschwand, blieben die zu den Spielen gesungenen Lieder immer gleich, nie wurde etwas Neues hinzugefügt, nie wurde etwas Altes ausgelassen.

In den nächsten Wochen nahm ich etwas auf, was eine der langanhaltendsten musikalischen Darbietungen gewesen sein muß, die es jemals auf der Erde gegeben hat. Am Nachmittag ging ich zu *geedal*-Konzerten, am Abend zu *gano*-Rezitationen – *gano* sind gesungene Fabeln – und mitten in der Nacht zu *élanda*. Wenn eine Gruppe von Pygmäen sich in einen Zustand der Erschöpfung hineinmusiziert hatte und sich ausruhte, nahm mich sofort eine andere in Anspruch. Ich schlief kaum noch. Ich staunte darüber, daß die Pygmäen bis zu dem Tanz mit den *mokoondi*, einen solchen Reichtum an Musik vor mir hatten geheimhalten können.

Es gab aber nicht nur diese »Konzerte«, die ich aufnahm; das ganze Leben in Amopolo war mit Musik unterlegt. Die *geedal*-Klänge im Hintergrund verstummten kaum jemals, sie markierten unterschwellig den Fortgang des Tages. Am Abend, wenn die Männer sich um das Feuer versammelten, um zu reden und zu rauchen, wurde die *geedal* von Hand zu Hand weitergereicht. Nur wenn sie nicht mehr tönte, wurde man darauf aufmerksam. Die Männer flöteten auch. In Minuten der Muße, wenn er etwa mit einem Kind auf dem Schoß dasaß, flötete ein Mann manchmal eine langgezogene lyrische Improvisation, die aus einer inneren Heiterkeit herauszukommen schien. Obwohl es kaum mehr als Atemzüge waren und diese Urwaldmelodien nur für einige kurze Augenblicke andauerten, waren sie von einer überwältigenden Intensität.

Nachmittags, wenn Amopolo so gut wie leer war, fingen Gruppen von kleinen Kindern, von denen einige so jung waren, daß sie gerade erst sprechen gelernt hatten, zu summen an; ihre Stimmen verbanden sich zu einem zarten harmonischen Klang, der sachte vom ganzen Lager Besitz ergriff. Kinder, die weiter weg waren, hörten die Melodie und summten sie mit, so daß schließlich ringsum die Luft von einem feinem Geräusch, einer Art sanftem Geraune, erfüllt war. Die Zeit schien dann stillzustehen.

Sosehr ich die Musik der Männer, das Harfenspiel und die gesungenen Fabeln mochte, und die musikalische Erfindungsgabe der Kinder bewunderte, bestand doch kein Zweifel daran, daß es die Frauen waren, die für jene Musik zuständig waren, deretwegen ich hierhergekommen war. Sie flößten mir eine Art von Ehrfurcht ein. Sie waren so sehr miteinander im Einklang, so vertraut miteinander, daß sie gleichsam zu einem mächtigen Kollektivwesen verschmolzen. Sie verwendeten dieselben Gesten, modulierten ihre Stimmen auf dieselbe Art und riefen oft zur selben Zeit dasselbe Wort aus. Wenn sie in den Wald aufbrachen, jodelten sie aus purer Freude. Oft hörte ich mit dem auf, mit dem ich gerade beschäftigt war, und lauschte, bis sie außer Hörweite waren, das heißt, bis ich voller Bedauern feststellte, daß das, was ich vernahm, nicht mehr die Stimme einer Frau, sondern das Trällern eines Vogels war.

Eines Nachts riß mich ein schmerzhaftes Pochen in meinen Zehen aus dem Schlaf. Sie hatten mir schon seit ein paar Tagen weh getan, aber eine oberflächliche Untersuchung hatte nichts erbracht, und ich hatte den dumpfen Schmerz als kleinere Unannehmlichkeit abgetan. Jetzt, da der Schmerz viel heftiger geworden war, knipste ich meine Taschenlampe an, um mir die Sache genauer anzusehen. Jeder Zeh war so sehr angeschwollen, daß die Nägel angefangen hatten, sich ins Fleisch zu graben. Auf mehreren Zehen saß eine Kruste von getrocknetem Blut, und meine Füße waren von winzigen braunen Flecken übersät. Bevor ich feststellen konnte, was sie waren, hüpften diese Flekken, vom Lichtstrahl aufgescheucht, davon. Ich schaute mir meine Zehen aufmerksamer an. Zu meinem Entsetzen entdeckte ich unter der Haut schwache kreisförmige Verfärbungen, jede mit einem schwarzen Punkt in der Mitte. Es waren Dutzende, vielleicht sogar Hunderte. Ich wurde von Panik ergriffen, schaltete die Taschenlampe aus und blieb schweißüberströmt im Dunkel liegen.

Am Morgen schnappte ich mir den ersten Mann, der wach war, es war Singali, und zeigte ihm meine Füße. Er kauerte sich vor mich hin und griff sich den rechten. Plötzlich pfiff er erstaunt.

»Maganja!« rief er. *»Ooh!«* Ein paar Frauen eilten herbei, um sich die Sache anzuschauen. Singali war so entgegenkommend, ihnen meinen Fuß hinzuhalten. *»Wo!«* entfuhr es ihnen, es war ein häßlicher, ein dissonanter Akkord. Ihre aufgeregten Schreie lockten andere herbei. Bald war ich von Zuschauern umgeben, die darauf brannten, einen Blick auf meine armen Füße zu werfen. Kinder krabbelten durch die Beine der Erwachsenen hindurch zum Schau-

platz. Als sie den Schaden sahen, wurden ihre Augen ganz groß vor Erstaunen.

»Was«, fragte ich Singali, »ist *maganja?*«

Er erklärte, daß es kleine Tiere seien, die die Füße der Leute auffressen.

»Aber du hast mir doch gesagt, daß es sie nur im Wald gibt!« protestierte ich.

Ungerührt teilte man mir jetzt mit, daß es im Wald überhaupt keine *maganja* gebe, dafür aber sehr viele im Sand von Amopolo. Singali machte sich daran, sie mir mit einem spitzen Bambusspan aus dem Fleisch zu graben, eines nach dem anderen. Auf solche qualvolle Weise wurde ich mit den Tierchen bekannt gemacht, die sich zu ständigen Begleitern der Pygmäen entwickelt hatten, seitdem diese seßhaft geworden waren, und eine Hauptbedrohung ihrer Gesundheit darstellten: Sandflöhe. Das befruchtete Weibchen dringt in die Haut des Menschen ein und stirbt dort, hinterläßt aber ein heimtückisches Erbe. Die Eier in seinem Unterleib werden größer und größer, bis Larven aus ihnen schlüpfen, die sich durch das Fleisch einen Weg nach draußen schlemmen, in den Sand fallen lassen und in die nächste Generation von Flöhen verwandeln, die alle nur darauf lauern, wieder in einen Menschenfuß eindringen zu können. Jetzt begriff ich, was die Ursache der vielen deformierten Füße war, die ich vor allem bei den Kindern entdeckt hatte. Ich hatte angenommen, daß sie vom Leben ohne Schuhe im Dschungel zeugten. Später erfuhr ich, daß sich ein Gutteil dieser Mißbildungen wieder beheben läßt; einige Kinder jedoch, deren Füße besonders schwer befallen waren, hatten es sich angewöhnt, auf der Fußinnenseite zu laufen, und allmählich hatten sich ihre Füße dieser Gangart angepaßt und sich umgebildet. Und das ließ sich nun nicht wieder beheben.

Als Singali den fünfzigsten Sandfloh herausholte, hörte ich auf mitzuzählen; dabei operierte er immer noch an meinem rechten Fuß rum.

In meiner Kasse herrschte zwar Ebbe, mein Visum galt aber noch weitere zwei Monate, und ich war entschlossen, so lange in Amopolo zu bleiben. Ich wollte, daß die Pygmäen mich als einen der Ihren betrachteten, wenn ich sie verließ, denn ich plante schon, danach wieder zu ihnen zurückzukehren.

Jeden Abend entfachte Balonyona, wenn er aus dem Wald zurückgekommen war, vor meiner Hütte ein Feuer. Trotz meiner angestrengten Finanzen spendierte ich manchmal Zucker und Kaffee, den Balonyona zubereitete. Normalerweise war der Platz vor meiner Hütte der Versammlungsort der Halbwüchsigen und der jungen Männer, die sich von allen am meisten für mich interessierten und denen daran lag, Freundschaft mit mir zu schließen. Wenn sich aber rumsprach, daß Kaffee gebraut wurde, ging es um meine Feuerstelle so lebhaft zu wie sonst nirgendwo im ganzen Lager. Einer nach dem anderen tauchten die Männer dann aus den Schatten auf und versammelten sich um die Flammen. Sie kamen wohl nicht nur, um Kaffee zu trinken, sondern auch, um mich zu taxieren. Ich sah viele neue Gesichter. Ich lernte Doko und Wadimo kennen, die beide aus der »großen Pfeife« rauchten – das war Simbus Bambuspfeife, die mit *jama*, einer Mischung aus Marihuana, Tabak und Spänen von einem bestimmten Baum gestopft wurde. Doko hatte ein trauriges, grantiges Gesicht, und wenn er sprach – was nur selten geschah –, murmelte er nur mit einer tiefen, sonoren Stimme. Ich verstand kein Wort von dem, was er sagte, und sogar die Pygmäen hatten Schwierigkeiten mit seiner Sprechweise. Wadimo hatte einen ungepflegten Bart wie der gute alte Abraham Lincoln, der seiner Erscheinung einen Anflug von Weisheit verlieh. In seinen Augen lag immer ein verträumter Ausdruck. In den folgenden Monaten lernte ich seine bemerkenswerte Fähigkeit kennen, stundenlang in derselben Stellung zu verharren: Mit bis zur Brust hochgezogenen Knien, auf die er die verschränkten Arme gelegt hatte, hockte er da und beobachtete still, was sich vor ihm abspielte. Viele der Stammesältesten vertrieben sich die Zeit auf die gleiche Weise, aber Wadimo war darin der Meister. Nur Simbu konnte gegen ihn antreten.

Ein anderer Besucher, Mabuti, war mit ungefähr 1 Meter 60 einer der Größten. Der sorgenvolle Ausdruck seiner halbverhangenen Augen wurde von einer gekräuselten Oberlippe zunichte gemacht, die ihm das Aussehen eines Straßenrowdys gab. Er hielt nicht damit hinter dem Berg, was ihn eigentlich zu mir führte, und vergewisserte sich, kaum angekommen, immer gleich, ob Kaffee und *jama* gereicht wurden. Wenn das nicht der Fall war, forderte er seine allabendliche Zigarette und zog sofort wieder ab. Im andern Fall blieb er hängen, bis der letzte Tropfen getrunken und der letzte Pfeifenkopf leergeraucht war. Viele Pygmäen waren dazu übergegangen, mich *Monsieur Louis* zu nennen statt *patron*, was auf einen mir willkommenen Wechsel ihrer Einstellung hinwies, aber Mabuti verwendete ganz pointiert jedes Mal die alte Anrede, womit er unterstrich, daß ich ein Außenseiter war. Für Mabuti war ich nur so viel wert wie das, was ich ihm an Kaffee, Zigaretten und anderem geben konnte. Ich erkannte, daß ich noch nicht von allen Pygmäen in gleichem Maße akzeptiert wurde.

Eines Abends kam »Häuptling« Simbu mit einem Freund zu mir, den er mir als seinen Schwager vorstellte, der früher ein berühmter Elefantenjäger gewesen sei. »Ich heiße Emile«, sagte dieser, »aber du kannst mich Mobo nennen.« Mobo war Bossos Vater. Er war noch kleiner als Simbu und erinnerte mich an eine Elfe. In seinen Augen schien immer ein durch nichts zu unterdrückendes Funkeln zu liegen, und seine Grübchen gaben ihm ein so freundliches Aussehen, daß es fast unmöglich war, ihm eine Bitte abzuschlagen. Das erste, nach dem er, kaum daß er sich niedergesetzt hatte, fragte, war Marihuana.

»Ich bin ein großer Marihuanaraucher«, erklärte er. Ich gab ihm zweihundert Francs, und er machte sich sofort ins Dorf auf. Nach seiner Rückkehr paffte er erst einmal eine

Pfeife mit Simbu, dann begann er – anders als die anderen Pygmäen –, mir etwas über sich selbst zu erzählen. Er hatte zwei Frauen gehabt, aber die erste war vor kurzem gestorben. Er war gerade mit seinem jüngsten Sohn Johnny von ihrem Lager herübergekommen. Jahrelang hatte er sowohl mit dem Speer als auch dem Gewehr Elefanten gejagt. Dann war er eines Tages von den Behörden verhaftet und eingesperrt worden. Man hatte ihn gewarnt: Wenn er jemals wieder einen Elefanten töten würde, würde man ihn ins Gefängnis von Bangui stecken. Klugerweise hatte er daraufhin seine Karriere als Elefantenjäger beendet.

Obwohl ich immer noch die Rolle eines passiven Beobachters innehatte, genoß ich die nächtlichen Kaffeegesellschaften sehr. Wenn der Kaffee zu brodeln begann, holte Balonyana ihn vom Feuer, und die Versammlung würdiger Stammesältester erwachte zum Leben. Die Männer brachten sich immer ihre eigenen Trinkgefäße mit, ein Sammelsurium von alten Suppendosen, Plastikschüsseln, leeren Parfümflakons und Aluminiumpfannen; sogar ein verbeulter Teekessel war dabei. Wenn Balonyona den Kaffee mit der Kelle verteilte und in jedes dieser Gefäße Zuckerstücke warf, brach unfehlbar eine hitzige Auseinandersetzung aus. Sie wollten alle mehr Zucker, auch wenn sie ihren Kaffee noch gar nicht gekostet hatten. Acht Würfel schien das gerade noch zu ertragende Minimum zu sein. Balonyona sperrte sich zunächst immer, aber nach fünfminütigem Diskutieren ging er dann auf die Forderung eines jeden ein. Sobald ein Mann soviel Zucker erhalten hatte, wie er haben wollte, schlug er sich auf die Seite Balonyonas; er sagte denen, die noch nicht zufrieden waren, daß sie sich einschränken sollten, daß nicht genug Zucker da wäre. Meine Portion wurde mir immer in dem einzigen richtigen Glas serviert, das es in Amopolo gab; als zusätzliche Ehrenbezeigung tat man mir unaufgefordert zwölf Stück Zucker hinein, die den Kaffee in Sirup verwandelten.

Als unser Verhältnis vertrauter wurde, begann ich, die Pygmäen mit anderen Augen zu sehen als am Anfang.

Mein erster Eindruck war gewesen, daß sie sich zu weit von ihren Wurzeln entfernt hatten und zu einem Volk ohne Kultur degeneriert waren. Jetzt begriff ich, daß das Verhalten, das sie an den Tag gelegt hatten, nur die Fassade gewesen war, die sie aufrichteten, wenn sie mit der Außenwelt zu tun hatten, und hinter der sie ihre wirkliche Welt verbargen. Ich wunderte mich aber immer noch darüber, wie wenig exotisch, wie *up-to-date* sie wirkten. Viele ihrer Hauptsorgen galten prosaischen, ja geradezu banalen Dingen. Sie diskutierten zwar oft über die Jagd, genausooft prahlten sie aber damit, welche großartigen Pläne sie ausgeheckt hatten, um sich am nächsten Tag eine Handvoll Zigaretten zu verschaffen, oder fünfzig Cents – oder ein paar Krümel Marihuana.

Ihr Leben war voller physischer Anstrengungen, mein genereller Eindruck war aber, daß sie dem Nichtstun frönten. Sie waren in der Lage, Dinge zu vollbringen, die große Ausdauer und körperliche Kraft erforderten – aber nur wenn es unbedingt nötig war. Ansonsten vertrieben sie sich die Zeit am liebsten mit Schlafen, Schwatzen und Musizieren. Sie lachten gerne. Jedem, der schon einmal mit Pygmäen zusammengetroffen ist, ist ihr Sinn für Humor aufgefallen. In ihrem gesellschaftlichen Zusammenleben machte sich ein ausgeprägtes anarchisches Element bemerkbar: Wenn sie mit anderen kooperierten, dann geschah das aus freien Stücken. Zum Beispiel blieb jemand, der keine Lust hatte, auf die Jagd zu gehen, einfach zu Hause. Ich hätte gedacht, daß es bei einer so großen Toleranz gegenüber individuellem Verhalten eigentlich keine Basis mehr geben könnte, die für ein gesellschaftliches Zusammenleben unbedingt nötig war. Niemand brauchte sich zu verstellen, in der Tat wurde Verstellung nur als Mittel angewendet, um die anderen zum Lachen zu bringen. Gesellschaftlicher Zwang, wenn man es so nennen konnte, wurde nur auf eine, allerdings sehr wirksame Weise ausgeübt: durch Verspottung. Männer und Frauen hatten verschiedene Rollen, aber die Gesellschaft an sich war egalitär.

Vielleicht hatten die Frauen ein bißchen mehr Macht als die Männer. Wie ich selbst noch feststellen würde, konnten sie äußerst störrisch sein. Wenn sie als Kollektiv auftraten, dann übten sie mit ihrer Halsstarrigkeit in wirkungsvoller Weise Macht auf die ganze Gesellschaft aus.

Obwohl Simbu mir anfangs als Häuptling vorgestellt worden war, hatte er nur wenig direkten Einfluß auf die alltäglichen Geschäfte des Lagers. Auch die anderen Stammesältesten besaßen in dieser Hinsicht keine Autorität. Bei den seltenen Gelegenheiten, wenn einer von ihnen versuchte, die Heranwachsenden herumzukommandieren, wurde er gewöhnlich ignoriert. Dennoch war die Macht hierarchisch verteilt – und zwar nach der Zugehörigkeit zu einer Altersgruppe: Ganz unten standen die Kinder, darüber erst die Jugendlichen, dann die Erwachsenen, und schließlich, an der Spitze, die Ältesten. Bei den männlichen Pygmäen schlug sich dies in einem merkwürdigen Ritual des Sichhinsetzens oder besser Platzeinnehmens nieder.

Die Grundregel lautete offenbar: Laß dich nie auf dem Sandboden nieder. Je höher du sitzt, desto besser. Bei der Wahl des Sitzplatzes ließ man dem Angehörigen einer älteren Generation den Vortritt. Wenn ein Älterer erschien und den Sitz forderte, den man selbst innehatte, mußte man ihn abtreten. Wenn ihn jemand aus der gleichen Generation beanspruchte, teilte man sich ihn mit ihm. Die Pygmäenfrauen hingegen kannten keine solche Sitzordnung. Sie scharten sich zu Gruppen zusammen und setzten sich einfach mit nach vorne ausgestreckten Beinen in den Sand.

In der Nacht stand eine Kollektion der verschiedensten Sitzmöbel um mein Feuer herum: ein Holzstamm, ein lädierter Liegestuhl, ein, zwei Stücke Brennholz, ein großer hölzerner Mörser. Der Liegestuhl war von der Art, wie man sie in Bomandjombo herstellte, das heißt er war V-förmig, so daß die Knie auf derselben Höhe wie der Kopf waren, wenn man sich hineinsetzte. Obwohl er also äußerst unbequem war, war der Stuhl heiß begehrt, weil er gewöhnlich die höchste Sitzgelegenheit darstellte. Eine meiner abendlichen Lieblingsbeschäftigungen war es, die burlesken Szenen zu beobachten, zu denen es kam, wenn die Männer sich niederließen und dann ihren Regeln entsprechend wieder umsetzten. Eines Abends schleifte ein unternehmungslustiger Junge die große Trommel herbei, drehte sie auf die Seite und setzte sich drauf. Nach wenigen Minuten teilten sich vier andere diesen Platz mit ihm. Simbu erschien mit seiner Pfeife, zog ein großes Blatt zu sich heran und ließ sich darauf nieder. Er machte kaum jemals seinen Rang geltend, um sich einen Sitzplatz zu ergattern, und hockte sich manchmal sogar in den Sand, was wenige andere Männer taten. Bald danach tauchte Dimba auf und forderte den Liegestuhl für sich. Mobo und Doko nahmen sich den Baumstamm, und Mindumi versuchte, auf dem größten Holzklotz das Gleichgewicht zu halten. Ich saß auf dem Mörser. Dann schlenderte Mabuti herbei, schätzte kurz die Situation ab und entschied sich für die Trommel. Die Jungen rückten ihre Hintern zur Seite, um ihm ein Eckchen freizumachen. Aber Mabuti war nicht der Mann, der sich auf solche Kompromisse einließ. Einen Moment lang starrte er sie an, als ob er seinen Augen nicht traute. Dann packte er die Trommel, hob sie an, bis die Jungen herunterrutschten, stellte sie dann aufrecht hin, so daß es der höchste Sitz war, und nahm auf dem Trommelfell Platz.

Obwohl ich voller Stolz glaubte, daß mir der entscheidende Durchbruch gelungen sei, war ich doch weiterhin für die Pygmäen eine Erscheinung am Rande ihrer Existenz. Meine mir angeborene Zurückhaltung hielt mich davon ab, mich ihnen aufzudrängen, und sie machten ihrerseits keine nennenswerten Anstrengungen, mich in andere Aktivitäten als das Musizieren einzubeziehen. Nach meinem Angelausflug mit Balonyona war ich nicht wieder eingeladen worden, an ihren Jagdzügen in den Dschungel teilzunehmen. Aber auch was viel unwichtigere Angelegenheiten betraf, waren sie nach wie vor wenig aufgeschlossen. Da war zum Beispiel die Sache mit dem Badeplatz.

Seit Wochen badete ich in dem großen Tümpel bei der Brücke. Er lag an der Hauptstraße – der einzigen Straße –, und wenn auch am Tag nicht mehr als zwei, drei Autos vorbeifuhren, kamen immer viele Bewohner von Bomandjombo zu dem Teich. Schon früh war mir der Verdacht gekommen, daß die Pygmäen in einem Teil des Waldes, wo ich sie oft hingehen sah, ihren eigenen geheimen Badeplatz hatten. Wenn die Frauen Wasser holten, gingen sie in dieselbe Richtung.

Eines Tages lungerte ich vor Balonyonas Hütte herum, während er faul auf der *geedal* herumzupfte. Nach einiger Zeit legte er das Instrument weg und holte ein Stück Seife hervor, das hauchdünn und sorgfältig in ein Blatt eingewikkelt war.

»Ich gehe baden«, verkündete er und machte sich in Richtung Wald auf.

»Badest du nicht dort neben der Straße?« Ich konnte die Frage nicht länger unterdrücken.

»Ich bade im Wald«, antwortete er, ohne weitere Erklärung.

»Das heißt, daß es im Wald auch so eine Stelle gibt?« hakte ich nach.

»Oui«, antwortete er nur, so als ob ihm einfach nie zuvor der Gedanken gekommen sei, es mir zu erzählen.

»Kann ich mitkommen?«

Sein Gesicht wurde ganz ausdruckslos, als er einwilligte. Ich glaube, daß er über mein Ansinnen nicht sehr begeistert war, aber von dem Tag an badete ich mitten im Urwald, und niemand erhob Einwände. Es war ein herrliches Fleckchen, im Schatten eines Baumkolosses, eingefaßt von Schleppen üppigen Laubs, die bis ins Wasser hinunterhingen. Vor allem aber kamen hier keine Dorfbewohner her, und oft ruhten wir, nachdem wir gebadet hatten, noch lange in dem wohltuend kühlen Schatten.

Ein weiterer Streitpunkt war das Essen. Tagelang kamen die Frauen abends immer mit Blättern aus dem Wald zurück, die von haarigen kleinen Raupen wimmelten. Sie wurden von den Frauen geröstet, und dann aß man sie mit einer Beilage von *gozo*, einem Teig aus Maniokmehl. Mir gab man aber immer nur Fleisch. Warum bekam ich nie etwas von den Raupen? Eines Tages sagte ich Simbu, der immer noch mein Hauptversorger war, daß er mir nicht zu jeder Mahlzeit Fleisch aufzutischen brauche. Ich wolle alles das essen, was die Pygmäen aßen.

»Fleisch ist gut«, antwortete er, »und wir wollen, daß du gut ißt.«

Später am Tag versuchte ich es mit einer anderen Methode.

»Wie heißen die eigentlich«, fragte ich Balonyona, als der gerade eine Schüssel Raupen verspeiste.

»Bokongo.«

»Und schmecken sie gut?«

Balonyona machte plötzlich ein bekümmertes Gesicht. »Nein, Monsieur Louis, sie schmecken nicht.«

Seine Antwort überraschte mich so, daß ich nicht wußte, was ich sagen sollte. Ein paar Tage später brachte Simbu mir ein Gericht, das ich in letzter Zeit sehr oft vorgesetzt bekommen hatte, und das ich insgeheim »hard-core-food« getauft hatte: es bestand aus Antilopeninnereien, die in einer Mischung aus Palmenöl und Blut gekocht wurden. Ich entdeckte nudelähnliche Fäden in der rötlichen Sauce, ich wußte aber, daß es keine Nudeln waren, sondern gekochte Arterien.

»Immer nur Fleisch, Fleisch, Fleisch«, quengelte ich in einem leichten Anfall von Ärger. »Ich habe doch schon gesagt, daß ich nicht zu jeder Mahlzeit Fleisch brauche. Gib mir doch *bokongo* zu essen?«

»Nein«, antwortete Simbu mit Nachdruck und drohte mir mit dem Finger, »*bokongo* sind nicht gut für Weiße.«

Ich fragte mich, was er eigentlich im Sinn hatte. Wollte er mich vor Raupen beschützen?

»Ich will *bokongo* essen«, wiederholte ich beharrlich.

Stoisch trug Simbu die Antilopeneingeweide weg und kam mit einem Napf *bokongo* zurück.

»Von jetzt an«, sagte ich kauend, »gilt, wenn es gut für die Pygmäen ist, ist es auch gut für mich.«

Sie nahmen mich beim Wort. Am nächsten Morgen brachte Simbu mir, sofort nachdem ich aufgestanden war, zehn weiße Riesenmaden, in ihrem eigenen Fett gebraten. Ich wußte, daß sie als Delikatesse galten. Unter Simbus kritischem Blick nahm ich eine und begann zu kauen; sie schmeckte nach Butter. *»Maboongi«*, sagte Simbu mit einem Grinsen, als ich die zweite in den Mund steckte. Ich aß alle zehn.

Dies waren kleine Triumphe, aber sie krönten meine ersten Versuche, die Pygmäen dazu zu bringen, mich nicht länger als Außenseiter zu behandeln. Nachdem sie meine Anwesenheit erst einmal akzeptiert hatten, lag es an mir, einen neuen Schritt nach dem anderen zu machen. Wenn ich energisch wurde, gaben sie nach, aber es war ganz klar, daß sie immer so lange warteten, bis ich energisch wurde. Jedesmal wenn ich ich einen neuen Schachzug machte, der zu meiner Integration führen sollte, mußte ich befürchten, daß ich aufdringlich erscheinen könnte; es war gerade ihre Passivität, die mich zögern ließ, meine Wünsche durchzusetzen.

Ich wußte, daß meine mangelhaften Sprachkenntnisse eines der Haupthindernisse waren, die ich überwinden mußte. Für gewöhnlich unterhielten wir uns auf Pygmäen-Französisch. Ich hatte ein paar Brocken ihrer Sprache gelernt, vor allem solche, die im täglichen Umgang mit den Pygmäen nützlich waren, aber ich begriff, daß ich einen Lehrer brauchte, wenn ich weitere Fortschritte machen wollte. Ich fragte mich, wer von ihnen wohl bereit dazu sein würde, mich zu unterrichten. Es würde nicht einfach sein, da wir nicht wirklich über eine gemeinsame Sprache verfügten. Ich hatte das Gefühl, daß es eine Aufgabe war, die keinem der Pygmäen gefallen würde, und ich besaß auch kaum etwas, mit dem ich mich erkenntlich zeigen könnte.

Eines Nachts verkündete ich am Feuer, daß ich ihre Sprache lernen wolle; ich suchte einen Lehrer für eine

Stunde am Tag, den ich mit Zigaretten entlohnen würde. (Ich verteilte meine Zigaretten nicht mehr einfach.) Mehrere Minuten lang rühmten die Männer mich für meinen Entschluß. Ja, natürlich, sagten sie, sie würden mir ihre Sprache beibringen, dann könnten wir aufhören, Französisch zu sprechen. Das Gespräch kam schließlich zum Erliegen. Ich fragte, wer mein Lehrer sein wolle.

Alle starrten schweigend in die Flammen. Plötzlich fuhr Balonyona in die Höhe.

»Monsieur Louis!« schrie er aufgeregt. »Du willst die Sprache der Pygmäen lernen? Ich, Balonyona, werde sie dir sofort beibringen. *Dies* ist die Sprache der Pygmäen.«

Er bückte sich und pflückte blitzschnell etwas von seiner Wade. *»Jaku«*, brüllte er. Dann griff er wieder zu. *»Jaku!«* Er fing an, wie wild mit den Füßen zu stampfen, kratzte an seinen Schenkeln, seinen Genitalien, seinem Oberkörper herum. *»Jaku, jaku, jaku!«*

Die anderen sprangen in Panik auf die Füße. Ich stand auch auf und sah, daß sich aus dem Busch ein schwarzes Rinnsal wie von einer Öllache bis hin zu Balonyona schlängelte und unter seinen erregt tanzenden Füßen auseinanderspritzte. Treiberameisen! Balonyonas Körper wimmelt von ihnen.

Am nächsten Tag kam Mowooma zu meiner Hütte. Ich wußte sofort, daß ich ihm noch nie zuvor begegnet war, denn ich hätte mich bestimmt an ihn erinnert; er war 1,52 m groß, dürr, hatte eine dunkle Haut, einen kleinen Kopf und ein brutales, zernarbtes Gesicht. Er sprach undeutlich, dafür aber schnell, und legte einen solchen Nachdruck in seine Stimme, daß sie verärgert klang. Er habe gehört, daß ich die Pygmäensprache lernen wolle und dafür mit Zigaretten bezahlen würde. Für ein Päckchen würde er mich heute unterrichten. Das war eine viel zu hohe Gebühr. Kam gar nicht in Frage! Wir einigten uns schließlich auf zwei Zigaretten. Ich schlug mein Notizheft auf, und die erste Lektion begann.

»Bhembpungungwa«, stieß Mowooma hervor.

»Bhembpungungwa?« wiederholte ich.

»Ja, ja«, antwortete er. »Schreib's auf.« Er sah aufmerksam zu, wie ich das Wort hinschrieb. Ein nachdenkliches Lächeln verlieh seinem Gesicht wie durch ein Wunder einen unschuldig-friedfertigen Ausdruck. Als ich fertig war, forderte er mich auf, das Wort laut vorzulesen.

»Bhembpungungwa.«

Mowooma lächelte zufrieden.

»Aber was«, fragte ich, »bedeutet es auf Französisch.«

»Ist doch egal, was es auf Französisch bedeutet!« gab er ungeduldig zurück. »Französisch kannst du doch schon.«

Ich wußte, daß es keinen Sinn hatte, gegen diese Logik anzukämpfen. Er machte mit dem Unterricht weiter: *»Inderti inemwotiti.«* Ich mußte es aufschreiben. Nachdem ich eine halbe Seite mit für mich völlig bedeutungslosen Wörtern vollgekritzelt hatte und schon verzweifeln wollte, ließ Mowooma mich alles noch einmal laut vorlesen.

»Voilà«, rief er triumphierend, als ich es hinter mich gebracht hatte. »Das ist die Sprache der Pygmäen!« Ich zahlte ihm seine zwei Zigaretten, und er ging als glücklicher Mann von dannen.

Schreiben nannten die Pygmäen »Papier markieren«. Es war etwas, das ihnen bei ihrem Zusammentreffen mit Fremden oft genug begegnet war, sie wußten, daß es etwas Wichtiges war, wie es genau funktionierte, begriffen sie aber nicht. Die jungen Männer konnten ein paar Zahlen und Buchstaben malen, und wenn ihnen ein Stück Papier oder Pappe in die Hände fiel, kritzelten sie mit einem Stück Holzkohle eine seltsame Buchstabenfolge darauf und befestigten diese rätselhaften Schilder später an den Bäumen, die um das Lager herumstanden. Ein paar von den Jungen schafften es, ihren Namen zu schreiben, aber nur indem sie die einzelnen Zeichen und deren Reihenfolge auswendig lernten. Was sie an meinen Schreibkünsten – ich hatte angefangen, ein Tagebuch zu führen – offenbar am meisten beeindruckte, das war meine saubere Schrift.

Wenn ich schrieb, wiesen sie sich oft untereinander mit rühmenden Worten auf meine Meisterschaft hin und stellten Vergleiche mit der Art und Weise an, in der die Bewohner Bomandjombos schrieben. Diese Dörfler meinten doch tatsächlich, schreiben zu können, das war aber doch ein Witz! Jetzt hätten sie, die Pygmäen, jemand, der es wirklich könne! Einmal verschlug es Zalogwé, der mich genau beobachtet hatte, vor Erstaunen den Atem, als ich ein paar I-Punkte ergänzte. Ein anderes Mal sprach Biléma, nachdem er mir eine Stunde lang schweigend zugesehen hatte, plötzlich mit einem Lächeln seinen Namen aus und bat mich, ihn auf dem Papier zu »markieren«. Manchmal ahmten sie mich auch nach, sie beugten sich vor und machten auf ihren Knien mit einem Stöckchen kleine Schreibbewegungen. Einmal begleitete Akété diese Darbietung mit einer Rede. Er stieß langgezogene nasale Laute aus; ich nahm an, daß er meine Stimme imitierte. Es hörte sich jedenfalls wie jemand aus New Jersey an.

Lesen faszinierte sie ebenfalls. Ich hatte nur ein Buch mitgenommen, *Tristes Tropiques* von Lévi-Strauss. Jeden Nachmittag, wenn ich las, versammelten sich meine »Stammgäste« um mich – Biléma, Akété, Zalogwé, Mamadu und noch ein paar. Sie konnten mir stundenlang beim Lesen zusehen und die ganze Zeit darüber diskutieren. Wenn ich einen Moment innehielt, fragten sie, ob sie das Buch borgen könnten. Einer nach dem anderen blätterte dann äußerst sorgfältig die Seiten um und »las«, indem er mit gespielter Konzentration auf den Text starrte. Nachdem ich *Tristes Tropiques* ausgelesen hatte, schien es mir gut, daß ich keine anderen Bücher dabei hatte. Lesen führt einen immer aus seiner Umgebung heraus. Ich war genau dort, wo ich immer hatte sein wollen, warum sollte ich also lesen? Ein junger Mann namens Mokoko sah das Buch im Sand liegen und fragte mich, ob er es haben könne. Ich gab es ihm, und er trug es wie einen Schatz in seine Hütte.

Trotz anfänglicher Schwierigkeiten mit der Pygmäen-

Sprache eignete ich mir allmählich einen gewissen Wortschatz an. Am einfachsten ließen sich die Substantive merken, obwohl mich zunächst die Unterschiede zwischen Singular und Plural verwirrten. Die »Lektionen« begannen immer ganz spontan. Meistens war es so, daß wir zusammensaßen, und einige der Männr plötzlich auf irgendwelche Gegenstände deuteten und sie benannten. Ich holte dann mein Notizheft hervor und schrieb die Wörter auf. Genauso unvermittelt, wie der Unterricht begonnen hatte, hörte er auch wieder auf.

Seit einiger Zeit schon hatte ich versucht herauszubekommen, wie sie sich eigentlich selbst nannten. In Gesprächen mit mir bezeichneten sie sich immer als »die Pygmäen«. Sie gingen darauf ein, wenn man sie Ba-Benjellé nannte, verwendeten den Namen selbst aber nur, um sich von den Pygmäen am anderen Ufer des Sangha zu unterscheiden, die bei ihnen BaNgombé hießen. Die BaNgombé gehörten einer anderen Sprachgruppe an und nannten sich selbst Baka. Auf Sango hießen die Pygmäen Babinga, aber diesen Namen mochten sie nicht. Die Leute von Bomandjombo nannten sie Béka, das war ein Ausruf aus der Benjellé-Sprache, der »Freund« bedeutete. Wenn die Pygmäenmänner irgendwelche wichtigen Neuigkeiten hörten, riefen sie oft aus: »Ooh! Béka!« Aber auf Lingala, welches die Hauptsprache des benachbarten Kongo war und aus der viele Wörter sowohl in Sango als auch in Benjellé eingegangen waren, bedeutete *béka* »Affe«. Es ließ sich nur schwer feststellen, in welcher Bedeutung die Dorfleute das Wort verwendeten.

Jedesmal, wenn ich sie nach dem Namen fragte, den sie sich selbst gaben, antworteten die Pygmäen ausweichend. Schließlich ließ ich das Thema fallen. Dann erzählte mir Balonyona eines Tages unaufgefordert, daß sie alle *Bayaka* seien. Er sei ein *Moaka* (die Singularform von *Bayaka*). Ich sei ein *mondélé*. Die Dorfbewohner, Afrikaner nicht-pygmäischer Abstammung, seien *bilo*.

In Aufzeichnungen der Ägypter, die ungefähr um 2000

v. Chr. mit Pygmäen zusammengetroffen waren und die ersten Berichte über sie verfaßt hatten, werden die Pygmäen mit dem Namen *Akka* bezeichnet. Heute noch wird einer der Stämme im Wald von Ituri von den benachbarten Nicht-Pygmäen *Aka* genannt. Achthundert Meilen westlich, nicht weit von Bangui, nennen die Pygmäen sich *Biaka*. Ich war bei den *Bayaka*. Im südlichen Kamerun gibt es die *Baka*, und die *Ba-Bongo* in Zentral-Gabun haben noch einen anderen Namen: *Akoa*.

Kaum einen Monat nach meiner Ankunft in Amopolo mußte ich der unangenehmen Tatsache ins Auge blicken, daß mir das Geld ausgegangen war. Alles was mir geblieben war, waren die zwanzigtausend Francs, die ich Simbu versprochen hatte. Ich entschloß mich, sie ihm sofort zu geben, um nicht in Versuchung zu geraten. Es würde interessant sein herauszufinden, wie das eigentlich war: völlig pleite zu sein und weiter mit den *Bayaka* zusammenzuleben. Ich steckte die zwanzigtausend Francs in die Tasche und ging los, um mit dem Häuptling zu sprechen.

»Heute habe ich kein Geld mehr«, begann ich. Simbus Gesicht blieb ausdruckslos – er hatte diese Worte schon vorher von mir gehört. »Alles, was ich noch habe, ist das Geld, das ich dir bei meiner Abreise zu geben versprochen habe.« Ich zog das Bündel Scheine hervor. »Ist es in Ordnung, wenn ich es dir jetzt gebe und weiter in Amopolo wohne?«

»*Oui*«, kam es wie aus der Pistole geschossen.

Ich drückte ihm das Geld in die Hand. Fast sofort fing Simbu an, Tausend-Francs-Scheine abzublättern und auszuteilen. Einen Schein behielt er für sich selbst zurück, zwei überreichte er der alten Esoosi, damit sie sie für die Frauen verwahrte. Bald verbreitete sich eine festliche Stimmung im Lager. Die Menschen begannen, sich ihre besten Fetzen anzuziehen, alle brabbelten aufgeregt vor sich hin. Dann sah ich, daß sie in großen Trauben aus dem Lager abzogen.

»Wo geht ihr denn alle hin?« fragte ich Balonyona, als er die einzelne Plastik-Sandale anlegte, die er sein eigen nannte. »Nach Mosapola«, antwortete er, »die Pygmäen dort halten einen Tanz ab.«

Na, ist ja nett von euch, Freunde, daß ihr mir das sagt! dachte ich. »Ist es weit?« hakte ich nach.

»Fünf Kilometer«, sagte er unverbindlich. Er stand auf, um zu gehen.

»Kann ich mitkommen?« fragte ich schließlich.

»Laß uns gehen«, lautete die Antwort.

Auf unserem Weg nach Mosapola mußten wir durch Bomandjombo hindurch. Der Marsch verlief nicht ohne Zwischenfälle. Ihr neuerworbener Reichtum ließ die Pygmäen außer Rand und Band geraten. Sie kauften Zigaretten, Kaffee, Zucker, Kekse und Bierflaschen voller *mbaku.* Sie schrien sich gegenseitig von einem Geschäft zum anderen etwas zu; sie versammelten sich in Gruppen mitten auf der Straße, teilten Zigaretten aus und nahmen immer wieder einen tüchtigen Schluck aus ihren Flaschen. Sie stritten laut und lachten aus vollem Hals. Balonyona kaufte mir eine Schachtel Zigaretten, Singali gab mir zweitausend Francs, Biléma schenkte mir eine Dose Kekse. Kaum hatten wir den Gendarmerieposten am Nordrand der Stadt passiert, da hielten sie schon an, um sich einen Joint zu drehen.

Die Straße stieg aus dem Tal heraus, führte an einer Reihe von Maniokfeldern vorbei und mündete nach einer Meile in den Urwald. Auf beiden Seiten ragte eine Mauer aus turmhohen Bäumen auf. Bosso, Owoosa und Mbina wirkten winzigklein, als sie auf einige gefällte Bäume am Wegesrand kletterten. Wir hörten die Trommeln von Mosapola, bevor wir den Ort erreichten. Als wir das Lager vor uns sahen, gab es mir einen Stich. Für einen Moment bedauerte ich, mich nicht hier niedergelassen zu haben. Es lag wunderschön, zwar direkt an der Straße – anders als Amopolo, das ein paar hundert Meter von dem Fahrweg entfernt war –, aber an was für einer Straße: sie war ganz einsam und führte mitten durch den Wald! Mit Ausnahme der paar Mittagsstunden, in denen die Sonne direkt über der Schneise hing, die die Straße bildete, mußte der Ort im Schatten liegen. Als ich damals nach Bomandjombo gereist war, war ich im Dunkeln durch Mosapolo gefahren, ohne es zu sehen. Wäre es Tag gewesen, hätte ich vermutlich den Chauffeur aufgefordert, mich aussteigen zu lassen.

Mein Bedauern verflog aber schnell. Kaum hatten die Bayaka von Mosapola einen *mondélé* in ihrer Mitte entdeckt, als sie sich schon um mich drängten und mit Bitten um Zigaretten und *mbaku* bestürmten. Bevor ich sie desillusionieren konnte, was meinen finanziellen Status betraf – mit Sicherheit war ein weißer Mann ohne Geld für sie ein Widerspruch in sich –, eilten die Bayaka von Amopolo mit einer Loyalität, die ich nicht erwartet hatte, zu meiner Verteidigung herbei. Singali und ein paar andere erklärten, daß ich völlig mittellos sei, daß das aber nichts mache: sie würden heute für Tabak und Getränke sorgen.

Gangba, der Häuptling von Mosapola, ein Patriarch mit einem langen weißen Bart, lud mich ein, mit ihm vor seiner Hütte Platz zu nehmen, als der Tanz von neuem begann. Die Frauen versammelten sich in einer Ecke des Lagers und fingen zu singen an. Die Männer und die Jungen – viele von den letzteren trugen aus Streifen von Palmblättern geflochtene Hüte – stießen schrille Schreie aus. Im Hintergrund verschwanden ständig Männer über einen Pfad, vor dessen Eingang man einen Vorhang aus Palmblättern gespannt hatte, im Dschungel. Bald hörte man viele Schreie, die sich aus zwei verschiedenen Tönen zusammensetzten. Dieser Chor kam immer näher, dann teilte sich der Vorhang, und eine Gruppe von Männern und Jungen, die Stöcke und belaubte Zweige schwangen, trat heraus. In ihrer Mitte eine Gestalt, die sie mit ihren Stöcken beklopften. Als dieser Zug auf der Lichtung angekommen war, konnte ich Genaueres erkennen. Die Gestalt war über und über mit Bastfasern bedeckt und hatte ungefähr das Aussehen eines Heuhaufens. Sie näherte sich den Frauen und fing an sich zu drehen, so daß das Bastkleid sich auffächerte. Dann wuchs sie in die Höhe und glitt, ständig um ihre eigene Achse wirbelnd, über die Lichtung. Die Frauen nahmen die Verfolgung auf und tanzten hinter ihr her. Plötzlich sackte die Figur in sich zusammen und lag ganz flach auf dem Boden. »*Yo!*« riefen alle. Da fuhr sie wieder in die Höhe. Die Frauen stoben lachend und schreiend zurück, und das Wesen begann wieder mit seinem Tanz. Es war Ejengi.

Ejengi ist der berühmteste und vermutlich weitverbreitetste aller *mokoondi*. Mir war einst die Tonaufnahme einer Ejengi-Zeremonie aus dem nördlichen Gabun in die Hände gefallen, und im American Museum of Natural History in New York hatte ich die Raffiabast-Gewänder eines Ejengi gesehen, die Colin Turnbull aus dem Wald von Ituri mitgebracht hatte. Was mich jetzt, da ich das Ganze mit eigenen Augen sah, am meisten überraschte, war, daß Ejengi anders als die *mokoondi*, die ich in Amopolo gesehen hatte, nicht nur in der Nacht auftauchte und mit dem Morgengrauen wieder verschwand, sondern im hellen Tageslicht seine Tänze vollführte. Es erstaunte mich auch, daß einige Dorfbewohner – *bilo* – zusammen mit den Bayaka an der Zeremonie teilnahmen. Andere *bilo*, die aus einiger Entfernung zusahen, fürchteten sich offensichtlich vor Ejengi. Immer wenn er sich in ihre Richtung bewegte, flohen sie, wobei sie in ihrer Panik in Bayaka hineinrannten oder über Gegenstände stolperten.

Der Gesang ging in ein stürmisches *esimé* über. Die Frauen kreischten, als ob sie besessen wären, ihre Schreie verwoben sich zu einem Rhythmus von verwirrender Komplexität. Ejengis Bewegungen wurden immer kühner, er schoß immer mehr in die Höhe, neigte sich zur Seite und wirbelte um sich selbst, so daß die Raffiafasern hochflogen und wie eine Kaskade um ihn herumwogten. Er rannte jetzt, wobei er immer weiter ins Gelände geriet; die Frauen verfolgten ihn, ihre Schreie wurden immer erregter. »*Yo!*« ertönte es aus allen Kehlen, als Ejengi schließlich in sich zusammenfiel. Es war ein überwältigender Klang, all die verschiedenen rhythmischen Elemente liefen plötzlich in dieser einen Note zusammen.

Als der Abend sich senkte und die Dunkelheit, die im Urwald herrschte, langsam auch in das Lager einzog, tänzelte Akété zu mir herüber und deutete auf die billige, bunte Uhr, die er immer trug: sechs Uhr! Ich verstand den Hinweis und packte nach dem Ende des Lieds, das gerade gesungen wurde, meine Aufnahmegeräte ein. Nachdem wir uns von Gangba verabschiedet hatten, stürmten Singali und ich nach Amopolo zurück. Es war eine mondlose Nacht, und wir liefen blind ins Dunkel hinein, schneller, immer schneller. Ich setzte meinen ganzen Ehrgeiz daran, nicht zurückzubleiben. Wie die zwei Führenden eines Geh-Marathons auf den letzten Metern vor dem Ziel marschierten wir in Bomandjombo ein. Als wir an einem Laden vorbeikamen, schwenkte ich von der Strecke ab, um rasch noch etwas einzukaufen. Dank der Großzügigkeit der Bayaka hatte ich an diesem Tag nicht weniger als achthundert Francs zusammengebracht. Ich kaufte eine Schachtel Würfelzucker und eine Tüte Kaffee. Als wir das Lager erreichten, fanden wir dort nur Simbu vor, der neben dem Feuer vor seiner Hütte eine einsame Nachtwache hielt. Er erhob sich sofort und kam uns entgegen, um uns zu begrüßen; offensichtlich war er froh, uns zu sehen. Singali entfachte vor meiner Hütte ein Feuer, und wir brauten einen Kaffee. Er war gerade fertig, als die anderen eintrafen, das Lager mit aufgeregtem Geschnatter erfüllten und so einen außergewöhnlichen Tag angenehm ausklingen ließen.

Indem ich ohne Geld bei den Bayaka lebte, mich also in derselben ökonomischen Situation befand wie sie, lernte ich die Zwangslage kennen, in der sie steckten: Sie lebten im wahrsten Sinne des Wortes auf der Grenze zwischen zwei Welten. Den Urwald hatten sie direkt im Rücken, eine halbe Meile die Straße hinunter lag Bomandjombo. Im Einklang mit der Regierungspolitik versuchten die dortigen Behörden, die Bayaka dazu zu bringen, sich in die übrige Bevölkerung des Landes zu integrieren, den Urwald zu verlassen und statt dessen in großen Dörfern zusammenzuleben. Amopolo war dabei, sich zu einem solchen zu entwickeln. Das Leben im Dorf hatte seine Verlockungen – Tabak und Alkohol natürlich, aber auch Luxusgegenstände wie Seife, Taschenlampen, Kochtöpfe und vor allem Kleider. Die Bayaka waren vernarrt in Kleider, und die Männer waren gesetzlich dazu verpflichtet, in Bomandjombo Hemden zu tragen. Seltsamerweise gab es für die Frauen keine solchen Bekleidungsvorschriften.

Eigentlich konnten die Bayaka ohne Geld auskommen, indem sie sich das Lebensnotwendige aus dem Urwald holten und sich gewisse Waren wie Maniok und Salz durch Tauschhandel mit den Dorfbewohnern verschafften. Kostspieligere Dinge wie Kleider und Eisen für ihre Speerspitzen verdienten sie sich, indem sie für die Dorfbewohner jagten. Die *bilo*, die Gewehre besaßen, heuerten oft Bayaka-Männer an, damit die für sie auf die Pirsch gingen. Von anderen wurden sie dafür bezahlt, daß sie im Wald Drahtschlingen auslegten. Für das Fleisch, das sie erbeuteten, erhielten die Bayaka eine Hose oder ein paar abgetragene Schuhe. Sie hatten selten das Gefühl, bei diesen Geschäften fair behandelt zu werden, aber es war für sie die einzige Möglichkeit, die Produkte der Zivilisation zu erwerben. Die Gefahr lag darin, daß die Bayaka in dem Maße, in dem der Anpassungsdruck auf sie wuchs, immer mehr Zeit mit diesen neuen Aktivitäten verbrachten und dafür ihre traditionellen Tätigkeiten vernachlässigten.

Ein größeres Problem war es für sie, wie sie die Güter der Zivilisation verteilen sollten. Die Verteilung dessen, was sie auf ihren Streifzügen im Wald erbeuteten, erfolgte nach einem eingeschliffenen, bewährten System. Solange kein Reichtum zu erwerben gewesen war, hatten sich alle Bakaya auf demselben Existenzniveau befunden. Aber nachdem westliche Kleidung und andere Statussymbole aufgetaucht waren, hatten einige angefangen, deutlich »ärmer« auszusehen als andere. Ein Mann, der den traditionellen Tätigkeiten nachging und es vermied, sich von den *bilo* anstellen zu lassen, wurde »arm«, auch wenn er vielleicht viel besser aß als jemand, der seine Zeit damit verbrachte, für Kleidung zu arbeiten. Bis jetzt hatte das starke soziale Zusammengehörigkeitsgefühl der Gruppe diesem Druck standgehalten, aber das Problem blieb bestehen: Wie sollte man die neue Art von Besitztümern so verteilen, daß die egalitäre Struktur ihrer Gesellschaft erhalten blieb?

Sie hatten einige Lösungen gefunden, die zumindest partiell erfolgreich zu sein schienen. Was Kleidungsstücke anbetraf, so »borgten« sie sich Freunde, die derselben Generation angehörte, von einander, manchmal für unbefristete Zeit. Sogar Akétés Radio ging von Hand zu Hand, derjenige, der es sich auslieh, mußte allerdings für Batterien sorgen. Einmal trug Biléma es einen ganzen Tag lang mit sich herum. Daß er keine Batterien hatte, machte ihm nichts aus; er genoß es einfach, das Gerät vorübergehend zu besitzen. Die Männer teilten sich gewöhnlich die Zigaretten – die nur sie rauchten –, meistens ging das aber nicht ohne Streit ab.

Eines Abends, als ich mit mehreren Ältesten bei meinem Feuer saß, kam ein junger Mann namens Yongo zu uns herstolziert. Yongo war einer der »wohlhabenden« Bayaka. Er steckte in so guten Kleidern – allerdings immer in denselben –, daß ich bei unserem ersten Zusammentreffen gedacht hatte, er sei ein *bilo*. Dieser Eindruck war dadurch verstärkt worden, daß er sich auf Sango mit zwei Bayaka unterhielt. Dann hatte ich aber seine Augenbrauen bemerkt: sie waren so ausrasiert, daß zwei Bögen von schmalen vertikalen Streifen entstanden waren – das war eine Art sich zu schmücken, die nur die Bayaka kannten. Yongo setzte sich und breitete vor sich auf dem Boden acht Zigarettenschachteln aus. Man hatte ihn offenbar gerade für irgendeine Arbeit mit Zigaretten entlohnt, und er war über den Überfluß an Tabak ungeheuer entzückt. Er ordnete die

Schachteln immer wieder neu an, hob sie auf, zählte sie – auf Sango und Französisch – und pustete den Sand von den glänzenden roten Oberflächen, während die Ältesten schweigend zuschauten.

»Bruder«, sagte Mobo schließlich ruhig und riß Yongo aus seinen angenehmen Träumereien, »gib mir eins. Gib mir ein Päckchen.«

Ohne zu protestieren, reichte Yongo ihm eins. Er legte die restlichen sieben Päckchen in eine Reihe, nahm dann das geöffnete, halbleere weg, und stapelte jeweils zwei der noch nicht angebrochenen aufeinander.

»Gib«, sagte Simbu und streckte die Hand aus. Yongo zögerte, dann nahm er ein Päckchen und gab es ihm.

»Wo bleibt meins?« rief Dimba mit seiner schneidenden Stimme.

Mit einem ungeduldigen Zungenschnalzen warf Yongo ihm eine Schachtel zu. Dann verteilte er die noch übriggebliebenen Päckchen auf dem Boden und zählte sie wieder – diesmal aber, weil er wirklich wissen wollte, wie viele er noch hatte. Ohne Zweifel bereute er mittlerweile, zu meinem Feuer gekommen zu sein, aber es war zu spät. Er war für die Ältesten ein gefundenes Fressen, und sie stellten erbarmungslos weiter ihre Forderungen. Bald hatte er nur noch ein volles Päckchen und das halbleere. Da schlug ein alter Mann mit Namen Bombé zu.

»Gib mir ein Päckchen«, quengelte er sanft, mit kaum hörbarer Stimme. »Ich bin alt, ich schlafe allein. Ich rauche Zigaretten. Gib mir eins.«

Yongo starrte mißmutig auf den Boden. Auf der einen Seite wußte er, daß Bombé nicht rauchte, auf der anderen Seite hatte er diesen Überschuß, und da saß Bombé, mit Sicherheit der älteste Einwohner von Amopolo, und wollte seinen Anteil. Yongo stellte sich taub. Bombé fing wieder an, mit der besten »Altmännerstimme«, die er zuwege brachte – sie schien ganz zittrig vor Schwäche zu sein. Schließlich explodierte Yongo. Gereizt warf er Bombé die letzte volle Schachtel vor die Füße, schnappte sich die halbleere und marschierte wutschnaubend ab. Die Ältesten zuckten mit keiner Wimper.

Nach und nach bezogen die Bayaka mich in ihr Verteilungsnetz ein. Gewöhnlich bekam ich genug Zigaretten, um meine Gier nach Nikotin ein wenig stillen zu können. Manchmal waren diese Transaktionen recht kompliziert. Eines Tages kam Simbu zu mir und erzählte mir, daß Singali, der zwei Tage lang für einen *bilo* auf der Jagd gewesen war, gerade zurückgekehrt sei. Dann gab er mir zwei Zigaretten und ein Säckchen Marihuana. Eine Minute danach erschien Singali und setzte sich zu uns. Simbu wies mich an, ihm die Zigaretten und das Marihuana zu geben. Singali brach eine der Zigaretten auf und vermischte den Tabak mit dem Marihuana. Die Hälfte dieses Gemisches behielt er für sich, die andere gab er mir zusammen mit der übriggebliebenen Zigarette. Simbu forderte dann das Marihuana von mir, so daß mir nur die eine Zigarette blieb.

Bei einer anderen Gelegenheit besuchte mich Bakpima, der Patriarch, der über eine kleine Sippe herrschte, die ein paar Wochen zuvor auf der anderen Seite der Straße ihr eigenes Lager aufgeschlagen hatte. Er hatte einen Plastikkanister mit Palmwein dabei, den er aus von ihm selbst abgezapftem Palmensaft hergestellt hatte. Für einen Moaka war Bakpima sehr dunkelhäutig, er hatte kurze Beine und einen großen Kopf und war unglaublich kräftig. Von Geburt war er ein BaNgombé, also von dem Stamm, der auf der anderen Seite des Flusses lebte, aber seine Eltern hatten sich, als er noch ein Kind gewesen war, den Ba-Benjellé angeschlossen. Er erklärte mir, daß er auf dem Weg nach Bomandjombo sei, wo er seinen Palmwein verkaufen wolle. Er hatte sich kaum bei mir niedergelassen, als sich schon ein paar andere Männer dazusetzten. Alle fixierten sie die Gallone Palmwein, keiner von ihnen wollte, daß der Kanister Bomandjombo erreichte. Bakpima hätte den Palmwein genausogerne getrunken wie alle anderen, aber im Dorf würde er ihm immerhin fünfhundert Francs einbringen.

Die Männer klagten darüber, daß der *mondélé* kein Geld mehr habe. Sicherlich würde er den Wein kaufen, wenn er es könnte. Sie vergewisserten sich, indem sie mich fragten: Würde ich den Palmwein kaufen, wenn ich das Geld hätte? Ja, erwiderte ich. Siehst du? wandten sie sich an Bakpima. Er würde ihn kaufen, wenn er das Geld hätte. Nach einer vielsagenden Pause rückte Mobo mit einem Vorschlag heraus: Da ich im Prinzip bereit sei, den Wein zu kaufen, warum könnte ich ihn dann nicht auf Kredit kaufen? Bakpima war sofort begeistert von dieser Idee – was machte es schon, daß ich erst in ferner Zukunft, bei einem erneuten Besuch Amopolos wieder genug Geld haben würde – und der Palmwein wurde unverzüglich ausgeschenkt und getrunken.

Nachdem ich mich schon ungefähr zwei Monate in Amopolo aufgehalten hatte, stellte Balonyona mir einen Neuankömmling namens Mokoko vor. »Von jetzt an«, sagte er, »wird es Mokoko sein, der dein Feuer entfacht, der dir Kaffee macht und deine Sachen bewacht. Meine Aufgabe wird es sein zu jagen, so daß du immer genug zu essen hast.« Ich brachte es nicht übers Herz, ihm zu beichten, daß es keinen Kaffee mehr geben würde, weil ich völlig blank war. Mokoko war der älteste Sohn Singalis aus einer früheren Ehe. Er war mit seiner Frau Sao nach Amopolo gezogen und hatte sich mit ihr eine kleine Hütte neben der von Singali gebaut. Saos Cousin Ngongo, ein aufgeweckter Junge von zehn Jahren, lebte bei ihnen. Sie waren von Mombembé herübergekommen, einem winzigen Fischerdorf, das fernab jeder Straße am Sangha lag. Offensichtlich bewohnten die Bayaka das Dorf zusammen mit dem dort ansässigen Stamm von Fischern, und es gab auch einige Mischehen zwischen Angehörigen der beiden Gruppen. Saos Vater war ein *bilo*. Mokokos Beschreibung nach war der Patriarch, der über Mombembé regierte, ein *bilo*, der 2 Meter 10 groß war. Mokoko nahm seine Pflichten mir gegenüber sehr ernst. Er war ein großartiger Sänger, und seine tiefe Stimme bereicherte viele der Zeremonien, bei denen gesungen wurde. Sao, seine Frau, die stets zum Kichern aufgelegt war, war aufgeschlossener als die meisten anderen. Als ich Amopolo verließ, gehörten die beiden zu meinen engsten Freunden.

Auch Bombé war erst vor kurzem in das Lager gezogen, und er wuchs mir ebenfalls bald ans Herz. Trotz seines hohen Alters – unter den Männern war er der einzige Vertreter seiner Generation, der Älteste der Ältesten – war er noch sehr vital und klar im Kopf. Er führte ein nomadisches Leben, er wanderte von einem Bayaka-Lager zum nächsten und ließ sich selten für mehr als ein paar Wochen in einem von ihnen nieder. Seine Frau Balé zog ebenfalls in der Gegend herum, die beiden hielten sich aber kaum einmal zur selben Zeit im selben Lager auf. Das Paar war in einen endlosen Streit verwickelt, und sie ließen sich ständig voneinander scheiden, um danach wieder zu heiraten. Wenn einer von ihnen weiterwanderte, ließ er Botschaften für den anderen zurück – »Wenn ihr Bombé seht, sagt ihm…« »Wenn ihr Balé seht, sagt ihr…« –, die den neuesten Punkt, über den sie sich gerade stritten, betrafen. Bei den seltenen Gelegenheiten, bei denen sie sich über den Weg liefen, standen sie einander minutenlang gegenüber und überschütteten sich mit höhnischen Bemerkungen.

Eines Nachmittags erschien Adamo, Singalis älterer »Bruder«, in Amopolo. Er war in Wirklichkeit Singalis Cousin, aber Verwandte dieses Grades werden immer »Bruder« oder »Schwester« genannt. Adamo war vor einigen Jahren in das Dorf seiner Frau gezogen; Monasao lag fünfzig Meilen nördlich, am südlichen Rand der Savanne mit den verkrüppelten Bäumen, durch die ich vor Monaten gefahren war. Über eintausend Bayaka lebten in dem Ort, der vor mehr als einem Jahrzehnt von einem katholischen Priester namens René gegründet worden war. Es gab dort eine Schule, in der die Kinder Französisch schreiben und lesen lernten, ein kleines Krankenhaus und eine Kirche.

Von jeder Familie wurde verlangt, daß sie ihre eigene kleine Maniokpflanzung anlegte.

Adamo war betrunken; der breitschultrige Mann torkelte zu meiner Hütte herüber und ließ sich auf eine zerbrochene Holzkiste fallen. Er schaute mich mit einem besoffenen, höhnischen Grinsen an, seine Augenlider hingen schwer herunter.

»Ich bin's, Adamo Bertrand!« verkündete er schließlich und schlug sich ein paarmal auf die Brust.

»Ich heiße Louis.«

»Weiß ich!« rief er laut. Er deutete auf seinen Kopf und sagte mit leiserer Stimme noch einmal nachdrücklich: »Ich weiß.« Er lehnte sich vor, sein Atem stank nach *mbaku.* »Der große Bruder von Singali«, flüsterte er vertraulich, »ich bin's.« Er zeigte auf Nyasus Hütte. »Meine Frau«, sagte er erst leise und brüllte dann: »Meine Frau! Nyasu! Matangu ist meine Tochter.« Er blickte mir ins Weiße der Augen. »Paß auf!« warnte er mich. »Ich bin ein großer Mann in Amopolo! Monsieur Adamo Bertrand!«

»Ja, ja«, sagte ich begütigend.

Adamo rülpste, er sah aus, als ob er speien würde, er schaffte es aber in letzter Sekunde, alles wieder runterzuwürgen, und fing wieder an zu wettern: »Singali? Pah!« Er wedelte verächtlich mit der Hand: »Ein Kind, ein kleiner Junge. Aber Adamo!« Er stach sich mit einem Daumen in die Brust. *»Oui! D'accord!«*

Länger als eine Stunde hörte ich mir Adamos selbstprahlerisches Geschwätz an und dachte die ganze Zeit: Was für ein Kotzbrocken! Dann ging ihm allmählich die Luft aus. Er streckte sich in den Sand und fing an zu schnarchen. Einmal kam er noch wieder hoch, um sich auf die Seite zu rollen und sich zu erbrechen. Dann ließ er sich stöhnend wieder zurücksinken und schnarchte sofort von neuem.

Ein wenig später kam Esoosi, beseitigte das Erbrochene und murmelte dabei in ihrer vorwurfsvollen Art: »Siehst du? *Mbaku* ist schlecht.«

»Sehr schlecht«, stimmte ich zu.

Aus Balonyonas Hütte ertönte ein mißbilligendes Zungenschnalzen. Matangu rief leise »Adamo!« und ließ dann ein leises, betrübtes Lachen hören.

Meine ersten Unterhaltungen auf Yaka – wie die Bayaka ihre Sprache nennen – führte ich mit Bossos kleiner Schwester Mbina. Ihr gegenüber hegte ich besonders herzliche Gefühle; schließlich hatte sie damals den Tanz ins Leben gerufen, in dessen Verlauf ich zum erstenmal die *mokoondi* gesehen hatte. Sie war sogar für eine Moaka außergewöhnlich musikalisch und war fast immer dabei, wenn irgendwo musiziert wurde. Als ich das *geedal*-Spiel der Jungen aufgenommen hatte, hatte sie sich als einzige der weiblichen Lagerbewohner dazugesetzt und alles aufmerksam verfolgt. Aus irgendeinem Grund hatte sie angefangen, sich für mein Kommen und Gehen zu interessieren. Wenn ich beim Verlassen des Lagers an ihr vorbeikam, fragte sie mich immer: *»Looyay, ové dwa gangwé?«* – »Louis, wohin gehst du?« Es bezauberte mich sogar, wie sie sprach, wie sie die letzte Silbe hinaussang und ihre Stimme dabei in die Höhe schnellen ließ.

Ich antwortete immer auf Yaka: »Ich gehe ins Dorf« oder »Ich gehe in den Wald.« »Oka«, sagte sie jedesmal zustimmend.

Als ich eines Tages vom Baden zu meiner Hütte zurückging, hörte ich aus einem der anderen Lager einen sehr seltsamen Gesang. Ich blieb stehen und lauschte.

»Was ist das für ein Gesang«, fragte ich den vorüberkommenden Balonyona. »Sind das Bayaka?«

»*Oui*, eine alte Frau ist heute morgen gestorben. Drüben, in Mindumis Lager.«

»Oh«, war alles, was mir dazu einfiel.

»Ich gehe gerade hin«, fügte er hinzu. »Komm mit!«

In dem Lager angekommen, gesellten wir uns zu den Bayaka, die auf dem *mbanjo*, dem Versammlungsplatz der Männer, saßen. Die alte Frau, erfuhr ich, war, ein Stück weit vom Lager entfernt, im Dschungel beerdigt worden.

Vor und in der Hütte, die, wie ich annahm, der Verstorbenen gehört hatte, saß dicht gedrängt eine Anzahl von Frauen. Sie sangen die seltsamste Melodie, die ich je gehört hatte, *élélo*, die Totenklage. Mit *élélo* fängt man an, sobald man festgestellt hat, daß eine Person gestorben ist, und man setzt den Gesang fast ununterbrochen fort, bis die Leiche bestattet worden ist. Danach wird die Klage von nahen Familienangehörigen noch ein, zwei Wochen lang in gewissen Abständen gesungen, sie zieht dann aber nicht mehr alle Frauen des Lagers herbei. Eigentlich wird sie nicht gesungen, sondern gestöhnt, in Augenblicken höchster Intensität schwillt das Stöhnen aber zu einem herzzerreißenden, verzweifelten Heulen an.

Der *élélo* war jetzt gedämpft, wurde langsam schwächer und immer wieder von einem bedeutungsvollen Schweigen unterbrochen. Hin und wieder trafen Frauen aus einem der anderen Lager ein, setzten sich und stimmten für eine kurze Zeit in den Gesang ein. Andere erhoben sich und gingen. Ich wurde von mehreren Frauen angeschaut, ja geradezu angestarrt. Empfanden sie meine Anwesenheit als störend? Nach einer Stunde ging ich wieder, zusammen mit Balonyona. Auf unserem Rückweg zum Lager konnte ich mich nicht mehr beherrschen, ich mußte Balonyona einfach fragen, ob man an diesem Abend auch noch Musik machen würde. Der Klagegesang, der sich so anders anhörte als die üblichen Lieder der Bayaka, hatte mich in eine Erregung versetzt, die erst wieder von mir weichen würde, wenn ich die Musik auf Band aufgezeichnet haben würde.

Am Abend saß Balonyona vor seiner Hütte und strich über die Saiten der *geedal*. Er war ein temperamentvoller Spieler, und ich nahm begierig jede Gelegenheit wahr, sein Spiel auf Band festzuhalten. Zalogwé kam herbeigeschlendert. Respektvoll hörte er ein paar Minuten lang zu. Als das Lied zu Ende war, meldete er, daß in Mindumis Lager bald ein Tanz beginnen würde.

»*Eboka?*« fragte Balonyona.

»*Élanda*«, antwortete Zalogwé. Ich war enttäuscht. Ich

hatte mich damit abgefunden, daß ich an diesem Abend kein *élélo* würde aufnehmen können, aber ich hatte mich damit getröstet, daß ich vielleicht noch einmal die *mokoondi* aufs Band bekommen würde. Jetzt erfuhr ich, daß nur der Tanz stattfinden würde, den die Teenager zum Flirt nutzten. Soweit ich wußte, lockte ein *élanda* niemals die Geister des Waldes herbei.

Der Tanz hatte schon begonnen, als wir eintrafen, aber er war es kaum wert, aufgenommen zu werden. Man hatte mich jedoch erwartet, und ein paar Jungen, die an dem Tanz teilnahmen, bedrängten mich, sofort den Recorder einzuschalten. Ich erklärte ihnen, daß ich damit warten wolle, bis mehr Tänzer erschienen waren. »Nein, nein!« forderte Yongo beharrlich. »Fang sofort an! Die Leute werden schon kommen.«

Ich stellte den Recorder an. Der Tanz war völlig uninspiriert, die Musik wirkte irgendwie unausgeglichen, die Stimmen der Männer kamen nie aus den tieferen Registern heraus. Dann merkte ich plötzlich, daß keine Frauen und Mädchen anwesend waren. Die Männer sahen, daß ich mich umschaute. Sie verstärkten ihre Anstrengungen, aber ich verspürte eine starke Neigung, das Gerät auszuschalten. Da vernahm ich über den tiefen Stimmen der Männer und den Falsettönen der Jungen, die die Jodellaute der Frauen imitierten, den unverkennbaren Klang von Frauenstimmen – vielen Frauenstimmen. Die Frauen zogen von links heran und sangen dabei.

Für einen Augenblick stockte das *élanda*. Yongo, Zalogwé und andere schrien die Jungen an, die mit ihrer Nachahmung aufgehört hatten, um dem echten Frauengesang zu lauschen. Sie setzten von neuem ein. Genau in diesem Moment betraten die Frauen die Lichtung, es waren mindestens dreißig, ihre kraftvollen Stimmen übertönten das matte *élanda* der Männer. Sie überquerten die Lichtung und bildeten vor der Hütte der Toten eine einzige große Gruppe. Bilémas Mutter schlug auf einem alten, zerbeulten Aluminiumdeckel einen unregelmäßigen Rhythmus. Die Sängerinnen setzten sich in einem engen Kreis zusammen, wobei sie alle ihr Gesicht dem Inneren des Kreises zuwendeten. Aus dem kleinen Raum in der Kreismitte, den man nicht einsehen konnte, ertönte ein tiefer, langgezogener Schrei. Bilémas Mutter, die als einzige noch stand, schwenkte ihren Deckel über der Stelle, von der der Schrei aufgestiegen war. Die anderen Frauen wiegten sich mit vor sich ausgestreckten Armen, sie überließen sich ganz der machtvollen Strömung ihres eigenen Gesangs und nahmen die Männer gar nicht mehr wahr.

Innerhalb weniger Sekunden entschied ich mich, die Männer sich selbst zu überlassen und statt dessen die Frauen aufzunehmen. Als ich zu ihnen hinüberging, rief Yongo aus: »Monsieur Louis! Unser *élanda* wird besser! Wir kommen jetzt richtig in Fahrt!«

Der Gesang der Frauen hatte die Wucht einer Naturgewalt. Heultöne von einer wilden, unbezähmbaren Kraft brachen überall hervor – ähnliche Töne hatte ich bisher von den Frauen nur gehört, wenn sie jeden Monat den Aufgang des neuen Monds feierten. Der langgezogene Schrei, der in Abständen aus der Erde aufzusteigen schien, gab der Musik etwas Drängendes. Ich fühlte ihn in meiner eigenen Brust vibrieren. Wo kam er nur her? Ich hielt Bilémas Mutter im Auge, aber sie sang die ganze Zeit, sogar während sie den Deckel wie einen Zauberstab über dem Zentrum des Kreises schwang. Manchmal erscholl von links oder rechts eine zweite oder dritte Stimme, die den geheimnisvollen Ton imitierte. Die Arme der um die Kreismitte sitzenden Frauen verdeckten das, was auch immer sich dort befand. Plötzlich klang die Stimme mit einem dunklen Kollern aus.

»Wo!« schrien die Frauen. Der gedehnte, abfallende Laut ging in Heultöne über.

Ich war wie betäubt – hatte ich *das* wirklich gerade aufgenommen?

Hinter mir brach ein Getöse aus. Yongo und ein paar andere Männer fingen an zu zanken: die Frauen sollten sich zu den *élanda*-Tänzern gesellen, so daß jeder mitmachen könne, und sollten nicht länger versuchen, den ganzen Abend alleine zu bestreiten. Die Frauen achteten aber gar nicht auf ihre Vorhaltungen und stimmten das nächste Lied an. Als der Gesang lauter wurde, setzte eine Massenabwanderung der Männer und Jungen ein. Keiner von ihnen blieb auf der Lichtung zurück – bis auf zwei Knaben, die sich an den äußeren Rand des Kreises der Frauen setzten.

Der Gesang ging eine Minute lang weiter. Dann wurden die beiden Kleinen entdeckt, die Frauen stießen wilde Drohungen aus und fuchtelten heftig mit den Armen. Zwei Mädchen sprangen auf und verjagten die Eindringlinge. Einer von ihnen war so verschreckt, daß er im Weglaufen laut weinte. Dann schwoll der Gesang wieder wie eine Woge an. Jetzt erhaschte ich einen flüchtigen Blick auf die Gestalt in der Mitte – eine Frau auf den Knien, die sich so weit vorbeugte, daß ihr Gesicht fast die Erde berührte, und deren Schultern und Rücken sich im Rhythmus hoben und senkten. Immer wieder gingen die Arme der Frauen auseinander und gaben einen kurzen Blick auf die Gestalt frei, dann verschränkten sie sich erneut über ihr und verhüllten sie.

Irgendwann nach Mitternacht hielten die Frauen inne und sagten mir, daß der Gesang zu Ende sei. Ich wußte, daß das nicht so war (tatsächlich sangen sie noch bis zum Morgengrauen weiter), packte aber meine Sachen zusammen und ging, weil ich ihren Wunsch respektierte. Außerdem war ich völlig erschüttert: Ich hatte mich gerade in die Frauen von Amopolo verliebt.

Wenige Tage nach diesem Abend voller Magie kam Mokoko zu mir und schaute mich für einen Augenblick schweigend an. »Nun«, sagte er dann, »kommst du mit?«

»Wohin?«

»Auf die Jagd!«

Und so bot sich mir endlich die Gelegenheit, die Bayaka auf die Jagd zu begleiten, eine Gelegenheit, der sich noch viele weitere anschlossen. Am Anfang war es sehr anstrengend, und ich machte mir alles noch schwerer, indem ich mein Aufnahmegerät mitschleppte, dieses Kreuz, das ich mir selbst auferlegt hatte.

Der tägliche Jagdzug begann immer angenehm genug. Die Männer brachen als erste auf; sie folgten zunächst breiten Pfaden, auf denen man leicht vorwärtskam – allerdings legten sie ein mörderisches Tempo vor. Auf Straßen schlenderten sie meistens so gemächlich voran, daß es eine Qual war, aber sobald sie einen Dschungelpfad unter den Füßen hatten, erwachten sie zum Leben. Nach einiger Zeit schwenkten wir immer von dem Hauptweg auf einen Seitenpfad ab, der sich zwischen vom Dschungel überwucherten Hügeln hindurchschlängelte, durch Sumpfgebiete führte und gelegentlich auch über einen Fluß. Wir setzten über Baumstümpfe und Wurzeln hinweg, liefen unter Lianen hindurch und mußten immer wieder Hindernissen ausweichen, etwa einem umgestürzten Baumriesen, dessen Äste im Fall kleinere Bäume niedergerissen hatten. Irgendwann kamen wir dann zu einem Pfad, den die Bayaka erst am Tag zuvor in den Urwald geschlagen hatten. Immer wenn ich mich gerade elend zu fühlen begann – acht Uhr morgens und meine Kräfte ließen schon nach –, hielten wir an, und plötzlich waren da überall um uns herum die Jagdnetze. Der Anblick überraschte mich jedesmal aufs neue. Jedes Netz war zusammengefaltet über einen dünnen Baum drapiert, den man in einer Höhe von ungefähr 1 Meter 50 abgeschnitten hatte, und von einem blütenförmigen Schirm aus großen ovalen Blättern bedeckt. Sie waren vor der Dschungelkulisse fast nicht zu sehen.

Wenn wir an diesem Platz angekommen waren, setzten wir uns, um auf die Frauen zu warten, die immer mindestens eine halbe Stunde später eintrafen. Einmal erschienen sie auch überhaupt nicht. Die Männer zündeten ein kleines Feuer an, nahmen ihre Netze von den Stämmen herunter und streckten sich dann auf der Erde in Posen aus, die in schon übertriebener Weise Entspanntheit signalisieren sollten. Obwohl man in Amopolo so überaus sorgsam darauf achtete, sich nicht in den Sand zu setzen, zeigten die Bayaka keine Abneigung gegen den Waldboden als Lagerstätte. Was machte es, wenn einem eine große schwarze Ameise quer über den Bauch krabbelte? Man ignorierte sie einfach – sie würde ja bald auf der anderen Seite angekommen sein. Viele Männer machten ein Nikkerchen. Wenn jemand Zigaretten hatte, zündete er sie an und reichte sie herum. Man schwatzte gutmütig und vergnügt miteinander. Hin und wieder stieß einer der Männer einen Jagdruf aus.

Nach einer Weile begannen sie dann mit ihren Vorbereitungen. Einer der Jäger begab sich zu einem in der Nähe wachsenden Baum und hackte ein Stück Rinde ab, das eine harzige, ziegelrote Innenfläche hatte. Nachdem er das Harz auf ein Blatt gekratzt hatte, spuckte er darauf und forderte die anderen auf, ihren Speichel dazuzugeben. Dann wurde das Blatt zu einer Röhre zusammengerollt und der Inhalt herausgequetscht – auf jedes Netz kamen ein paar Tropfen dieser Flüssigkeit. Ein anderer pflückte mehrere Blätter von einer besonderen Pflanze, legte sie kurz in die Glut, bis sie verschrumpelten und heiß wurden und drückte dann eins davon gegen seine Stirn. Andere nahmen sich die übrigen Blätter. Einige Männer und Jungen machten sich daran, junge Bäume zu fällen, aus deren Stämmen man neue Speerschäfte herstellen konnte. Wieder andere breiteten ihre Netze aus, um verhedderte Stellen aufzudröseln und Löcher zu flikken.

Schließlich trafen dann die Frauen in kleinen Grüppchen ein, ihr langsames Anrücken war schon von Jodellauten und Jagdrufen angekündigt worden. Sie suchten sich unweit der Männer ihre eigene Stelle, wo sie sich niederließen. Nach und nach füllte sich dieser Platz mit Neuankömmlingen. Wenn ihr Geplaudere, das viel lebhafter und melodischer klang als das der Männer, auf dem höchsten

Geräuschpegel angekommen war, drängten die Männer einander: »Laßt uns anfangen!« Ein paar von ihnen standen auf, warfen sich ihre Netze über die Schulter, legten die Speere – mit den Spitzen nach unten – wie Gewehre darauf und drangen in den Busch vor.

Jetzt bewegten wir uns ganz leise vorwärts; wir folgten Spuren, die für mein Auge nicht zu erkennen waren. Das Tier, dem wir nachstellten, war eine Antilope, der Blaue Dücker – *mboloko* –, ein scheues, einsam umherschweifendes, ewig zitterndes Geschöpf, das nicht größer als ein Lamm ist. Sein glattes Fell hat tatsächlich eine bläuliche Schattierung. Wenn sie auf eine Stelle stießen, wo das herabgefallene Laub aufgewühlt oder die Erde leicht aufgekratzt war, hielten die Männer an und diskutierten in dringlichen Flüstertönen. Einer schlug dann mit einem Blatt auf seine geschlossene Faust – was einen scharfen, weittragenden Knall gab –, und die Jäger fächerten sich auf, sie verschwanden nach links und rechts im Dickicht und spannten ihre Netze zu einem großen Kreis. In diesem Kreis war jedem ein bestimmter Platz zugewiesen – der von der Zugehörigkeit zu einer bestimmten Familie abhing –, und jeder Jäger spannte den ganzen Tag lang sein Netz zwischen denselben Gefährten. Die Jäger bewegten sich rasch und ohne ein Wort zu sprechen, sie hakten ein Ende des Netzes an einem dünnen Baumstamm oder einer Liane fest und legten es dann auf dem Boden aus. Ihre Frauen und Töchter folgten ihnen, sie befestigten das Netz oben und unten an Bäumen, Wurzeln, Ästen und Ranken. Aus irgendeinem Grund war der Kreis nie vollständig geschlossen. An einer Stelle stießen die beiden Netzreihen nicht aufeinander, sondern die eine krümmte sich nach innen, die andere nach außen, so daß eine Art Korridor blieb, der eine mystische Bedeutung zu haben schien. Die Frauen verbargen sich in strategischen Positionen in der Nähe der Netze, und die Männer verschwanden im eingezäunten Teil des Dschungels. Einen Augenblick herrschte eine gespannte Stille. Dann hörte man wieder ein Blatt knallen. Die Jagd hatte begonnen.

Ein Chor von schrillen Heul- und Jaultönen und einfachen Jodellauten erschütterte die Stille des Urwalds. Die aufgeschreckten Dücker ergriffen die Flucht, und die Männer schrien sich gegenseitig zu, wohin die Tiere liefen. Die einzelnen Schreie verschmolzen immer mehr miteinander, bis sie schließlich ein Ensemble bildeten, das sich erst in die eine, dann in die andere Richtung bewegte. Dann jauchzte eine der Frauen aufgeregt auf: ein Dücker war ins Netz gerast. Manchmal zeigte ein verzweifeltes nasales Blöken an, daß das Tier überwältigt worden war, und das Lachen der Frauen bestätigte, daß wir am Abend Fleisch essen würden. Wenn man sie statt dessen miteinander streiten hörte, bedeutete das, daß der Dücker entkommen war.

Die Netze waren nur ungefähr einen Meter hoch und hielten ein Tier nicht für mehr als ein paar Sekunden fest. Damit es nicht wieder entkam, mußte jemand – gewöhnlich eine der Frauen – hinstürzen und es zu Boden reißen. Die Tiere wurden durch Speerstiche getötet oder indem man ihnen mit irgendeinem Knüppel, den man zu fassen bekam, auf den Kopf schlug. Manchmal erlegten die Männer mit ihren Speeren auch einen der viel größeren Roten Dücker (*misoomi* und *mbom*). Und hin und wieder wurde auch ein Stachelschwein von Panik ergriffen und sauste in eines der Netze.

Wenn man übereingekommen war, daß alle Tiere, die sich innerhalb des Kreises befunden hatten, entweder zur Strecke gebracht oder entkommen waren, falteten die Jäger rasch die Netze zusammen und warfen sie sich über die Schulter. Jedesmal überraschte es mich, daß sich die Netze trotz ihrer Eile kaum verhedderten. Die Frauen, die keine Sekunde lang müßig waren, fingen sofort an, die erbeuteten Tiere zu häuten und in vier Teile zu zerlegen. Das Fleisch wurde noch im Wald aufgeteilt. Komplexe Regeln legten fest, wer wieviel bekam. Das Tier gehörte dem Jäger, in dessen Netz es sich gefangen hatte, aber die Frau, die es überwältigt hatte, der Besitzer des Speeres, mit dem es getötet worden war, die Jäger, die geholfen hatten, es in dieses bestimmte Netz zu treiben, sie alle verlangten einen Anteil.

Auf dem Weg von einem Jagdplatz zum nächsten, entdeckten die Frauen immer Eßbares: *koko, payu, kana, bokombu* – Blätter, Samen, Nüsse und Pilze – aber auch andere Köstlichkeiten wie *yoko, ékuli* und *isuma* – genießbare Pflanzenknollen –, *mola*, eine süßschmeckende, saftige Wurzel, und *mayingoyo*, eine orangefarbene Frucht mit erfrischend herbem Fleisch. Wie andere kleine Früchte verzehrte man sie an Ort und Stelle. Immer wieder horchten sowohl die Männer als auch die Frauen die Bäume ab, ob sich nicht ein Bienenstock in ihnen befand. Jedesmal wenn sich eine Lücke in dem Laubbaldachin auftat, hielten sie an und suchten den Himmel nach umherfliegenden Bienen ab. Wenn sie einen Bienenstock aufgespürt hatten, merkten sie sich den Baum und zogen weiter. Die Männer würden später zu dieser Stelle zurückkommen, vielleicht schon am nächsten Tag, vielleicht aber auch erst nach einer Woche – der Honig war ihnen in jedem Fall sicher.

Gegen Mittag stieß der alte Bombé, der immer ein Netz bei sich trug, es aber nie verwendete, in regelmäßigen Abständen einen zweisilbigen Ruf aus – das Signal, daß es Zeit zum Mittagessen war. Die Frauen packten den Proviant aus, den sie in Blätter gewickelt hatten, und wir setzten uns zu einem Picknick nieder. Einige Frauen bearbeiteten dabei die *payu*, die von ihnen gesammelten Samen; sie zogen die eßbaren Kerne heraus, die am Abend in die Sauce wandern würden. Wir aßen ein paar der Snacks, die wir unterwegs aufgelesen hatten, und rauchten. Und dann brachen wir wieder auf und jagten bis zum späten Nachmittag.

Anfangs zermürbten mich diese Jagdzüge, es machte mir schon Mühe, mich auf dem Pfad auf den Füßen zu halten. Wurzeln, die ich nicht sah, brachten mich ständig zum Stolpern, Zweige stachen nach meinen Augen, schmirgelpapierrauhe Ranken scheuerten mir die Schienbeine und den Hals auf. Alles Mögliche hangelte nach meinen Mikrofonen. Wenn wir dann den Pfad verließen, wuchs mein Elend mit jedem Zentimeter zurückgelegter Wegstrecke. Spinnweben legten sich wie ein irritierender Gazeschleier über mein Gesicht, Ameisen rutschten mir den Rücken hinab und bissen mich. Irgendwelche Bröckchen flogen mir in die Augen. Um dem Ganzen die Krone aufzusetzen, führte mich der Jäger, der das letzte Netz gespannt hatte, immer eilends die ganze Netzreihe entlang durch die dichte Vegetation bis zum Ausgangspunkt zurück, wo man mich anwies, mich hinzusetzen.

Eines Tages entschloß ich mich, mein Aufnahmegerät im Lager zu lassen. Ich hatte bereits jede Phase der Jagd mehrere Male aufgenommen, auch die Todesschreie der Beutetiere, die Streitereien, sogar die Eßgeräusche bei den Mahlzeiten. Ich war wie besessen von der Klangwelt der Bayaka. Aber jetzt reichte es: Heute würde ich unbeschwert in den Wald ziehen und meine Arme frei bewegen können wie ein Affe. Bwanga, einer der Brüder Singalis, war für diesen Tag mein Gefährte. Als wir über den Pfad sprangen, bemerkte ich sofort einen Unterschied: Ich konnte mich ungehindert umschauen und sah den Wald zum erstenmal. Was mir zunächst auffiel, war sein wenig exotisches Aussehen. Die meisten Blätter hatten eine wächserne Oberfläche und waren identisch geformt – sie waren länglich und liefen in einer Spitze aus, die wie eine kleine nach unten weisende Tülle aussah. Die Pflanzen besaßen kein bizarres Rindenkleid, keine schlangengleichen Tentakel, keine Blüten, mit denen sie Käfer fingen. An den Flußufern jedoch oder dort, wo ein Baum umgestürzt war, legte es das Sonnenlicht bloß, wie phantastisch die Vegetation war. Die pure Dimension des Urwalds – die Höhe des Blätterdachs, der Umfang der Baumpfeiler, die es trugen, das darunterliegende riesige Gewölbe, in das Lianen hinabbaumelten – überwältigte mich immer mehr. Im Vergleich dazu waren wir Menschen wie umherkrabbelnde Ameisen, Geschöpfe, die zwischen den abgefallenen toten Blättern lebten. Manchmal verwirrte mich das dichte, üppige tropische Buschwerk mit seiner Fülle verschiedener Pflanzen. Dann traten wir in einen weitläufigen *bimba*-Wald; der Laubbaldachin wurde von riesigen *bimba*-Bäumen gehalten, der Boden war mit einem braunen Blätterteppich bedeckt, *bimba*-Keimlinge und Schößlinge färbten das einfallende Licht grün. Diese Bäume bildeten eigene Wälder; weil ihr Holz von minderer Qualität war, waren sie von den Plünderungszügen der Holzfirma verschont geblieben.

Bwanga und ich liefen vor den anderen her. Bwanga, der eine schöne Stimme hatte, improvisierte eine Melodie, die kein Ende nahm. Mit einer geschmeidigen Falsettstimme reihte er nur Töne aneinander, die keine Wörter ergaben. Wenn ich doch nur den Kassettenrecorder mitgenommen hätte! dachte ich. Seine Stimme hallte durch den Wald, die Bäume warfen ein vielfältiges Echo zurück. Nach kurzer Zeit drangen wir in einen dichteren Wald ein. Jetzt achtete ich auch auf den Boden und stellte fest, daß vieles von dem, was dort herumlag, in der Tat exotisch war. An einer Stelle lagen Früchte, die wie große, grüne Bowlingkugeln aussahen. Ältere Exemplare waren verrottet, so daß nur die runde Außenhülle zurückgeblieben war. Die frischeren waren alle aufgebrochen und ausgehöhlt.

»Sind die eßbar?« fragte ich Bwanga.

»Nur für Elefanten«, antwortete er.

Wir gingen über Flächen, die mit Blüten bestreut waren, einige von ihnen waren so groß, farbenfroh und wohlriechend wie Rosen. Ich sah Samenschoten, die zwar die gewohnten Formen hatten, aber zehnmal so groß waren. Der Boden war mit einem ganzen Sortiment von Früchten übersät, von denen die meisten aber ungenießbar waren. Manche sahen sehr schmackhaft aus, und eine, die einer rosafarbenen Aprikose glich, roch sogar köstlich. War sie etwa giftig?

Ich blieb an diesem Tag auch während der Jagd die meiste Zeit mit Bwanga zusammen. Ich war erstaunt, wieviel leichter und angenehmer es war, sich ohne die Last von Aufnahmegeräten im Wert von tausend Dollar durch den Wald zu bewegen. Mir wurde jetzt klar, was das für ein Handicap gewesen war. Einmal entschied Bwanga sich, ein Treiben auszulassen; während die anderen ihre Netze spannten, warf er sein zusammengerolltes Netz auf den Boden, und wir streckten uns darauf aus. Jagdnetze geben wirklich bequeme Ruhekissen ab. Eine Weile lang dösten wir vor uns hin, dann kamen die Jagdrufe dramatisch nahe zu uns heran. In Reaktion auf einen solchen Ruf richtete Bwanga sich plötzlich auf und beugte sich voll gespannter Aufmerksamkeit vor. Man sah irgend etwas verschwommen durch den Busch huschen. Dann raschelten plötzlich die Blätter. Bwanga sprang schon in Richtung Netz, als sich ein Blauer Dücker in den Maschen verfing. Blitzschnell überwältigte er das Tier.

Später am Tag, bei der vorletzten Jagd, verließ ich Bwanga und setzte mich allein in der Nähe von Beedyabas Netz nieder. Beedyaba war der älteste Sohn Wadimos. Ich saß ein paar Meter außerhalb des Kreises, selbst auf diese kurze Entfernung war das Netz kaum zu erkennen. Die Jagd begann, und ich versank in einen Tagtraum. Plötzlich merkte ich, daß die Rufe schnell näher kamen. Ich schaute angestrengt in Richtung Netz. Ich wußte jetzt, wie ein flüchtender Dücker aussah; alles, was man wirklich wahrnahm, war die Bewegung der Blätter, die er in seinem Lauf streifte, das Tier selbst war nur ein verschwommener Fleck.

Ein Dücker schoß aus dem Busch und prallte gegen das Netz. Ich polterte hastig durch das Unterholz zu ihm hin. Der Dücker zappelte einen Moment lang erschreckt in den Maschen, kam dann wieder auf die Beine und drehte sich, um zu fliehen. Gerade, als er wieder losrennen wollte, warf ich mich über ihn.

Die Bayaka waren ein bißchen erheitert. Beedyaba, dem das Tier zugesprochen wurde, weil es in sein Netz gerannt war, kam und tötete es. »Monsieur Louis«, rief er jemandem zu, der in der Nähe im Busch verborgen war, »hat gerade eine Antilope gefangen.«

»Monsieur Louis?« tönte es zurück.

»*Oui*, Monsieur Louis.«

Der unsichtbare Jäger gluckste leise vor Lachen.

Als ich die nötige Durchhaltekraft entwickelt hatte, begann ich, die Jagdzüge immer mehr zu genießen. Auf die Jagd zu gehen, machte wirklich Spaß! Das war doch etwas ganz anderes, als einen Acker zu bebauen! Niemand, der bei Sinnen war, konnte auf die Idee kommen, ein solch kräftigendes Tagwerk gegen die mühselige, lebenslange Plackerei auf den Feldern einzutauschen. Und was brachte das schon ein? Maniok? Bananen? Die Jagd lieferte einem Fleisch. Und auch das Einsammeln von Früchten war das reine Vergnügen. Die Frauen schlenderten durch den Wald wie durch einen großen Kaufladen – nur daß hier alles umsonst war. Und auf der Jagd erlebte man immer wieder kleine Abenteuer, es gab aufregende Momente, aber auch solche, die idyllisch und beschaulich waren, und Gelegenheiten, bei denen man laut lachte. Kein Tag war wie der andere.

Eines Morgens brachen Männer und Frauen gemeinsam zur Jagd auf – was sehr selten vorkam. Motadi, der jüngere Bruder Matangus, führte die ganze Gruppe an. Wie immer war ich der zweite in der Reihe. Motadi schlug ein Tempo ein, das eine Herausforderung für mich war. Normalerweise verfiel ich unterwegs, wenn ich die außergewöhnliche Welt um mich herum betrachtete, in angenehme Träumereien – an diesem Tag wichen sie bald einer gewissen Gereiztheit. Warum rannte Motadi nur so? Nachdem wir den Hauptweg hinter uns gelassen hatten, schien er immer den Pfad einzuschlagen, der uns den meisten Widerstand entgegensetzte, er stürzte sich in Dickichte, tauchte unter Lianen durch. Wenn ein umgestürzter Baum über dem Weg lag, hüpfte er mit einer wahnwitzigen Leichtigkeit und Geschicklichkeit von Ast zu Ast. Ich kam zu einem völlig verfilzten Gewirr von Pflanzen, durch das er gerade mit unverminderter Geschwindigkeit hindurchgeschlüpft war, und stellte fest, daß ich nicht vorankam, ohne erst die verschlungenen Ranken zu lösen. Wie machte Motadi das nur?

Er drang immer weiter vor. Langsam wurde ich ärgerlich. Ich machte mir zum erstenmal Gedanken über Motadi. Obwohl er neben mir in Nyasus Hütte wohnte, hatten wir einander nie viel zu sagen gehabt. Ich hatte sogar den Eindruck gewonnen, daß Motadi mich nicht mochte, mich, den *mondélé*, der sich bei ihnen breitmachte, der vorgab, ein Moaka zu sein, und sich auch noch einbildete, daß er ein As im Dschungel war. Bald war ich überzeugt, daß er mich testen, mich in meine Schranken weisen wollte. Wut durchzuckte mich, und ich nahm mir fest vor, keinesfalls nachzulassen. Als ich grimmig entschlossen weitertrottete und die Beulen, Kratzer und Schrammen ignorierte, die der Urwald mir ständig zufügte, verlangsamte ich meinen Schritt einmal gerade lange genug, um rasch nach hinten schauen zu können: Ich erblickte Mbina, die mir auf den Fersen folgte: ein kleiner Tragkorb hing ihr vom Kopf herunter, ihre jüngste Schwester, Mowa, steckte in einer Schlinge an ihrer Seite, und in der linken Hand hielt sie einen belaubten Zweig. Ich fühlte mich gedemütigt.

Bei einer anderen Gelegenheit stießen einige der Jungen auf einen Riesentausendfüßler, einen *ngongolo*. Es sind harmlose Geschöpfe, aber von eindrucksvoller Größe, und jedermann vermeidet es, sie anzufassen. Vor allem die Frauen finden sie abstoßend. Ngongo nahm einen Stecken und tippte den Tausendfüßler sanft an, bis er sich in Verteidigungsstellung zusammenkrümmte. Er ließ das Tier auf die Spitze des Stocks gleiten und hob es dann hoch. Das ist die übliche Methode, einen *ngongolo* los zu werden: man katapultiert ihn in die umstehenden Büsche. Ngongo aber versteckte sich hinter einem Baum und wartete auf die Frauen, die bald darauf erschienen. Bosso führte sie an, und ich empfand ein gewisses Schuldgefühl, als ich, ohne sie zu warnen, den Ereignissen ihren Lauf ließ. Ngongo sprang aus seinem Versteck hervor und schleuderte den Frauen den zappelnden Tausendfüßler entgegen. Bosso kreischte auf und fiel hin. Im Fall schlug sie mit einer Art von Reflexbewegung nach dem *ngongolo*. Das Tier wurde in zwei Stücke zerteilt, die durch die Luft segelten. Bosso kreischte noch einmal, diesmal vor wirklichem Ekel. Sie hatte gerade einen *ngongolo* berührt! Igitt! Alle brachen in Gelächter aus. Und auch Bosso selbst wurde schließlich so von Lachen geschüttelt, daß sie sofort wieder hinfiel, nachdem sie sich hochgerappelt hatte, und mit dem Kopf gegen einen Baum schlug. Das ließ sie nur noch lauter lachen.

Eines Tages fand ich mich, während die Jagd vorübergehend ruhte, neben Mbina und einem anderen Mädchen wieder. Es war das erste Mal, daß ich Mbina mit Muße aus der Nähe anschauen konnte, und ich nahm die Gelegenheit wahr, sie aufmerksam zu mustern und vor allem ihre Gesichtstätowierungen eingehend zu betrachten. Mit diesen blau-grünen Tätowierungen schmückten sich sowohl die Frauen als auch die Männer. Bei den Männern waren es gewöhnlich nur ein paar Balken, Striche oder Zickzacklinien, über der Nasenwurzel, zwischen den Augenbrauen oder am Stirnrand. Einige der Frauen trugen viel kunstvollere Muster auf der Haut. Belloo, die Mutter Akétés, war eine wandelnde Komposition aus den verschiedensten Spiralen, Kreisen, Schleifen und Schnörkeln. Die Bayaka nennen diese Zeichen *matelé*. Ich hatte Fotos von dem Rindentuch gesehen, das die Pygmäen im Wald von Ituri noch herstellen; die Frauen hatten es mit abstrakten Zeichen bemalt. Die Bayaka fabrizierten kein Rindentuch mehr, die *matelé*, die sie auf ihr Gesicht und manchmal auch auf ihre Beine und ihren Körper tätowierten, sahen aber wie Überbleibsel dieser Muster aus.

Mbina war nur sehr sparsam tätowiert: eine Reihe kleiner vertikaler Striche auf beiden Seiten der Stirn. Ich fragte mich, wer wohl diese Tätowierungen ausgeführt hatte. Ihre Eltern? Ich wußte noch nicht, daß die Frauen die *matelé* anbrachten. Und welchem Impuls war eigentlich dieses besondere Muster entsprungen? War es das Ergebnis einer künstlerischen Laune? Hatte die Künstlerin versucht, das Wesen des Kindes in Symbole zu fassen, oder war die Zeichnung eher der Versuch, ihm ein bestimmtes Naturell aufzuzwingen?

Ich ließ meine Blicke von Mbina zu dem anderen Mädchen schweifen, das ich in letzter Zeit ein-, zweimal gesehen hatte, immer im Wald, immer in Gesellschaft Mbinas. Sie schien ein bißchen älter zu sein und hatte eine hellere, honigfarbene Haut. Mir fielen an ihr sofort die faszinierenden Tätowierungen auf. Ein wildes Gewirr von einander überschneidenden Zickzack-Linien erstreckte sich von ihrer Stirn bis zu den Schläfen hinunter. Obwohl die Zeichen zart ausgeführt waren, so daß man sie nur aus der Nähe wahrnahm, sprach aus ihnen eine ungebändigte, chaotische Energie. Die Künstlerin hatte an keiner Stelle Symmetrie angestrebt, und ich fragte mich, was sie sich wohl bei ihrer Arbeit gedacht hatte.

Das Mädchen drehte sich plötzlich um und schaute mich an. Mir wurde bewußt, daß ich sie angestarrt hatte, und ich wandte mich schnell ab.

Nachdem ich ungefähr drei Monate bei den Bayaka war, begann eines meiner Mikrofone zu streiken. Ich wurde während eines nachmittäglichen *geedal*-Konzerts auf das Problem aufmerksam. Die Nadel in einer der Aufnahme-Kontrollanzeigen bewegte sich nicht mehr. Wenn ich an der Anschlußbuchse für das Mikrofon wackelte, zuckte die Nadel plötzlich wieder. Ich schaltete den Recorder aus und nahm den Stecker an Ort und Stelle auseinander. Die Bayaka hörten mit ihrer Musik auf und drängten sich um mich, um zuzuschauen. Nach kurzer Überprüfung lokalisierte ich das Problem. Ein winziges rotes Drähtchen hatte sich von der Metallplatte gelöst, an das es angelötet gewesen war. Ich hätte mir ein Ersatzkabel für das Mikrofon mitnehmen sollen, aber ich hatte nicht daran gedacht.

In den folgenden Tagen versuchte ich immer wieder auf

die verschiedenste Weise, das winzige Bündel bloßliegender Kupferdrähte an der Metallplatte zu befestigen. Wie Edison auf der Suche nach dem perfekten Glühfaden probierte ich geduldig die verschiedensten Materialien aus. Eine Polyesterfaser ermöglichte es mir, die halbe Nacht hindurch die Lieder aufzunehmen, mit denen man den Aufgang des neuen Mondes feierte. Ein Faden aus meinen zerschlissenen Leinenschuhen reichte für eine Stunde Singspiele. Nähgarn war am wenigsten geeignet – es überdauerte kaum ein einziges Lied auf der *geedal*.

Ein weiteres Problem stellte mein rasch schwindender Vorrat an Batterien dar. Ich hatte mehr als genug Batterien mitgebracht, um alle meine Kassetten bespielen zu können. Ich hatte sogar schon Wochen zuvor die letzte meiner leeren Kassetten benutzt und überspielte jetzt, immer wenn etwas Besonderes aufzuzeichnen war, alte Aufnahmen, die mir nicht so bemerkenswert zu sein schienen. Was ich jedoch nicht einkalkuliert hatte, waren die vielen Stunden, in denen die Batterien benutzt wurden, um die Kassetten abzuspielen. Dabei hatte das auf der Hand gelegen: Die Bayaka waren große Liebhaber ihrer eigenen Musik und wollten sich die ganze Zeit selbst hören. Es war mir unmöglich, ihnen ihre Bitten abzuschlagen – schließlich war es ja ihre Musik. Die einzigen Batterien, die man in Bomandjombo bekommen konnte, wurden in Kamerun hergestellt: Sie gaben nur zehn Minuten lang gleichmäßig starken Strom ab, danach schwankte die Leistung wild auf und ab. Sie reichten möglicherweise für Taschenlampen aus, für mich waren sie aber ungeeignet. Überdies hätte ich ja kein Geld gehabt, um welche zu kaufen.

Und so dachte ich zum erstenmal daran, wieder abzufahren; es war ein schmerzlicher Gedanke, den mir nur die Probleme eingaben, die ich hier an Ort und Stelle nicht lösen konnte. Ich würde abfahren, sagte ich mir selbst, nur um besser vorbereitet wiederzukommen. Gleichzeitig erleichterte es mich aber ungeheuer, daß ich gar nicht die Mittel hatte, um abzureisen: Ich hing hier fest.

Eines Morgens, ich war gerade meiner jüngsten Eingebung gefolgt und hatte den Mikrofonstecker mit einem Stückchen zähem, drahtähnlichen Gras geflickt, trugen Bwanga und Zalogwé die beiden Trommeln in Mindumis Lager hinüber. Die Frauen wanderten alle in dieselbe Richtung, und als ich Trommelschläge hörte und sah, daß die Männer sich ebenfalls aufmachten, fragte ich, was los sei.

»*Eboka* für die Frauen«, erklärte Balonyona.

»Jetzt, am Morgen?« fragte ich überrascht. Es war die beste Gelegenheit, um zu überprüfen, ob meine Reparatur erfolgreich gewesen war.

Der erste Tanz hatte schon begonnen, als ich ankam. Alle Frauen von Amopolo schienen anwesend zu sein, sie hatten sich in zwei großen Gruppen zusammengesetzt und sangen. Es waren zwar sehr viele Männer gekommen, aber mit Ausnahme der Trommler, Bwanga und Zalogwé, hielten sie sich unauffällig im Hintergrund. Eine einzelne Frau tanzte auf der Lichtung. Sie war keine Moaka, sondern eine *bilo* vom Stamm der am Fluß ansässigen Sangha-sangha. Sie war mit einem Grasrock bekleidet und bewegte sich voller Anmut und Bescheidenheit. Hin und wieder rannte eine der Bayaka-Frauen auf die Lichtung, ergriff sie beim Handgelenk und riß ihren Arm in die Höhe, so als habe sie gerade einen Boxkampf gewonnen. Das Lied endete mit einem kurzen *esimé*. Nach einer Pause wurde ein zweites Lied angestimmt. Eine andere *bilo*-Frau, die ebenfalls mit einem Grasrock bekleidet war, tanzte. Beide Frauen aus dem Dorf gingen vor dem dritten und letzten Lied, zu dem niemand tanzte. Mir kam das alles ein bißchen rätselhaft vor, aber meine Verwirrung wurde von meiner Freude überdeckt: die Reparatur des Mikrofons war ein Erfolg!

Zwei, drei Tage später – ich hatte in der Zwischenzeit keine Aufnahmen mehr gemacht – holten Bwanga und Zalogwé morgens wieder die Trommeln, und die Frauen wanderten wieder alle zu Mindumis Lager.

»Was geschieht?« fragte ich Balonyona.

»*Eboka* für die Frauen«, erwiderte er.

Was, schon wieder? Ich holte mein Aufnahmegerät und zog los, um der Sache auf den Grund zu gehen.

Meinem Auge bot sich eine ganz ähnliche Szene wie beim Mal zuvor. Dieselbe Sangha-sangha Frau tanzte auf der Lichtung. Beim ersten Mal war sie barbusig gewesen, jetzt trug sie ein Hemd. Sie war jung, ihre erschlafften Brüste ließen aber darauf schließen, daß sie schon Mutter war. Sie war recht attraktiv, wenn man darüber hinwegsah, daß sie auf einem Auge leicht schielte. Ich mochte sie instinktiv. Bei dieser Gelegenheit war der Gesang der Frauen kraftvoller, sie gaben ihr Bestes. Als das *esimé* begann, verließ die Sangha-sangha Frau die Lichtung. Das nächste Lied war sehr schön. Die Melodie bestand nur aus drei Noten, und das hatte einen hypnotischen Effekt. Ich erkannte sie vom letzten Mal wieder, aber diesmal war die Melodie von vielen harmonischen Verzierungen umrankt, die wie tausend kleine Strudel um die Hauptströmung herumwirbelten. Das Lied endete nicht mit einem *esimé*, sondern ging in eine neue Melodie über, die nur eine Minute dauerte und sich gar nicht nach Bayaka-Musik anhörte. Ich nahm an, daß es sich um einen Song der Sangha-sangha handelte.

Es folgte eine längere Unterbrechung, während das Lager vom Geplauder der Frauen widerhallte. Auch die Männer unterhielten sich, hin und wieder schlug auch einer von ihnen auf die Trommeln. Ich wartete. Das Mikrofon, das ich wie ein rohes Ei behandelt hatte, hatte alles ohne einen einzigen Aussetzer eingefangen. Zehn Minuten vergingen, zwanzig. Bald würde eine halbe Stunde verstrichen sein, ohne daß irgend etwas geschehen war. Ich sagte Zalogwé, daß ich genug aufgenommen hätte und zu meiner Hütte zurückgehen würde. Er bestand aber darauf, daß ich blieb: Es würde noch ein weiteres Lied geben.

Die Stimmung schien sich wieder zu erwärmen. Esoosi, Bilémas Mutter und eine dritte alte Frau schritten auf einem der Pfade, die in den Urwald führten, auf und ab. Das sporadische Getrommel verdichtete sich und schwoll dann zu einem mächtigen, dröhnenden Pulsieren an. Bald darauf begannen die Frauen zu singen. Es war eine strahlende Melodie, die in einen vollen polyphonen Klang unterging, um dann wieder aus ihm emporzusteigen. Anfangs tanzte niemand, aber nach ein paar Minuten betrat ein Mädchen in einem Grasrock, von drei alten Frauen dazu gedrängt, die Lichtung. Sie weinte und hielt eine Hand vor ihr Gesicht.

»Tanz!« ermutigten die Frauen sie. Sie machte ein, zwei Schritte. »Yay!« spornten die Frauen sie jubelnd an. Mit immer noch bedecktem Gesicht fing das Mächen an, in kleinen, schnellen Läufen vorwärts zu tanzen. Mit jedem Schritt gewann sie mehr Selbstvertrauen, und als sie zur Mitte der Lichtung kam, nahm sie die Hand vom Gesicht. Es war das Mädchen mit den wilden Tätowierungen.

Ihre Schritte wurden immer selbstbewußter. Bald schien sie ganz in dem Tanz aufzugehen, sich von der Freude an der Bewegung treiben zu lassen; die Menge der Zuschauer hatte sie ganz vergessen. Ihre Schüchternheit gehörte jetzt der Welt an, die sie mit diesem Tanz hinter sich ließ; während sie tanzte, schien ihre Weiblichkeit zu erblühen. Unter erneutem Jubeln riefen die Frauen sie schließlich zurück. Sie verließ den Platz und verschwand über den Pfad im Dschungel. Die Trommeln dröhnten noch eine Zeitlang weiter, aber der Tanz war beendet, die Frauen gingen auseinander.

Ich wußte es noch nicht, aber ich hatte gerade meine letzte Aufnahme gemacht.

Bald nach diesem denkwürdigen Tanz erkrankte ich ernsthaft an Malaria. Zuerst wurde ich von einem Kälteschauer gepackt, meine ganze Kraft schien aus mir herausgesaugt zu werden, und ich zitterte heftig. Ich spürte, daß ich diesem Schüttelfrostanfall nachgab und mich selbst aus der Verantwortung entließ, gegen das Fieber anzukämpfen. Die Malaria hatte gewonnen. Ich delirierte eine Nacht lang, warf mich ständig auf meinem Lager herum, um meinem schmerzenden Körper Erleichterung zu verschaffen, aber keine Stellung war wirklich bequem. Als das Fieber in mir wütete, schien sich mein Geist aufzuspalten, ich vernahm mehrere innere Stimmen, die alle gleichzeitig in einer Art von Fuge ertönten. Undeutlich nahm ich wahr, daß im Laufe der Nacht immer wieder Bayaka an mein Lager traten. Wie sie mir später erzählten, hatte mein Zustand sie zutiefst beunruhigt – nicht etwa weil sie mich mochten, sondern weil sie Angst hatten, daß man ihnen die Schuld geben würde, falls ich in Amopolo starb.

Am Morgen sank meine Temperatur, und ich fühlte mich wohl genug, um im Fluß zu baden. Gegen Abend kehrte das Fieber aber heftiger als zuvor zurück. Am darauffolgenden Morgen fühlte ich mich wieder besser, aber mir war klar, daß ich irgendeinen Weg finden mußte, um von Amopolo wegzukommen. Die Bayaka ermutigten mich dazu, sie zu verlassen. Geh nach Amerika, sagten sie, wenn es dir wieder besser geht, kannst du zurückkommen. Und vergiß nicht die Kleider mitzubringen, die du uns versprochen hast.

Ich verschaffte mir einen Freiflug nach Bangui mit den Jugoslawen vom Sägewerk. Ihre Versorgungsmaschine, die acht Passagieren Platz bot, flog zweimal im Monat in die Hauptstadt. Am Tag meiner Abreise kamen die meisten der Bayaka, bevor sie zur Jagd in den Dschungel aufbrachen, zu mir, um sich zu verabschieden. Es hatte sie nicht besonders berührt, daß ich sie verlassen würde, und ich war ein wenig verletzt gewesen. Mich wühlte es emotionell so sehr auf, daß ich ihre Gelassenheit nicht verstehen konnte. Sie würden mich vielleicht nie wiedersehen, aber das schien ihnen kaum etwas auszumachen. Mein Versprechen zurückzukommen nahmen sie einfach für bare Münze, während mich insgeheim der Gedanke quälte, daß ich es mir vielleicht nie wieder leisten könnte, zu ihnen zurückzukehren. Für mich war es aber wichtig, daß sie an meine Rückkehr glaubten – es schien eine Art Garantie dafür zu sein, daß es wirklich dazu kommen würde.

Balonyona blieb als einziger zurück, um gemeinsam mit mir zu warten. Ich war ihm sehr dankbar, denn ich fühlte mich ihm näher als allen anderen und war froh, daß meine bevorstehende Abreise zumindest ihn nicht ungerührt ließ. Es tröstete mich, daß er bei mir war. Was ich am meisten vermissen würde, war die Gesellschaft dieser Menschen. Nach drei Monaten in Amopolo betrachtete ich sie als die normalsten Menschen der Welt. Ihre Gabe, jeden Moment des Lebens zu genießen, ohne sich Gedanken über die Konsequenzen zu machen, sorgte dafür, daß sie frei von Neurosen waren. Sie waren die menschlichsten aller menschlichen Wesen und zeigten, wie in Abwesenheit aller Zwänge der modernen Zivilisation jedes Individuum das Potential, das in ihm steckte, voll verwirklichen konnte. Anfänglich hatte ich gedacht, daß viele ihrer Beschäftigungen belanglos und trivial seien. Jetzt waren es im Gegenteil die Machenschaften der Welt, in die ich zurückkehrte, die mir inhaltslos, ja sogar närrisch vorkamen.

Balonyona spielte auf der *geedal*. Er schlug eine vertraute Melodie an, improvisierte aber einen neuen Text dazu: »*Merci Looyay…*«

Merci wofür? Ich war es doch, der ihm etwas schuldete.

Dann hielt er inne und starrte ausdruckslos vor sich hin. »Monsieur Louis«, sagte er schließlich in einem langsamen und sorgfältig bedachten Französisch, »wenn du zurückkommen willst, mußt du dein Herz in Amopolo lassen.«

Ich war überrascht, daß er ein solch bekanntes Bild verwendete. »Wie lasse ich mein Herz hier?« fragte ich.

Balonyona lächelte plötzlich, als ob er sich auf meine Kosten einen Scherz gemacht hätte. »Du hast es schon getan«, sagte er und vertiefte sich wieder in sein *geedal*-Spiel.

Dzanga-Sangha-Tage

Die untergehende Sonne überflutete die weite Fläche von Zentraltschad mit ihrem glühenden Licht; aus einer Höhe von 30 000 Fuß war es ein grandioses Flammenspektakel. Mehr als zwei Jahre waren vergangen, seitdem ich die Bayaka verlassen hatte, jetzt war ich endlich wieder auf dem Weg zu ihnen. Ich hatte in Europa und auch in Amerika eine schwere Zeit durchlebt, aber am Ende hatten meine Aufnahmen der Bayaka-Musik so viel Interesse erregt, daß ich eine zweite Reise finanzieren konnte. Walter Sosse, der im holländischen Radio jede Woche eine Sendung über Volksmusik präsentierte, hatte zwei Folgen dieser Serie mit meinen Aufnahmen gestaltet. Später machte er eine Gesellschaft ausfindig, die ein solar betriebenes Aufladegerät für Batterien entwickelte und baute, das ich auf meine Reise mitnehmen sollte. Das Pitt Rivers-Museum, das der Abteilung für Ethnologie und Vorgeschichte der Universität Oxford unterstellt ist, gewährte mir ein Stipendium, damit ich meine Forschungen fortsetzen konnte, und verpflichtete sich, das von mir gesammelte Material in seinem Archiv unterzubringen. In New York traf ich den Pop-Musiker Brian Eno, dessen Platten ich einst gesammelt hatte, und er beauftragte mich damit, Aufnahmen von Urwaldgeräuschen und von der Musik der Bayaka in ihrem natürlichen Ambiente zu machen. Man hatte ihn aufgefordert, am nächsten New Yorker Winter-Festival teilzunehmen, und er war auf die Idee gekommen, eine Regenwaldkulisse zu schaffen, für die er jetzt noch Tonaufnahmen brauchte. Das Festival würde in acht Monaten stattfinden, ich rechnete damit, sechs Monate in Afrika zu bleiben, und freute mich schon darauf, dabei mitmachen zu können.

In Europa war mir ein Buch von Simha Arom in die Hände gefallen, in dem er darstellte, wie man Vor-Ort-Aufnahmen macht. Arom war seit Mitte der sechziger Jahre mit seinen Aufnahmegeräten in Zentralafrika unterwegs gewesen, und durch seine Arbeit war die Dokumentation, die der westlichen Welt zur Verfügung stand, in unschätzbarer Weise bereichert worden. Unter seinen Aufnahmen war eine Platte mit Musik der Ba-Benjellé-Pygmäen und eine mit Musik der Baka aus dem südlichen Kamerun, sowie ein luxuriöses Dreifach-Album mit der Musik und den Gesängen der Aka (Biaka); diese Platten waren es unter anderem gewesen, die mich zu meiner ersten Reise nach Amopolo inspiriert hatten. Arom war ein professioneller Musikwissenschaftler und organisierte immer spezielle Aufnahmesitzungen, um bestimmte, ausgewählte Stücke aufzuzeichnen, das heißt, daß er sozusagen Konzertfassungen der Musik aufnahm.

Je mehr ich über Aroms Methode nachdachte, desto mehr kam ich zu der Überzeugung, daß ich etwas anderes wollte. Ich wollte nicht nur die bloße Musik aufnehmen, sondern auch festhalten, wie das »Leben« der Bayaka klang, wenn kein Fremder dabei war. Arom sprach sich gegen das Aufzeichnen von Zeremonien aus. Die meisten von ihnen fanden in der Nacht statt, und die äußeren Umstände waren alles andere als ideal für Tonaufnahmen: Die Leute schwätzten und lachten, es gab Pausen und Augenblicke des totalen Chaos. Was mir aber an diesen Zeremonien so gefiel, war ihre Spontaneität. Wie schön die Pygmäen auch immer bei eigens organisierten Veranstaltungen singen mochten, sie erreichten nie die ekstatische Inspiriertheit, mit der sie Musik machten, wenn die *mokoondi* zugegen waren. Ich wollte die Bayaka aufnehmen, wenn sie für die Geister des Waldes sangen, nicht wenn sie es für mich taten. Ich wollte das Lachen und die Rufe und die kleinen Streitereien der Kinder, wenn sie bei ihren Spielen für sich selbst sangen und musizierten, nicht die zahmen Versionen, die sie für meine Mikrofone aufführen würden.

Obwohl mein erster Aufenthalt bei den Bayaka nur drei Monate gedauert hatte, hatte ich so starke Eindrücke empfangen, daß die seitdem verstrichene Zeit sie nicht hatte auslöschen können. Es waren die intensivsten Monate meines ganzen Lebens gewesen, und ich hatte die Erinnerung an sie wachgehalten, indem ich mir meine Aufnahmen angehört hatte. Manchmal sehnte ich mich so sehr danach, zu den Bayaka zurückzukehren, daß ich ganz unruhig wurde – besonders dann, wenn es so schien, daß ich es mir nie wieder würde leisten können. Ich hatte wirklich, wie Balonyona es ausgedrückt hatte, mein Herz in Amopolo gelassen.

In Bangui machte ich mich sofort daran, erneut die Erlaubnis einzuholen, bei den Bayaka zu leben. Beim ersten Mal war es ein langwieriges und frustrierendes Verfahren gewesen, von zwei verschiedenen Regierungsstellen die Genehmigung zu erwirken. Und in Bomandjombo hatte ich dann nur einen der Erlaubnisscheine vorgelegt und festgestellt, daß das völlig ausreichte. Ich entschied mich also diesmal, mich nicht um das zweite Papier zu kümmern. Ich war angenehm überrascht, daß es nur drei Tage dauerte, bis ich den anderen Schein erhielt. Kaum hatte ich selbst es begriffen, da war ich schon bereit für die Reise nach Bomandjombo.

Am Abend vor meiner Abfahrt ging ich auf einen der Märkte, um *mishwi* zu essen – das sind gegrillte, mit Chilipfeffer und Salz bestreute Fleischbrocken. *Mishwi*-Verkäufer wickeln ihre Ware immer in ein Stück Papier ein. Seiten aus Schulbüchern und vollgeschriebenen Schulheften, Bögen von Computerausdrucken, alte Zeitschriften und Regierungsdokumente – einfach alles wanderte als Einwickelpapier auf die Märkte. Ich kaufte eine dreifache Portion *mishwi*, so daß mir ein ganzes Blatt Papier zustand. Als ich das Fleisch auspackte, stellte ich fest, daß das Papier ein Brief war, der eine Unterschrift trug, die mir bekannt vorkam. Mir fiel ein, wo ich sie vorher gesehen hatte: auf den Geldscheinen. Es war die Unterschrift des Mannes, der jetzt als Präsident über das Land regierte.

Erneut trat ich die Rennfahrt über Stock und Stein quer durch die zentralafrikanische Landschaft nach Nola an. In der ersten Nacht hatte ich einen eindringlichen und beunruhigenden Traum: ich war in Amopolo angekommen, und Balonyona erschien, um mich zu begrüßen. Er umarmte mich und fing dann zu weinen an. Zunächst meinte ich, daß seine Tränen Ausdruck der Freude seien, dann merkte ich aber, daß er aus tiefem Kummer heraus weinte. Ich wachte auf und fragte mich, was ihn wohl so traurig stimmte.

Am zweiten Tag der Fahrt teilte ich die Fahrerkabine des Buschtaxis mit dem Fahrer und einem Polizisten, der zu seinem neuen Standort, Bomandjombo, unterwegs war. Der Fahrer schilderte einen Unfall, der sich auf dieser Strecke ereignet hatte und bei dem mehr als zwanzig Fahrgäste ums Leben gekommen waren. Das Wrack des Buschtaxis liege noch am Straßenrand, in einer Minute würden wir daran vorbeikommen. Als wir um eine Kurve bogen, sauste ein anderes Taxi direkt auf uns zu. Unser Fahrer verhinderte den Frontalzusammenstoß gerade noch, indem er das Steuer herumriß und den Wagen in den Dschungel lenkte. Als wir ein paar Meilen weiter gefahren waren, flitzte ein großer Waran quer über die Fahrbahn und verschwand im Busch.

Der Polizist begann besorgt auszusehen. »Gibt es denn gar nichts hier an der Straße?« fragte er schließlich.

»Nichts als den Urwald«, antwortete der Fahrer, und der Polizist schüttelte verzweifelt den Kopf.

In der Polizeistation von Bomandjombo waren die meisten bekannten Gesichter verschwunden. Nur Gabriel, mit dem ich mich bei meinem ersten Besuch angefreundet hatte, war noch da, er würde aber auch in wenigen Wochen weggehen. Trotzdem versetzte es mich in Hochstimmung, endlich wieder zurück zu sein, und ich spendierte eine Runde Palmwein für alle. Gabriel erzählte mir, was seit meiner Abreise alles passiert war. Das folgenschwerste Ereignis war, daß man das Sägewerk geschlossen hatte. Alle waren sie ohne Arbeit, und Bomandjombo litt wirklich. Es gab nicht einmal mehr Arzneimittel. Viele Leute wollten in ihre Heimatdörfer zurückkehren, aber die wenigsten konnten es sich leisten. Das Sägewerk war siebzehn Jahre lang in Betrieb gewesen; die Arbeiter hatten Häuser gebaut und Familien gegründet. Wo sollten sie das Geld auftreiben, um alle ihre Kinder und ihren Besitz abtransportieren zu können?

Gabriel teilte mir auch mit, daß Singali der neue Häuptling von Amopolo sei. Er fragte, ob ich mich noch an Balonyona erinnere, und erzählte dann, daß mein alter Freund von einem Gorilla angegriffen und in den Kopf gebissen worden sei. Mir kam mein Traum in Erinnerung, und jäh durchzuckte mich der schreckliche Gedanke, daß Balonyona tot sei. Aber Gabriel beruhigte mich; Balonyona hatte den Angriff überlebt, allerdings hatte er einen Monat in Nola im Krankenhaus gelegen. Nach einiger Zeit sammelte ich meine Gepäckstücke ein; sie waren schwer, und ich hatte fast eine Meile zu laufen. Trotzdem lehnte ich höflich alle Angebote der Polizisten ab, mir zu helfen. Ich wollte alleine in Amopolo einziehen.

Ich erreichte die Stelle, wo die Straße nach Süden abschwenkt und ihre letzten fünfzehn Meilen beginnen. Zu meiner Linken lag in einer Entfernung von nur dreißig Metern Amopolo. Ein paar Kinder spielten auf der Straße, und ein Mann mit ausgebeulten Shorts schlurfte langsam auf das Lager zu. Er drehte sich zu mir um. Sogar von weitem erkannte ich dieses hochmütig blickende Gesicht – es war Mabuti. Seine Augen wurden ganz groß vor Begeisterung; ich konnte seine Gedanken lesen: ein *mondélé* kommt zu uns! Dann nahmen seine Züge den Ausdruck echter Überraschung an. Er hatte mich erkannt.

»Das ist ja der *patron*«, rief er. »Monsieur Louis!«

Ich nickte bestätigend mit dem Kopf. Die Kinder sausten ins Lager, und bald erhoben sich dort viele Stimmen. *»Merci, patron, merci!«* sprudelte Mabuti immer wieder unterwürfig hervor, während er meine Hand schüttelte. Er schnappte sich meine beiden größten Gepäckstücke. Immer mehr Menschen strömten auf die Straße, und bald war ich von einer Menge umringt. Bosso war die erste, die mich begrüßte. Ein strahlendes Lächeln lag auf ihrem Gesicht, als sie meine Hand ergriff. Sie hielt ein Kleinkind an sich gedrückt, einen Jungen, ein Ebenbild von Biléma. Es machte mir bewußt, wieviel Zeit vergangen war. Mbina, die zu einem hinreißend hübschen Teenager herangewachsen war, begrüßte mich ebenfalls. Viele andere folgten ihr. Die alte Esoosi küßte mich auf die Brust.

Mabuti wich mir nicht von der Seite, er wies mit erhobenem Arm auf mich und grinste, so als hätte er persönlich mein Erscheinen zustande gebracht. Als wir zum Lager hinübergingen, versammelten sich die Teenager auf der Lichtung und begannen ein energiegeladenes *élanda*. Es war eine so überwältigende Begrüßung, daß ich anfing, mir Gedanken darüber zu machen, wie sie wohl auf das Bündel Kleider von der Heilsarmee reagieren würden, die ich unter ihnen verteilen wollte. Es wurde mir jetzt klar, daß es kein besonders großartiges Mitbringsel nach so langer Abwesenheit war.

Die Männer geleiteten mich zu dem großen neuen *mbanjo*, ihrem Versammlungsplatz. Bei meinem ersten Besuch hatte es in Ampolo noch keinen richtigen *mbanjo* gegeben. Aber es hatte sich nun vieles hier verändert. Die kleinen bienenkorbförmigen Hütten waren verschwunden. An ihrer Stelle standen rechteckige, aus Bambus gefertigte und mit Palmblättern gedeckte Häuser, viele noch im Bau. Die paar Bienenkorbhütten, die noch übriggeblieben waren, sahen aus, als wären auch sie zum Untergang verurteilt. Außerdem waren die verschiedenen Lager, aus denen Amopolo bestanden hatte, zu einer großen, wild zusammengewürfelten Siedlung verschmolzen. Amopolo war jetzt ein Dorf. Die Häuser waren auf chaotische Art und Weise verteilt; einige standen Rücken an Rücken, andere bildeten dicht zusammengedrängt kleine Siedlungen für sich, wieder andere waren wie Stadthäuser miteinander verbunden.

Ein paar Häuser standen auch einsam wie Inseln da. Alles war insgesamt näher an die Straße herangerückt, und der Busch war beträchtlich zurückgedrängt worden. Ich fühlte mich von der ganzen Szenerie bitter enttäuscht.

Im Nu hatte ich drei Päckchen Zigaretten verteilt. Jedermann dankte mir dafür, daß ich zurückgekommen war. Viele nannten mich *patron*, so als könnten sie in ihrer Begeisterung gar nicht anders. Ich hörte, wie sie Spekulationen über den Inhalt meines Gepäcks anstellten. Als ich fragte, wo Balonyona sei, sagten sie mir, daß er ins Dorf gegangen sei, um mit dem neuen Häuptling, mit Singali, einen zu trinken. Simbu kam aus dem Raffiasumpf zurück, wo er Palmblätter gesammelt hatte. Er war sofort ins Lager geeilt, nachdem er von meiner Ankunft gehört hatte. Er lächelte glücklich, während ich mich insgeheim fragte, was wohl dazu geführt hatte, daß jemand anders seinen Posten eingenommen hatte. War dieser ehrwürdige Alte jetzt gezwungen, von dem verhältnismäßig jungen Singali Befehle entgegenzunehmen? Dieser Gedanke ließ Simbu etwas mitleiderregend aussehen. Ich überreichte ihm die Machete, die ich in der Annahme, daß er noch Häuptling sei, in Bangui für ihn gekauft hatte.

Mein Gepäck wurde in eine der kleinsten der neuen Buden gebracht. Ich erfuhr nie, wer vor mir darin gewohnt hatte, aber es war offensichtlich eine der ersten Bambushütten, die sie gebaut hatten, das heißt, bevor sie gelernt hatten, wie man es wirklich macht. Aber im Vergleich zu meiner früheren Unterkunft war es immer noch ein herrschaftliches Anwesen. Links davon lag Mamadus Hütte, die er mit seiner Mutter Bessé und seinen Brüdern teilte. Wenn man nach rechts schaute, sah man die Rückwand von Motadis Unterkunft, in der auch seine Mutter Nyasu, meine alte Nachbarin, wohnte. Direkt vor mir ragte das Balkenwerk von Mokokos Hütte auf. Der größte Vorteil meiner neuen Bleibe war, daß Motadis Hütte den Blick auf den großen zentralen Platz versperrte; statt dessen schaute ich in eine Art kleinen Hof.

Die vielen Veränderungen stürzten mich in eine Krise der Selbstzweifel. Ich fragte mich, ob es richtig gewesen war zurückzukommen. Um mich herum sah ich nichts als Verfall. Als sich die rotznasigen Kinder um mich scharten, stieg von ihren von Parasiten befallenen Füßen ein bestialischer Gestank auf. Und ich sah, wie entstellt viele Erwachsene waren – da gab es fehlende Finger oder Zehen, ausgebrochene oder weggefeilte Zähne, eingerissene Ohrläppchen. Bei meinem ersten Aufenthalt hatte es mich überrascht, wie groß die Bayaka waren, jetzt entsetzte mich ihre kleine Statur. Ihre ausgeprägte Physiognomie kam mir irgendwie übertrieben vor; als ich mir die begeisterten Gesichter um mich herum anschaute, diese weit geöffneten Nasenlöcher, die schnauzenähnlich vorstehenden unteren Gesichtspartien, die von einem Ohr zum anderen reichenden Münder, kam es mir plötzlich ganz unwahrscheinlich vor, daß ich unter diesen Menschen gute Freunde haben sollte.

Der Tanz der Jugendlichen war immer noch in vollem Gang, als Singali und Balonyona zurückkamen. Balonyona, der einen riesigen schwarzen Cowboyhut trug, umarmte mich und hielt mich lange Zeit fest, während er immer wieder *merci* stöhnte, als hätte ich ihm gerade das Leben gerettet. Ich mußte wieder an meinen Traum denken, aber als Balonoyna schließlich von mir zurücktrat, lächelte er. Ich sagte, daß ich von dem Angriff des Gorillas gehört hätte. Balonyona nahm den Hut ab und zeigte auf eine große kahle Stelle auf seinem Schädel, über die sich eine Narbe zog.

»Ich habe viel gelitten«, sagte er auf Französisch, der Sprache, zu der die Bayaka gerne greifen, wenn sie angeheitert sind. »Ich habe fünf Monate im Krankenhaus von Nola geschlafen. Mein Kopf ist nicht in Ordnung. Wenn die Sonne drauf scheint – oje! Aber dieser Hut, Monsieur Louis, der taugt nichts!« Er beugte sich zu mir und senkte seine Stimme: »Du hast nicht zufällig einen anderen für mich?«

Spontan übergab ich ihm die zweite Machete, die ich in Bangui gekauft hatte, die, die eigentlich für mich selbst bestimmt gewesen war. Er nahm sie und lief sofort zu seiner Hütte.

»Monsieur Louis, ich bin's – Singali Jerome.«

Leicht schwankend stand Singali vor mir. Sein Hemd war ihm mehrere Nummern zu klein und wurde auf der Brust von einem einzigen Knopf zusammengehalten, so daß er übertrieben muskulös aussah. Seine Augen waren blutunterlaufen und tränten. Wir schüttelten uns die Hände, und ich gab ihm ein solides Taschenmesser, das ich in Amerika gekauft hatte. Er steckte es ein, ohne es eines Blickes zu würdigen.

»Ich bin's, der Häuptling von Amopolo«, fing er wieder an. »Schau.« Er wies auf eine winzige Anstecknadel, die er oben links an seinem Hemd befestigt hatte. Der Präsident war darauf abgebildet. »*Voilà*. Häuptling. Ich.« Er lächelte zum erstenmal. Ich fragte mich, ob ich ihm gratulieren sollte. »Du bist in mein Dorf gekommen. Das ist gut. Heute abend Tanz. Ich bin es, der Häuptling, der es sagt.« Er machte eine Pause. »Monsieur Louis, gib mir eine Zigarette.«

Amopolo schien beträchtlich größer geworden zu sein. Einige der Leute, die sich um mich drängten, hatte ich noch nie gesehen. Ein rauhaussehender alter Bursche mit einem verwilderten Bart streckte seine Hand aus, kaum daß unsere Blicke sich begegneten. »Monsieur Joboko Jerome«, krächzte er mit einem freundlichen Lächeln. Ein anderer ehrwürdiger Patriarch hatte eine helle Haut und sah beinahe wie ein Orientale aus, mehr wie ein Kung als ein Moaka. Er saß bewegungslos vor mir, musterte mich aus zusammengekniffenen Augen und mit vor Ungläubigkeit leicht geöffnetem Mund.

Als ich so dasaß, mich mit allen unterhielt und ihnen zu erzählen versuchte, was alles passiert war, seitdem sie mich zuletzt gesehen hatten, begann ich mich allmählich doch wohlzufühlen: Es war trotz allem gut, wieder bei ihnen zu sein. Eine ihrer ersten Fragen betraf meinen Recorder: Hatte ich ihn wieder mitgebracht? Ich holte ihn sofort hervor und legte eine Kassette mit Musik ein, die ich in Amopolo aufgenommen hatte. Es war ein bißchen von allem darauf: *geedal*-Musik, Trommeltänze, gesungene Fabeln, *élanda*. Der Klang ihrer eigenen Musik fesselte sie, und sie lachten, wenn sie sich in Erinnerung riefen, bei welcher Gelegenheit die einzelnen Stücke aufgenommen worden waren. Als dann ein Wiegenlied kam – es war Matangu, die ihrer weinenden Tochter etwas vorsang – legte sich plötzlich ein Schweigen über die Gesellschaft. Balonyona drängte sich zu mir und packte mich am Arm.

»Horch«, sagte ich, »das ist dein Baby, Mbota!«

»Monsieur Louis«, rief er gequält aus, »sie ist gestorben.«

Ich stellte das Gerät ab. Mbota war während meines ersten Aufenthalts auf die Welt gekommen, und ich hatte sie sehr lieb gewonnen, nachdem ich geholfen hatte, ihre Bindehautentzündung zu kurieren. Balonyona nötigte mich in seine Hütte und rief Matangu und seinen Sohn Mbutu herbei. Die noch unvollendete Bambushütte lag relativ weit von meiner entfernt. Sie war genauso klein wie meine Behausung, schien aber noch windschiefer zu sein. Irgendwie war sie aber auch ein Meisterwerk der Ingenieurkunst, weil sie trotzdem nicht zusammenkrachte. Wir vier rückten auf dem schmutzigen Sandboden eng zusammen. Balonyona forderte mich auf, das Band abzuspielen. Während des Schlaflieds schluchzte die Familie leise vor sich hin. Manchmal rief Balonyona auch »Mbota!«, umarmte mich und weinte.

So nahm ich also nach einer Unterbrechung von mehr als zwei Jahren mein Leben in Amopolo wieder auf. Mehrere Tage lang wurde so viel Musik gemacht, daß ich schon begann, es für selbstverständlich hinzunehmen. Am ersten Abend hatten die Bayaka mir nahegelegt, daß man meine Rückkehr feiern müsse, und mich dazu überredet, etwas

Geld für *mbaku* beizusteuern. Der Tanz, der daraufhin stattgefunden hatte, war an die schlimmsten herangekommen, die man mir während meines ersten Besuchs geboten hatte. Sie hatten noch nicht einmal mein Geld für *mbaku* nötig gehabt. Ein Trupp von Männern, zu denen auch Singali und Balonyona gehörten, kam, während der Tanz noch im Gange war, total berauscht aus dem Dorf zurück. Einer von ihnen benahm sich besonders abstoßend und jaulte mit trunkener, heiserer Stimme in die Mikrofone. Er kam mir irgendwie bekannt vor, und ich erinnerte mich daran, ihn schon mehrmals gesehen zu haben, immer in der Nacht und immer wenn *mbaku* zu haben war. Ich bemerkte, daß sich die *élanda*-Lieder der Jugendlichen alle verändert hatten. Die Männer und Jungen waren bereit, vom Fleck weg *geedal*-Musik zu machen; ich brauchte mich nur neben jemanden zu setzen, der müßig auf dem Instrument herumzupfte, und im Handumdrehen war eine ausgewachsene *geedal*-Session im Gang. Alle wollten sie aufgenommen werden. Ich lernte mehrere aufkeimende Talente kennen, aber auch ein paar vollendete Künstler wie Mosio und Badjama. Die umwerfendste Entdeckung war aber, daß Mamadu jetzt ein Meister auf der *geedal* war.

Ich hörte Mamadu zum erstenmal mitten in der Nacht spielen, als mich die Harfentöne, die aus seiner Hütte kamen, aus einem Traum rissen. Seinem Spiel fehlte die Virtuosität, die Balonyonas oder Akétés Stil auszeichnete. Es hörte sich schlicht und statisch an, bis man ein Ohr für die darunterliegende Komplexität entwickelte: jede Hand spielte einen anderen Takt. Seine Lieder waren meditativer Natur. Wie ich später erfuhr, hatte er die meisten Melodien selbst erfunden. Er war der fruchtbarste Komponist, den man sich vorstellen konnte. Lange Zeit mußte ich mich mit seinen nächtlichen Darbietungen zufriedengeben; ich hörte ihm vom Bett aus zu, wie er bis ins Morgengrauen hinein spielte. Es hatte mir leid getan, Balonyona als Nachbarn verloren zu haben, jetzt wurde mir klar, was für ein Glück ich hatte, in der Nähe Mamadus zu wohnen.

Anfangs war er zu schüchtern, um vor den Mikrofonen zu musizieren. Eines Abends griff dann sein jüngerer Bruder, Ezanga, zur *geedal* und versuchte, eine von Mamadus Melodien zu spielen. Es war eine neue Komposition. Ich hatte gehört, wie Mamadu sie in den vorangegangenen Nächten ausgearbeitet hatte. Ezanga verhaspelte sich immer wieder, und das Publikum wurde zunehmend ungeduldiger. Plötzlich erschien Mamadu und forderte das Instrument für sich. Er setzte sich und,ohne ein weiteres Wort zu sagen, spielte er die Melodie herunter, die seinen Bruder durcheinander gebracht hatte. Sie floß nur so dahin und stimulierte die anderen dazu, ihn mit sanften Trommelschlägen und Jodellauten zu begleiten – mir liefen Schauder über den Körper.

Eines Morgens kam ich an einem Jungen vorbei, der mit einem Instrument im Schoß dasaß, das ich vorher noch nie gesehen hatte. Es war ein langer Stock mit einem Steg, der nicht genau in der Mitte saß und etwas schräg war, so daß die drei Nylon-Saiten, die über ihn liefen, in sechs verschieden lange Segmente unterteilt wurden. Eine Harfen-Zither, auf der man sechs Töne produzieren konnte! Ich war ganz aufgeregt. Wie konnte mir nur dieses Instrument bei meinem ersten Aufenthalt entgangen sein? »Warte hier«, sagte ich zu dem Jungen und rannte weg, um meinen Recorder zu holen. Als ich zurückkam, fand ich jedoch an der Stelle des Jungen Mabuti mit dem Instrument in der Hand vor. Obwohl es erst Morgen war, war er sternhagelvoll.

»Heute«, nuschelte er auf Französisch, »nimmt der *patron* auf Monsieur Mabuti François für den *mondumé*.«

»Mondumé«, frage ich nach. »Heißt so das Instrument?«

»Oui, oui!« nickte Mabuti. »Er ist der *mondumé*. Ich kenne?« Ich schrieb das Wort auf. »Auch schreiben«, fuhr Mabuti fort, »ich, der kennt? Ich, Monsieur François. Heute spielt er *mondumé* für den *patron*, für mich. *Oui. Patron*, gib mir 'ne Zigarette.« Ich gab ihm eine. »Weil ich«, ging es weiter, »er kennt den *mondumé*. Gut, okay. Mach's Radio auf.«

Ich stellte den Recorder an. Mabuti, dem die unangezündete Zigarette zwischen den Lippen baumelte, begann die Saiten mit Zeige- und Mittelfinger zu zupfen. Nach ein paar Sekunden hörte er wieder auf.

»*Patron*«, sagte er, »Feuer.« Ich stellte das Gerät ab und zündete ihm die Zigarette an. »*Merci*«, dankte er. Er zog ein paarmal an der Zigarette. »Ich, er sagte *merci* zum *patron* für mich, weil ... weil.« Er verschluckte sich und spuckte. »Er ist der *patron* für mich, nicht wahr?« Er rückte das Instrument auf seinem Schoß zurecht. Das untere Ende hatte er auf einen Topf gestellt, um den sanften Klang zu verstärken. »Okay, mach das Radio auf.«

Ich stellte das Aufnahmegerät wieder an. Mabuti spielte zehn Sekunden lang, dann hörte er unvermittelt wieder auf und sagte: »*Monsieur patron*, wo ist das Geschenk für mich?«

»Geschenk?«

»*Oui*, das Geschenk. Weil, ich, er kennt den *mondumé*. Eine Uhr, ein Radio mit vier Batterien, okay?«

Ich erwiderte, daß ich ihn erst spielen hören wolle. Er fing nochmals an, machte auch lange genug weiter, um zu der Musik zu singen – in einer unsicher zitternden Falsettstimme. Es hörte sich einfach lächerlich an. Eine ganze Minute verging, bevor er wieder eine Pause machte und um eine Zigarette bettelte. Ich versuchte es noch mehrmals, ein ganzes Lied aufs Band zu bekommen, aber Mabuti war unverbesserlich. Er bat mich um Geld, er bat mich sogar um Zigaretten, wenn er noch an einer paffte. Schließlich vertiefte er sich ganz darein, die Saiten zu stimmen. Ich stand auf und ging weg.

Die Bayaka versuchten beharrlich, mich dazu zu bringen, den Inhalt der beiden Seesäcke in meiner Hütte preiszugeben. Ich sperrte mich, weil ich Angst davor hatte, daß sie enttäuscht sein würden, wenn sie die magere Ausbeute zu Gesicht bekämen: Es waren vor allem getragene T-Shirts und Shorts. Mein Zögern schraubte jedoch ihre Erwartungen nur noch in die Höhe. Schließlich beschloß ich, das Ganze hinter mich zu bringen. Ich würde die Kleider verteilen und die Folgen über mich ergehen lassen.

Ich schleppte die beiden Säcke auf den *mbanjo*. Mein Gang quer durch das Lager löste ein aufgeregtes Murmeln aus, das immer lauter wurde. Innerhalb weniger Minuten war ich umzingelt. Ich schüttete alles, was in dem ersten Sack war, auf einen Haufen und fischte das erste Kleidungsstück heraus: Es war ein T-Shirt, auf dem ein großer Kochtopf über einem Holzfeuer abgebildet war; aus dem Topf ragten die Beine eines Menschen. Dazu gehörte die Inschrift: Die Küche der Süd-Pazifischen Inseln.

Hände schnellten vor; alle drängten sich näher heran. »Gib, gib's mir!« schrien sie. Ich hielt das Hemd Mamadu hin. Er riß es an sich. Es kam zu einem kurzen Tauziehen mit einem jungen Mann namens Engulé, über den Mamadu dann mit einem kraftvollen Ruck triumphierte. Er stürzte mit der Beute zu seiner Hütte.

Das zweite Kleidungsstück war ein T-Shirt, das mit etwas geschmückt war, was auf den ersten Blick wie chinesische Schriftzeichen ausah. Wenn man jedoch genauer hinschaute, konnte man Fuck Off entziffern. Das Hemd ging an Simbu.

Als ich am Boden des Haufens angekommen war, stellte ich betroffen fest, daß die Menschenmenge, die mich bedrängte, nicht kleiner geworden war. Ich leerte den zweiten Sack. Arme ruderten wild durch die Luft, Hände grapschten. »Wo ist mein's?« riefen Männer und Frauen. Die Kinder, die langsam verzweifelten, weil sie sahen, daß für sie bitter wenig abfallen würde, mopsten sich Kleidungsstücke, die überhaupt nicht für sie geeignet waren. Als ich auch den Inhalt des zweiten Sacks zur Hälfte vergeben hatte, wurde klar, daß ich einfach nicht genug für alle hatte. Die Stimmung wurde ein bißchen feindselig. Ich trat die Kleider und damit die Verantwortung für deren Verteilung an Singali ab. Er war der Häuptling, sollte *er* also doch entscheiden, wer leer ausging. Das Toben ging noch ein paar

Minuten weiter, dann zerstreute sich die Menge widerwillig und unter lauten Beschwerden. Singali kam zu meiner Hütte und meldete, daß er alles weggegeben habe: Das Problem sei nun, daß er nichts für sich selbst zurückbehalten habe. Ob er wenigstens den Seesack haben könne? Ich war ihm so dankbar dafür, daß er ihn sich nicht einfach nahm, sondern mich darum bat, daß ich ihm den Sack ohne Zögern überließ.

An den nächsten Tagen trugen sie alle ihre neuen Kleider. Viele wurden hin- und hergeborgt, bis sie schließlich wieder bei ihren ursprünglichen Besitzern landeten. Andere wurden eingetauscht; einige Bayaka trafen eine wirklich merkwürdige Wahl. Der finster blickende Doko zog jeden Tag in einer rosa Mädchenbluse mit Schmetterlingsmuster und gebauschten Ärmeln durchs Lager; ein quergestreiftes T-Shirt, das wie ein Sträflingshemd aussah, wurde zu Balonyonas Uniform, zu seinem Markenzeichen. Bald konnte ich sogar im Dunkeln, wenn keine Gesichter mehr zu erkennen waren, die heranziehenden schattenhaften Gestalten an ihren Kleidern identifizieren.

Obwohl ich den Bewohnern des neuentstandenen Dorfes herzlich zugeneigt war, irritierte es mich, daß die Bayaka jetzt seßhaft geworden waren. Sie schienen sich für immer hier neben der Straße festsetzen zu wollen. Die neuen Bambushütten machten das ganz deutlich. Traditionellerweise war es die Aufgabe der Frauen, Hütten zu bauen. Sie schafften es, in ein, zwei Tagen eine Bienenkorbhütte zu errichten. Jetzt war der Hausbau Aufgabe der Männer geworden, und sie brauchten nicht ein paar Tage, sondern Monate, um eine Hütte fertigzustellen, auch weil sie nur gelegentlich daran herumbastelten.

Viele Männer arbeiteten jetzt an ihren Häusern, statt auf die Jagd zu gehen. Die Behausung von Mokoko war fast fertig. Nach den Eckpfeilern zu urteilen, würde die von Mowooma groß genug sein, um sechs Hütten der normalen Größe aufzunehmen. Mindumi blieb weiterhin in einer Bienenkorbhütte wohnen, die von den Bambushäusern, die um sie herum aus dem Boden schossen, im wahrsten Sinne des Wortes in den Schatten gestellt wurde. Amopolo wuchs, und immer mehr von dem Dschungel wurde gerodet. Es war eine Revolution gegen alles Althergebrachte. Da sie soviel Arbeitskraft in sie investierten, würden die Bayaka in Zukunft wohl kaum noch dazu bereit sein, ihre Wohnstätten wieder aufzugeben. Die Bambushütten schienen das bevorstehende Ende ihres nomadischen Lebens zu verkünden.

Eines Morgens, in aller Frühe, stattete der Bürgermeister von Bomandjombo Amopolo einen Besuch ab, um sich persönlich vom Fortschreiten der Bauarbeiten zu überzeugen. Er wurde von seiner Garde, vier jungen Männern in Khaki-Uniformen, begleitet. Stolz erklärte er mir, daß er den Bayaka befohlen haben, Hütten zu bauen, das sei Teil seiner Kampagne, die Pygmäen zu zivilisieren. Sie müßten wie normale Menschen in normalen Häusern wohnen. Der Bürgermeister zeigte sich erfreut über die bereits geleistete Arbeit, was ihn aber schmerzte, waren die Nischen, in denen nach wie vor die Bienenkorbbauweise triumphierte, und vor allem eine Handvoll solcher traditioneller Hütten, die direkt an der Straße standen, also von vorbeikommenden Fahrzeugen aus (die es jedoch nicht gab) zu sehen waren – und die örtlichen Regierungsvertreter in Verlegenheit bringen könnten. Er bedauerte, daß die Häuser von Amopolo so ohne jeden Plan verteilt lägen; die »Bürger«, wie er die Bayaka nannte, müßten es lernen, ihre Häuser in geraden Reihen aufzustellen, wie es sich für zivilisierte Menschen gehörte. Außerdem hätten sie vergessen, Fenster einzubauen.

Nachdem der Bürgermeister wieder gegangen war, sprach ich mit den Bayaka über die Bambushütten. Zu meiner Überraschung hörte ich, daß sie ihnen gefielen. »Die großen Hütten sind gut«, sagte Simbu, obwohl er selbst noch in einem der alten Bienenkörbe wohnte und, abgesehen davon, daß er vier Eckpfeiler aufgestellt hatte, auch noch keine Anstalten zu einem Neubau gemacht hatte. Ich mußte zugeben, daß die neuen Hütten für die seßhafte Lebensweise, zu der sie überzugehen schienen, wirklich eine Verbesserung darstellten. Ich hatte meine Zweifel, daß ich selbst das Leben in einer Bienenkorbhütte erträglich finden würde, aber es tat mir leid, daß sie nach und nach verschwanden. Ein Gespräch mit Joboko tröstete mich etwas. Zuerst behauptete er, daß die alten Hütten schlecht seien – obwohl er selbst in einer hauste –, als er aber merkte, daß sie mir gefielen, änderte er rasch seine Meinung. Wie üblich konnte man kaum herausbekommen, was er wirklich dachte.

»Was für Häuser baut ihr denn im Wald?« fragte ich, obwohl ich nicht wußte, ob die Bayaka von Amopolo jemals wieder in den Wald ziehen würden.

»Wir bauen die kleinen«, antwortete Jaboko.

Das Dorf änderte ständig seine Gestalt. Einige Familien wechselten ihren Wohnplatz; Mobo zog in einem Monat dreimal um. Manchmal blieb eine Bambushütte leer stehen, wenn eine Familie in eine andere Nachbarschaft übersiedelte oder sich auf einer frischgerodeten Fläche einen Claim absteckte. Eines Tages stießen Mitumbi und seine Sippe zu uns, und sofort entstand eine ganze neue Siedlung. Innerhalb weniger Tage waren die ersten Bambuseckpfeiler aufgestellt: ein deprimierendes Bild.

Eines Tages fragte ich einen *bilo*, ob die Bayaka von Amopolo immer an demselben Fleck lebten. »Sie sind immer hier«, versicherte er mir mit einem fröhlichen Lächeln. »Selbst wenn Sie erst in zehn Jahren wieder zurückkommen, werden Sie sie hier finden. Keine Sorge, sie sind zivilisiert.« Er konnte nicht ahnen, wie traurig mich seine Antwort machte. Bei anderen Gelegenheiten bekam ich jedoch Bemerkungen zu hören, die mir wieder Hoffnung gaben. »Im Juli verschwinden sie alle«, erzählte mir ein Dorfbewohner. »Niemand sieht sie vor Dezember wieder.« Ich hatte vorgehabt, Ende Juni wieder abzureisen.

Die Bambushütten stellten nicht die einzige Neuerung dar. Ein weiteres Werk der *bilo* war die Einsetzung eines offiziellen Häuptlings. Bei den seltenen Gelegenheiten, wenn Regierungsvertreter aus Bangui Bomandjombo besuchten, wurden die Bayaka routinemäßig aufgefordert, im Dorf zu tanzen. Das gehörte zu ihren Pflichten als »Staatsbürger«. Den Bayaka war das aber nur lästig, und es war immer schwierig, sie zum Mitmachen zu bewegen. Tatsächlich war es so, daß sie beim ersten Anzeichen dafür, daß man ihre Dienste benötigte, in den Dschungel flohen und dort blieben, bis die *bilo*-Ehrengäste wieder abgezogen waren. Der Bürgermeister war dann auf die großartige Idee gekommen, einen offiziellen Bayaka-Häuptling zu ernennen, der dafür verantwortlich war, daß seine Untergebenen allen Befehlen nachkamen. Im Falle eines Versagens würde er verhaftet werden.

Singalis Position verlieh ihm ein gewisses Prestige – auch hatte er jetzt drei Frauen statt einer (obwohl die Bayaka normalerweise monogam waren) –, aber nach der Meinung der meisten seiner Untertanen brachte seine Häuptlingswürde ihm mehr Kopfschmerzen als Belohnung ein. Es war keine einfache Aufgabe, eine anarchische Gesellschaft unter Kontrolle zu bringen, und manchmal war es nur die ihrem Häuptling drohende Gefängnisstrafe, die alle dazu bewog, die Forderungen aus dem Büro des Bürgermeisters zu erfüllen.

Während meiner Abwesenheit hatte sich Amopolo selbst einen Bürgermeister zugelegt. Die Bayaka äußerten sich immer abschätzig über die *bilo*, und es gab auch so etwas wie ein Rivalitätsgefühl; sie waren überzeugt, daß sie alles, was die *bilo* taten, besser konnten. Da die Bayaka jetzt in einem Dorf lebten und einen offiziellen Häuptling hatten, waren sie übereingekommen, daß sie auch einen Bürgermeister brauchten. Mindumi wurde einstimmig für dieses Amt ausgewählt. Während viele der Ältesten darüber murrten, daß Singali zum Häuptling ernannt worden war, fanden es alle selbstverständlich, daß Mindumi eine solche Autorität erhielt – eine Autorität, die sich allerdings in den täglichen Angelegenheiten des Lagers als trügerisch erwies. Mindumi gehörte nicht zur Liga der großen Alten wie Simbu, Dimba, Wadimo oder Joboko, sondern zur nachfolgenden Generation wie Mabuti, Singali, Doko und Mobo. Er war einer der besonnensten Einwohner von ganz Amopolo, und man brachte ihm mehr Respekt entgegen, als ihm von seinem Lebensalter her gebührte. Allein seine Gegenwart übte einen stark beruhigenden Einfluß auf das Dorf aus. Abends saß er gern, von seiner Frau Zabu und seinen Kindern umgeben, vor seiner Hütte und betrachtete mit einem zufriedenen Lächeln das, was sich vor seinen Augen abspielte.

Eine Geschichte, die ich im Lauf der nächsten Monate stückchenweise zusammentrug, vermittelt einen Eindruck von seinem Charakter. Zabu, seine Frau, war eine der Töchter Bakpimas. Sie hatte zwei Söhne und eine kleine Tochter. Der älteste Sohn, der nach seinem Großvater Bakpima hieß, war seinem Vater wie aus dem Gesicht geschnitten. Der jüngere jedoch sah genau wie ein junger Mann namens Tété aus. Zabu hatte ein Verhältnis mit Tété gehabt, und es war jedermann klar, daß er der wirkliche Vater des jüngsten Sohns war. Das tat aber Mindumis Liebe für den Jungen keinen Abbruch: er nannte ihn sogar Tété.

Mindumis Wahl zum Bürgermeister wurde von den Behörden in Bomandjombo gebührend gewürdigt, auch von dem dortigen Bürgermeister, der seinen Kollegen immer mit »Monsieur Bürgermeister« anredete.

Nicht lange nach meiner Rückkehr gelangte Amopolo in den Besitz einer dritten Respektsperson, und ich war Zeuge ihrer Geburt. Es war spät in der Nacht: Ich saß beim Schein der Taschenlampe über meinem Tagebuch, um die Ereignisse der vergangenen Tage nachzutragen, als Mabuti, der wieder einmal betrunken war, zu meiner Hütte gestolpert kam. Er ließ ein *»Gofra«* hören, den Ruf, mit dem die Bayaka sich gewöhnlich ankündigen, und trat in meine Hütte. Widerwillig kam ich unter meinem Moskitonetz hervor.

»Ich bin's«, sagte Mabuti, »der Captain.«

»Captain?« fragte ich.

»Oui, oui!« schrie er. »Denn Singali ist der Häuptling, Mindumi ist der Bürgermeister, aber ich, Monsieur Mabuti, er ist der Captain.« Er salutierte. »Denn ich«, fuhr er fort, »der kommandiert das Militär von Amopolo.« Wie ein Roboter schritt er dann um meine Hütte herum und »exerzierte«: er marschierte, führte Kehrtwendungen aus, nahm Habachtstellung an. Ich mußte lachen. *»Patron«*, sagte Mabuti, indem er sofort Kapital aus meiner sich bessernden Laune schlug, »gib mir 'ne Zigarette.« Ich gab ihm eine. Er salutierte noch einmal, machte eine Kehrtwendung und marschierte ins Dunkel hinein.

Ich tat den Zwischenfall als ein cleveres Manöver ab, um mir mitten in der Nacht eine Zigarette abzuluchsen. Mabuti aber vergaß seine brillante Idee nicht. Während der nächsten Tage amüsierte er alle mit seinen absonderlichen Karikaturen militärischen Verhaltens. Er fertigte sich sogar eine Art Reitgerte aus einem Eisendraht und einem Stück Holz für den Griff an und trug sie überall mit sich herum. Oft führte er die Kinder, die nur zu gern bei diesem Spiel mitmachten, zu militärischen Übungen in der Nähe des Lagers. Wenn er sich einer Gruppe von Ältesten hinzugesellte, um die »große Pfeife« zu rauchen, nahm er jedesmal eine stramme Haltung an und salutierte, bevor er sich niederließ. Er hielt so beharrlich an seinem Phantasiegebilde fest, daß sein Anspruch schließlich anerkannt wurde – und zwar nicht nur von den Einwohnern Amopolos, sondern sogar von den Leuten aus Bomandjombo. Danach mußte sich der *bilo*-Bürgermeister, wenn es um Angelegenheiten Amopolos ging, nicht nur mit Singali und Mindumi beraten, sondern auch mit Mabuti.

In Bomandjombo gab es verschiedene Sorten von uniformierten Autoritätspersonen, und es dauerte eine Zeit, bis ich sie auseinanderhalten konnte. Die staatlichen Gendarmen trugen Tarnanzüge, die Polizisten zogen blaßblaue Uniformen vor, und die Gardisten des Bürgermeisters liefen gewöhnlich in Khaki herum. Eines Nachmittags überraschte mich das Auftauchen zweier Männer in Amopolo, die in Kampfanzügen zu stecken schienen. An ihren Gürteln baumelte eine ganze Sammlung von Messern und Dolchen. Sie sahen auf sehr beunruhigende Weise nach Soldaten aus – und sie hatten sich erst vor kurzem einen genehmigt. Als sie meinten, daß ich ein Foto von ihnen machen solle, kam ich der Aufforderung eilends nach. Nachdem sie mir das Versprechen abgenommen hatten, großformatige Abzüge für sie zu machen, marschierten sie ab, und ich atmete erleichtert auf. Ein paar Minuten später hörte ich jedoch ein lautes Gezeter aus der entlegenen Ecke des Lagers, wo Bakpima wohnte. Ich rannte mit vielen anderen dorthin.

Was wir dort antrafen, beruhigte mich in keiner Weise. Die beiden Uniformierten waren von Scharen zorniger Bayaka umringt. Einer der beiden Männer hielt eine Schrotflinte in der Hand, die er, wie ich von Bwanga erfuhr, gerade konfisziert hatte. Offenbar hatte die Besitzerin des Gewehrs, eine Frau aus Bomandjombo, einen Bayaka-Jäger namens Mbinjo angeheuert. Die beiden »Jagdaufseher«, wie Bwanga die Männer nannte, hatten die Waffe entdeckt und versuchten nun auch, den Korb mit geräuchertem Fleisch zu beschlagnahmen, den Mbinjo von der wochenlangen Jagd zurückgebracht hatte. Mbinjo selbst war in den Dschungel geflohen, und die Jagdaufseher hatten sich daher einen Mann namens Omoo gegriffen und ihm befohlen, das Fleisch zu ihrem Hauptquartier im Büro des ehemaligen Sägewerks zu bringen. Omoo war unrasiert und hatte sich seit Monaten nicht mehr die Haare geschnitten, er sah wirklich wild aus. Er hievte aber tatsächlich den Tragkorb hoch, legte sich den Rindenriemen um den Kopf und schleppte die Last zehn Schritte weit, bevor Protestschreie von den anderen Bayaka ihn dazu veranlaßten, sie wieder zu Boden sinken zu lassen. Danach weigerte er sich standhaft, den Korb noch einen Zentimeter weit zu tragen. Die Aufseher wollten sich daraufhin Bwanga schnappen. Bwanga ignorierte sie einfach, drehte sich um und begann sich langsam zu entfernen. Der größere der beiden Aufseher, der, der die Flinte in der Hand hielt, drehte durch; er hob das Gewehr hoch und rammte den Kolben in Bwangas Rücken. Bwanga taumelte ein paar Schritte nach vorne.

In den nächsten fünf Minuten tobte zwischen mir und den Wildhütern ein heftiger, mit Schreien ausgetragener Kampf. Ich wußte nicht, welchen Rang die Wildhüter in der örtlichen Hierarchie einnahmen, ja noch nicht einmal, welches wirklich ihre Funktion war, aber ich drohte ihnen Vergeltung an, ich würde rechtliche Schritte ergreifen, ich würde zur Polizei gehen. Für einen Augenblick kamen den beiden Bedenken, und der Kleinere drängte seinen leicht erregbaren Kollegen dazu, ihm das Gewehr zu übergeben. Aber dann sammelten sie sich und schlugen zurück: Ich könne zum Präsidenten höchstpersönlich gehen – Gesetz sei Gesetz, und es sei nun einmal verboten, im Reservat mit dem Gewehr zu jagen.

Ich stapfte die Straße hinunter – meine mutige Entschlossenheit war jedoch nur vorgetäuscht. Die Bemerkung über das Gesetz hatte mich aus der Fassung gebracht. Bei meinem ersten Aufenthalt war der ganze Urwald ein einziges Jagdrevier gewesen. Was war das für ein Reservat, von dem die Hüter gesprochen hatten? Ich drehte mich um und ging wieder zu der Gruppe zurück.

»Und ich hab' dies grüne Zeug im Korb gefunden«, keifte der großgewachsene Wildhüter gerade. »Marihuana! Ma-ri-hu-a-na!« Er stöberte wieder in dem Korb herum, aber das Beweismaterial war verschwunden.

Die beiden kamen mir entgegen, den Korb trugen sie zwischen sich. »Wer wollte zur Polizei gehen?« höhnte der Kleinere.

»Wer trägt das Fleisch?« gab ich zurück.

Am nächsten Tag erfuhr ich in einem Gespräch mit seinem Direktor alles über das Dzanga-Sangha-Dense-Forest-Reservat. Der World Wildlife Fund versuchte, die Regierung dazu zu bewegen, in der äußersten südwestlichen Ecke der Zentralafrikanischen Republik ein Reservat einzurichten; zwei Gebiete sollten zu Nationalparks erklärte werden, in der jede Form der Jagd verboten war. Das Gesetz zur Einrichtung des Reservats war von der Regierung noch nicht verabschiedet worden, die Gesetze gegen Wilderei waren aber schon in Kraft. Eines der Gebiete hieß Dzanga, nach dem spektakulärsten seiner zahlreichen *bai*, wie man die mitten im Urwald vorkommenden großen natürlichen Grasflächen nennt. Die Wildtiere, die in den umliegenden Wäldern leben, kommen, von den Salzlagern im Boden angezogen, zu den *bai*. Die eindrucksvollsten Tieransammlungen findet man bei Dzanga, wo jeden Nachmittag die Elefanten aus dem Wald treten und sich auf dem *bai* zusammenscharen. Meistens bleiben sie die ganze Nacht lang dort und ziehen erst beim Morgengrauen wieder ab. Während der in der Savanne lebende Elefant relativ zugänglich ist, ist sein im Wald lebender Vetter äußerst scheu, und man weiß daher kaum etwas über ihn. Dzanga ist ein Paradies für Forscher, man kann dort die familiären Beziehungen, die innerhalb einer Elefantenherde herrschen, in aller Ruhe studieren. An diesem Ort kommen auch riesige Schwärme von Graupapageien zusammen. Ihre Rufe und Pfiffe verschmelzen am Abend mit den Schreien der Affen und den tiefen Kehllauten und gelegentlichen Trompetenstößen der Elefanten zu einem Klangbild von urtümlicher Schönheit.

Der zweite Park sollte im äußersten südlichen Zipfel des Landes eingerichtet werden, einem unbewohnten Urwaldgebiet, das Ndoki genannt wird. Der gleichnamige Fluß fließt von hier in die Republik Kongo, die er durchquert, bevor er sich schließlich einhundert Meilen weiter südlich mit dem Sangha vereint. Der Ndoki ist beinahe in seiner ganzen Länge von einem breiten, undurchdringlichen Sumpfwald umgeben. Den Bayaka zufolge sind diese Sümpfe die Heimat des legendären *mokilimbimbi*, eines Geschöpfes, das größer als ein Elefant ist und wie ein Nashorn aussieht. Mehrere angesehene Institutionen, darunter die Universität Chicago, haben Expeditionen ausgeschickt, die nach diesem Tier suchen sollten. Eine Expedition kam in den achtziger Jahren mit Fotografien zurück, auf denen angeblich riesige Fußspuren, die denen eines Nashorns ähnelten, zu sehen waren.

In den zum Reservat gehörenden Waldgebieten um die Nationalparks, in denen es mehrere *bilo*-Dörfer und *bayaka*-Lager gab (Amopolo war eines von ihnen), durfte nur noch auf die traditionelle Weise der Bayaka gejagt werden. In dem Reservat leben so viele Menschenaffen der verschiedensten Art wie sonst kaum irgendwo auf der Welt – unter anderem Schimpansen und eine große Population von Flachlandgorillas. Die Gründung des Reservats war die Idee zweier amerikanischer Wissenschaftler, die in dem Gebiet Forschungen durchgeführt hatten, Richard Carroll und Michael Fay. Ihre Absicht war es nicht nur, die Wildtiere zu schützen, sondern auch den eingeborenen Bayaka ein Umfeld zu schaffen, in dem sie ihre traditionelle Lebensweise bewahren konnten.

Als ich das alles erfuhr, erkannte ich, daß das Projekt für die Bayaka potentiell von großem Nutzen sein könnte. Daran änderte auch der Zusammenstoß vom Vortag nichts. Indem man die Tiere vor den Raubzügen der Wilderer schützte, sicherte man den Bayaka eine wichtige Nahrungsquelle und sorgte gleichzeitig dafür, daß ihre Methode, mit Netzen zu jagen, bis ins 21. Jahrhundert hinein überleben würde. Ironischerweise waren die Bayaka aber gerade jetzt, da das Reservat eingerichtet wurde, im Begriff, viele ihrer traditionellen Verhaltensweisen aufzugeben.

Mein Schreiben blieb weiterhin etwas, das die Bayaka faszinierte. Wenn sie um mein Feuer saßen, sagten sie manchmal Wörter und baten mich dann, sie aufzuschreiben. Dann schauten sie im Feuerschein jeden Buchstaben mit ernster Miene an, diskutierten ihn, rühmten sogar seine künstlerische Gestaltung. Eines Nachts fühlte Bakpima sich plötzlich dazu inspiriert, schreiben zu lernen. Er nahm meinen Stift und mein Papier und malte mehrere Minuten lang sehr sorgsam eine Reihe von Schnörkeln.

»Was heißt das?« fragte er dann.

»Das heißt gar nichts«, erwiderte ich.

Die anderen, die zunächst von Bakpimas Schreibkunst sehr beeindruckt gewesen waren, überschütteten ihn jetzt mit Spott.

»Ich kann ›Samstag‹ schreiben«, verkündete Yongo. Ich gab ihm Stift und Papier. Er mühte sich ab, so als habe er ein mathematisches Problem zu lösen, aber als er mir das Ergebnis zeigte, staunte ich: Er hatte das Wort tatsächlich richtig geschrieben.

»Dann schreibe ich jetzt ›Donnerstag‹«, sagte ich. Sie sahen sich das Wort genau an.

Plötzlich verlangte Bakpima wieder das Schreibwerkzeug, er habe jetzt herausgefunden, wie Schreiben funktioniere. Er kritzelte ein paar Wellenlinien und Kringel auf das Papier und zeigte dann auf sie. »Sonntag«, sagte er.

Bei meinem ersten Aufenthalt hatten die Bayaka nur eine vage Vorstellung von den Wochentagen gehabt. Nur ein paar Jugendliche kannten alle sieben, und keiner konnte sie in der richtigen Reihenfolge hersagen. Jetzt kannten sogar die meisten der Ältesten die Abfolge der Tage, und die Bayaka waren nur zu glücklich, den Sonntag als Alibi nehmen zu können, um nicht auf die Jagd gehen zu müssen. Irgendwann erfanden sie einen einfachen Kalender, um das Verstreichen der Tage festhalten zu können. Es war ein Stück Schnur, auf das man sieben Holzkugeln gezogen hatte und das auf dem *mbanjo* aufgehängt wurde. Sonntags wurden alle sieben Kugeln nach oben geschoben, am Montag wurde dann die erste nach unten gezogen, am Dienstag die zweite und so weiter, bis zum nächsten Sonntag, wenn alle wieder hochgeschoben wurden. Es gab jedoch Probleme. Manchmal konnte sich niemand daran erinnern, ob man schon eine Kugel heruntergezogen hatte, folglich wurden an einigen Tagen zwei oder sogar drei heruntergezogen, an anderen Tagen gar keine, und es kam sogar vor, daß eine Kugel zum Ausgleich wieder hochgeschoben wurde, wenn man vermutete, daß man vorher zu viele heruntergelassen hatte. Wer immer meinte, daß er den Kalender wieder auf den richtigen Tag einstellen müsse, mußte sich vorher mit den anderen beraten. Diese kurzen Unterhaltungen kamen an die brillantesten Dialoge zwischen Laurel und Hardy heran:

»Heute ist Montag?« fragt Balonyona, indem er den Kalender ins Auge faßt.

»Nein, heute…«, eine Pause, während Biléma angestrengt nachdenkt, »ist Mittwoch.«

»Gestern war Mittwoch«, mischt Lalié sich ein. »Heute ist – Sonntag?« Alle anderen sind der Meinung, daß auf keinen Fall Sonntag sein kann.

»Ah!« fällt es Balonyona plötzlich ein. »Gestern war Montag!«

»Heute ist Dienstag«, mutmaßt daraufhin Kukpata.

»Dienstag«, ertönt es zustimmend von allen Seiten. Unweigerlich sagen sie dann alle nach einer Pause: »Morgen ist Mittwoch.« Balonyona bringt den Kalender in Ordnung.

Seit meiner Rückkehr hatte ich regelmäßig Augentropfen ausgeteilt, um die Bindehautentzündung, an der so viele litten, zu bekämpfen. Meine täglichen ärztlichen Visiten hatten bald einen sichtbaren Erfolg, allerdings auch den unerwünschten Nebeneffekt, daß die Kinder von Angst ergriffen wurden, wenn ich mich ihnen näherte. Um dem entgegenzuwirken, fing ich an, von den *bilo*-Frauen, die jeden Nachmittag im Lager erschienen, *makala* und Bananen für die Kleinen zu kaufen. Sie brauchten nicht lange, um zu begreifen, um was es ging. Wenn sie mich mit einer der Frauen um *makala* oder Bananen verhandeln sahen, versammelten sie sich erwartungsvoll um mich. Es gab viele Kinder, und diese Einkäufe kosteten mich jeden Tag eine Stange Geld, aber dank meiner Freigebigkeit vergaßen sie allmählich ihre Angst. Einzeln näherten sie sich mir immer noch voller Mißtrauen, schnappten sich ihre Banane und rannten wieder weg, aber wenn sie in der Gruppe waren, zeigten sie keine Furcht mehr. Als ich eines Tages von einem Ausflug in den Wald zurückkam, rief eine Schar von Kindern, die auf dem *mbanjo* saß, wie mit einer einzigen melodiösen Stimme aus: *»Elobayé!«* Als ich das Wort zurückrief, kicherten sie erheitert. Der Austausch dieses Grußes wurde bald zu einem Ritual, selbst das schüchternste Kleinkind erwiderte bald mein *»elobayé«*. Nach einiger Zeit riefen die Kinder mir das Wort zu, wo immer sie mich auch antrafen, manchmal in kaum hörbarem Flüsterton.

Mbina wurde ein häufiger Gast in meiner Hütte. Immer wenn ich eine meiner Tonaufnahmen abspielte, erschien sie, um zuzuhören. Wenn die Hütte schon mit Männern und Jungen angefüllt war, ließ sie sich einfach vor dem Eingang nieder, aber wenn die anderen Zuhörer ebenfalls Frauen waren, setzte sie sich dazu. Ich hatte ihr weiterhin einen besonderen Platz in meinem Herzen reserviert, und es freute mich jedesmal, wenn sie zugegen war. Allerdings verwirrte es mich auch ein bißchen, und ich empfand nicht mehr nur Zuneigung, denn Mbina war schon fast eine junge Frau und entwickelte sich zu einer richtigen Schönheit. Manchmal fiel es mir schwer, meine Blicke von ihr zu lösen. Wenn sie mich dabei erwischte, wie ich sie anschaute, hielt sie meinem Blick stand, und ihre normalerweise verträumten Augen bekamen einen wachen und kühnen Ausdruck. Unweigerlich war ich der erste, der die Augen niederschlug. Ich fragte mich, ob ihre Schwester, Bosso, ihr etwas über den harmlosen Flirt erzählt hatte, den ich mit ihr bei meinem ersten Aufenthalt in Amopolo begonnen hatte. Wenn ich im Wald die einzelnen Phasen der Jagd auf Band aufnahm und fotografierte, blieb Mbina gewöhnlich in meiner Nähe. Ich hatte schon bei meinem ersten Besuch eine Kamera mitgebracht, hatte mich aber gescheut, sie zu benützen. Die Bayaka fühlten sich nie ganz wohl, wenn ich als Fotograf auftrat, und ich konnte mich auch nie ganz in diese Rolle hineinfinden; schließlich verkaufte ich daher den Apparat. Während andere darum bemüht waren, nicht fotografiert zu werden, schien Mbina diese Form von Aufmerksamkeit zu genießen. Folglich richtete ich oft das Objektiv auf sie, und ich machte mir schon Sorgen darüber, was man im Pitt Rivers-Museum denken würde, wenn man alle diese Aufnahmen von ihr zu Gesicht bekam.

Einmal nahmen die Frauen mich zu einem Tag voller Spiele und Musik mit in den Dschungel. Es war großartig, sie ganz für mich allein zu haben. Sie spielten, wie man mit Speeren Gorillas und Elefanten jagt. Bosso übernahm einmal die Rolle des Elefanten. Später setzten sie sich zu einem engen Kreis zusammen und sangen, während aus der Kreismitte tiefe Heultöne aufstiegen. Es war dieselbe Musik, die ich damals bei der Klagezeremonie für die verstorbene alte Frau aufgenommen hatte. Die Frauen erklärten mir jetzt, daß die heulende Stimme ihrem persönlichen *mokoondi* gehöre und daß die besondere Musik der Frauen *lingokoo* heiße. Während wir uns unterhielten, drängten sie sich um mich; sie stützten sich auf mich, schlangen ihre Arme um mich, neckten mich mit kaum verhüllten Andeutungen. Ob ich eine Frau habe, wollten sie wissen. Ich mußte gestehen, daß eine solche mir schon vor Jahren davongelaufen sei. Die Frauen prusteten laut vor Lachen.

Eines Morgens machte ich mich mit Biléma und Kukpata – der mittlerweile der beliebteste Trommler von Amopolo geworden war – zu einem Ejengi-Tanz auf. Wir gingen einige Meilen auf der Straße in Richtung Süden, dann bogen wir auf einen überwucherten Seitenpfad ein, der an einer Wand aus majestätischen Baumriesen endete. Wir drangen in den Wald ein, es ging steil hinab. Bald gelangten wir in ein dunkles, sumpfiges Gebiet. Überall baumelten Luftwurzeln und Lianen herab, der Boden war von Elefantenfährten zerfurcht. Nach einigen Meilen gelangten wir dann zu dem kleinen, malerischen Dorf Mombembé am Ufer des Sanghas. Das Dorf, über das ein alter Patriarch namens

Yono herrschte, war insofern eine Ausnahme, als hier *bilo* und Bayaka in relativer Harmonie zusammenlebten. Zwischen den Laubhütten der Bayaka standen die größeren hölzernen Bauten der *bilo*. Yono war um einiges größer als 1 Meter 80. Er hatte zwei Frauen, von denen eine fast so hochgewachsen wie er selbst war; die zweite war eine Baka von der anderen Seite des Flusses. Alle Dorfbewohner sprachen Yaka und lebten von der Jagd und dem Fischfang.

Ich wurde zu einem zerbrochenen Stuhl in der Nähe von Yonos auf Pfählen stehendem Haus geführt. Yono reichte mir eine Schale Palmwein. Hinter mir war ein Vorhang aus Palmblättern quer über einen Dschungelpfad gespannt – das war der Eingang zu Ejengis Reich. Jungen liefen den Pfad hinauf und hinunter und ließen das unverwechselbare Zwei-Ton-Motiv erklingen, das ich in Zukunft immer mit Ejengi in Zusammenhang bringen würde. Bald trafen noch andere Bekannte aus Amopolo ein – Mokoko, Ngomgo, Singali, Bwanga, Yongo und sogar der alte Bombé. Sie sagten, daß die Frauen ebenfalls auf dem Weg seien. Um die Wartezeit zu überbrücken, machte ich ein paar Fotos. Der Tanz hatte noch nicht angefangen, aber Ejengi tauchte ein paarmal auf, lief durchs Dorf und hielt die Frauen von Mombembé in Atem. Zunächst hielt ich die Kamera ganz ostentativ nicht auf den Geist gerichtet, aber Yono schlug vor, daß ich ihn zusammen mit Ejengi fotografieren solle, und ich erfüllte ihm seinen Wunsch mit Freuden. Ejengi kam herbeigeeilt und stellte sich neben Yono, der mit einer Hand einen Elefantenspeer umklammerte, in Positur.

Dann kamen die Frauen in großen Gruppen an, und sofort wurde es lebendig im Dorf. Bosso und Mbina hatten sich beide für die Gelegenheit herausgeputzt, und zwar mit Kopftüchern, die wohl so ungefähr die einzigen Kleidungsstücke waren, die sie besaßen. Das Trommeln, das schon die ganze Zeit über mit Unterbrechungen zu hören gewesen war, wurde jetzt schneller und lauter. Während noch mehr Leute aus Amopolo eintrafen, versammelten sich die

Frauen an dem einen Ende des Dorfes und stimmten einen Gesang an. Ejengi kam aus dem Wald gerannt und kam neben mir zum Stillstand. Er war von vielen Jungen begleitet. Mabuti eilte herbei und trug in kurzen, rhythmischen Sentenzen die Gedanken Ejengis vor. Dann rief er »*oka!*« – »hört«, und Ejengi lief mit seinem Gefolge durch das Dorf.

Der Tanz begann. Der Chor der Bayaka-Frauen dominierte, obwohl auch einige der Frauen aus dem Dorf sangen. Eine der eifrigsten Sängerinnen war eine Mischlingsfrau – wie ich vermutete, eine Tochter Yonos und seiner Baka-Angetrauten. Der Patriarch stand vor seiner Hütte, den Elefantenspieß an der Seite, und beobachtete alles. Der Tanz durchlief die mir schon bekannten einzelnen Phasen. Die Frauen hetzten während der *esimé*-Passagen der Musik hinter Ejengi her, um dann ihrerseits zu fliehen, wenn Ejengi seine Richtung änderte. Mir fielen zwei *bilo*-Männer auf, die vor einer der Hütten saßen. Sie waren mit einem rötlichen Öl eingerieben worden. Auf ihre Gesichter, Arme und Körper waren mit weißem Pflanzensaft Punkte und Striche gemalt, und man hatte ihnen zahllose Halsketten umgehängt. Ich nahm an, daß sie initiiert wurden. Der eine war ein Junge, der andere aber zu meiner Überraschung ein erwachsener Mann. Sie saßen den ganzen Tag bewegungslos da und stierten zwischen ihren Knien hindurch auf den Boden.

Ich hatte mittlerweile meinen Recorder angestellt. Eine der *bilo*-Frauen, die *mbaku* gebrannt hatte, witterte ihre große Chance. Zwischen zwei Liedern schlug sie vor, daß der *mondélé*, der sie alle fotografiere und aufnehme, eine Gebühr zahlen solle, und zwar indem er ihr den ganzen Vorrat an Fusel abkaufe. Die Bayaka von Amopolo wußten, daß ich mich weigerte, *mbaku* für sie zu kaufen, und auf entsprechende Vorschläge sehr unfreundlich reagierte. Da ich jetzt aber Gast in einem Dorf war, in dem man mit meinen Marotten nicht vertraut war, machte ich auf Singalis eindringlichen Rat hin eine Ausnahme. Ich rückte 4000 Francs raus und tröstete mich mit dem Gedanken, daß niemand genug trinken könnte, um wirklich besoffen zu werden. Trotzdem war mir die Laune verdorben, und ich saß eine Weile lang schmollend unter einem großen Baum herum; meinen Recorder hatte ich ausgestellt. Der Tanz ging weiter, ohne daß jemand meiner schlechten Laune Beachtung schenkte. Bosso, die vielleicht durch ihren Anteil an *mbaku* kühn geworden war, warf viele lange Blicke in meine Richtung. Ich verspürte wieder das Prickeln, das der Blickkontakt zwischen uns auszulösen pflegte. Bald war ich wieder auf den Beinen und ließ das Aufnahmegerät wieder laufen. Das war mein Glück, denn der Tanz, der gerade begann, als ich das Gerät erneut einschaltete, leitete eine Stunde ununterbrochenen Gesangs ein, der mit frenetischen *esimé*-Sequenzen wechselte. Mokokos Frau, Sao, war in den *esimé*-Passagen besonders aktiv: Sie schien mit ihren Schreien einen Sturm entfesseln zu wollen.

Am späten Nachmittag sagte Mokoko mir, daß ich mich auf den Rückweg machen solle, die anderen würden später nachkommen. Wie sich dann herausstellte, blieben die meisten von ihnen noch zwei Tage in Mombembé. Ich machte mich mit Ekumu, einem jungen Mann, der der größte Moaka war, den ich jemals zu Gesicht bekommen hatte, auf den Rückweg nach Amopolo. Während des anstrengenden Rückmarsches verspürte ich tiefe Zufriedenheit mit dem Ergebnis des Tages. Der abschließende lange Tanz allein war den fünfstündigen Hin- und Rückweg wert gewesen. In den folgenden Monaten spielte ich den Bayaka diese Aufnahme noch oft vor.

Als die jugoslawischen Herrscher über das Sägewerk ihren Betrieb geschlossen hatten und außer Landes geflohen waren, hatten sie nicht nur hohe Schulden hinterlassen, sondern auch einen Lagerplatz voll gigantischer Baumstämme. Fast zwei Jahre lagen die Baumstämme da und verrotteten langsam. Eines Tages zündete eine alte *bilo*-Frau auf dem überwucherten Feld neben dem Sägewerk das Gestrüpp an, weil sie dort Mais pflanzen wollte. In der

Nacht kam Wind auf – was ungewöhnlich war – und trieb die Flammen auf den Holzlagerplatz. Sieben Tage und Nächte lang tobte die Feuersbrunst. Die örtlichen Behörden konnten nur dasitzen und hilflos zuschauen, wie tropisches Hartholz im Wert von Zehntausenden von Dollar zu Asche zerfiel. Von Amopolo aus war das Feuer deutlich zu sehen, nachts bot es einen besonders dramatischen Anblick, die Silhouetten der Palmen zeichneten sich vor ihm ab wie vor einem besonders prächtigen Sonnenuntergang.

In einer dieser Nächte besuchte ich Mindumis Teil des Lagers, um einem *élanda* beizuwohnen. Die Jugendlichen waren aber einfach zu ausgelassen, um sich auf das Tanzen zu konzentrieren; sie gingen zu recht handfesten Formen des Flirtens über, jagten sich, rauften miteinander, intrigierten und schwatzten. Es hatte für mich keinen Sinn, ihnen weiter zuzusehen, ich kehrte also um und setzte mich auf den *mbanjo*.

Plötzlich beugte sich aus dem Dunkel eine geduckte Gestalt zu mir herunter und sprach mich in unverfälschtem Yaka an. Die Stimme war rauh und ausdrucksstark, und während sie so dahindröhnte, fing ich plötzlich wie durch eine Art von Osmose an zu verstehen, was der Mann sagte. Er habe von dem *mondélé* und seinem Radio gehört, und wie der Gesang der Bayaka sein Herz entzücke; deswegen sei er gekommen, um diesen *mondélé* mit eigenen Augen zu sehen. Er werde auch für das Radio des *mondélé* singen; sein Name sei Gondo.

Ich fuhr zusammen, als ich merkte, daß er mir die Hand hingestreckt hatte: sie war spachtelförmig und so groß, daß ich sie zuerst für einen Fuß gehalten hatte. Ich ergriff sie: seine Haut fühlte sich wie Baumrinde an. Andere kamen herüber. Als sie Gondo erkannten, gerieten sie in helle Aufregung. »Gondo ist da!« schrien sie. »Gondo!« Mit einer ganzen Gruppe von ihnen zog ich zu meiner Hütte. Mein Orientierungssinn, auf den in der Dunkelheit nie Verlaß ist, ließ mich in die Irre gehen. Singali rief mich auf den rechten Weg zurück, und als ich wieder zu den anderen stieß, hörte ich, wie Gondo hinter mir leise lachte: »Der *mondélé* weiß nicht den Weg.« Es verwirrte mich, daß seine Stimme vom Erdboden aufzusteigen schien. Als wir bei meiner Hütte ankamen, vor der noch ein Feuer glomm, drehte ich mich um, um mir den aus dem Schatten auftauchenden Gondo anzusehen. Sein Körper war wie eine Banane gekrümmt – sein Name bedeutete »Banane« auf Yaka –, und er bewegte sich auf Händen und Füßen fort, wobei er den Hals so nach oben bog, daß er nach vorne schauen konnte. Ich fand nie heraus, ob diese seltsame Fortbewegungsart Ergebnis eines Unfalls oder auf einen Geburtsfehler zurückzuführen war; auf jeden Fall konnte er trotz dieser Behinderung mehrere Meilen am Tag bewältigen.

Gondo war ein berühmter Geschichtenerzähler. Ich hatte schon viele *gano*, gesungene Fabeln, aufgenommen, die die verschiedensten Geschichtenerzähler vorgetragen hatten. Zu den besten gehörten Balonyona, ein Mann namens Ndimo, der mit Bakpimas Schwester verheiratet war, und Mabuti. Keiner von Amopolos Geschichtenerzählern konnte aber wirklich als Meister seiner Kunst bezeichnet werden. Ich hatte auf Schallplatten schon viel bessere gehört.

Mokoko brühte Kaffee auf. Die Nachricht von Gondos Erscheinen hatte sich verbreitet, und die meisten Jugendlichen ließen von ihren Spielen ab, um sich um mein Feuer zu versammeln und einen Blick auf den legendären Geschichtenerzähler zu werfen. Gondo saß da im Feuerschein; sein Gesicht verzog sich und nahm die fantastischsten Ausdrücke an, seine Stimme verwandelte sich in ein Dutzend andere, sein Kopf nickte wie der einer Taube auf und nieder, während er seine Geschichten vortrug. Zunächst begleiteten ihn nur die Erwachsenen im Chor. Die Jugendlichen schienen einfach zu beeindruckt von diesem merkwürdigen und seltenen Besucher zu sein, um etwas anderes tun zu können, als ihn gebannt anzustarren. Mbina hörte sich zwei Fabeln an, ohne selbst einen einzigen Ton zu singen. Sie machte die ganze Zeit über einen langen Hals, um Gondo besser sehen zu können. Während einer Geschichte über meine Reise nach Amopolo, die sie alle umwarf, weil sie so komisch war, stellten die Jugendlichen ihren Ruf als Sänger aber mit einem wunderschönen Lied wieder her.

Als ich mich einmal morgens nach Bomandjombo aufmachte, um auf dem Markt etwas Erdnußbutter zu erstehen, lief mir der Mann über den Weg, der mir am Tag meiner Ankunft so auf die Nerven gegangen war, als er aus vollem Hals in meine Mikrofone geröhrt hatte. Als ich ihn jetzt mit seinen unverwechselbaren, steil in die Höhe ragenden Ohren bei Tageslicht sah, fiel mir plötzlich ein, wer er war.

Sombolo war auch schon während meines ersten Aufenthalts in Amopolo im Lager gewesen, er war aber auf Distanz gegangen; seinen Anteil an meinen Zigaretten hatte er sich vermutlich durch Mittelsmänner beschafft. Er tauchte immer nur auf dem Höhepunkt der nächtlichen Trinkgelage auf, so daß ich mit ihm unwillkürlich Chaos und Konfusion assoziierte. Er maß über 1 Meter 50, war für einen Moaka also großgewachsen. Er gehörte zum hellhäutigeren Typus und hatte als auffallendes Merkmal rötliche Haare – was allerdings bei den Bayaka keineswegs selten war. Er war großartig gebaut, muskulös, aber nicht zu breit, mit längeren Beinen, als es normal für einen Moaka war. Sein einziger körperlicher Defekt, der mir jetzt erstmals auffiel, war ein seltsamer Knubbel mitten auf seinem Hinterkopf. Wie ich später erfuhr, war er das Ergebnis eines Sturzes während einer seiner vielen Zechtouren. Sombolo war als der größte *mbaku*-Säufer von Amopolo verschrien.

An diesem Tag kam Sombolo gerade aus dem Dorf zurück, wo er bestimmt schon ein, zwei Gläser gekippt hatte. Als er mich erblickte, schlug er einen Haken, heftete sich mir an die Fersen und stimmte ein leutseliges Geplaudere an. Ohne Zweifel rechnete er damit, sich mindestens einen

Drink erschnorren zu können, aber ich war fest entschlossen, mich nicht erweichen zu lassen.

Auf dem Markt umringten mich gleich drei Frauen, um mir ihre Erdnußbutter anzubieten. Sombolo machte sich sofort alle drei zum Feind. Er machte ihre Erdnußbutter schlecht, warf ihnen vor, daß sie gar nicht wüßten, wie man sie herstelle, und beschuldigte sie, überhöhte Preise zu fordern. Die Frau, bei der ich schließlich kaufte, fuhr er dann an, daß sie zu kleine Portionen austeile, und gab keine Ruhe, bis sie noch zwei Löffelvoll hinzutat. Als wir abzogen, rief die Frau: »Monsieur Louis – kommen Sie das nächste Mal mit Balonyona! Sombolo macht nur Ärger!« Sombolo lachte.

Am Stadtrand steuerte Sombolo mich zu dem letzten Laden hinüber, an dem wir vorbeikamen, damit ich mir ein Paar leuchtendroter Nylon-Shorts anschaute. Wir standen einen Moment schweigend vor ihnen. »Echte Shorts«, murmelte Sombolo dann voller Ehrfurcht. Seine eigenen Hosen waren so durchgescheuert, daß es schon obszön war; ganz spontan kaufte ich ihm die Kostbarkeit.

Eines Nachts stolperte ein betrunkener und aufgebrachter Singali in meine Hütte. Er hätte ein Hühnchen mit mir zu rupfen. Warum ich Simbu und Balonyona Macheten geschenkt hätte, ihm aber nicht? Ob ich denn nicht wisse, daß er der Häuptling sei? Ich wohnte in seinem Dorf, und es sei auch mein Dorf. Wo also sein Geschenk sei? Als ich ihn an das Messer erinnerte, das ich ihm überreicht hatte, verlor er einen Augenblick lang den Faden und dankte mir, dann kehrte er aber zum Thema der Macheten zurück. Er habe drei Frauen, er wolle auch drei Macheten haben. Drei. Nein – eins, zwei, drei. Vier! Er wolle vier Macheten. Ich begriff, daß ich einen Faux-pas begangen hatte, als ich Singali kein besonderes Geschenk überreicht hatte. Daß er erst jetzt mit seiner Beschwerde herausrückte, konnte nur bedeuten, daß er die ganze Zeit darüber nachgebrütet hatte. Ich versprach ihm, die Macheten zu bestellen. Der amerikanische Direktor des Dzanga-Sangha-Reservats, der in einem der verlassenen, zum Sägewerk gehörenden Häuser am Fluß wohnte, würde in ein paar Tagen nach Bangui fliegen, und ich würde ihm Geld für die Macheten mitgeben. Singali war es zufrieden.

Eine Woche später trafen die von mir bestellten zehn Macheten ein, und ich schleppte sie nach Amopolo hinüber. Ich hoffte, unbemerkt in meine Hütte schlüpfen zu können, aber irgendwie hatte das ganze Lager vom Eintreffen der Macheten Wind bekommen, und alle lagen sie auf der Lauer. Sie errieten sofort, was in der Kiste war, als ich über die Lichtung schlich. *»Boonu«*, hörte ich sie murmeln, als ich an ihnen vorbeikam, »Macheten«. Ich verstaute die Kiste in meiner Hütte und setzte mich zu den Ältesten auf der Lichtung. Einen Augenblick lang hockten wir schweigend da.

»Oka«, sagte Bombé schließlich, »ich habe keine Machete. Ich bin einer der Ältesten. Wo ist meine Machete? Ich habe keine. Willst du sie erst an die Kinder verteilen?«

Diesem Argument war wenig entgegenzuhalten. Ich holte ihm eine Machete. Es waren große, schwere, in Manchester hergestellte Macheten, sie waren viel besser als die kleinen Haumesser mit dünnen Klingen, die die meisten Bayaka besaßen. Bombé nahm die Waffe mit bemerkenswerter Selbstbeherrschung entgegen, er würdigte sie kaum eines Blicks, sondern legte sie sofort neben sich auf den Boden. Ich wußte aber genau, daß er sie später sorgfältig prüfen würde. Dimba konnte sich einen solchen Luxus an Umgangsformen nicht erlauben; er spitzte bewundernd den Mund und wandte sich mir sofort zu: »Wo ist meine?« Es war klar, daß die Argumente, die Bombé vorgebracht hatte, nun für ihn galten, da er jetzt der älteste Mann von ganz Amopolo ohne Machete war. Er brauchte sie gar nicht zu wiederholen. Was Fragen der Bayaka-Etiquette anbelangte, war Dimba immer auf der Höhe. Nach ihm bekamen Joboko und Wadimo Macheten, dann Akunga, ein Ältester mit wucherndem Bart und miesepetrigem Gesicht.

Joboko und Akunga fragten nach ihren Macheten, Wadimo hingegen saß still und reglos wie eine Statue da, so als gehe ihn das Ganze nichts an, aber aus den Augenwinkeln verfolgte er alles aufmerksam mit. Irgendwann bemerkte ich Ewunji, der unauffällig auf den *mbanjo* geschlüpft war und mich nun mit einem intensiven, konzentrierten Blick fixierte. Ich drückte ihm eine Machete in die Hand, und er nickte nur weise mit dem Kopf, als würdige er es, daß ich die Etikette der Bayaka endlich begriffen hatte.

Dann ging mir plötzlich auf, daß ich nur noch zwei Macheten hatte. Der Häuptling hatte vier Stück geordert. Was sollte ich tun? Ich widerstand Dokos flehentlichen Bitten; er würde warten müssen, bis ich für Nachschub gesorgt haben würde – und genau das würde ich tun müssen, es blieb mir gar nichts anderes übrig.

Wenn ich aus diesem Vorfall eine Lehre zog, dann die, daß ich viel zu anfällig für die spezifischen Überredungskünste der Bayaka war. Wenn man einmal ihre grundlegende Regel akzeptiert hatte, daß jeder Überschuß geteilt werden mußte, waren alle nachfolgenden Punkte ihrer Argumentation zwingend. Wenn ich mich also ihrer Schlußfolgerung widersetzte – daß ich ihnen alles geben mußte, worum sie mich baten –, dann war ich es, der sich unlogisch verhielt. Da ich mich so weit wie möglich den Verhaltensregeln der Bayaka anpassen wollte – und im Vergleich zu den Bayaka besaß ich einen Überschuß an allen Dingen, zumindest in Form von Geld –, war ich eine Art Freiwild für sie. Außerdem hatte ich ihnen erzählt, daß mir das Museum Geld für die bei ihnen gemachten Aufnahmen gegeben hatte, und das verlieh, wie sie sehr wohl begriffen, ihren Forderungen einen zusätzlichen Druck – sie baten mich einfach um das, was ihnen rechtmäßig zustand. Ich war moralisch dazu verpflichtet, es ihnen zu geben.

Die Nächte waren ungewöhnlich kalt geworden. Ich hatte mir keinen Schlafsack mitgebracht und konnte mich nur mit zwei Laken gegen die Kälte wappnen. Die Bayaka ließen in ihren Hütten die ganze Nacht hindurch Feuer brennen, aber mir war klar, daß sie trotzdem erbärmlich froren. Ein abendlicher Luftzug, der mir lau vorkam, ließ sie schon zittern. Die nächtliche Kälte mußte ihnen wirklich bis ins Mark dringen. Von meinem Bett aus hörte ich, wie sie mitten in der Nacht aufstanden, glühende Scheite zerbrachen und anbliesen, um das Feuer wieder zu entfachen. Meine beiden Laken waren vermutlich noch weniger wirksam als ihre Feuer, aber es tröstete einen irgendwie, sich in sie einwickeln zu können. Keiner von den Bayaka besaß Laken.

Tété, der eine der schönsten und geschmeidigsten Stimmen von den Männern hatte, empfand die Kälte als besonders unerträglich. Ein paarmal hatte er mich schon gebeten, ihm ein Leintuch zu kaufen. Ich hatte mich geweigert, da ich genau wußte, daß die anderen mich ebenfalls um ein Laken angehen würden, wenn ich ihm eins kaufte. Tété schlug daher vor, daß ich ihm das Tuch heimlich zustecken solle. Er würde sich mitten in der Nacht, wenn alle schliefen, zu mir herüberstehlen, das Leintuch unter sein T-Shirt stopfen und wieder in seine Hütte zurückhuschen. Niemand würde etwas mitbekommen.

»Gut, was passiert aber, wenn du das Tuch wäschst und zum Trocknen aufhängst?« fragte ich. »Jedermann wird wissen, von wem du es bekommen hast.« Tété wußte keine Antwort, ich hatte ihn matt gesetzt. Er gab sich aber nur vorübergehend geschlagen.

Eines Tages fragte er mich mit großem Nachdruck, wie viele Tücher ich denn hätte. Er wußte, daß ich zwei hatte, und er wußte, daß ich wußte, daß er es wußte. Er hatte mich erwischt.

»Zwei«, antwortete ich.

»Gib mir eins.« Er nützte seinen Vorteil unerbittlich aus. »Es ist kalt in der Nacht. Ich kann nicht schlafen.« Also bekam er schließlich sein Laken. Da ich mich von keinem meiner beiden trennen wollte, kaufte ich ihm ein neues. Die Übergabe fand tatsächlich spät in der Nacht statt, als uns niemand beobachten konnte. Es war aber nur eine

Frage der Zeit, bis die anderen sein Laken entdecken und mich mit Bitten nach weiteren drangsalieren würden.

Nach einigen Monaten ging mir das Bargeld aus. Ich würde ein paar Traveler-Checks einlösen müssen. Das konnte ich nur in Bangui. Ich mußte also eine Fahrt von sechshundert Meilen antreten. Ich beschloß, in großem Stil zu reisen, das heißt, mich von dem Direktor des Parks mitnehmen zu lassen, der fast jeden Monat einmal in die Hauptstadt fuhr. Ich hoffte, daß die Tage, in denen ich auf ein Busch-Taxi angewiesen war, endgültig vorüber seien. Eines Abends verkündete ich auf dem *mbanjo*, daß ich kurz vor dem Bankrott stünde, und fügte dann fröhlich hinzu, daß ich in ein paar Wochen nach Bangui fahren würde, um neues Geld zu holen.

In den darauffolgenden Tagen verbreitete sich die Nachricht von meiner bevorstehenden Abfahrt wie ein Lauffeuer, und meine Reise erhielt einen fast mythischen Status. Es war nicht unbemerkt geblieben, daß Tété ein Laken hatte, und der Bayaka-Logik nach bedeutete das, daß sie alle das Anrecht auf ein Laken hatten. Als ich eines Nachmittags vor Singalis Hütte herumlungerte, kamen die Frauen auf mich zu und machten mir unmißverständlich klar, daß sie erwarteten, von mir Unterhosen mitgebracht zu bekommen. Esoosi stellte sich vor mich hin und wedelte emphatisch mit ihrem Lendentuch, während sie einen Vortrag über die absolute Notwendigkeit von Unterhosen hielt. Sie entblößte sich fast, um ihren Argumenten mehr Nachdruck zu verleihen. Okay, stimmte ich lachend zu, also Unterhosen. Sie schauten mir tief befriedigt zu, wie ich es aufschrieb. Was noch? fragte ich. Kleider, sagte Eloba, die erste Frau von Singali. Sie meinte die Tücher, in die sich die meisten Afrikanerinnen wickeln. Ohrringe, sagte Mbina unumwunden. Halsketten, stimmte Sao ein. Töpfe, fügte Simbus Frau, Mandubu, hinzu.

Die Männer trugen ihre Wünsche einzeln vor, gewöhnlich in der Nacht und immer mit verschwörerischer Miene.

»Wenn du nach Bangui fährst...«, fing jeder von ihnen an, und jeder glaubte anscheinend, daß er der einzige wäre, dem es in den Sinn gekommen war, auf diese Weise an mich heranzutreten. Balonyona stattete mir eigens spät in der Nacht einen Besuch ab, um mich um ein Paar Sandalen zu bitten. Er versichert mir, daß er unsere kleine Transaktion streng vertraulich behandeln werde. Er ahnte nicht, daß Singali, Bwanga, Biléma, Joboko und Mabuti schon vor ihm dagewesen waren. Ein paar Minuten, nachdem er wieder gegangen war, erschien Etubu und bat mich, ihm ein Messer zum Anspitzen der Pfeile für seine Armbrust zu besorgen. Die gesamte Einwohnerschaft von Amopolo hatte sich in kleine Kinder zurückverwandelt, die dem Christkind erzählten, was sie sich zu Weihnachten wünschten. Sogar Gondo, der Meister aller Geschichtenerzähler, ließ mir durch andere zuflüstern, daß er eine Machete und ein Laken haben wolle. Auf was hatte ich mich da nur eingelassen?

Eines Abends kamen zwei *bilo* aus Mombembé nach Amopolo. Der eine war der älteste Sohn Yonos, der fast so groß wie sein Vater war. Sie hatten davon gehört, daß ich bald nach Bangui fahren würde, und waren eigens hergekommen, um mich um eine Guitarre zu bitten. Höflich setzte ich ihnen auseinander, daß ich mir eine solche Ausgabe nicht leisten könne, daß ich aber eine Machete für Yono mitbringen würde. Sie zeigten sich leicht enttäuscht wegen der Guitarre, versprachen aber, Yono das mit der Machete zu erzählen. Dann wünschten sie mir eine sichere Reise und sagten, daß sie jetzt wieder gehen würden. Bis zu ihrem Dorf waren es sechs Meilen.

»Ihr geht noch heute abend wieder nach Mombembé zurück?« fragte ich ungläubig. Es war schon dunkel, und der Weg führte zumeist durch dichten Dschungel, über einen verschlungenen Pfad, der schon bei Tageslicht kaum auszumachen war.

»Oui«, antwortete Yonos Sohn.

»Aber es ist schon spät«, wandte ich ein.

»Wir werden laufen«, sagte der zweite Dorfbewohner mit der größten Selbstverständlichkeit. Und sie standen beide auf und gingen.

Am Abend meiner Abfahrt – der Direktor des Parks wollte gegen Mitternacht aufbrechen – gesellte ich mich noch für ein paar Minuten zu den Männern auf dem *mbanjo*. In der Nähe des Eingangs zum Lager bildete sich eine große Ansammlung von Frauen. Es wurden nicht viele Worte gewechselt. Obwohl ich nur eine Woche weg sein würde, ging mir der Abschied sehr nahe.

»Dwa no loli«, sagten die Männer zu mir. »Reise mit Bedacht.«

Die Frauen traten eine nach der anderen zu mir heran, um mir die Hand zu schütteln. »Achte darauf, daß du auch zurückkommst!« meinten sie – als ob daran irgendein Zweifel bestehen könnte. Als ich den Weg zur Straße hinunterging, rief Mbina hinter mir her: »Komm bald zurück, Looyay.«

Ngbali

Wir rasten nach Süden und ließen Nola in Staubwolken hinter uns zurück. Für mich war die Fahrt ein Triumph. Ich war vielleicht nicht der Weihnachtsmann in seinem von Rentieren gezogenen Schlitten, aber als ich so ganz oben auf meinen Beutestücken hockte, die auf der offenen Ladefläche des Lieferwagens vom World Wildlife Fund aufgestapelt waren, und mit einer Geschwindigkeit von sechzig Meilen durch die Landschaft getragen wurde, hatte ich fast das Gefühl, durch die Lüfte zu segeln. Ich hatte dreiundneunzig Unterhosen und neunundvierzig T-Shirts dabei, ich saß auf einem Sack mit sechzig Laken, meine Füße ruhten auf einer Kiste mit fünfzig Macheten, außerdem waren da noch irgendwo dreiunddreißig Sarongs, jeder sieben Meter lang, und eine Tasche war zum Bersten gefüllt mit fünfundzwanzig Paar Latschen, achtundvierzig Paar Socken und zwei Paar Leinenschuhen. Dann hatte ich noch siebenunddreißig Schüsseln dabei, fünfzehn Zinnteller und vier Kochtöpfe mit Deckeln in Luxusausführung. In einer Kiste waren neununddreißig Messer verstaut und in einer Plastiktüte steckten einunddreißig Halsketten. Schließlich waren da noch einhundert Ballons und, sicher verwahrt in meiner Hemdtasche, Ohrringe, an die Mbina mich mehrmals erinnert hatte.

Außerdem waren noch an Bord: der amerikanische Direktor des Nationalparks, der am Steuer saß, sein zentralafrikanischer Ko-Direktor, und die Winstons, ein aus Vater und Sohn bestehendes Team von Wissenschaftlern, die aus Sambia gekommen waren, um die Dücker-Antilopen von Dzanga-Sangha zu erforschen. Sie wollten drei Wochen in Bomandjombo bleiben, um zu überprüfen, ob es möglich war, ein Dücker-Zuchtprogramm ins Leben zu rufen. Man hatte mit dem illegalen Abschuß von Elefanten und Gorillas in Dzanga-Sangha weitgehend Schluß gemacht, aber es wurden immer noch viele kleinere Tiere in Schlingen gefangen, und seitdem das Sägewerk zugemacht hatte und die meisten Einwohner von Bomandjombo ohne Arbeit waren, hatte die Wilderei drastisch zugenommen. Einiges von dem erbeuteten Fleisch wurde in dem Gebiet selbst konsumiert, aber das meiste wurde aus dem Reservat herausgeschmuggelt und auf den Märkten von Nola, Berberatti und sogar von Bangui verkauft. Wenn man Dücker wie Haustiere züchten könnte, würde der Druck, der auf der Bevölkerung lag, nachlassen. Die Winstons schien es in keiner Weise zu bekümmern, daß das Weibchen des Blauen Dükkers immer nur ein Junges wirft, daß ein ausgewachsenes Tier weniger als ein durchschnittlich großer Hund wiegt und daß sein Fleisch auf den örtlichen Märkten gerade acht Dollar einbrachte. Die beiden wollten, allen diesen praktischen Einwänden zum Trotz, ihre Studien in Dzanga-Sangha durchziehen. Winston senior, ein jovialer, korpulenter Mann hatte sich zusammen mit den beiden Direktoren in die Fahrerkabine gequetscht, während sein Sohn, ein passionierter Schmetterlingssammler, bei mir auf der Ladefläche hockte.

Ein paar Stunden lang fuhren wir durch aufgelockerten Regenwald. Am Straßenrand tauchten immer wieder kleine Dörfer auf; die meisten Häuser waren aus Bambus und getrocknetem Schlamm gebaut. Gegen Mittag erreichten wir die Savanne, die von Mbororo-Viehhirten aus dem Norden besiedelt war. Bei einem kleinen Bayaka-Lager bogen wir auf einen Sandweg ab. Nach vier Meilen kamen wir zu einer großen Bayaka-Siedlung, Belemboké. Es schien mir merkwürdig, daß hier, an diesem nach allen Seiten hin offenen Ort, Bayaka lebten. Sie besaßen eine schmucklose Holzkirche und ein kleines, aus Beton errichtetes Krankenhaus.

Wie Monasao war auch Belemboké eine katholische Missionsstation für die Bayaka. Diese Station wurde seit acht

Jahren von Pater Joseph geleitet, dessen Hauptaufgabe darin bestand, Kranken Medizin zu verabreichen und Verletzte zu behandeln. Seine Patienten waren Bayaka, *bilo* aus den umliegenden Dörfern, und Mbororo, die in über die ganze Savanne verstreuten Grashütten-Siedlungen lebten. Ich hatte bei Pater Joseph von Amopolo aus schriftlich angefragt, ob ich von ihm Medikamente für die Behandlung meiner Bayaka kaufen könne, und er hatte mir auf Umwegen die Nachricht zukommen lassen, daß er mich gern mit allen Arzneimitteln versorgen würde, die ich brauchte. In seinem Krankenhaus gab es ein gutsortiertes Arzneimitteldepot, wie man es im ganzen Land kaum noch einmal fand. Ich verschaffte mir einen Vorrat an Penicillin, Anti-Malaria-Tabletten, flüssigem Chinin, Spritzen, Nadeln, Augentropfen, Bandagen und medizinischem Alkohol. Pater Joseph lud uns zum Mittagessen ein, und dann setzten wir unsere Reise fort.

In knapp zwei Stunden würde ich wieder in Amopolo sein, und ich zitterte förmlich vor Vorfreude. Ich war mir sicher, daß ich die Bayaka diesmal nicht enttäuschen würde. Bei meinem Einkaufszug durch Bangui hatte ich die Hälfte meines mir verbliebenen Geldes auf den Kopf gehauen. Ich würde allen erklären, daß das Geld für die eingekauften Sachen durch ihre Musik zusammengekommen sei; wenn sie wußten, daß ihre musikalische Tradition in der großen, weiten Welt geschätzt wurde, würde sie das dazu ermutigen, diese Tradition zu bewahren. Außerdem wollte ich nicht, daß sie mich für eine Art Spendieronkel hielten.

Als ich wieder auf dem *mbanjo* von Amopolo stand, versagte ich es mir zunächst einmal, in den Fluß zu springen, um die dünne Schicht von hellrotem Staub, die sich während der Fahrt auf meiner Haut gebildet hatte, abzuspülen. Ich wollte die Begeisterung genießen, mit der meine Gastgeber meine Wiederkehr begrüßten. Die Männer schleppten die Säcke in meine Hütte und stapelten sie in einer Ecke auf; dabei stellten sie Spekulationen über den

Inhalt eines jeden Sacks an, den sie aus der Form der Ausbuchtungen zu erraten versuchten. Die Frauen schauten gebannt zu.

»Latschen«, verkündete Biléma, als er sich einen schweren Sack auf die Schultern hievte und sich zu meiner Hütte aufmachte. »Latschen«, kam es als Echo von den Frauen zurück. Sie waren beeindruckt, obwohl sie sich anders als die Männer nicht wirklich für Schuhwerk interessierten. »Laken«, gab Balonyona voll tiefer Befriedigung von sich, als er einen weiteren Sack wegschleppte. »Laken«, wiederholten die Frauen, das Wort wurde flüsternd von einer Gruppe zur nächsten weitergegeben. »Kleider«, sagte Engulé, als er sich den Sack voller Sarongs auflud. »Kleider«, murmelten die Frauen, und ihre Stimmen klangen erstmals leicht erregt – sie wußten, daß die Sarongs für sie bestimmt waren.

Wir standen einen Moment reglos vor dem Stapel und bewunderten ihn, er nahm fast ein Drittel des Raumes ein. Dann kehrten wir zum *mbanjo* zurück und taten, als ob alles so wie immer sei. Die Bayaka legten eine bemerkenswerte Selbstbeherrschung an den Tag; eine Zeitlang erwähnten wir den Schatz in meiner Hütte gar nicht und plauderten über belanglose Dinge. Mabuti erzählte mir, daß Simbu geahnt habe, daß ich an diesem Tag zurückkommen würde, und befohlen habe, meine Hütte auszufegen. Was Mabuti nicht erwähnte, ich aber später feststellte, war, daß niemand diese Anweisungen befolgt hatte. Ich zog ein paar Geldscheine aus der Tasche und schickte zwei Teenager nach Bomandjombo, damit sie Kaffee und Zukker kauften. Zigaretten hatte ich in rauhen Mengen. Mobo und Joboko machten sich daran, ihre »großen Pfeifen« vorzubereiten – die Jobokos war noch größer als Mobos. Sie holten die watteähnliche Substanz namens *musimbu*, mit der die Pfeifen gefüllt sind, aus ihnen heraus, schoben sie zu einem kleinen Haufen zusammen und gossen Wasser darüber. Dann ließen sie auch durch die Pfeifen Wasser rinnen, drückten die Füllung aus und stopften sie wieder in die Pfeifen. Das diente dazu, den Rauch zu kühlen. Nachdem wir Kaffee getrunken und kräftig gepafft hatten, senkte sich Schweigen über die Versammlung. Die Männer blickten mich an, und auch die Frauen, die sich in kleinen Scharen vor den umstehenden Hütten niedergelassen hatten, schauten erwartungsvoll in meine Richtung. Sie meinten wohl, daß die Zeit für eine kleine Ansprache meinerseits gekommen sei.

»Ich gehe baden«, sagte ich und erhob mich, um mir meine Seife zu holen.

Die Dunkelheit brach herein. Ich hatte klargemacht, daß ich vor dem nächsten Tag nichts herausrücken würde. Ich sei erschöpft von meiner Reise und müsse mich erst erholen. Die Bayaka waren sehr verständnisvoll. Natürlich, sagten sie, ich solle mich erst einmal richtig ausschlafen. Ich sei müde. Es sei nur zu verständlich, daß ich mich ausruhen wolle. Ihre großherzige Nachsicht überraschte mich. Es sei ja auch schon zu dunkel, um noch anzufangen, meinte ich. Viel zu dunkel, bestätigten sie einstimmig. Wie ich im Dunkeln etwas verteilen könne, lautete die rhetorische Frage, die sie einander stellten. Es würde in reines Chaos ausarten, wenn ich nach links und rechts etwas ausgeben würde, mit der Taschenlampe nach den Macheten suchen müßte, die Latschen zu finden versuchte und möglicherweise allen Schuhe oder Kleidungsstücke in der falschen Größe überreichen würde. Es sei einfach zu dunkel! Obendrein, sagte ich, wolle ich immer nur von Mal zu Mal ein bißchen ausgeben. Ich wollte keine Masse von Menschen um mich herum haben, die alle »Gib, gib!« brüllen. »Seht ihr«, riefen die Männer auf dem *mbanjo* aus, »da habt ihr's, die Bayaka sind nur ein Haufen Wilder. Immer nur: ›Gib! Gib!‹« Man solle den *mondélé* in Ruhe lassen. Immer nur ein bißchen – das sei nur vernünftig.

Wir saßen da und tranken Kaffee. Die Frauen hatten sich ihren eigenen gebrüht. Ich hoffte, daß der Kaffee sie dazu stimulieren würde, die Nacht hindurch Musik zu machen, aber offensichtlich hatten sie anderes im Kopf. »Kein Tanz heute abend?« fragte ich schließlich. Mit Sicherheit nicht, antworteten sie. Ich sei zu müde. Morgen würden sie tanzen.

Als ich in meine Hütte ging, um mir ein neues Päckchen Zigaretten zu holen, schlüpfte eine schattenhafte Gestalt hinter mir herein und huschte zu mir heran. Ich ließ meine Taschenlampe aufleuchten, sah ein Sträflingshemd und wußte, daß es Balonyona war.

»Oui?« sagte ich recht kurzangebunden, weil ich fürchtete, daß er meinen großen Geheimvorrat an Zigaretten erspähen könne. Wundersamerweise waren sie in meine Hütte befördert worden, ohne daß man sie identifiziert hatte.

»Monsieur Louis«, fing Balonyona an, verstummte dann und nahm seine Kopfbedeckung ab. Er hatte seinen zerbeulten Cowboyhut vor einiger Zeit gegen eine schwarze Mütze eingetauscht, die viel praktischer war, in der aber direkt über der Stelle, wo er die Kopfverletzung hatte, ein Loch klaffte. »Ich, ich bin *geedal*-Spieler. Ich hab' gut für dich gearbeitet, schon seit langem. Aber meine Frau, Matangu – ich bin mit Matangu verheiratet, einer schönen Frau – sie kann bei dieser Kälte nicht schlafen. Wenn sie ein Laken hätte …«

»Ich werde die Laken morgen verteilen«, unterbrach ich ihn, »mach dir keine Sorgen, es ist auch eins für euch dabei.«

»Morgen wird es viel zuviel Gerangel geben«, antwortete er. »Oh, Monsieur Louis! Gib mir eins! Gib mir eins! Ich bin nicht wie die anderen. Ich habe gut für dich gearbeitet. Ich bin dein bester *geedal*-Spieler!«

Ich wehrte ihn mit den Argumenten ab, daß jeder ein Laken fordern würde, wenn ich ihm jetzt eins gäbe. Balonyona parierte das mit einer unerwarteten Variante der üblichen Formel: Ich solle sein Laken erst einmal zur Seite legen, es in meinem Bett verstecken. Er würde dann später, wenn alle schliefen, kommen und es sich holen. Unter seinen Blicken zog ich ein Laken aus dem Sack und stopfte es zwischen meine Schilfmatte und die Unterlage aus Holzscheiten. Befriedigt drehte er sich um, um zu gehen, machte aber am Eingang halt. »Louis«. Er schaute mir wieder lächelnd ins Gesicht und senkte dann die Stimme. »Latschen«, murmelte er.

»Na kutu«, brüllte ich ungehalten. »Morgen!« Balonyona schoß aus meiner Behausung.

Ich wollte ebenfalls gehen, als Mobo plötzlich an der Tür erschien. »Hast du mein Laken?« fragte er leise.

»Ja«, antwortete ich, »aber ich werde vor dem morgigen Tag nichts verteilen.«

»Momboma«, sagte er, ohne sich aus der Fassung bringen zu lassen. Er beschwor das Bild seiner kleinen Tochter herauf, die ich, wie er genau wußte, sehr gern hatte. »Momboma, die Mosikitos setzen ihr so zu. Sie kann nachts nicht schlafen. ›Papa‹, sagt sie dann, ›die Moskitos stören mich so. Bitte Louis um ein Laken. Dann kann ich gut schlafen.‹ Das sagte Momboma zu mir.« Momboma war erst vier Monate alt und ganz gewiß nicht in der Lage, auch nur ein einziges Wort zu sprechen. Aber ich fand die Geschichte, die Mobo sich ausgedacht hatte, so reizend, daß ich ein Laken rausrückte. Er verbarg es in seinen ausgebeulten knielangen Shorts und stahl sich davon.

Die Frauen in meinem Hof – die alte Esoosi, Nyasu und Bessé, die Mutter Mamadus – hatten meine Hütte nicht aus den Augen gelasen. Durch die beiden Besuche in rascher Folge waren sie in höchste Alarmbereitschaft versetzt, sie argwöhnten, daß da irgend etwas im Gange war. Ich hörte Nyasu fragen: »Hat er was gegeben?« und dann »Was hat er gegeben?«

»Laken«, klärte die scharfäugige Bessé sie auf.

Das Gemurmel wurde lauter. Anstatt die Hütte zu verlassen, zog ich mich weiter ins Dunkel zurück. Zwei Köpfe, die sich deutlich vor dem mondbeschienenen Sand abzeichneten, lugten um die Türpfosten herum. Ich fühlte beinahe physisch, wie sie ihre Augen anstrengten, um die

Dunkelheit zu durchdringen. Irgend etwas verriet mich, und sie schritten kühn in die Hütte herein: Nyasu und Bessé, mit Esoosi als Nachhut.

»Also hör«, sagte Nyasu mit fordernder Stimme, »wo ist mein Laken?«

»Hier, hier«, sagte ich und zog so schnell wie möglich drei Laken hervor; ich hoffte, daß ich die Frauen wieder loswerden würde, bevor andere auf uns aufmerksam wurden. Aber während ich ihnen noch die Laken hinhielt, begannen andere nachzudrängen. Das Rinnsal schwoll innerhalb weniger Sekunden zu einem wahren Strom an.

Plötzlich drängten sich mehr als dreißig Personen in meiner Hütte. Die, die Taschenlampen in der Hand hielten, richteten sie rücksichtsvoll auf den Boden, so daß alles in ein diffuses Licht getaucht war. Ich erkannte Dimba und Simbu, Doko und Joboko. Ich machte Biléma, Mamadu und Lalié aus. Ekumu stand da, alle anderen überragend, sein Kopf verlor sich im Dunkel. Dort standen Wadimos Frau und Akétés Mutter, Belloo, die zornig und entschlossen aussah; Eloba, die erste Frau des Häuptlings, schaute ebenso grimmig drein. Ich erkannte die Gesichter, aber die Einzelerscheinungen schienen zu einer Art von Einheit zu verschmelzen, als sie sich langsam nach vorne wälzten, die Arme ausstreckten und mit immer lauteren Schreien Beachtung erheischten. »Gib her!« »Wo ist mein's?« »Louis – hier bin ich!«

Mit der Geschwindigkeit eines professionellen Kartenspielers teilte ich Laken aus und wich dabei immer weiter nach hinten, bis ich rücklings über den Sack mit den Latschen stolperte. Genau in diesem Augenblick bahnte sich Singali seinen Weg durch die Meute und baute sich schützend vor mir auf. Er brüllte alle an, mir Platz zu lassen –, dann drehte er sich um und bat mich um drei Laken. Der Wirbelsturm tobte noch ein paar Minuten, bis das Unvermeidliche eintrat – es waren keine Laken mehr da. Mit einem verärgerten »Aw!« fingen sie an, in einer langen Reihe aus meiner Hütte zu marschieren, wobei sie sich noch einmal umwandten und mir ihre Anklagen an den Kopf schleuderten: »Mir hast du keins gegeben!« »Ich hab' kein Laken!« »Ich werde diese Nacht in der Kälte liegen!« Als sie abgezogen waren, stellte ich fest, daß sich sogar Teenager und größere Kinder an dem Sturmangriff beteiligt hatten.

Eine tiefe Stille senkte sich über das Lager. Wahrscheinlich waren sie alle damit beschäftigt, ihre neuen Laken auszuprobieren. Ich wollte gerade selber ins Bett kriechen, als ich hörte, wie sich Schritte näherten. Eine dunkle Gestalt ragte in der Türfüllung auf und trat dann in den Raum. Es war Balonyona. »Louis«, wisperte er, »mein Laken.« Ich zog es unter der Matte hervor und gab es ihm. Er verbarg es sorgfältig unter seinem Hemd, schlich zur Tür zurück, schaute erst nach rechts und links und trippelte dann wie ein Geheimagent auf Zehenspitzen davon.

Beim ersten Tageslicht erhob sich eine verbitterte Stimme, die mit den wie verrückt krähenden Hähnen um die Wette schrie. Es war Esoosi; sie kasteite, verhöhnte und beschimpfte sich und die anderen. Sie hörte nicht auf zu wettern, es war eine schrullige, an das Morgengrauen gerichtete Klage: Was sei bloß mit den Bayaka geschehen, daß sie sich zu solchen Wilden entwickelt hätten? Sie sollten doch den *mondélé* in Frieden lassen. IN FRIEDEN! Ob sie denn alle den Verstand verloren hätten. »Gib mir, gib!« – wild sei das, einfach wild!

Andere, entferntere Frauenstimmen fingen ebenfalls zu brabbeln an: Warum benehmen sich die Bayaka nur so widerwärtig? Laßt doch den *mondélé* aus seinem Herzen heraus etwas geben. Aber da habt ihr es: Bayaka bleiben eben Bayaka. Bei Sonnenaufgang versammelten sich die Männer auf dem *mbanjo* und stimmten in diesen Chor ein. Es hörte sich an, als würden gleichzeitig tausend Streitigkeiten ausgetragen. Aber im Grunde sagte jeder das gleiche: Er beschimpfte sich selbst für sein Verhalten in der vorangegangenen Nacht. Ich fand das ganz ermutigend und hörte eine Weile vom Bett aus zu.

Bald jedoch trieb mich die Energie dieser vielen Stimmen aus dem Bett. Ich zog mich rasch an – Shorts, Socken und Tennisschuhe –, und da ich dachte, daß die allgemeine Stimmung sehr förderlich für eine geordnete Verteilung der Sarongs sei, trat ich dann mit einem Sack, in dem zwanzig davon waren, aus meiner Hütte heraus. Ein zweiter Sack mit dreizehn weiteren Sarongs blieb als eiserne Reserve in der Hütte zurück. Es mußte ja zwangsläufig zu Beschwerden von seiten der Frauen kommen, die beim ersten Mal leer ausgingen. Mein Erscheinen wurde mit einem momentanen Schweigen begrüßt. Ich schleifte den Sack zum *mbanjo* hinüber. Die Frauen, die nahe genug waren, um zu erkennen, was ich da hatte, kamen herangeströmt. Die anderen, die sich in entlegeneren Ecken des Lagers aufhielten, bekamen etwas von der Aufregung mit und eilten ebenfalls herbei. Je weiter entfernt ihr Ausgangspunkt lag, desto schneller liefen sie.

Als alle zusammengekommen waren, verkündete ich, daß jeder Sarong für drei Frauen ausreiche – ich würde jeweils drei Frauen einen geben, und sie könnten ihn dann später unter sich aufteilen. Singali assistierte mir bei der Ausgabe, indem er mir erklärte, wer sich am besten mit wem einen Sarong teilen könnte. Es ging alles ganz geordnet vonstatten, bis schließlich keine Sarongs mehr da waren. Da ich noch die Reserve in der Hütte hatte, hörte ich die Frauen, die nicht bedacht worden waren, verständnisvoll an und sagte ihnen, daß sie mich später in meiner Hütte aufsuchen sollten. Ein paar Forderungen stimmten mich mißtrauisch, besonders die, die von Müttern kamen, deren Töchter schon einen Sarong empfangen hatten. Sicherlich, meinte ich, würden doch ihre eigenen Töchter mit ihnen teilen? Sicherlich nicht, ereiferten sich die Mütter.

Es gab eine kurze Atempause, während der ich gebratene Schleichkatze zum Frühstück aß. Dann riet mir Singali, sofort, bevor ein neuer Ansturm einsetzte, Mindumi eine Machete zu geben. Er habe keine und er sei doch der Bürgermeister. Ich stimmte bereitwillig zu, weil ich wußte, daß

Mindumi sich nicht an den Attacken beteiligt hatte. Es war nicht in Ordnung, wenn die Aggressiveren von ihnen sich alle Geschenke unter den Nagel rissen. Das gegenteilige Verhalten sollte gefördert werden. So holte ich nicht nur eine Machete für ihn hervor, sondern auch noch ein Messer. Die Bayaka wußten nichts von den Messern, sie waren ihrer scharfen Beobachtungsgabe irgendwie entgangen. Sie waren in China hergestellt, hatten hölzerne Griffe, und eine lederne Scheide gehörte dazu. Zu einem Stückpreis von vier Dollar waren sie mir sensationell preiswert vorgekommen – und sie würden sicherlich nützlich sein.

»Gib mir eins«, sagte Singali sofort, nachdem er das Messer erblickt hatte. Er bewunderte es minutenlang in der Abgeschiedenheit seiner Hütte und murmelte ergriffen: »Ein echtes Messer.«

Mindumi, der auf dem *mbanjo* saß, nahm seine Geschenke mit einem schüchternen Grinsen entgegen. Indem ich sie ihm aber so, in aller Öffentlichkeit, überreichte, gab ich den Startschuß zu einem neuen Generalangriff. Ich hatte die Macheten eigentlich den Männern zugedacht, und es brachte mich leicht aus der Fassung, daß auch so viele Frauen sehr vehement eine forderten. Die Messer waren im Handumdrehen weg. Wie gehabt, folgte eine Periode allgemeiner Verstimmung – und die schlug in stimmgewaltige Selbstkritik um. Dann trat wieder Schweigen ein, und Simbu servierte mir ein Gericht aus Krokodilfleisch.

Und so ging es den ganzen Tag lang weiter. Als Bwanga sich mit dem ersten Paar Latschen davonmachte, lief ein erregtes Geraune durchs ganze Lager: »Er gibt die Latschen aus!« Nachdem der Ansturm vorüber und die Latschen alle weg waren, wurde ich wieder gefüttert. Dann kamen die Socken an die Reihe, danach die Luftballons. Mehrere Männer schämten sich nicht, um Ballons zu betteln. Anschließend ging ich zu den Schüsseln und Tellern über; als ich bei den T-Shirts anlangte, achtete ich darauf, daß auch die Kinder welche erhielten. Esoosi löste die Unterhosen-

Lawine aus. Ein Paar Leinenschuhe ging an Singali, weil er der *makunji*, der Häuptling, war, das andere an Balonyona, den großen *geedal*-Spieler.

Als der Abend heraufzog, war die große Schatztruhe, die meiner Hütte eine solche Festtagsatmosphäre verliehen hatte, leer. Sogar die großen Nylonsäcke hatten begeisterte Abnehmer gefunden. Frieden zog ins Lager ein, und stillschweigend kamen alle überein, früh ins Bett zu gehen. Ich lag eine Zeitlang auf meinem Lager, ohne einschlafen zu können. Es war wirklich ein bemerkenswerter Tag für mich gewesen; ich ahnte noch nicht, daß er auch bei den Bayaka nachhaltige Eindrücke hinterlassen hatte.

Am nächsten Morgen schwirrte ganz Amopolo vor Aktivität. Männer schliffen ihre neuen Messer, bis sie scharf wie eine Rasierklinge waren. Überall wurden auch die Macheten geschärft. Die Männer erhitzten die Klingen im Feuer und schlugen sie dann auf etwas, was wie ein kurzes Stück Eisenbahnschiene aussah – allerdings gab es in der ganzen Zentralafrikanischen Republik keine Eisenbahnen. Die Frauen rekrutierten mich als Gehilfen bei der Aufteilung der Sarongs. Als sie sie jetzt zum erstenmal ausbreiteten, sahen sie, wie lang sie waren. Unter großem Gelächter gingen wir mit Scheren auf sie los und zerschnitten jeden in drei Teile. Männer und Jungen stellten stolz ihre Latschen zur Schau. Die neuen T-Shirts stachen besonders ins Auge; sie leuchteten in allen möglichen Farben: blutrot, gletscherblau, schilfgrün, schmetterlingsgelb, kirschblütenrosa. Die Männer, die Messer bekommen hatten, zogen diese immer wieder aus den Scheiden und bewunderten sie.

Ich hatte immer noch die Halsketten. Sie waren nichts Großartiges, nur aufgefädelte bunte Plastikperlen. Es war überraschend schwer gewesen, sie in Bangui aufzutreiben. Durch Zufall war ich am letzten Tag auf dem Zentralmarkt an einem Stand vorbeigekommen, der sie führte. Ich hatte den ganzen Vorrat aufgekauft: blaue, gelbe, weiße, rote und braune Perlen. Zwei rosafarbene Luxusketten waren besonders hübsch: die Perlen hatten viele Facetten und schimmerten golden. Eine davon sollte Mbina bekommen. Normalerweise wäre die andere an Bosso gegangen, aber ich dachte mir, daß die beiden Schwestern wahrscheinlich von Zeit zu Zeit ihre Ketten austauschen wollten, also bestimmte ich eine blaue für Bosso.

Am frühen Nachmittag kam Mbina und ließ sich vor der Hütte ihrer Großmutter Esoosi nieder, die genau gegenüber der meinen stand. Ich rief sie zu mir. Als sie meine Hütte betrat, händigte ich ihr die rosa Halskette aus. Sie nahm sie mit ausdrucksloser Miene entgegen, warf mir dann aber ein Lächeln zu. »Wo sind meine Ohrringe?« fragte sie und zupfte an ihren Ohrläppchen. Ich hatte sie schon parat. Sie waren ein bißchen nobler als die, die man aus Kaugummiautomaten zieht. Mbina musterte sie nur kurz, aber scharf, bevor sie ihre Hand um sie schloß und mit ihnen abzog. Ich wappnete mich gegen den unausbleiblichen Ansturm. Die Frauen enttäuschten mich nicht: Innerhalb von drei Minuten war mein ganzer Vorrat an Halsketten verschwunden.

Lange, nachdem mir die letzte Kette aus der Hand gerissen worden war, erschien eine Delegation älterer Frauen und ließ sich in meiner Hütte nieder. Sie wollten Halsketten, und sie waren entschlossen, hier sitzen zu bleiben, bis sie welche bekamen. Meine Beteuerungen, daß keine Ketten mehr da seien, fruchteten nichts – sie rührten sich einfach nicht von der Stelle. Es schien, als hätten sie auf geheimnisvolle Weise von der einen noch übriggebliebenen Kette erfahren, der rosafarbenen, dem Gegenstück zu Mbinas Kette. Ich hatte mich noch nicht entschieden, wem ich sie schenken würde, aber gewiß würde ich sie keiner der Alten geben, die mit mürrischen Gesichtern in meiner Hütte kauerten. Einer von ihnen hatte die Lepra alle Zehen weggefressen, und die Art und Weise, wie sie da störrisch hockte und ein wild entschlossenes Gesicht machte, brachte mich in Rage. Vielleicht, kam es mir in den Sinn, als wir uns in diesem schweigenden, aber erbitterten Willenskampf gegenübersaßen, würde ich die letzte Halskette überhaupt niemandem geben.

Stunden vergingen. Ein paar der alten Frauen gaben schließlich auf und schlurften davon, drei oder vier blieben aber da – natürlich war die Lepröse auch darunter. Ich hatte keinen Zweifel daran, daß sie ausdauernder als alle anderen sein würde. In der Zwischenzeit hatten sich viele Frauen und Mädchen im Hof versammelt; sie kämmten sich gegenseitig und schwatzten dabei glücklich. Plötzlich bemerkte ich, daß Mbina ein wunderschönes junges Mädchen entlauste, das ich noch nie zuvor gesehen hatte. Ich fragte mich, wie um alles in der Welt sie mir hatte entgehen können. Wer war sie? Sie saß in der typischen Stellung der Frauen da, direkt auf dem Boden, die Beine gerade nach vorne gestreckt, und trug nur einen gletscherblauen Slip. Sie starrte in die leere Luft und hatte einen verträumten Ausdruck in den Augen, während Mbina ihr durchs Haar fuhr und die Läuse zerknackte. Obwohl sie ganz offensichtlich ein Paar der neuen Unterhosen anhatte, war ich sicher, daß ich ihr persönlich nichts gegeben hatte. Und sie hatte mich auch um nichts gebeten. Mit ihrer Zurückhaltung hatte sie sich viel eher ein Geschenk verdient als die hartnäckigen alten Hexen, die meine Hütte besetzt hielten. Ich befürchtete allmählich, daß sie nie wieder abziehen würden, und hatte einen regelrechten Haß auf sie. Verpißt euch! dachte ich ganz konzentriert und hoffte, sie auf diesem telepathischen Wege vertreiben zu können. Zwei von ihnen standen tatsächlich abrupt auf und gingen. Nur die Leprakranke und eine Frau, die wie ihre Großmutter aussah, blieben. Sie machten keine Anstalten, sich zu rühren. Schließlich hatte ich genug – sollten sie ruhig den ganzen Tag hier sitzen bleiben, ich würde jetzt gehen.

Ich trat nach draußen und setzte mich gegen die Wand von Esoosis Hütte. Jetzt konnte ich das fremde Mädchen, das meine Anwesenheit überhaupt nicht zu bemerken schien, aus der Nähe betrachten. Sie hatte eine goldfarbene Haut, ihr Haar war nicht ganz schwarz – es war eine Spur von Rot darin. Dann erkannte ich plötzlich die Tätowierung in ihrem Gesicht! Es war das Mädchen, dessen Initiationstanz ich ganz am Ende meines ersten Aufenthalts aufgezeichnet hatte. Sie war erwachsen geworden!

Ich schaute das Mädchen an und merkte gar nicht, wieviel Zeit verstrich. Als ich schließlich einen Blick nach hinten warf, stellte ich fest, daß meine Hütte leer war! Ich ergriff die Gelegenheit beim Schopf und ging, um die rosa Halskette zu holen. Diskretion war jetzt Nebensache: Selbst auf das Risiko eines neuen Ansturms hin, ich würde dem Mädchen die Halskette sofort geben, bevor es sich wieder in Luft auflösen konnte. Die Frauen im Hof beobachteten uns, als ich ihr die Kette hinhielt. Sie war immer noch in ihren Tagträumen versunken und machte keine Anstalten, sie an sich zu nehmen.

»*Oka!*« rief dann eine der Frauen. »Der *mondélé* schenkt dir was. Nimm es!«

»Mir?« fragte das Mädchen und schaute überrascht auf.

Ich legte ihr die Kette in die Hand. Als sie sah, was es war, schnappte sie nach Luft, so, als hätte ich ihr ein Perlencollier überreicht.

Der Abend brach an, und es war klar, daß sich die allgemeine Hochstimmung in einem Tanz entladen würde. Die Trommeln hatten schon seit dem frühen Nachmittag gedröhnt, und nun saßen die jungen Mädchen in Trauben zusammen und sangen. Eine nach der anderen kamen die Frauen, sobald sie ihre Aufgaben als Köchinnen für diesen Abend erledigt hatten, hinzu und stimmten in den Gesang ein. Ich wartete erst einmal ab, ob das *eboka* nicht wieder einmal eine irreführende Einleitung zu einem *élanda* war. Aber an diesem Abend brannten alle darauf zu tanzen. Ich hängte mir den Recorder um den Hals und schlenderte hinüber.

Der Mond, es war fast Vollmond, tauchte den Tanzplatz in silbriges Licht. Ein neues Lied wurde angestimmt, voll freudiger Jodler. Ich bezog vor der stimmkräftigsten Sängergruppe Position und schaltete das Aufnahmegerät ein. Aber ich vermochte mich nicht auf die Musik zu konzentrieren. Gegen meinen Willen wanderten meine Gedanken wieder zu Mbina zurück. Mit Sicherheit nahm sie an dem Tanz teil, aber wo war sie? Ich hielt angestrengt nach ihr Ausschau, musterte die Gesichter der Leute in der Gruppe vor mir und horchte nach ihrer unverwechselbaren Stimme. Meine Gefühle stürzten mich in Verwirrung. Es war nur natürlich, daß ich die Anwesenheit eines so hübschen Mädchens genoß. Aber für mich war Mbina nicht nur ein x-beliebiges hübsches Mädchen. Seit dem Tanz, bei dem ich die Geister des Waldes gesehen hatte, war sie mir als etwas Besonderes vorgekommen. Solange sie ein Kind gewesen war, hatte mich das in kein Dilemma gestürzt, aber ihre Kinderzeit gehörte schon so gut wie der Vergangenheit an.

Da Mbina nicht bei der Gruppe vor mir war, mußte ich sie anderswo suchen. Vielleicht war sie bei den Teenagern, die sich am Rand der Lichtung haschten. Ich schaute in die Richtung. Eins der Mädchen schubste einen Jungen und rannte dann vor ihm weg. Er schnappte sie, und als sie sich aus seinem Griff befreite, blitzte eine rosa Halskette im Mondlicht auf. Es war Mbina! Die Eifersucht durchzuckte mich so heftig, daß ich fast einen Schreck bekam. Mit großer Erleichterung sah ich dann, daß es gar nicht Mbina, sondern die namenlose Schönheit war, die mit dem Jungen flirtete. Das mußte wirklich toll sein, mit ihr zu schäkern, dachte ich amüsiert. Als ich weiter zuschaute, ergriff mich ihr überschäumendes Wesen. Sogar Mbina mit ihrem Überschwang konnte ihr nicht das Wasser reichen. Ich war wirklich glücklich, daß es die Unbekannte war, denn wenn ich Mbina bei einem solchen Flirt erwischt hätte, hätte mich das gewiß aus der Fassung gebracht.

Das *eboka* nahm seinen Lauf. Die Sänger und Sängerinnen tanzten im Kreis vor den Trommeln. Normalerweise wäre ich enttäuscht gewesen, denn dieser Rundtanz bedeutete meistens, daß die *mokoondi* nicht mehr erscheinen würden. An diesem Abend begrüßte ich ihn aber, weil ich glaubte, Mbina in dem Kreis leichter ausfindig machen zu können. Ich stellte mich neben die Trommler und hielt die Mikrofone auf die Tanzenden gerichtet. Als sie nacheinander im Kreis an mir vorbeizogen, hielt ich wieder nach Mbina Ausschau, aber vergeblich – sie war nicht dabei.

Ich wurde bald von dem erotischen Tanz der koketten Kleinen aus meinen trübsinnigen Gedanken gerissen. Mit nichts anderem bekleidet als den blauen Höschen und der rosa Plastikkette sah sie einfach hinreißend aus. Jedesmal wenn sie in meine Nähe kam, tanzte sie aus dem Kreis heraus und sprang voll wilder Energie mit hoch über den Kopf gestreckten Armen auf mich zu. Ich schaute ihr gebannt zu. Ich hatte bisher gedacht, daß die Männer einen viel farbigeren Tanzstil hatten als die Frauen. Jetzt fragte ich mich, wie ich so blind gewesen sein konnte. Das Mädchen mit der Halskette war die wunderbarste Tänzerin, die ich jemals gesehen hatte.

Am nächsten Morgen trug ich gerade die Ereignisse vom vergangenen Abend in mein Tagebuch ein, da knatterte das Busch-Taxi vorbei, das täglich nach Galabadja, dem Dorf am Ende der Straße, fuhr. Ein paar Sekunden später gab es einen Riesenknall. Ich wunderte mich. Eigentlich gab es auf dieser Strecke nichts, in das man hineinfahren konnte. Mehrere Leute liefen hin zur Straße, und bald war das ganze Lager in Aufruhr. Ich ließ mich nicht aus der Ruhe bringen und schrieb weiter an meinen Beobachtungen über das Mädchen mit der Halskette.

Biléma steckte seinen Kopf zur Tür herein. »Unfall«, informierte er mich in ehrfürchtigem Ton, dann war er wieder verschwunden.

»Mm-hmm«, grunzte ich nur und schrieb weiter.

Eine Minute später tauchte Mamadus Kopf in der Tür auf. »Eine Frau aus dem Dorf hat das Auto kaputtgefahren«, rief er freudig erregt, bevor er wieder fortrannte.

»Eine Frau am Steuer?« fragte ich geistesabwesend und

schrieb: *Bei dem eboka letzte Nacht tanzte sie wie eine Sturmböe.*

»Louis«, Balonyona stand in der Tür, seine Stimme klang gepreßt, »bring dein Hospital mit! Da sind Menschen schwer verletzt worden.« Ich fand, daß es doch besser sei rüberzugehen und mir die Sache anzuschauen. Ich schnappte mir eine Flasche Jod, ein Päckchen Watte und Verbandszeug. Als ich die Straße hinauflief, schloß Akété sich mir an.

»Ein schlimmer Unfall«, sagte er breit lächelnd. »Viele Leute sind tot!«

»Tote?« fragte ich nervös zurück.

»Viele!« versicherte er.

Wir beschleunigten unsere Schritte. Der Unfall war an der Brücke passiert. Als wir hinkamen, sah ich den Mini-Van neben der Straße stehen, das Heck war in einen Riesenbaumstamm hineingeknallt. Viele Bayaka standen um das Wrack herum und betrachteten es. Die Fahrgäste lagen im Gras neben der Straße verstreut. Auf der anderen Seite der Brücke stieg die vom Regen ausgewaschene Straße steil an. Der Motor des Busch-Taxis mußte dort an der Steigung stehengeblieben sein, und dann war der Wagen wohl rückwärts gerollt, bis er in den Stamm hineingekracht war. Daß die Fahrerin nicht gebremst hatte, überraschte mich nicht – viele Busch-Taxis hatten keine Bremsen.

Als wir näher herangekommen waren, sah ich das Bein einer Frau, das vom Vordersitz durch die offene Tür ins Freie ragte. Ich fürchtete den Anblick, der mich vielleicht erwartete: blutende Wunden, von Glassplittern zerstörte Augen, ein abgetrennter Kopf. Was könnte ich da mit meinem Beutel Watte schon ausrichten? Der Anblick der anderen im Gras verstreuten Opfer war alles andere als beruhigend. Wie viele von ihnen waren wohl tot?

Dann bewegten sich die Beine, die aus dem Wagen herausragten. Die Frau richtete sich auf, steckte den Kopf heraus und verfolgte mit verdrossenem Blick, wie ich herankam. Die Leichen im Gras erwachten ebenfalls zum Leben.

Ein Mann wälzte sich in eine andere Stellung, die Frau neben ihm schälte sich eine Banane. Niemand war getötet worden, niemand hatte auch nur einen Kratzer abbekommen. Obwohl sie einen Augenblick vorher noch das Unglück so sehr genossen zu haben schienen, sahen auch die Bayaka erleichtert aus. Und als die Fahrerin meinte, daß es nun an der Zeit sei, die Reise fortzusetzen, boten sie freiwillig ihre Hilfe an und schoben das Taxi auf die Straße zurück.

In dieser Nacht rauchten die Ältesten an meinem Feuer die »große Pfeife«. Man diskutierte lebhaft, und es dauerte nicht lange, bis Musik ertönte. Diesmal holte man nicht die *geedal*, sondern die *mondumé*, die Harfen-Zither, hervor. Ich war begeistert darüber, daß ich jetzt endlich die Gelegenheit bekommen würde, ein paar anständige Aufnahmen von diesem zartklingenden Instrument zu machen. Mitten in der allgemeinen Unterhaltung begann Mobo an den Saiten zu zupfen, hin und wieder sang er mit einer hohen Stimme, die sich ein bißchen wie die eines Märchenerzählers anhörte. Nach einiger Zeit erbat sich Mabuti die *mondumé*. Was ich bei meinem früheren Versuch, Mabuti beim Spielen dieses Instruments aufzunehmen, erlebt hatte, war nicht gerade dazu angetan, mit Zuversicht auf seine Darbietung zu warten, und unter dem Vorwand, daß die Batterien leer seien, stellte ich den Recorder aus. Dreißig Sekunden später stellte ich ihn wieder an, ohne mich darum zu kümmern, was die Bayaka über diesen Widerspruch denken würden: Mabutis Spiel war unglaublich gut. Es stellte sich heraus, daß er ein Meister der *mondumé* war, so wie Balonyona ein Meister der *geedal*. Später kam noch ein Ältester namens Momboli dazu, mit einer *mobio*, einer Flöte, die kein Mundstück hatte und vier Tonlöcher besaß. Ich hatte etwas über dieses Instrument gelesen, das auch bei den Mbuti im Wald von Ituri in Gebrauch ist, es aber noch nie in Amopolo gesehen oder gehört. Als ich versuchte, ihm einen Ton zu entlocken, brachte ich noch nicht einmal einen Quietscher zustande. Momboli aber spielte über drei Oktaven hinweg, und die einzelnen Töne folgten einander so rasch, daß es sich manchmal anhörte, als erklängen zwei Flöten gleichzeitig.

Die Ankunft von Dr. Winston Senior machte dieser Session ein vorzeitiges Ende. Winston war ein bißchen niedergeschlagen. Er erklärte mir, daß es Teil seiner Mission sei, die Parasiten aller in diesem Gebiet vorkommenden Dückerarten zu untersuchen. Er war mit den Bayaka von Mosapola auf Jagd gegangen, sie hätten aber nur Dutzende von Blauen Dückern erlegt. Bis jetzt hätte er kaum etwas anderes getan, als die Schädel von Blauen Dückern zu präparieren. Er wolle jetzt noch einmal sein Glück mit den Bayaka von Amopolo versuchen, das heißt, mit ihnen auf die Jagd ziehen. Er würde für Rote Dücker auch anständig bezahlen.

»Wieviel?« fragte ich.

»Soviel, wie die Pygmäen fordern«, antwortete er. Ich gab dieses Angebot an die Bayaka weiter, und etwas widerstrebend erklärten sie sich bereit, Dr. Winston und seinen Sohn am nächsten Tag mit auf die Jagd zu nehmen. Sie sollten um sieben Uhr in der Frühe bereit zum Abmarsch sein.

Die Winstons ließen sich erst um acht blicken, aber das machte nichts, denn auch die Bayaka waren noch nicht fertig. Ihre von Anfang an nur laue Begeisterung für die Unternehmung kühlte völlig ab, als sie sahen, daß sich die Winstons von zwei Jagdhütern begleiten ließen. Plötzlich waren sie alle krank.

»Monsieur Louis, mein Kopf tut so weh«, sagte Balonyona. Er nahm die Mütze ab und wies auf seine Narbe. »Heute kann ich nicht auf die Jagd gehen.«

»Würmer«, sagte Singali und klopfte sich auf den Bauch, »heute beißen sie mich in den Magen.«

Biléma behauptete, eine Fußverletzung schließe ihn von der Expedition aus. Zum Beweis zeigte er auf einen Kratzer an der Innenseite seines linken Fußes.

»Aber der ist doch winzig!« protestierte ich.

»Es tut wirklich weh«, erwiderte er, wobei er mir gerade in die Augen schaute.

Bwanga weigerte sich schlicht und einfach mitzumachen. Die Winstons wurden allmählich ungeduldig, und ich wurde immer verlegener. Als Biléma zu erkennen gab, daß er unter Umständen mitgehen würde, bot ich ihm sofort eintausend Francs an, wenn er die Jagd anführen würde. Ich war ihm überaus dankbar, als er annahm. Am Ende kam doch noch eine kleine Jagdgesellschaft zusammen.

Wir machten uns auf. Die Jagdhüter hackten wie besessen einen Weg durch das Unterholz, durch das die Bayaka ohne jede Mühe geschlüpft waren. Ich eilte zusammen mit Biléma vor den anderen her; dann machten wir eine Pause, um eine Zigarette zu rauchen. Während Biléma danach weiter vordrang, blieb ich zurück, um auf die Winstons zu warten. Einer nach dem anderen zogen die Mitglieder der Jagdgesellschaft an mir vorbei, erst die Männer, dann die Frauen. Eine der letzten Frauen war die sagenhafte Tänzerin. Als sie mit einem leeren Tragkorb auf dem Kopf den Pfad herunterkam, durchzuckte es mich: Sie ist es! Unsere Blicke begegneten sich, als sie an mir vorüberging. Sie ging noch ein bißchen weiter und warf dann einen Blick zurück, um festzustellen, ob ich sie immer noch fixierte. Ich tat es. Bevor sie um eine Wegbiegung herum verschwand, schaute sie sich noch einmal um.

Die Jagd ging ohne bemerkenswerte Zwischenfälle vonstatten. Die Wissenschaftler sausten hin und her, um sich jedes erlegte Tier genau anzuschauen. Winston junior war flink und unermüdlich, Winston senior stolperte, schwitzte, japste und schnaufte. Ein Blauer Dücker nach dem anderen lief in die Netze, aber von einem Roten Dükker keine Spur. Die Winstons gerieten einen Moment lang vor Aufregung aus dem Häuschen, als ein Gelbrücken-Dücker direkt vor ihren Augen vorbeizischte – dann riß das Tier das Netz herunter und sprang davon. Sofort waren sie wieder entmutigt. Die Jagdaufseher hackten sich nach allen möglichen Richtungen ihren Weg durchs Gestrüpp – sie wirkten fehl am Platz, elend und verloren.

»Wann kehren eigentlich die Pygmäen von der Jagd nach Hause zurück?« fragte mich der eine schließlich.

»Zwischen vier und fünf.« Der Aufseher schaute auf seine Uhr. »Jetzt ist es zehn nach zwei«, sagte er hoffnungsfroh.

Einmal folgte ich den Winstons zu einem der erlegten Tiere. Das Tier – es war natürlich ein Blauer Dücker – war in Akungas Netz gegangen. Akunga und ich kamen nur selten miteinander in Berührung; seine tiefe, barsche Stimme und seine humorlose Miene schüchterten mich derart ein, daß ich ihm immer, wenn er zu meiner Hütte kam, zwei Zigaretten gab – noch bevor er mich überhaupt darum bitten konnte. Akunga stand zusammen mit seiner Frau Awoko neben dem Netz. Zu meiner Freude war die kokette Tänzerin bei ihnen. War sie vielleicht Akungas Tochter? Sie lehnte gegen einen Baum, hatte ihre wunderschönen Beine übereinandergeschlagen, einen Arm auf den Rücken gelegt und hielt mit der anderen Hand den erlegten Dücker am Hals fest, so daß er an ihrer Seite herunterhing. Sie schaute mich ohne jede Verlegenheit an.

Winston senior glaubte, das sei die Gelegenheit, das Foto des Jahrhunderts zu schießen. Er fummelte hastig an seiner Kamera herum. Das Mädchen war aber zu flink für ihn, sie ließ den Dücker los und sank blitzschnell auf den Boden. Der Verschluß klickte, aber es kam nur noch der kahle Baumstamm aufs Bild.

In den folgenden Monaten vollzog sich in meinem Verhältnis zu den Bayaka eine subtile Verwandlung.

Zum einen war ich nicht mehr nur der innerlich distanzierte Beobachter – eigentlich war ich das ja nie gewesen, aber jetzt verspürte ich eine noch tiefere emotionale Verbundenheit mit den Bayaka. Und sie schienen etwas im Schilde zu führen, miteinander zu konspirieren, um irgendeinen raffiniert ausgeklügelten Plan in die Tat umzusetzen. Ich begann, Unterströmungen im täglichen Leben zu entdecken, an dem wir alle teilhatten. Es war, als entwikkelte ich langsam ein Sensorium für den Strom von sublimen Gedanken, der durch das Lager floß. Ich hatte das Gefühl, daß die Bayaka mich auf die ihnen eigene komplexe Weise dazu ermutigten, unser Verhältnis neu zu überdenken.

Eines Nachmittags rief Balonyona mich zu sich in seine Hütte. Dort waren schon mehrere Männer, unter anderem auch Singali, Bwanga, Mowooma und Sombolo. »Okay«, sagte Balonyona, »zünd es an.«

Mosombo holte ein Stück *vaka* hervor, verhärtetes Baumharz, das wie ein Glasklumpen aussah. *Vaka*, die »Lampe des Waldes«, brennt mit einer hellen, gleichmäßigen Flamme und wird sehr geschätzt, weil es in der Nacht die Hütten wirksam beleuchtet. Sombolo zündete es an, und Mowooma, der seine Hände über der Flamme schwenkte, die von einer Richtung in die andere flackerte, fing an, sie zu »lesen«. Seine Deutung schien sich im wesentlichen auf mich zu beziehen. Ich war von weither gekommen. Ich würde nie mehr weggehen, denn, obwohl ich ein *mondélé* sei, habe mein Herz in Amopolo seine Heimat gefunden. Mein Herz vernehme die *mokoondi*. Ich würde den Bayaka viele Dinge verschaffen: Kleider, Macheten, Tennisschuhe, Töpfe, Medizin, Kaffee, Marihuana, Scheren, Taschenlampen, ein Krankenhaus, eine Schule. Ich gehörte zu Amopolo.

Eine ziemlich umfangreiche Bestellung, dachte ich bei mir, aber das Ritual rührte mich auch an. Mit der Deutung zufrieden erklärten die Männer die Sitzung abrupt für beendet. Sombolo löschte die Flamme, und wir gingen auseinander.

Bei einer anderen Gelegenheit, als ich mit Simbu, Mobo, Bwanga und ein paar anderen im Amopolo badete, fragten sie mich nach meinem Familienstand. Das geschah nicht zum erstenmal, aber die Fragen waren jetzt gezielter als früher. Ob ich eine Frau in Amerika hätte? Kinder? Ob ich nicht bald nach Hause zurückkehren wollte, um mich um meine Kinder zu kümmern? Die Männer schauten einander an, als ich zum wiederholten Mal schwor, daß ich keine Kinder hatte. Simbu wollte wissen, ob ich jemals eine *bilo*-Frau heiraten würde. Ich wußte, was ich auf diese Suggestivfrage zu antworten hatte: Nie im Leben! Sie lachten anerkennend. Ich sollte eine Moaka heiraten, fuhr Simbu fort. Yono habe schließlich auch eine Moaka zur Frau. Warum ich mir nicht auch eine nähme? Es gebe viele Frauen in Amopolo, unter denen ich wählen könne. Einige lachten glucksend, als Simbu diesen Vorschlag machte. Konnte es ihm ernst damit sein? Sicher, die Bayaka-Frauen gefielen mir, antwortete ich unverbindlich. »Bayaka-Frauen sind großartig!« sagte Bwanga enthusiastisch und lächelte mich an. Er mußte es wissen – er hatte sich erst kürzlich, nach langem, zärtlichen Werben, mit Mowa, der reizenden Tochter von Doko, zusammengetan. Die beiden liebten sich offensichtlich sehr.

Eines Abends jagte ich mit Mbina und Yombo, der Tochter Wadimos, hinter einem von Wadimos Hühnern her. Es gehörte eigentlich einem *bilo*. Während ich mich in Amerika aufgehalten hatte, waren die meisten Hühner in Bomandjombo einer Seuche zum Opfer gefallen, die aber aus irgendeinem Grund Amopolo nicht heimgesucht hatte. Viele *bilo* hatten daher ihre Hühner den Bayaka zur Pflege übergeben. Unsere Kapriolen bei der Hühnerjagd riefen allgemeines Gelächter hervor. Später kamen ein paar Frauen auf der Lichtung zusammen und sangen zu den Trommeln. Es wurde nicht getanzt, aber die Lieder waren bezaubernd.

Ich stellte mich vor die Frauen und machte eine Aufnahme von ihrem Gesang. Nach kurzer Zeit fiel mir auf, daß eine Frau, die gerade unterhalb meines linken Mikrofons saß, ganz ungewöhnlich schön sang. Der Mond war noch nicht aufgegangen, und in der Dunkelheit konnte ich nur raten, wer es war. Der Stil erinnerte mich an den von

Bosso, aber die Stimme war nicht ganz dieselbe. Aus ihr klangen eine Begeisterung und eine Energie, wie ich sie in Bossos Stimme in diesem Maße nie entdeckt hatte. Der Ton war strahlend und freudig – für mich gehörte es zu dem Schönsten, was ich jemals gehört hatte. Es wurden noch einige Lieder gesungen, dann stieg der Halbmond langsam über die Bäume, und bald war es hell genug, daß ich die dunklen Gestalten der Sängerinnen identifizieren konnte. Zu meiner Überraschung stellte ich fest, daß die Sängerin, die mich so gefangengenommen hatte, Mbina war. Sie hatte nicht mehr die hohe Stimme eines Kindes, sondern sang in einer mittleren Lage, sehr sicher und voll tiefen Vertrauens in ihre Weiblichkeit.

Am nächsten Abend fand ein weiteres *eboka* statt. Die Atmosphäre war nicht so intim »kammermusikalisch« wie in der Nacht zuvor, es war sogar die größte Tanzveranstaltung, die ich jemals in Amopolo miterlebt hatte. Mit Ausnahme von Simbu nahm praktisch jeder daran teil. Die Frauen setzten sich in einem weiten Kreis nieder, was eine ungewöhnliche Formation war, und der Gesang hatte einen vollen, mächtigen Klang wie ein Oratorium. Es war unmöglich, alles auf einmal aufzunehmen, und ich zog für jedes einzelne Lied zu einem anderen Ort. Doch auch als die Musik immer intensiver wurde und eine verwirrend komplexe polyphone Struktur annahm, schweiften meine Gedanken zu Mbina zurück. Früher am Tag, als fast alle in den Wald gegangen waren und das Lager leer zu sein schien, hatte ich mir die Aufnahmen der vergangenen Nacht noch einmal angehört. Mbinas großartiges Singen hatte mir Optimismus eingeflößt und mich beflügelt. Auf einmal war sie selbst erschienen und hatte sich zu mir gesetzt. Während wir uns die Aufnahmen angehört hatten, hatte sie mich unverwandt mit einer solchen Aufmerksamkeit angesehen, daß ich es nur hin und wieder gewagt hatte, ihren Blick zu erwidern. Als das Band zu Ende gewesen war, war sie einfach aufgestanden und weggegangen.

Jetzt fragte ich mich, ob sie mir hatte signalisieren wollen, daß sie kein Kind mehr war, sondern eine Frau? Das war jedenfalls mein deutlicher Eindruck gewesen. Aber vielleicht machte ich mir etwas vor und las in harmlose Vorfälle eine Bedeutung hinein, die sie gar nicht hatten. Die Subtilität von Mbinas Botschaft sprach dagegen, daß es sich wirklich um eine solche gehandelt hatte. Was wußte ich schon von den intimen Gefühlen und Gedanken der Bayaka. Ich würde besser daran tun, mich auf die Musik zu konzentrieren, Tagebuch zu führen und mich ansonsten um meine eigenen Angelegenheiten zu kümmern.

Der in der Ferne erklingende Schrei eines Geistes holte mich in die Wirklichkeit zurück. Nach einiger Zeit brach ein einzelner großer Strauch in den Kreis der Sängerinnen ein. Die Frauen stoben auseinander, der Busch kreiselte nach links und nach rechts, hielt dann und wann inne, um mit schnellen Bewegungen auf den Boden zu schlagen. Männer und Frauen formierten sich neu und tanzten mit langsamen Schritten um ihn herum. Doko, der sich normalerweise beim Tanzen zurückhielt, hatte sich mit *mbaku* vollaufen lassen und tollte wie ein dreißig Jahre jüngerer Mann herum, er wackelte mit dem Hintern, schwenkte die Hüften und verursachte solche Heiterkeitsausbrüche bei den Frauen, daß seine Anwesenheit eigentlich schon störend war. Aber das *eboka* war von einer solchen durch nichts zu unterdrückenden Energie und Konzentriertheit, daß es über Dokos wilde Possen triumphierte, indem es sie gleichsam absorbierte.

Da erblickte ich sie – meine wunderbare, kokettierende Tänzerin. Der Mond war jetzt ganz aufgegangen, und als sie tanzte, hoben ihre im Mondlicht aufleuchtenden blauen Höschen und ihre rosa Kette jede ihrer Bewegungen hervor. Ich konnte meine Augen nicht von ihr abwenden. Ihre Energie wirkte magnetisch, und ich wunderte mich, daß nicht alle anderen sie ebenfalls anstarrten, für mich stand sie ganz klar im Mittelpunkt. Als hätte er meine Gedanken erraten, machte Doko einen Satz auf sie zu. Sie lief weg; der gletscherblaue Po hüpfte davon, bis er schließlich von der

Dunkelheit verschluckt wurde. Bald war sie aber wieder da und benahm sich forscher als zuvor; sie tanzte dicht an mich heran und zog sich dann wieder in den Kreis der Sängerinnen zurück.

Auf dem Höhepunkt des *eboka* teilte sich der Strauchgeist plötzlich, und im weiteren Verlauf der Feier schienen die beiden Hälften mit jedem neuen Lied buschiger und größer zu werden. Der Tanz war noch in vollem Gang, als es in einer entlegenen Ecke des Lagers plötzlich taghell wurde. Flammensäulen schossen empor. Eine Hütte hatte Feuer gefangen. Einen Augenblick lang standen alle wie vor den Kopf geschlagen herum, dann rannten sie mit aufgeregten Schreien los. Wie ich zu meiner Genugtuung feststellte, war das Mädchen mit der rosa Halskette eine gute Läuferin.

Ungefähr eine Woche später stand eines Morgens das ganze Lager Kopf. Man hatte den Bayaka gerade mitgeteilt, daß in knapp einer halben Stunde die Präsidentin zu einem Besuch kommen würde – die Präsidentin des World Wildlife Fund. Sie reiste herbei, um sich davon zu überzeugen, welche Fortschritte das Projekt des Dzanga-Sangha Dense Forest-Reservats gemacht hatte. Die Regierungsvertreter im Bomandjombo wollten ihr einen Empfang bereiten, wie er einer Persönlichkeit von so hohem Rang zustand. In der Antike hatte man die Pygmäen vor den Pharaonen tanzen lassen, jetzt sollten sie dasselbe für die Präsidentin des WWF tun. Die Wachen des Bürgermeisters befahlen den Bayaka, sich in zehn Minuten auf dem Hof vor dem Haus des Direktors des Reservats einzufinden, in dem die Präsidentin zu Mittag essen würde. Wie sie mir noch mitteilten, verließ sich der Bürgermeister darauf, daß ich Sorge dafür tragen würde, daß die Bayaka tatsächlich erschienen.

Die Bayaka waren alles andere als erfreut über dieses Arrangement, sie entschieden sich aber, das Beste daraus zu machen. Sie legten ihre schönsten Kleider an, und dann begaben wir uns alle zum Haus des Direktors. Die Honoratioren Bomandjombos waren dort schon versammelt und warteten auf die Ankunft des Gastes, von dem sie sich einiges erhofften. Eine Folkloregruppe aus dem Dorf – zwei Trommler und fünf Tänzer, die aussahen, als hätten sie sich für eine Parade eingekleidet – war schon in Aktion. Es war geplant, daß die Bayaka zur gleichen Zeit, nur ein paar Meter weit entfernt, auftreten sollten. Charles Ives hätte ein solches Doppelkonzert sicher sehr gut gefunden.

Die Frauen setzten sich vor einem großen Bambusgehölz nieder. Bwanga und Kukpata fingen an, auf die Trommeln, die sie aus Amopolo herübergeschleppt hatten, einzuhämmern. Bald entbrannte ein Wettstreit zwischen ihnen und den Trommlern aus dem Dorf. Als die Bayaka-Frauen mit ihren Stimmen in diesen Kampf eingriffen, setzten sich die Trommler aus dem Dorf zur Wehr, indem sie ihre Anstrengungen verdoppelten. Sombolo, der immer der erste war, auf den die Dorfbewohner bei solchen Staatsempfängen zurückgriffen, begann zu tanzen. Bwanga und Kukpata gaben ihr Bestes, um die Dorftrommler zu übertönen. Als die Wagenkolonne der illustren Gäste heranfuhr, war bereits ein totales Pandämonium ausgebrochen.

Die Präsidentin des WWF stieg aus dem Wagen und bedankte sich mit einem höflichen Lächeln für den Empfang. Weinflaschen wurden entkorkt, und die Beamten aus dem Dorf beeilten sich, zusammen mit den Amerikanern ihren Anteil in Anspruch zu nehmen. Die Bayaka-Männer schauten ihnen durstig zu. Zunächst zog es die Amerikaner zu der am harmonischsten inszenierten Tanzvorführung der Truppe aus dem Dorf. Die *bilo* fanden jedoch Sombolo, der wie ein Clown herumhüpfte, viel interessanter und scharten sich um ihn, um ihm zuzusehen. Sombolo ergriff die Gelegenheit beim Schopf, er wirbelte zum Bürgermeister hinüber, ließ sich auf ein Knie sinken und bat, während er Schultern und Kopf im Rhythmus der Trommeln zucken ließ, den Würdenträger um ein Glas Wein. Widerstrebend reichte der ihm tatsächlich ein Glas. Mabuti und Mobo erkannten daraufhin, daß es vorteilhaft war mitzumachen, eilten ebenfalls auf die Tanzfläche und schnorrten sich mehrere Gläser Wein von den Gendarmen und Polizisten. Dann zogen die Amerikaner weiter, um den Bayaka zuzuschauen.

Die Truppe aus dem Dorf hielt – von der Abwanderung des Publikums aus der Fassung gebracht – einen Moment mit ihrer Darbietung inne. Vom Siegesjubel der Bayaka gereizt, starteten sie dann aber einen neuen Versuch. Die Amerikaner stiegen die Stufen des Hauses hinauf, um das Mittagessen einzunehmen; die höheren Beamten aus dem Dorf folgten ihnen. Die Bayaka waren jetzt wirklich auf Touren gekommen, und eine ganze Reihe von Männern tanzte im Kreis herum. Sombolo, Mobo und Mabuti hatten es geschafft, sich ganz hübsch zu besäuseln. Mabutis Gezucke ähnelte einer orientalischen esoterischen Übung. Mobo versuchte ohne jede Scham, den paar Dörflern, die noch herumstanden, die Drinks abzuschwatzen. Sombolo saugte die Wangen nach innen, zog den Bauch ein, ließ seine Augen vorquellen und stolzierte wie ein Täuberich umher. Der Tanz entwickelte sich immer mehr zu einer Farce. Ganz spontan kam es mir in den Sinn, die Posse komplett zu machen, und ich sprang in den Kreis der Tänzer. Die Frauen kreischten entzückt auf, als ich an ihnen vorbeihüpfte und mit meinem Hintern wackelte.

Als man uns schließlich wieder nach Amopolo zurückkehren ließ, zogen wir langsam in einer geschlossenen Gruppe ab. Die Truppe aus dem Dorf, die schon fast die Segel gestrichen hatte, brach noch einmal in Aktivität aus, diesmal mit einem Enthusiasmus, der ihren Sieg zu verkünden schien. Es war aber ein schaler Triumph, da niemand mehr da war, der ihnen zusah.

Während der Austausch von verbalen Gewalttätigkeiten in Amopolo an der Tagesordnung war, gingen die Bayaka nur selten mit den Fäusten aufeinander los. Wenn es aber einmal passierte, dann konnte man ziemlich sicher sein, daß *mbaku* im Spiel war. Ein Kampf wurde unweigerlich mit

Begeisterung begrüßt, als ob es ein größeres gesellschaftliches Ereignis sei. Vor allem die jungen Mädchen gaben ein enthusiastisches Publikum ab. Ich war immer äußerst irritiert, wenn sie mit einem entzückten Schrei, der sich wie *heegalo!* anhörte, und unter Lachen und Schwatzen zum Kampfplatz strömten. Jeder Hieb, den einer der Kontrahenten in seiner Trunkenheit austeilte, löste ein amüsiertes Gejohle aus. Immer wenn einer einen Schlag landete, ertönte ein *wo!*, und die Menge zog mit den um sich schlagenden, durch die Gegend stolpernden Kämpfern mit. Bei solchen Gelegenheiten waren die Bayaka mir sehr fremd.

An einem Nachmittag kam es zu einem gigantischen Kampf zwischen Mowooma und Sombolo. Sie hatten zu streiten begonnen, nachdem sie von einer Sauftour im Dorf zurückgekommen waren. Mowooma lief hinter Sombolo her und forderte ihn zum Kampf heraus. Sombolo tat das mit einem unbekümmerten Lächeln ab. Die beiden zogen von einer Hütte zur nächsten und führten wie ein Paar fahrender Schauspieler ihre Scharade immer wieder von neuem auf. Schließlich landeten sie in meinem Hof.

»Hier und jetzt!« stieß Mowooma hervor, der sich Sombolo an die Fersen geheftet hatte.

»Monsieur Louis«, sagte Sombolo, »Mowooma will kämpfen, aber ich mag das Gepolter nicht.«

Ich antwortete, daß das sehr klug von ihm sei, und lud ihn ein, sich niederzusetzen. Eine Menge von Teenagern versammelte sich erwartungsvoll um uns. Mowooma zog sein Hemd aus, wobei er Sombolo ständig Beleidigungen an den Kopf warf. Sombolo drehte ihm den Rücken zu. Mowooma packte Sombolo und warf ihn zu Boden. Sombolo rollte im Sand herum und lachte.

»Ach, vergiß es!« rief Mowooma und schlüpfte wieder in sein Hemd. »Du weißt noch nicht einmal, wie man kämpft!« Er wollte weggehen, aber da sprang Sombolo wütend und kampflustig wieder auf die Füße. »Kämpfen willst du?« brüllte er. Er riß sich das Hemd vom Leib und packte

Mowooma am Arm. »Also gut, laß uns kämpfen. Hier, an Ort und Stelle.«

»Vergiß es«, schnaubte Mowooma noch einmal verächtlich. »Mit dir ist doch nichts los.«

Ein paar Sekunden später war die Schlägerei im Gang. Mowooma teilte den ersten Hieb aus. Der Kampf tobte immer weiter, ohne daß einer der beiden in einen klaren Vorteil geriet. Manchmal konnten die älteren Männer oder Frauen einen der Kontrahenten dazu bewegen, aufzuhören und wegzugehen. Aber dann rannte der andere immer hinter ihm her, und es ging von neuem los. Auf diese Art und Weise torkelten sie langsam durch das ganze Lager. Ich war froh, als sie aus meiner Nachbarschaft verschwanden. Ich war wie immer über den Ausbruch solcher Gewalttätigkeiten bestürzt und verkroch mich in meine Hütte. Fast eine Stunde später tauchten sie aber erneut auf meinem Hof auf. Mowooma hatte jetzt eine blutige Nase, Sombolo eine blutige Lippe. Ich konnte es einfach nicht mehr ertragen und beschloß einzuschreiten. Mit Hilfe einiger Männer konnte ich Sombolo, den weniger erregten der beiden, dazu bringen, in Mamadus Hütte zu verschwinden. Da drehte Mowooma plötzlich durch.

»*Sombolo! Sombolo!*« fauchte er drohend und versuchte, hinter ihm her in die Hütte zu springen. Ewunji, Joboko und ein paar andere rangen mit ihm, um ihn daran zu hindern. Schließlich lag er, von einem halben Dutzend Männer niedergedrückt, auf dem Boden; er reckte seinen Hals, den einzigen Körperteil, den er noch bewegen konnte, und schaute zu einer Frau auf, die vor ihm stand, als wolle sie ihm den Weg versperren. Sein Gesicht verzog sich zu einer schrecklichen Grimasse, seine Augen quollen wie die eines Irren aus den Höhlen, und er hechelte wie ein verdurstender Hund, als er die Frau mit einem furchterregenden Blick fixierte. Sie rannte sofort weg.

Mowooma brach in Gelächter aus; der Kampf war zu Ende.

Ich lungerte mit einigen Jungen vor meiner Hütte herum und hörte mir noch einmal ein paar meiner neuesten Aufnahmen an, als niemand Geringeres erschien als die kokette kleine Tänzerin. Sie trug einen großen hölzernen Mörser zu Mokokos und Saos Hütte hinüber. Ich wußte immer noch nicht, wer sie war, und war zu beschäftigt gewesen, um Erkundigungen einzuziehen. Ich war begeistert, sie zu sehen. Sie bemerkte meinen Ausdruck freudiger Überraschtheit und erwiderte meine Blicke, bis sie die Hütte erreichte und sich mit Sao zu unterhalten begann. Kurze Zeit später stampfte sie Maniok. Ich konnte meinen Blick nicht von ihr wenden. Es war erstaunlich, wie oft unsere Augen sich trafen – sie schaute mich beinahe ebensooft an wie ich sie.

Sie blieb für den Rest des Tages bei Mokoko und seiner Frau; Sao und sie schienen plötzlich die besten Freundinnen zu sein. Sie jagten einander, umschlangen sich mit den Armen, plauderten und lachten. Mokoko selbst war auch dabei, und Saos Cousin Ngongo – eine große glückliche Familie. Sao gab sich den Anschein, das Abendessen zuzubereiten, aber es war die kleine Tänzerin, die die ganze Arbeit erledigte. Sie bereitete ein Mahl vor, das recht üppig zu werden schien.

Ich harrte auf meinem Beobachtungsposten aus, bis es zu dunkel war, um ihre Augen noch erkennen zu können; ihre Silhouette, die sich vor dem Feuer abzeichnete, bot aber weiterhin einen fesselnden Anblick. Als ich mich in meine Hütte zurückzog, hörte ich, wie sie Sao rief und fragte, was sie mit »Looyays Essen« machen solle. Sie modulierte ihre Stimme stärker als die anderen Frauen, so daß sie über zwei Oktaven glitt, wenn sie den Namen »Sao« aussprach. Ihre lyrische Stimme war genauso hübsch wie sie selbst.

Ein paar Minuten später kam Joboko mit einer Mahlzeit für mich in meine Hütte. Ihm auf den Fersen folgte Ngongo mit einem anderen Gericht. Als Ngongo sah, wie ich die Schüsseln von Joboko entgegennahm, hielt er mir rasch das, was er gebracht hatte, unter die Nase.

»Iß das hier!«

»Louis ißt das von mir«, knurrte Joboko. »Gib deins jemand anderem.«

»Nein!« rief ich Ngongo sofort zu. »Gib her, ich werd deins essen.« Ich reichte Joboko seine Schüssel zurück. »Wer hat das gekocht?« fragte ich Ngongo, weil ich wissen wollte, wie das Mädchen hieß.

»Sao«, log er.

Mir fiel ein, daß ich in einem Kinderbuch über Pygmäen, das ich dabei hatte, einen kurzen Abschnitt über Werben und Heirat gelesen hatte. Der Verfasser war der Kurator des Pitt Rivers-Museums – der Mann, der mir dabei geholfen hatte, die Expedition zu finanzieren. In der Nacht machte ich den Abschnitt schnell ausfindig. Der Prozeß des Werbens war ganz geradlinig und schlicht: Der Mann überreicht der Frau seiner Wahl Geschenke. Wenn die Frau ihn mochte, nahm sie diese Geschenke an. Nach einer Weile zogen die beiden zusammen, nachdem sie sich – normalerweise im Lager des Mannes – eine Hütte gebaut hatten. Damit waren sie verheiratet. Eine Frau, so hieß es weiter in dem Buch, wurde zu einem Mann hingezogen, der Mut bewies und ein geschickter Jäger und Tänzer war. Das gab mir zu denken: Als Jäger war ich hoffnungslos schlecht, tanzen konnte ich ums Verrecken nicht, und mein Mut war noch nie auf die Probe gestellt worden. Vielleicht war ich ein Feigling und wußte es nur noch nicht.

Ich merkte mir die wesentlichen Fakten, um später darüber nachzudenken, schloß das Buch und fragte mich leicht verwirrt, was mich überhaupt dazu bewogen hatte, es aufzuschlagen. Hatte ich nicht mehr alle Tassen im Schrank?

Am Morgen kam sie wieder zu Mokokos und Saos Hütte und kochte. Als unsere Blicke sich zum erstenmal begegneten, lächelte sie, dann bedeckte sie mit einem schüchternen Kichern ihr Gesicht. Ich war von Euphorie wie benommen. Zwischen den einzelnen Verrichtungen alberte sie mit Sao herum und war kaum einen Augenblick lang still; sie streckte sich aus, lehnte sich zurück, drehte sich um, sprang wieder auf, wirbelte herum; ihr selbstbewußtes Lachen war ansteckend. Bei allem, was sie tat, schien sie ihren wunderschönen Körper zur Schau zu stellen. Für mich gehörte er zu den Naturwundern dieser Erde. Wenn meine Blicke denen von Sao oder Mokoko begegneten, verzogen die beiden den Mund zu einem verschwörerischen Grinsen. Nach einiger Zeit brachte mir dann Mokoko das Mahl, das das Mädchen zubereitet hatte; sie ging, als ich den ersten Bissen zum Mund führte.

»Der Mann überreicht der Frau seiner Wahl kleine Geschenke.« Ich dachte jetzt angestrengt über diesen Satz aus dem Buch nach. Ich hatte ihr schon die rosa Halskette gegeben, die ich aber bei meiner Einkaufsorgie für die ganze Gruppe erworben und nicht eigens für sie besorgt hatte. Ich wollte ihr unbedingt noch ein Geschenk machen. Das brauchte ja nicht unbedingt zu bedeuten, daß ich sie zur Frau haben wollte, versuchte ich mir selbst einzureden. Ich verspürte nur diesen Drang, ihr etwas zu schenken.

»Ich gehe ins Dorf, um Zigaretten zu kaufen«, verkündete ich und stand auf.

»Gib mir das Geld«, bot Kukpata sich an. »Ich gehe.« Normalerweise war es eine Aufgabe, die ich einem der Jugendlichen anvertraute – die Erwachsenen gingen meist verantwortungslos mit dem Geld um –, aber heute bestand ich darauf, selbst in das Dorf zu gehen, und machte mich auf den Weg.

Alle Läden von Bomandjombo waren im Besitz von Moslems, von denen die meisten aus dem Tschad kamen und miteinander verwandt oder verschwägert waren. Der einzige Laden, in dem mehr als ein paar Büchsen Ölsardinen angeboten wurde, wurde jedoch von einem *bilo* namens Ngunja geführt. Er lag am anderen Ende der Stadt. Als ich dort hinging, schloß sich mir ein Dorfbewohner an; die ganze Zeit über beschwerte er sich über die in Amopolo ansässigen Bayaka.

»In Kamerun«, behauptete er, »pflanzen die Pygmäen

Maniok an und Bananen und Kaffee. Sie sprechen Französisch. Sie gehen sogar in die Disko und tanzen wie normale Menschen. Hier sind sie nur faul, faul, faul. Alles, worauf sie sich verstehen, ist stehlen. Sie stehlen Maniok, Papayas, Bananen, sogar die Tiere, die sie im Wald in den Schlingen finden. Sie stehlen die Früchte, bevor sie reif sind, sie stehlen die Schlingen selbst. Wirklich, Monsieur Louis«, er warf mir einen inständigen Blick zu, »Sie müssen sie zivilisieren. Sie müssen dafür sorgen, daß Amopolo wie Monasao oder Belemboké wird, mit einer Schule. Sie müssen den Pygmäen beibringen, normale Menschen zu werden! So kann es einfach nicht weitergehen!« Ich versprach ihm, daß ich mein Möglichstes tun würde.

Nachdem ich so lange nicht mehr aus Amopolo herausgekommen war, kam Ngunjas Laden mir wie ein wahres Füllhorn vor. Außer Zigaretten kaufte ich zwei Stück parfümierter Seife und ein Paar Ohrringe mit purpurfarbenen Plastikedelsteinen. Ich steckte alles ein und machte mich mit verräterisch ausgebeulten Hosentaschen auf den Rückweg. Ich strömte einen starken Blumenduft aus; in Amopolo verstaute ich die Seife schnell in meiner Hütte, aber der Duft blieb an mir hängen. *»Savon de toilette«*, schlossen einige Bayaka, die gute Nasen hatten. In Amopolo konnte man einfach nichts geheimhalten.

Am Nachmittag erschien sie wieder. Sie setzte sich neben Sao und warf mehr als beiläufige Blicke in meine Richtung. Es war sonst niemand zu sehen, ich holte also meine Geschenke und, als ich mich den beiden näherte, wurde ich plötzlich sehr nervös. »Nimm«, sagte ich unbeholfen und gab ihr ein Stück Seife und die Ohrringe. Sie nahm die Geschenke mit einer Selbstverständlichkeit entgegen, als stünden sie ihr zu. Sao beobachtete uns, also gab ich ihr das zweite Stück Seife. Es war ein Trick, mit dem ich meine wahren Absichten zu verschleiern hoffte. Außerdem wollte ich die Freundschaft zwischen Sao und dem Mädchen fördern.

»Und wo sind meine Ohrringe?« neckte mich Sao und lachte, als ich ihr stammelnd zu antworten suchte.

Meine Stimmungen wurden immer mehr vom Erscheinen der fabelhaften Tänzerin geprägt. Jeden Morgen schaute sie, bevor sie auf Jagd ging, zumindest für ein paar Minuten bei Mokoko und Sao vorbei. Gegen Ende des Tages kam sie wieder; sie war immer spärlich bekleidet, manchmal hatte sie sich mit dunkelblauem Pflanzensaft kräftige Striche auf Gesicht und Brust gemalt oder einen mit Beeren besetzten Zweig am Ohr befestigt oder auch einen Grashalm durch die Nase gezogen. Sie hatte einen untrüglichen Sinn für Selbstverschönerung – alles, was sie in dieser Beziehung machte, schien einen Aspekt ihrer Erscheinung herauszustreichen, den ich vorher noch nicht genügend gewürdigt hatte. Wenn sie einmal nicht zu dem Zeitpunkt erschien, zu dem ich sie erwartet hatte, sackte meine Stimmung jäh ab. Ich fragte mich, wo sie wohl steckte, und fürchtete, daß sie nie wieder kommen könnte. Solche Ängste waren aber immer nur von kurzer Dauer, da sie dann irgendwann doch auftauchte. Kaum daß ich sie zu Gesicht bekommen hatte, stieg meine Stimmung wieder.

Ich begann, mich bei den Gesprächsrunden um mein Feuer aktiver zu verhalten. Ich hörte dem, was die anderen sagten, aufmerksam zu, weil ich wissen wollte, ob die Bayaka gemerkt hatten, wie sehr mich das Mädchen anzog. Hießen sie es gut? Steckten sie gar alle unter einer Decke?

Eines Nachts, als sie bei Sao eine Mahlzeit für mich vorbereitete, schien sich das Gespräch der um mein Feuer versammelten Männer auf sie zu beziehen. Biléma sagte: »Sie ist eine tolle Frau.« Die anderen stimmten alle zu, und ich hatte den deutlichen Eindruck, daß sie eine Ehe für mich arrangieren wollten. Aufgrund meiner rudimentären Sprachkenntnisse konnte ich mir aber nicht sicher sein. Nachdem sie Saos Hütte verlassen hatte, fragte ich Ngongo nach ihrem Namen und zeigte dabei mit dem Finger auf das Mädchen, das gerade in einiger Entfernung von uns entschwand. Ngongo tat, als überrasche mein Interesse ihn. Er schien zuerst gar nicht zu wissen, wen ich meinte. Ich dachte, daß es doch eigentlich klar sein sollte. Schließlich sagte er mir, daß sie Goma heiße, aber seine anfängliche Reaktion ließ Unsicherheit in mir aufkommen.

Ein paar Tage später ging ich in das Dorf und kaufte Goma ein Fläschchen roten Nagellack. Ich überreichte ihr mein Geschenk, als sie alleine in Saos Hütte war und niemand uns zu beobachten schien. Sie nahm es mit einem leisen *Ooh!* der Bewunderung entgegen. Es berührte mich seltsam, daß man ihr mit solchen Kleinigkeiten eine solche Freude machen konnte.

Als ich eines Nachmittags auf dem Weg zum Badeplatz durch den Teil des Lagers ging, in dem Akunga wohnte, kam ich an ihr vorbei; sie saß mit einer Freundin vor dem Eingang einer Bienenkorbhütte.

»*Elobayé*«, rief sie mit sanfter Stimme.

»*Elobayé*«, erwiderte ich. Sie kicherte und hielt sich die Hand vors Gesicht. Es war das erste Mal, daß sie mit mir gesprochen hatte.

Es war schon ein paar Wochen her, da hatten sich Singali und Balonyona, mit ihren neuen T-Shirts und Tennisschuhen angetan, zu Fuß nach Monasao aufgemacht, das ungefähr fünfzig Meilen nördlich lag. Singali hatte dort Verwandte, und Balonyona hatte Angehörige in Belemboké, das noch einmal zehn Meilen weiter entfernt war. Jetzt kehrten sie zurück; sie steckten voller Geschichten über die Wunder, die sie in Monasao gesehen hatten; die Hauptattraktion des Ortes war, daß es dort keinen einzigen *bilo* gab. Die Bayaka von Monasao hatten unter Anleitung von Pater René und Schwester Madeleine ihre eigenen Maniokplantagen angelegt. Es gab Grapefruitbäume, Mangos, Avokados; die Bayaka verkauften ihren beiden *patrons* Palmblätter für Dachbedeckungen und andere Produkte ihrer Arbeit und erwarben mit dem Geld Waren in dem Laden, der von dem Priester geführt wurde. Was Singali und Balonyona besonders begeistert hatte, das waren die durch Subventionen niedrig gehaltenen Preise in diesem den Pygmäen vorbehaltenen Laden – ein Päckchen Zigaretten kostete dort nur 150 Francs, 100 weniger als in Bomandjombo. Es wurden auch Töpfe und Pfannen angeboten, Sarongs, Pflanzenöl, Gürtel, Macheten, Siebe für Maniokmehl, Kerosinlampen und viele andere Dinge. Monasao war tatsächlich eine autarke Bayaka-Gemeinde, die meilenweit von der nächsten *bilo*-Siedlung entfernt war – für die Bayaka ein Wunschtraum, der Wirklichkeit geworden war. In der Schule lernten die Kinder die Grundbegriffe des Schreibens und Lesens. Singali war von dem Ganzen so angetan, daß er jetzt davon redete, die Einwohner seines ganzen Dorfes dorthin zu führen.

Singali und Balonyona waren in Begleitung Adamos, dem Cousin ersten Grades von Singali. Mir kam meine frühere Begegnung mit Adamo in den Sinn, und ich war über sein Erscheinen nicht gerade begeistert. Er war damals schon äußerst herrisch aufgetreten, und ich vermutete, daß er jetzt, wo sein jüngerer »Bruder« Häuptling war, völlig unerträglich sein würde. Aber ich täuschte mich.

Adamo hatte seinen zehnjährigen Sohn mitgebracht. Der Rest der Familie würde in einer Woche nachkommen. Er war verständlicherweise stolz auf seinen Sohn, der Lesen und Schreiben gelernt hatte. Für einen Zehnjährigen war er recht ernsthaft, ihm schien die Spontaneität zu fehlen, die die Kinder von Amopolo schon fast im Übermaß besaßen. Ich bemerkte, daß er sich nie am Musikmachen beteiligte, und erfuhr später, daß alle Bayaka, die in Monasao aufgewachsen waren, einen solch zurückhaltenden Charakter besaßen. Was Adamo betraf, der in Amopolo aufgewachsen war, aber zehn Jahre lang in Monasao gelebt hatte, so entwickelte er nun literarische Ambitionen, was sich in einigen recht seltsamen Verhaltensformen niederschlug.

Adamo kam sofort auf die Idee, daß er die Rolle meines Beschützers übernehmen müsse, und hing, aufmerksam wie ein Schutzengel, ständig in meiner Nähe herum. Wenn ich Wasser trinken wollte, sorgte er dafür, daß ich Wasser bekam; oft holte er es sogar selbst. Wenn ich ins Dorf ging, setzte er sich in oder vor meine Hütte, um sie zu bewachen. Gewöhnlich nahm er sich dann ein Buch. Das Bilderbuch über Pygmäen hatte er zwar durchgeblättert, er zog es aber vor, auf die bedruckten Seiten von *Tristes Tropiques* zu starren. Der Band war vor kurzem wieder aufgetaucht. Auf diese Weise konnte er sich stundenlang unterhalten. Von allen Bayaka, die es versuchten, konnte er am besten vortäuschen, wirklich des Lesens mächtig zu sein. Er runzelte konzentriert die Stirn, während er auf eine Seite starrte, kratzte sich hin und wieder am Kopf, als ob er über das, was er gerade gelesen hatte, nachdächte, und verzog sein Gesicht, als sei er in ernsthaftes Nachsinnen versunken. In Verbindung mit dem Harvard-Sweatshirt, das er trug, war dieses Gehabe auf den ersten Blick sehr beeindruckend und konnte einen flüchtigen Beobachter durchaus hinters Licht führen. Er sah mir sehr gerne zu, wenn ich etwas in mein Tagebuch schrieb, und setzte sich dann neben mich, so daß sein Gesicht nur Zentimeter vom Papier entfernt war, und verfolgte aufmerksam die Bewegungen meines Kugelschreibers. Später, als er etwas Geld hatte, ging er ins Dorf und kaufte sich ein Schulheft und einen Stift. Immer wenn ich mein Tagebuch herauszog, um ein paar Notizen zu machen, holte er dann sein eigenes Heft hervor und machte sich daran, eine Zeile nach der anderen mit etwas zu füllen, das wie ein in einer unleserlichen Handschrift geschriebener Text aussah. Manchmal hielt er mit seinem Gekritzel inne, um das zu überprüfen, was er gerade »geschrieben« hatte, wobei er mit dem Finger die Zeilen langfuhr und vor sich hinzischelte.: *»Psswssswssswsss.«*

Eines Morgens ging ich mit Adamo auf die Jagd. Wir liefen vor den anderen her, aber bald war Goma hinter uns; sie hatte ein Jagdnetz über ihre Schulter drapiert. Wessen Netz war das? fragte ich mich, jäh von Eifersucht durchzuckt. Es stellte sich heraus, daß es Adamo gehörte. Meines Wissens war es das erste Mal, daß er mit auf die Jagd ging, und da seine Frau noch in Monasao war, half ihm Goma. Ich war begeistert. Es bedeutete ja, daß ich den ganzen Tag in ihrer

Gesellschaft verbringen würde. Auf unserem Marsch geriet Adamo manchmal zwischen Goma und mich, unweigerlich fand er aber dann eine Entschuldigung, um mir oder ihr wieder aus dem Weg zu gehen; er hielt an, um das Blätterdach zu mustern, eine Pflanze zu prüfen oder auch um zu pinkeln. Es wirkte alles völlig natürlich, aber ich hatte das Gefühl, daß er und Goma das Ganze so eingefädelt hatten.

Danach begleitete ich die Bayaka fast jeden Tag auf die Jagd. Ganz egal, mit wem ich loszog, Gomas Pfade kreuzten sich immer viele Male mit den meinen. Manchmal erschien sie plötzlich vor mir auf dem Weg und ging ein paar Minuten vor mir her, bevor sie plötzlich abschwenkte und im Dickicht verschwand. Manchmal tauchte sie auch unvermittelt direkt hinter mir auf – ich brauchte mich nicht umzudrehen, ich spürte es immer, wenn sie da war. Wir nahmen während dieser Jagdzüge nie Blickkontakt auf. Goma hatte andere Absichten, sie wollte, daß ich sie in voller Aktion im Wald sah, und versuchte ihrerseits herauszufinden, wie ich mit den Anstrengungen dieser Expeditionen fertig wurde. Um nicht behindert zu sein, ließ ich meinen Recorder und meine Kamera im Lager; Goma hatte gewöhnlich nur eine Machete in der Hand. Die meisten Frauen und Mädchen trugen zumindest Körbe oder sammelten irgendwelche Dinge ein, Goma aber schweifte unbelastet und sorglos wie ein Waldgeist umher.

In der Neumondnacht hielten die Bayaka ein *eboka* ab, das wirklich unvergeßlich war. Der Himmel hing voller Sterne, und Meteore huschten, einen glühenden Schweif hinter sich herziehend, über ihn. Stundenlang saßen die Frauen und Kinder auf der Lichtung und sangen. Schließlich beteiligten sich auch Sombolo und Bakpima; sie stimmten im Duett das nächste Lied an. Bald sang der ganze Chor; die ursprüngliche Melodie wurde von einem solch dichten Stimmengeflecht überlagert, daß sie fast verschwand.

Der durchdringende Schrei eines *mokoondi* stieg aus

dem nahegelegenen Dschungel auf, und der Geist hielt Einzug ins Lager. Die Frauen begrüßten ihn voll wirklicher Verehrung. So etwas wie diesen *mokoondi* hatte ich noch nie zu Gesicht bekommen – die in Bastfasern gehüllte Gestalt schwebte ganz dicht über dem Boden. Ihre kleinsten Bewegungen lösten Ausrufe des Staunens aus, als sei schon ihre bloße Anwesenheit ein Wunder. Als das Lied zu Ende war, war die ganze Lichtung mit einer Legion bewegungslos dastehender bleicher, gesichtsloser Geschöpfe, die konische Kopfbedeckungen trugen, übersät. Wenn sich der *mokoondi* schüttelte, hörte man durch das Rauschen der Bastfasern hindurch das Klingeln einer Glocke. Er sprach nicht, sang aber mit hoher Stimme und sehr falsch. Aus der Gruppe der Frauen stiegen sanfte Jodellaute auf. Manchmal sind diese gedämpften Passagen zwischen den einzelnen Liedern die schönsten Augenblicke eines *eboka*. Die Frauen singen dann nur noch mit beinahe flüsternden Stimmen Melodiefetzen, und die alle einhüllende Stille wird durch diesen geraunten Gesang fast körperlich spürbar. Die bizarren Schreie der *mokoondi* hören sich dann besonders herzzerreißend an – dissonante Klänge, die aus einer anderen Welt emporzusteigen scheinen.

In den nächsten Tagen schwirrte mir noch der Kopf von den Melodien, die ich bei dem *eboka* gehört hatte. Der Tanz war anders als sonst gewesen, wenn man ihn in der Nacht vor einer großen Jagd abhielt. Bei solchen Gelegenheiten hing es von dem Gesang der Frauen ab, ob die *mokoondi* die Tiere herbeitrieben, die man am nächsten Tag erbeuten würde. Ich war sicher, daß dieses *eboka* hingegen etwas mit mir zu tun gehabt hatte. Oft war der Geist so dicht an mich herangekommen, daß sein Bastrock meine Beine gestreift hatte, und seine Diener waren währenddessen in einem engen Kreis um uns herumgehüpft.

Eines Morgens erschien Goma nicht bei Mokokos Hütte. Als ich sie bei Einbruch der Nacht immer noch nicht zu Gesicht bekommen hatte, fing ich an, mir Sorgen zu machen. Auch am nächsten Tag war sie nirgendwo zu sehen. Erst jetzt, da sie nicht da war, wurde mir klar, in welchem Ausmaß ich von ihr besessen war. Ich sehnte ihre Gegenwart herbei. Jeder Tag wurde zur Qual, die man durchstehen mußte, um am Ende mit etwas Schlaf und Vergessen belohnt zu werden. Ich dachte an die unbekümmerten Tage vor meiner Bekanntschaft mit Goma, die ein ganzes Lebensalter zurückzuliegen schienen, als ich stundenlang in aller Zufriedenheit mit den Bayaka zusammengesessen hatte. Ich wünschte, wieder so sorglos leben zu können, aber mein gegenwärtiger verstörter Zustand zeigte mir, daß ich mich dafür schon zu weit in etwas hatte hineintreiben lassen.

Mehrere Male fragte ich Ngongo, wohin Goma gegangen sei, aber er verstand die Frage nicht oder tat zumindest so. Als ein Tag nach dem anderen verging, begann ich mir alles mögliche auszumalen. Die Bayaka heiraten für gewöhnlich in sehr jungem Alter. Bosso und Biléma, die bei meinem ersten Besuch fast noch Kinder gewesen waren, waren schon verheiratet. Auf der anderen Seite hatte Singalis Schwester, die vermutlich älter als Bosso war, noch keinen Mann und lebte immer noch bei ihrer Mutter Esoosi. Hatte sie keine Verehrer gehabt – was man sich kaum vorstellen konnte –, oder hatte ihr keiner von ihnen gefallen? Goma war möglicherweise schon mit jemandem verlobt; ich hatte ja keine Ahnung, welches die Gepflogenheiten der Bayaka waren.

Das Leben im Lager nahm seinen Lauf, so als hätte sich nichts ereignet, und ich tat mein Bestes, daran teilzunehmen. Adamos Familie zog endlich von Monasao herüber; sie bestand aus seiner Frau Sepé und dem Sohn Tutu, der noch ein Baby war, sowie zwei älteren Jungen und einer halbwüchsigen Tochter namens Njongo, einer dunklen, stillen Schönheit. Vielleicht war sie so still, weil sie schüchtern war, sie hatte jedenfalls keine engen Freunde in Amopolo. Sie ging zu einigen der Tänze, verhielt sich aber immer sehr zurückhaltend. Nur in einer Nacht sah ich so etwas wie Begeisterung bei ihr, als sie mit den anderen Mädchen sang und spielte; da vermochte sie kaum eine Sekunde lang still zu bleiben. Ein anderes Mal hörte ich, wie sie zur Melodie von *Frère Jacques* ein Wiegenlied für Tutu sang: So bezaubernd hatte ich noch niemals jemand diese Melodie vortragen hören. Sie war in jeder Beziehung das Gegenteil von Goma, die mit ihrem wilden Getanze und ihren spöttischen Bemerkungen das »unzivilisierte« Naturell der Bayaka von Amopolo verkörperte. Wenn ich Njongo zusah – und sogar Gefallen an ihr fand –, sehnte ich mich um so mehr nach Goma.

Nachdem ich fast eine Woche lang nur mißgelaunt im Lager herumgeschlichen war, zwang ich mich dazu, wieder einmal auf die Jagd zu gehen. Ich brach zusammen mit den Männern auf und fand mich bald allein in der Gesellschaft von Akunga. Wir gingen nicht besonders schnell, aber die anderen waren aus irgendeinem Grund zurückgefallen. Bwanga war jedoch nicht weit weg. Er ließ mit einer hohen Kopfstimme hinreißende Improvisationen erschallen. Einen Augenblick lang fragte ich mich, ob Akunga es so gedreht hatte, daß ich allein mit ihm war. Vielleicht wollte er mir eine Gelegenheit geben, mit ihm über Goma zu sprechen. Sollte ich irgend etwas sagen? Die Gedanken rasten mir durch den Kopf; ich versuchte, den Mut aufzubringen, ihn danach zu fragen, wo Goma war. Ich räusperte mich.

Oben in dem Blätterbaldachin knackte es laut. Akunga bedeckte sofort seinen Kopf und sauste davon; ich bedeckte meinen Kopf – und blieb wie angewurzelt stehen. Eine runde grüne Frucht, so groß und schwer wie eine Bocciakugel, knallte zwischen uns auf den Boden.

Ich entschloß mich, den Mund zu halten.

Am nächsten Morgen rief Mokoko mich, kaum daß ich aufgewacht war, zu Esoosis Hütte herüber. Mbina hatte die ganze Nacht über heftiges Fieber gehabt, und ich sollte sie zur Krankenstation von Bomandjombo bringen, damit man ihr dort eine Injektion gab. Mbina saß von mehreren besorgten Frauen umgeben in Esoosis Hütte. Sie sah blaß und erschöpft aus. Um die Nase herum und auf dem Kinn hatte sie dunkle Flecke. Es ist wirklich ernst, dachte ich beunruhigt. Wir machten uns sofort auf den Weg; Adamo war an meiner Seite, und Mbina ging ein paar Schritte hinter uns.

Als wir in der Krankenstation angekommen waren, schilderte ich Bavone, dem Arzt, die Symptome bei Mbina und gab unaufgefordert eine Diagnose ab: Malaria. Bavone maß ihre Temperatur und befragte sie auf Sango. Da Mbina nur wenig Sango sprach, fungierte Adamo als Dolmetscher. Das heißt, eigentlich antwortete Mbina auf Bavones Fragen nur mit Einsilbern, die Adamo in einen ganzen Wortschwall umsetzte. Schließlich drehte sich Bavone zu mir um.

»Ihre Temperatur ist ganz normal«, sagte er. »Sie hat keine Malaria – ihr Mann hat ihr eins auf die Nase gegeben.«

Ihr Mann? dachte ich. Wann hatte sie denn geheiratet? Jetzt sah ich, daß die dunklen Flecken in ihrem Gesicht getrocknetes Blut waren. Bavone reichte ihr ein Tuch und ein bißchen Wasser, damit sie sich reinigen konnte, und sagte mir, daß ich ihr ein Aspirin geben sollte, wenn wir wieder im Lager waren.

Auf dem Rückweg kam ich zu dem Schluß, daß Bavone das mit Mbinas Mann irgendwie mißverstanden haben mußte. Ich fragte Adamo. Er bestätigte, daß es ihr Ehemann gewesen war, der sie geschlagen hatte.

»Wer ist ihr Mann?« erkundigte ich mich verblüfft.

Adamo mußte einen Moment nachdenken. »Engulé«, sagte er dann. Ich kannte Engulé. Ich hatte nie bemerkt, daß es zwischen ihm und Mbina irgendeine Art von Kontakt gab; wie konnten sie nur miteinander verheiratet sein.

»Wann haben sie denn geheiratet?« fragte ich Adamo.

»Morgen«, antwortete er.

Als wir Amopolo erreichten, kochte ich vor Wut. Wie konnte jemand es wagen, Mbina zu schlagen? Mir war klar, daß ich eigentlich kein Recht hatte, mich da einzumischen, aber ich fühlte mich zu sehr als ihr Beschützer, um den Vorfall einfach ignorieren zu können. Ich mußte Engulé eine Lehre erteilen. Der wartete schon ängstlich auf unsere Rückkehr. Mit Genugtuung stellte ich fest, daß er ganz niedergeschlagen war. Als er auf uns zukam, um zu sehen, wie es Mbina ging, trat ich ihm entgegen.

»Du hast also Mbina geschlagen?« schrie ich so laut, daß alle es hören konnten. Engulé nickte betrübt. »Wenn du sie noch einmal anrührst«, schrie ich weiter und fuchtelte ihm mit der Faust vor dem Gesicht herum, »werde ich dir eine reinhauen und dir alle Zähne ausschlagen!« Ein paar Frauen glucksten erheitert. Als ich zu meiner Hütte ging, hörte ich, wie sie meine Drohung wiederholten und zustimmend lachten.

Mbinas Heirat ließ mich in tiefe Depressionen versinken. Es war so schnell gegangen, so ohne jede Vorwarnung, und ich hatte überhaupt nichts davon mitbekommen. Goma war älter als Mbina. Da ich so wenig über das Leben der Bayaka wußte, könnte sie direkt vor meiner Nase geheiratet haben, ohne daß ich den geringsten Verdacht geschöpft hätte. Sie war jetzt seit mehr als einer Woche verschwunden. Vorher hatte ich den beruhigenden Eindruck gehabt, daß die Bayaka gemeinsam den Plan schmiedeten, mich mit Goma zusammenzubringen; dieses Gefühl verflüchtigte sich plötzlich, so als sei es die ganze Zeit über nur eine Illusion gewesen.

Jeden Tag mußte ich mir die Bettelei der Bayaka um Zigaretten, Marihuana, Geld, Seife, Batterien, Rasierklingen, Erdnußbutter und alles andere, was ihnen in den Sinn kam, anhören. In meiner Niedergeschlagenheit kam mir dieses erbarmungslose Bombardement herzlos vor. Verstanden sie denn nicht, was in mir vorging? Ihre Forderungen nach Zigaretten ärgerten mich am meisten. Sie wurden immer so selbstsicher vorgetragen; manchmal sprachen sie sie noch nicht einmal aus, sondern machten nur die Geste des Rauchens. Ich fing an, mich darüber zu beschweren. Von meinem Riesenvorrat an Zigaretten war mir nach zwei Wochen nur eine einzige Stange geblieben.

Eines Tages entdeckte ich, daß man mir sechs Schachteln gestohlen hatte. Es war der erste Diebstahl, mit dem ich in Amopolo konfrontiert wurde. Ein Schock für mich. Verbittert verkündete ich auf dem *mbanjo*, daß ich keine Zigaretten mehr austeilen würde. Die Männer stimmten zu, daß man es zu weit getrieben habe. Danach hörten die Forderungen nach Zigaretten auf, und man gestattete es mir, in Frieden zu schmollen. Immer im Abstand von ein paar Tagen drückte mir einer der Ältesten kommentarlos eine Schachtel Zigaretten in die Hand: erst Dimba, dann Mobo, dann Bombé. Die gestohlenen Päckchen tauchten nach und nach alle wieder auf.

»Diese Zigaretten sind nicht gestohlen worden«, vertraute mir Joboko eines Abends an, als er mir ein Päckchen zusteckte. »Du wurdest zu sehr belästigt. Simbu steckt hinter all diesem.« Joboko klopfte sich an die Stirn. »Simbu – er hat eine sehr tiefgründige Strategie.«

Als ich am Tag darauf von einem Nickerchen im Wald zurückkam, fand ich in meiner Hütte Sombolo und Bakpima vor. Sie behaupteten, schon lange auf mich zu warten. Ich gab jedem eine Zigarette und fragte, was sie hergeführt habe. Einen Augenblick lang schauten sie mich mit einem seltsamen Gesichtsausdruck an. Dann rasselte Sombolo einen Satz auf Yaka herunter. Es hörte sich an wie: »Meine Tochter wird deine Frau werden.«

Ich war völlig verdutzt. Kann er Goma meinen? durchfuhr es mich. Ich hatte angenommen, daß sie die Tochter Akungas war. Da ich mir meines Talents, etwas auf Yaka Vorgetragenes in peinlichster Weise mißzuverstehen, bewußt war, murmelte ich aber nur: »Deine Tochter?«

»*Oui*«, erwiderte Sombolo. »Meine Tochter Ngbali.«

Jetzt war ich schockiert. Wer zum Teufel war Ngbali?

»Verstehst du uns?« fragte Bakpima.

»Nein«, log ich verzweifelt.

»Ngbali ist deine Frau.« Bakpima sprach es sehr sorgfältig aus, damit kein Mißverstehen möglich war.

Na, herzlichen Dank, dachte ich voller Sarkasmus. Ich grunzte aber nur »Hä?« und versuchte, wie ein völliger Trottel auszusehen.

»Er versteht schon«, sagte Sombolo lachend. Befriedigt zogen die beiden ab.

An diesem Abend war Goma wieder da. Sie kam nicht in meine Nähe, aber sie wußte, daß ich sie bemerkt hatte. Zum erstenmal fiel mir die Familienähnlichkeit auf, ich war anscheinend blind gewesen. Sie war Sombolos Tochter. Und plötzlich begriff ich auch das Geheimnis der zwei Namen; Spitznamen waren bei den Bayaka sehr gebräuchlich. Goma/Ngbali, die herumrannte und mit den Kindern spielte, um ihre Energie zur Schau zu stellen, ertappte mich dabei, wie ich sie mit meinen Blicken verfolgte. Sie machte eine schnelle Geste mit ihren Händen und bewegte stumm die Lippen, als ob sie sagte: *Also, was willst du?* Das fragte ich mich auch: Was wollte ich eigentlich?

Sombolo kam am nächsten Morgen wieder zu mir und fragte mich ohne Umschweife, ob ich Ngbali heiraten wollte oder nicht. Es gab viele praktische Bedenken gegen eine solche Ehe, aber ich hatte gerade erst angefangen, sie mir durch den Kopf gehen zu lassen. Jetzt warf ich zunächst einmal den Haupteinwand in die Diskussion: Was würde passieren, wenn ich nach Amerika zurückging. Sombolo war darauf vorbereitet: Ngbali würde mit mir gehen – sie würde es gern tun. Als ich entgegnete, daß ihr Amerika nicht gefallen würde, daß sie dort einsam sein würde, tat er meine Sorgen mit einem unbekümmerten Lächeln ab – sie würde mit mir zusammensein, und wenn ihr Amerika wirklich nicht gefiele, würde ich sie natürlich zurückbringen. Ich wußte, daß es hoffnungslos war, ihm erklären zu wollen, daß es Probleme mit Pässen, Geld, mit der Sprache geben würde und daß Amerika eine ganz andere Welt war. Das lag alles außerhalb von Sombolos Erfahrungshorizont.

Er ließ alles so einfach erscheinen. Und absurderweise fing ich, als wir so miteinander sprachen, allmählich auch an zu glauben, daß alles machbar sein würde.

»Nun?« sagte Sombolo und forderte mich auf, meine letzten Einwände vorzubringen.

Ich widerstand der Versuchung, Ja zu sagen. »Laß mich drüber nachdenken«, antwortete ich.

Am nächsten Tag mied Ngbali die nähere Umgebung meiner Hütte, sie führte aber ihre wilden Kapriolen für mich gut sichtbar in einiger Entfernung auf. Oft begegneten sich unsere Blicke, und unweigerlich machte sie dann mit ihren Händen die Bewegung, die mich dazu aufforderte, meine Absichten klar darzulegen. Über ihre Absichten konnte es keinen Zweifel mehr geben. Was mich betraf, so wußte ich, daß ich mich hoffnungslos in sie verliebt hatte. Daß wir nie mehr als ein einziges Wort miteinander gewechselt hatten, machte gar nichts – sie hatte Nacht für Nacht für mich getanzt. Die kleinste Geste von ihr reichte, um mir auch in einer mondlosen Nacht anzuzeigen, daß sie sich mitten im Chor der Frauen befand: Sie übte eine Art von Anziehungskraft auf mein Bewußtsein aus. Ich hatte immer noch nicht alle Konsequenzen einer Ehe mit ihr durchdacht, aber das Ganze schmolz eigentlich zu dem einen Problem zusammen: Wenn ich mich jetzt weigerte, sie zur Frau zu nehmen, könnte ich sie möglicherweise für immer verlieren.

Eines Nachmittags sah ich, als ich zum Badeplatz ging, Ngbali vor dem Eingang einer Bienenkorbhütte sitzen, an der mich mein Weg vorbeiführte. Während der vergangenen beiden Tage hatte ich nicht viel von ihr gesehen, und ich hatte begonnen, mir Sorgen zu machen.

»Elobayé«, sagte ich mit einem Lächeln, in der Hoffnung, eine freundliche Antwort aus ihr herauszulocken.

»Entscheide dich bald, oder es ist zu spät!« gab sie mit einem ärgerlichen Schwenken ihres Arms zurück.

An diesem Abend holte ich das Fläschchen Parfüm hervor, das ich Wochen zuvor im Dorf gekauft hatte, und ließ es in meine Tasche gleiten. Es war kein besonderes Parfüm, aber das beste, das man für sein Geld in Bomandjombo erwerben konnte. Es würde mein großzügigstes Geschenk sein. Ein Teil meines Wesens sagte mir, daß ich ihr damit einen Heiratsantrag machte. Ich versuchte diese Tatsache jedoch zu verdrängen, als ich aus meiner Hütte trat.

Ngbali kletterte wie gewöhnlich auf dem Bambusgerüst von Akungas unfertiger Hütte herum. Daß sie allein war, veranlaßte mich zum Handeln. Ich fand es immer schwierig, private Geschäfte in aller Öffentlichkeit abzuwickeln, wenn jedermann im Lager zuschaute. Ich wußte genau, daß ich jetzt von allen beäugt wurde, also schlenderte ich ganz nonchalant los, in der Hoffnung, bis zum letzten Moment verbergen zu können, wohin ich eigentlich unterwegs war. Als Ngbali mich auf sich zukommen sah, kam sie von ihrem hohen Querbalken herunter, krabbelte unter dem niedrigsten hindurch, ließ sich vor dem Gerüst nieder und wartete. Ich übergab ihr wortlos das Parfüm, sie nahm es mit gravitätischem Schweigen entgegen. Im ganzen Dorf war es still geworden, aber als ich mich jetzt wieder von ihr entfernte, klatschte jemand in die Hände. Ich drehte mich um und erblickte Simbu, der breit und zustimmend grinste. Er hatte alles von seiner Hütte aus beobachtet. Hinter mir probierte bereits Ngbali mit ihren Freundinnen, die aus dem Nichts aufgetaucht waren, das Parfüm.

Bei Anbruch der Dunkelheit erfüllten die Trommeln, die zu der kleinen Lichtung Ewunjis hinübergeschleift worden waren, die Nacht mit einem gleichmäßigen, pulsierenden Rhythmus. Hin und wieder trieb aus dem Urwald der Duft von Blüten herüber, es war ein betäubender Geruch, den ich tief einatmete. Frauen aus Ewunjis Lager versammelten sich und sangen. Das sanft, in einer mittleren Tonlage gesungene Lied war mit vollen Jodellauten durchsetzt. Ich hatte diese besondere Art von Gesang vorher noch nicht gehört und fragte mich, ob er eine Spezialität von Ewunjis Gruppe war. Einige Zeit vorher hatte Sombolo mit mir eine kurze Runde durch seine Nachbarschaft gemacht und mir die verschiedenen Mitglieder seiner großen Sippe gezeigt. Ewunji war Sombolos Vater, das bedeutete, daß die Gruppe der singenden Frauen die Familie darstellte, in die ich hineinheiraten sollte. Ngbali war nicht unter ihnen, aber ich fühlte deutlich, daß sie in der Nähe war. Außerdem stieg überall um mich herum der Duft ihres Parfüms auf. Es war billiges Zeug, aber an diesem Abend, hier am Saum des Regenwalds, roch es anregend und exotisch.

Gegen Mitternacht begann die Musik langsam zu verklingen. Ich hatte gehofft, zumindest noch einen kurzen Blick auf Ngbali werfen zu können, aber auf Adamos Vorschlag hin stand ich schließlich auf, um gemeinsam mit ihm zu gehen. Wir schritten gerade durch eine Ansammlung von Bienenkorbhütten hindurch, als ich plötzlich kräftig am Arm gezogen wurde. Als ich herumfuhr, hörte ich Gekichere und erspähte gerade noch Ngbali, die wie ein Blitz in einer der Hütten verschwand.

»Sie antwortet dir«, rief Adamo aus.

»Antwortet – auf was?« fragte ich, glücklich, aber verwirrt.

»Du willst Ngbali heiraten,« erklärte Adamo, »Ngbali – sie sagt ›Ja‹.«

Die Bienen von Mombongo

Am nächsten Morgen weckte mich Singali beim ersten Tageslicht und sagte mir, ich solle meine Sachen zusammenpacken – wir würden in den Dschungel ziehen. Ich hatte gelesen, daß die Pygmäen im Wechsel der Jahreszeiten in den Urwald umsiedeln; für gewöhnlich geschah das am Ende der Trockenzeit – das jetzt gekommen war – und ganz unvermittelt. Ich war aber auf diesen plötzlichen Entschluß nicht vorbereitet und mußte in aller Eile die allernotwendigsten Dinge zusammenkramen: Kamera, Aufnahmegerät, Mikrofone, ein Dutzend Batterien, ein Dutzend Kassetten und mein Tagebuch. Andere Sachen wie meine Schlafmatte, die Hemden und Hosen zum Wechseln würden später folgen, das heißt, die Frauen würden sie in ihren Körben mitbringen. Ich vertraute mein Solaraufladegerät Simbu an, der mit einigen anderen Familien zurückblieb, um Amopolo zu »bewachen«; ich dachte mir, daß es mitten im Regenwald sowieso nur wenig nützen würde.

Singali und ich brachen vor den anderen auf. Als wir über die Lehmstraße nach Süden wanderten, versuchte ich, mir Klarheit über meine Lebenssituation zu verschaffen. Die Tatsachen selbst lagen deutlich genug vor meinen Augen – ich war mit einer wunderschönen Frau verlobt, und ich würde mit den Bayaka, die ich jetzt im wahrsten Sinne des Wortes als meine Familie betrachten mußte, im tropischen Urwald leben –, emotional hatte ich das alles aber noch nicht verarbeitet. Ich stand kurz davor, ein neues, fast unfaßbar fremdartiges Leben zu beginnen. Hin und wieder unterbrach Singali mich mit Bemerkungen, die ich normalerweise interessant gefunden hätte, die mir jetzt aber nur banal vorkamen und mich in meinen hochfliegenden Tagträumen störten.

»Elefanten sind hier letzte Nacht aus dem Dschungel gekommen. Oh, das war aber ein großer Elefant!«

»Mm-hmm«, antwortete ich nur, mit einem flüchtigen Blick auf die Spuren.

»Schau. Das ist die Stelle, wo sie wieder in den Wald zurückgekehrt sind.«

»Oh«, sagte ich.

Nachdem wir nach Osten abgebogen waren und uns den Weg durch eine verwilderte Maniokpflanzung gebahnt hatten, drangen wir in den Urwald ein. Der Übergang von der lichten Außenwelt ins Dunkel des Dschungels war immer eindrucksvoll, aber jetzt wurde in mir das Gefühl, eine Welt zurückzulassen und eine andere zu betreten, durch den Gedanken verstärkt, daß ich den Wald vielleicht erst nach Monaten wieder verlassen würde. Der Plan für diesen Tag sah vor, daß man bis Mittag jagen würde, dann würde eine kleinere Gruppe von uns sich von den übrigen trennen und ein Lager aufschlagen.

Während der Jagd bemerkte ich, daß viele Frauen ihre ganzen Habseligkeiten in ihren Körben mit sich trugen: Aluminiumtöpfe, hölzerne Mörser, Schüsseln, sogar Schilfmatten, die zusammengerollt oben herausragten. Der Anblick von Ngbali mit ihrer Habe beruhigte mich – niemand hatte mir gesagt, daß sie auch mitkommen würde.

Gegen Mittag trennte ich mich mit Joboko, Adamo und einigen Frauen von den anderen, um das neue Lager zu errichten. Wir waren übereingekommen, uns in der Nähe eines Flusses mit dem Namen Mombongo niederzulassen. Nachdem wir einige Zeit in der Gegend umhergeschweift waren und über mögliche Lagerplätze diskutiert hatten, entschieden wir uns für einen fast ebenen Platz, der etwas oberhalb des Fußes eines großen, mit *bimba*-Bäumen bestandenen Hügels lag. Fünfzehn Meter weiter hügelabwärts fing das Sumpfgebiet an, das den Mombongo säumte.

Jedermann begann mit Arbeiten, die für mich zunächst wie planlose Attacken auf den Dschungel aussahen. Einige hackten Sträucher und junge Bäume um und schabten dann mit ihren Macheten den Waldboden sauber. Das abgefallene Laub bildet einen Teppich, auf dem man zwar wunderbar spazierengehen oder sich herumfläzen kann, der aber tagsüber auch den Riesentausendfüßlern und Skorpionen Unterschlupf bietet, deren Gift ein kleines Kind töten kann. Bald waren mehrere kleinere Lichtungen geschlagen, die ein Netzwerk von Pfaden miteinander verband. Einige Frauen zogen mit ihren Macheten weiter in den Wald hinein. Und bald hörte man das Rauschen von Blättern und metallisch klingende Schläge. Dann kamen die Frauen mit Bündeln von dünnen und biegsamen *bimba*-Schößlingen zurück und fingen an, ihre Bienenkorbhütten zu bauen. Jeder Schößling wurde in den Boden hineingetrieben, oben umgebogen und mit einem anderen verflochten. Diese Rahmengestelle waren schnell errichtet.

Inzwischen hatten auch die jungen Männer *bimba*-Schößlinge zusammengetragen. Sie bauten aus ihnen einen großen Unterschlupf, der vorne und an den Seiten offen war. Das war unser *mbanjo*, der hier im Wald eine zweifache Funktion hatte: Am Tag war er unser Versammlungsplatz und in der Nacht der Schlafplatz für die halbwüchsigen Jungen, die Unverheirateten und die Witwer. Während einige Jugendliche darangingen, das Dach mit großen ovalen *ngungu*-Blättern zu decken, errichteten andere die Schlafpodeste. Meines wurde an dem einen Ende des *mbanjo* angelegt, ungefähr fünfzig Zentimeter vom nächsten entfernt, auf dem, wie sich später herausstellte, Bombé schlief. Obwohl die anderen Podeste schmaler als meines waren, dienten sie drei oder vier Männern als Lager.

Spät am Nachmittag stießen die Jäger wieder zu uns. Die Jagd war sehr erfolgreich gewesen. Unter lebhaftem Hin und Her wurde das Wild zwischen der Gruppe, die im Wald bleiben, und der anderen, die nach Amopolo zurückkehren würde, aufgeteilt. Das Lager nahm langsam Gestalt an; der *mbanjo* stand an der Stirnseite der größten Rodung, an deren Rändern einige Hütten errichtet worden waren. Auf der anderen Seite des Buschwerks, das den Platz säumte, waren noch weitere kleine Ansammlungen von Hütten entstanden. Während des Nachmittags hatte unsere Anwesenheit riesige Schwärme von Schweißbienen angelockt. Diese winzigen Insekten hatten zwar keine Stacheln, aber es kitzelte fürchterlich, wenn sie einem auf der Suche nach Schweiß auf der Haut herumkrabbelten. Völlig verrückt machten sie uns dadurch, daß sie mit größter Hartnäckigkeit auf unsere Augen zusteuerten. Bald leisteten ihnen noch Schwärme einer größeren Bienenart Gesellschaft, die es ebenfalls auf unseren Schweiß abgesehen hatte. Diesen beiden Arten war ich auf der Jagd schon oft begegnet; an diesem Tag sollte ich aber die Bekanntschaft noch einer weiteren, einer angsteinflößenden Spezies machen: der Honigbiene.

Während wir weiter an unserem Lager bauten, fielen Zehntausende von Honigbienen auf der Lichtung ein. Von unseren Aktivitäten angezogen, aber auch von den exotischen Gerüchen, die von uns ausgingen, untersuchten die Honigbienen jeden Quadratzentimeter des Lagers – einschließlich seiner Bewohner. Sie waren etwas größer als amerikanische Honigbienen, schlanker und dunkler, und ihr lautes und aggressives Surren entsprach der Dreistigkeit ihres Verhaltens. Mit einem Handwedeln konnte man sie kaum vertreiben, ihre große Zahl machte jeden Abwehrversuch sinnlos. Die Bayaka ließen sie einfach gewähren. Bald krabbelten ihnen Bienen auf dem Rücken und den Armen herum und den Nacken herunter. Sie ignorierten die Bienen sogar, wenn sie ihnen, wütend summend, direkt vor der Nase herumzischten.

Ich saß neben Adamo auf einem Baumstamm und versuchte, den Angriff der Bienen mit demselben Gleichmut wie die Bayaka über mich ergehen zu lassen. Ich hatte einen Film verknipst, um festzuhalten, wie schnell sich das Lager entwickelte, und trug jetzt einige Beobachtungen in mein Tagebuch ein. Die Bienen hielten auf meinem Rükken eine Parade ab. *Viele Menschen würden von den Insekten in den Wahnsinn getrieben werden,* notierte ich und fügte frohlockend hinzu: *Glücklicherweise machen sie mir nichts aus.* Ich hielt inne, um eine juckende Stelle hinter meinem Ohr zu kratzen. Sofort verspürte ich einen stechenden Schmerz. Eine Honigbiene, deren Stachel in meinem Ohr zurückgeblieben war, setzte taumelnd zu ihrem letzten Flug an. Adamo zog den Stachel heraus, und ich rieb etwas Asche auf die Einstichstelle. Mit diesem Trick, den ich von den Bayaka gelernt hatte, wurde der Schmerz schnell gelindert. *Ich muß jedoch zugeben*, schrieb ich weiter, *daß sie einen wirklich belästigen.* Zack! Ein heftiger Schmerz durchzuckte mich, und ich kratzte wie wild in meiner Achselhöhle herum. Eine zweite Biene taumelte davon. Ich trug wieder Asche auf, aber der Schmerz hielt einige Minuten lang an, und an der Stelle, wo ich gestochen worden war, schwoll die Lymphdrüse zu einem Ballon an.

Ich konnte nicht weiterschreiben. Ich verstaute mein Tagebuch und beobachtete das Treiben um mich herum. Ngbali, die ich durch eine Lücke im Laub hindurch sehen konnte, warf ab und zu einen Blick in meine Richtung, und mein Herz klopfte schneller und immer schneller, bis es wie ein auf höchsten Touren laufender Motor raste. Ich hatte zwar allen Grund, hochgestimmt zu sein, aber diese Herzreaktion machte mir doch ein bißchen Angst. Ich verlagerte meine Position auf dem Stamm und konzentrierte mich auf Ngbali. Sie lachte, während sie mit jemandem sprach, den ich nicht sehen konnte. Sie sah kaum noch wie ein wirklicher Mensch aus, sondern verschwamm in meinen Augen zu einer Traumgestalt. *Alles* schien sich wie in einem Traum aufzulösen. In jähem Schrecken merkte ich, daß irgend etwas mit mir nicht in Ordnung war. Ich sprang auf. Mein Gesichtsfeld verengte sich, von den Rändern her wurde es immer dunkler, dann flammten grelle Blitze auf. Alle Geräusche klangen gedämpft. Ich atmete rasch, schien aber keine Luft in die Lungen zu bekommen. Da begriff ich plötzlich: *Es war der Bienenstich!*

Meine Mutter und auch meine Schwester reagieren allergisch auf Bienengift; die Reaktion ist so heftig, daß sie zum Tode führen könnte, beide tragen daher für den Notfall ständig eine Ausrüstung bei sich. Wenn sie gestochen werden, müssen sie sich sofort Epinephrin gegen den anaphylaktischen Schock injizieren. Ich war von Wespen, Bienen, Hornissen und Bremsen gestochen worden, und es hatte mir nie etwas ausgemacht. Aber jetzt kam mir eine Bemerkung meiner Schwester mit erschreckender Deutlichkeit wieder in Erinnerung: die Allergie könne sich bei jedem zu jeder Zeit entwickeln – es bedürfte nur eines einzigen Stichs »zuviel«, um sie auszulösen. Außerdem, war diese Überempfindlichkeit nicht erblich?

Ich lief nervös herum und atmete in tiefen Zügen durch – aber es half nichts. Mein Herz raste, und ich kriegte kaum noch Luft, aber auch jetzt, in höchster Not, wollte ich es vor allem vermeiden, die Bayaka in Aufregung zu versetzen. Was würden sie nur denken, wenn ich plötzlich vor ihren Augen zusammenklappte. Sie taten mir leid – sie würden es sich nie erklären können. Ich wollte ihnen sagen, was los war, war aber schon zu benommen, um damit anzufangen.

Ich merkte, daß ich bald das Bewußtsein verlieren würde, und schleppte mich wieder zu dem Baumstamm zurück. Dahinter lag ein Blätterhaufen; es schien der geeignete Ort zu sein, um sich niederzulassen und dem Tod entgegenzusehen. Als ich versuchte, über den Stamm zu steigen, verließen mich die Kräfte, und ich brach zusammen. Mein letzter Gedanke war: *Die armen Bayaka.*

Adamo und Joboko waren über mich gebeugt, als ich wieder zu mir kam. Ich war nur für ein paar Sekunden weg gewesen. Ich richtete mich auf, und sofort brach mir der Schweiß aus allen Poren. Die beiden gerieten dadurch nur noch in größere Unruhe. Ich erinnerte mich jetzt daran, daß die fatale Allergie auf Bienengift normalerweise durch eine solche heftige Reaktion angekündigt wurde: der nächste Stich könnte tödlich für mich sein. Ich würde mich von jetzt an äußerst vorsichtig verhalten müssen. Auf meinem Rücken wimmelte es immer noch von Bienen; ich blieb ganz still sitzen.

Ich wußte, daß die Bienen bei Einbruch der Dämmerung in ihren Stock zurückkehren würden. Das orangefarbene Sonnenlicht lag schon nicht mehr auf dem Boden, sondern fiel auf die oberen Partien und das Laub der höchsten Bäume. Ich würde nur noch ein paar Minuten in meiner Stellung aushalten müssen. Ich versuchte, Adamo und Joboko, beide völlig verwirrt, zu erklären, welche Bedrohung die Bienen für mich darstellten. Adamo fing daraufhin damit an, die Bienen von meinem Rücken wegzuwedeln und abzustreifen, bis schließlich ein ganzer Schwarm der wütenden Insekten um meinen Kopf schwirrte. Ich flehte ihn an, damit aufzuhören.

Für eine ganz kurze Zeitspanne herrschte Zwielicht, und die Bienen flogen alle weg. Die Nacht brach an, und es wurde stockfinster. Durch die vielen Feuer entstanden im Lager kleine helle Nischen, auch die Blätter und Ranken an den nahestehenden Bäumen wurden noch beleuchtet, aber jenseits davon herrschte undurchdringliche Düsternis. Aus diesem Dunkel erscholl ein erstaunliches Konglomerat der verschiedensten Töne – Gesumm, Gezwitscher, Gekrächze, Geschnalze, Geräuspere – ein verwirrender, elektronisch klingender Lärm. Die Bayaka schienen unsere winzige Schneise im Wald ebenfalls mit lauten und ausgelassenen Stimmen zu füllen. Ich hatte das Gefühl, daß wir aus allen Richtungen von etwas Dunklem und Zeitlosem und Unermeßlichem bedrängt wurden. Unsere kleine Gemeinschaft war dagegen so verletzlich und vergänglich, daß ich den Gedanken daran nicht ertragen konnte. Ich kam zu dem Schluß, daß ich immer noch unter Schock stand. Ich hatte nie zuvor eine allergische Rekation erlitten – jetzt war ich hier, mitten im Regenwald, und eine kleine Dosis Bienengift wäre fast tödlich gewesen. Es gibt viel mehr Bienen als Fliegen im Regenwald, nur Ameisen und Termiten kommen ihnen an Zahl gleich. Bienen sind die uneingeschränkten Herrscher über alles, ausgenommen das, was auf dem Waldboden liegt. Und ich hatte sie immer gemocht! Jetzt waren sie meine Todfeinde geworden. Daß ich die Allergie gleich in meiner ersten Nacht mit den Bayaka im Dschungel entwickelt hatte, kam mir wie eine Ironie des Schicksals vor.

Ich dachte über Ngbali nach. Sollte ich an meinen Heiratsabsichten festhalten, jetzt, da ich ein solches Handicap hatte, das mich derart außer Gefecht setzte? Ich wußte, daß es unfair sein würde. Andererseits, wie könnte ich sie einfach aufgeben? Ich schloß einen Kompromiß: Ich würde Ngbali und ihrer Familie alles über meine Allergie erzählen und sie entscheiden lassen, ob sie unsere Verlobung lösen wollten.

Sombolos Enklave bestand aus fünf Hütten. Die Menschen, die in ihnen lebten, gehörten zu einer kleinen Sippe; die meisten von ihnen waren Verwandte von Sombolos Frau Yéyé. Ich hatte gerade damit angefangen, die verschiedenen Verwandtschaftsverhältnisse zu durchschauen. Die Familie, die ich am besten kannte, weil sie mich von Anfang an unter ihre Fittiche genommen hatte, war die von Singali, der seine Mutter Esoosi vorstand. Durch Heiraten war ihre Familie um viele wichtige Persönlichkeiten erweitert worden, um Simbu und Mobo (die Schwiegersöhne), Adamo (den Neffen), Dimba (den Großvater von zwei Urenkeltöchtern) und Joboko (den Schwager).

Zu Ngbalis engerer Familie gehörten ihre Eltern, Sombolo und Yéyé und ihr vierjähriger Bruder Ayoosi. Der große Altersunterschied zwischen Ngbali – die ungefähr sechzehn war – und Ayoosi bedeutete mit einiger Sicherheit, daß andere Kinder, die in den Jahren zwischen ihnen auf die Welt gekommen waren, nicht überlebt hatten. Yéyé war wieder schwanger. Obwohl ich mit ihrer Tochter verlobt war, hatten wir nie ein Wort miteinander gewechselt. Mit den meisten Frauen verstand ich mich ausgezeichnet, aber mit Yéyé hatte ich nie irgendwelchen Kontakt gehabt. Sie hatte noch nicht einmal an jenen verrückten Geschenkverteilungsorgien teilgenommen.

Ich war kaum in der Enklave angekommen, als Yéyé mir schon kommentarlos eine Schüssel zuschob. Ich empfand ihr Schweigen, das ich mir zunächst als Schüchternheit erklärt hatte, als etwas irritierend. Ich plauderte freundschaftlich mit Sombolo und Yéyés Bruder Mowooma, während ich aß. Ngbali saß in der Nähe und hörte uns zu. Seitdem wir uns im Urwald niedergelassen hatten, war die Stimmung der Bayaka spürbar gestiegen. Ich hingegen wurde von privaten Sorgen niedergedrückt, und ich dachte darüber nach, wie ich ihnen mit meinen wenigen Sprachbrocken das Problem mit den Bienen erklären sollte. Selbst wenn ich es ihnen in fließendem Yaka darstellen könnte, müßte mein Dilemma den Bayaka lächerlich vorkommen. Es fiel mir selbst schwer genug, es als wirklich zu akzeptieren, und von Minute zu Minute schin es immer mehr zu verschwinden.

In der Nachbarschaft des *mbanjo* war ein großes Getöse ausgebrochen – eine Reihe von Schlagzeugern hieb, weil die Trommeln in Amopolo geblieben waren, auf Töpfe und Pfannen ein. Der Klang der Trommelschläge gab keinerlei Hinweis darauf, daß sie auf solch provisorischen Gerätschaften erzeugt wurden. Die tiefsten Töne kamen von einem leeren Motorölkanister aus Plastik, der von Kukpata bearbeitet wurde. Einige Kinder sangen im Chor dazu, ihre Stimmen erklangen in ungewöhnlichem Jubel. Als ich meine Mahlzeit beendet hatte, war die Musik voll in Gang gekommen. Mädchen und Frauen hatten sich zu den Kindern gesellt, und das Ganze entwickelte sich zu einem ausgewachsenen *eboka*. In meinem Gespräch mit Ngbalis Familienmitgliedern hatte ich bislang nur kleine Anspielungen auf meine Allergie gemacht, und ich begriff, daß es jetzt zu spät war, meine traurige Geschichte zu Ende zu erzählen.

»Hört!« sagte ich. *»Eboka!«*

»Laßt uns gehen«, antwortete Ngbali ungeduldig.

Wir suchten uns durch die Dunkelheit unseren Weg zum *mbanjo*. Ngbali setzte sich zu den anderen Frauen auf den

Boden, und ich verlor sie aus den Augen. Ich stolzierte vorsichtig über eine dünne Schicht glühender Asche und ließ mich bei den Männern nieder. Der Gesang hatte immer noch den strahlenden Klang, der mir schon vorher aufgefallen war, obwohl jetzt viele ältere Frauen in ihn eingestimmt hatten. Normalerweise verlieh ihre Teilnahme einem *eboka* einen differenzierteren, einen ambivalenten Klang: In das freudige Jubilieren mischten sich dann gedämpftere Untertöne. Was ich jetzt hörte, war aber relativ einschichtig: von den Kindern bis hin zur ältesten Frau schienen alle einfach nur feiern zu wollen, und von Lied zu Lied wuchs die Hochstimmung mächtiger an.

Obwohl mein Schock immer noch nachwirkte, riß mich der pure Überschwang der Musik bald mit. Zu meinem wachsenden Wohlgefühl trugen auch die Bewegungen zweier Tänzer bei, die ganz langsam aus der Dunkelheit auftauchten. Sie wären unsichtbar geblieben, wenn nicht durch Lücken im Laubdach hin und wieder Mondstrahlen auf sie gefallen wären. Ihr Tanz zeichnete sich durch eine Sparksamkeit der Bewegungen aus, die aufs schärfste mit der Dynamik des freudeerfüllten Gesangs kontrastierte. Ich konnte es kaum fassen, daß jemand auf eine solche Art und Weise tanzte; vor allem durch das seltsame Verhältnis, in dem sie zur Musik standen, sprach aus diesen Tanzbewegungen eine Art von Weisheit, die mich zutiefst anrührte. Als die Gestalten näher kamen, fragte ich mich, ob es wohl Bombé und Dimba, die beiden ältesten Männer des Lagers, waren. Dann merkte ich auf einmal, daß gar kein Mond schien. Es herrschte undurchdringliche Finsternis wie in einer Höhle. Die Lagerfeuer waren alle gelöscht worden, kaum ein Scheit glimmte noch. Und doch bildete auf der Erde um mich herum das Mondlicht ein Fleckenmuster – dann sah ich aber, daß es kein Mondlich war, sondern ein phosphoreszierender Schein. Der Boden des Dschungels war mit kleinen Tupfern silber-grünen Lichts gesprenkelt.

Die beiden Tänzer waren mittlerweile in der Mitte der

Lichtung angekommen. Sie sahen wie glühende Skelette aus. Jeder hatte sich mit einer phosphoreszierenden Substanz die Konturen eines Gesichts aufgemalt – nicht mit zarten Tupfern, wie sie auf dem Waldboden zu sehen waren, sondern mit kräftigen Strichen. Andere Streifen waren so geschickt aufgetragen, daß der Eindruck körperhafter Formen entstand. Als das Lied, das sie so weit auf die Lichtung gelockt hatte, zu Ende war, huschten die beiden Tänzer weg. Einer zog sich mit raschen, schlingernden Schritten zurück, der andere ließ sich auf alle Viere fallen und tänzelte in die Dunkelheit hinein: Seine Bewegungen ähnelten in schon fast unheimlicher Weise denen eines Tieres.

Bei jedem neuen Lied kamen die leuchtenden *mokoondi* zurück. Manchmal rannten sie ausgelassen davon, um nur einen Augenblick später, von der Musik unwiderstehlich angezogen, wieder zurückzukehren. Manchmal tanzten sie auch ganz kühn bis zu den Sängern heran. Ich bemerkte, daß weitere Lichtflecken durch die das Lager umgebende Dunkelheit huschten. Sie verschwanden hinter Bäumen, tauchten dann wieder auf, mit tänzelnden, winzigen Bewegungen, so daß sie zu gleiten schienen, und sprangen dann wieder hinter die Bäume.

Erst als das *eboka* längst zu Ende war und ich auf dem *mbanjo* in mein Bett kroch – Bombé schnarchte schon auf dem Podest neben mir –, fiel mir ein, daß ich es versäumt hatte, die Musik aufzunehmen. Ich war jedoch nicht sonderlich bestürzt. Ich wußte, daß ich in dieser Nacht nur einen Blick auf die vielen Wunder erhascht hatte, die noch kommen würden.

Kurz nach Tagesanbruch riß mich ein charakteristisches, hohes Summen aus tiefem Schlaf. *Bienen*, erinnerte ich mich und öffnete die Augen. Ein paar zischten schon um mich herum, ab und zu flog mir eine bis dicht vors Gesicht, um mich zu erforschen. Sie erwachten beim ersten Sonnenstrahl – und das würde ich von jetzt an auch tun. Im Lager ging es schon recht lebhaft zu, obwohl ich bei weitem nicht der letzte war, der aufstand. Viele Jungen lagen noch ineinander verknäult auf den Podesten, immer fünf bis sechs in einem Bett, immer alle unter ein einziges Laken gekuschelt, so als wollten sie den Anbruch eines neuen Tages abstreiten. Ich zog mich hastig an und versuchte, mich »bienen-fest« zu machen: Ich stopfte die Hosenbeine in die Socken hinein und knöpfte mein langärmliges Hemd bis zum Hals zu. Als ich durch das Lager schlenderte, bemerkte ich, daß die Bienen beim Maniokmehl in Raserei verfielen. Ganze Wolken von ihnen schwebten über den vollen Mörsern. Viele versenkten sich in dem Mehl, tauchten weißbestäubt wieder auf und stürzten sich erneut hinein. Ein wenig auf dem Boden verstreutes Mehl reichte aus, um mehrere Dutzend von ihnen herbeizulocken.

Im Laufe der Zeit schaffte ich es, mich in Gegenwart von Bienen relativ zu entspannen, ich blieb aber immer auf der Hut. Die Tage verstrichen, und die Tiere stellten ihre hektischen Erkundungsflüge ein und konzentrierten sich auf das Maniokmehl. Sie sammelten das Mehl auf dieselbe Art ein, wie sie Pollen sammelten, aber ihre Manie dafür kam mir unnatürlich vor. Manchmal packten sich einzelne Bienen so viel Mehl auf, um es in den Stock zu bringen, daß sie gar nicht mehr fliegen konnten. An etwas anderem waren sie kaum noch interessiert. Ich fand heraus, daß ich mitten durch einen Schwarm manioksüchtiger Bienen hindurchgehen konnte, ohne eine einzige von ihnen von ihrer Sammelwut abzulenken.

An jenem ersten Morgen in Mombongo schienen mir meine Überlebenschancen jedoch gering zu sein. Die Gefahr lag nicht so sehr in der Aggressivität der Bienen – sie stachen nie aus Bösartigkeit –, sondern in meiner Unachtsamkeit: Es war durchaus möglich, daß ich gedankenverloren eine juckende Stelle an meinem Körper kratzte und sich dann herausstellte, daß es eine neugierige Biene war. Und diese Biene könnte mich dann in Selbstverteidigung stechen. Ich hatte mir auf diese Weise schon zwei Stiche zugezogen, und bedenklich vielen Leuten um mich herum war dasselbe passiert. Adamos kleiner Sohn, Tutu, erhielt einen Stich ins Lid, das so anschwoll, daß das Auge praktisch geschlossen war. Es sah ernst aus, aber seine Eltern zeigten sich nicht übermäßig besorgt. Ich beneidete die Erwachsenen um die Gelassenheit, mit der sie die Stiche hinnahmen: sie schnappten einmal nach Luft, wenn der Schmerz sie durchzuckte, und das war's. Offensichtlich gehörten Bienenstiche einfach zum Leben im Dschungel. Ich war ganz sicher, daß ich mir binnen kurzem den nächsten Stich einhandeln würde.

Morgens hielt ich mich oft bei Sombolos Hütte auf, wo stets eine dünne Schicht von Maniokmehl auf dem Boden zu liegen schien. Überall schwirrten Bienen herum; wenn Ngbali Maniok stampfte, war sie immer von ihrem eigenen, höchstpersönlichen Schwarm umgeben. Wenn ich mich neben sie setzte, wurden die Bienen nach kurzer Zeit auf mich aufmerksam und versammelten sich in meinem Haar. Ngbali richtete selten das Wort an mich, und wenn ich etwas in meinem mangelhaften Yaka zu ihr sagte, drehte sie sich um und kicherte. Ihre frühere Kühnheit war einer gewissen Schüchternheit gewichen, und ich wußte nicht genau, wie ich mich ihr gegenüber verhalten sollte. Ich fing oft mit Sombolo und Mowooma ein Gespräch über belanglose Dinge an, und es tröstete mich, daß Ngbali dann immer in der Nähe blieb und sich nichts entgehen ließ.

Nach dem Frühstück bei Sombolo wechselte ich die Kleidung; ich zog Shorts an und ging mit den Männern auf die Jagd. Die Frauen ließen sich Zeit, uns zu folgen. Für mich war es immer eine Erleichterung, wenn ich das Lager verlassen konnte. Während wir durch den Wald streiften, stießen wir kaum jemals auf Bienen. Ich hielt mich die meiste Zeit des Tages bei Sombolos Familie auf, weil ich darauf bedacht war, ihnen auf die eine oder andere Weise zu helfen. Obwohl ich mich mittlerweile geschickt durch den Dschungel bewegen konnte, war ich als Jäger für meine neue Familie völlig untauglich, und ich war mir dessen auch schmerzlich bewußt. In diesen Wochen stürzte ich mich häufig auf Tiere, die in Sombolos Netz zappelten, Ngbali aber war immer schneller als ich. Selbst wenn ich es hin und wieder geschafft hätte, ein Beutetier zu überwältigen, so wäre das für die Bayaka keine besondere Leistung gewesen. Die Geschicklichkeit eines Mannes als Jäger wurde an seiner Fähigkeit gemessen, das Wild ins Netz zu treiben oder es auf der Flucht mit dem Speer zu erlegen. Tieren, die schon in die Netze gegangen waren, den tödlichen Schlag zu versetzen, war die Aufgabe von Frauen und Kindern.

Einmal kamen wir durch ein Gebiet, wo der Boden mit *mayingoyo*, großen eßbaren Beeren, bestreut war. Die Früchte auf dem Boden waren schon zu verfault, als daß man sie noch hätte essen können, aber die Zweige hoch über uns bogen sich unter der Last frischer Trauben. Als Ngbali mich dabei ertappte, wie ich unter den herabgefallenen Beeren nach einem noch genießbaren Exemplar herumstöberte, rief sie ihren Onkel Zalogwé herbei, damit der mir ein paar vom Baum holte. Er ergriff mit jeder Hand eine Liane und zog sich geschwind an ihnen hoch, bis er, zwölf Meter über dem Boden, die Früchte erreichte. Ich fühlte mich erniedrigt. Immer öfter fragte ich mich, was für eine Rolle ich wohl auf Dauer in der Gemeinschaft dieser Menschen spielen könnte.

Von diesen privaten Kümmernissen einmal abgesehen, genoß ich unsere täglichen Jagdausflüge sehr. Morgens troff der Wald immer von dem Dunst, der noch um die Baumwipfel hing und in dem sich Schwärme lärmender Papageien verbargen. Manchmal stiegen bei unserer Annäherung schwarze Nashornvögel mit lauten, knarrenden Flügelschlägen in die Luft; mit den hornartigen Verdickungen auf ihren riesigen Schnäbeln sahen sie wie urgeschichtliche Geschöpfe aus.

Mowooma erwies sich als einer der besten Jäger; es kam nicht selten vor, daß er an einem Tag zwei oder sogar drei

Blaue Dücker erlegte. Oft waren es die von ihm erbeuteten Tiere, von denen Ngbalis Familie und ich uns am Abend ernährten. Adamo war ebenfalls ein guter Jäger. Als er eines Tages schon in der ersten Stunde der Jagd zwei Tiere erlegt hatte, kam er ganz aufgeregt zu mir herüber. »Jagen ist etwas Großartiges«, rief er aus. »Zehn Jahre lang habe ich Maniok angebaut. Jetzt esse ich endlich wieder Fleisch!«

Am späten Nachmittag ging die Jagd immer zu Ende. Wenn wir uns auf den Rückweg zum Lager machten, blieb uns immer nur noch ungefähr eine Stunde Tageslicht. Eine besonders erfolgreiche Jagd bedeutete, daß die Bayaka sofort nach der Rückkehr einer ihrer größten Leidenschaften frönen konnten: *suya* zu essen. Ausgewählte Stücke wie Dücker-Herzen und Lendenfilets wurden mit Salz und Chilipulver eingerieben, im Feuer geröstet und gierig verschlungen. Auf diese Weise zubereitetes Stachelschweinfleisch war eine geschätzte Delikatesse, wie auch das mit viel zartem Fett durchwachsene Fleisch des Riesenwaldschweins. Ich stellte fest, daß ich große Mengen Fleisch verdrücken konnte und schlang wie ein Vielfraß. Jedermann tat es; niemand kam es in den Sinn, Fleisch für die kommenden Tage aufzubewahren.

In der Nacht hatte ich im Lager Ruhe vor den Bienen, die bei Sonnenuntergang zu ihren Stöcken zurückkehrten und ihre Oberhoheit über den Luftraum bis zum nächsten Morgen aufgaben. Ein anderes Insekt, das tagsüber furchtbar lästig war, eine gelbe Fliege, die bei den Bayaka *tuna* heißt und die parasitären Filarialarven überträgt, verschwand ebenfalls ganz prompt bei Anbruch der Dämmerung. Wenn es dann Nacht war, wurde mir immer wieder bewußt, welches eine der größten Segnungen des Lebens im Urwald war: es gab keine Moskitos. Die Nacht gehörte den Heimchen, den Glühwürmchen – die die Bayaka *Sterne* nennen – und einer riesigen Schar zikadenähnlicher Käfer, die sich mit vielen Dezibel in den umstehenden Sträuchern und Bäumen bemerkbar machten. Der Waldboden wurde in der

Nacht zum Tummelplatz der Treiberameisen, deren Raubzüge manchmal einen Winkel des Lagers für mehrere Stunden unbewohnbar machten.

Eines Nachts stellte ich, als ich zu Bett ging, entgegen meiner sonstigen Gewohnheit, meine Leinenschuhe auf den Boden außerhalb des *mbanjo*. Mitten in der Nacht weckte mich ein sanftes, knisterndes Geräusch, das, immer wieder an- und abschwellend, vom Boden neben mir aufzusteigen schien. Ein Feuer? Ich knipste meine Taschenlampe an und sah, daß meine Schuhe von Tausenden von Termiten zernagt wurden. Das Knistern kam vom Zuschnappen ihrer Kiefer, das sie so synchronisierten, daß man manchmal regelrechte Salven von kollektiven Kaugeräuschen hörte, denen dann wieder Stille folgte. Ich sah fasziniert zu, wie sie meine Schuhe zerpflückten; als ich schließlich meine Hand ausstreckte, um sie in Sicherheit zu bringen, biß einer der Soldaten so heftig zu, daß Blut austrat. Meine Schuhe waren stark in Mitleidenschaft gezogen, das Leinen war zerfranst, die Gummisohlen mit winzigen Bißstellen übersät.

Der Einbruch der Nacht hatte immer dieselbe Wirkung auf mich. Meine Empfindungen waren dann von stärkster Intensität, und zugleich wirkte alles um mich herum sehr traumhaft. Zuerst führte ich diesen außergewöhnlichen Zustand auf meine Angst zurück, eine gefährliche Allergie entwickelt zu haben. Später kam ich zu dem Schluß, daß der hohe Sauerstoffgehalt der Luft dafür verantwortlich war. Der Urwald produziert den ganzen Tag lang mittels Fotosynthese Sauerstoff; in der Nacht kehrt sich dieser Prozeß um, die Bäume absorbieren Sauerstoff und geben Kohlendioxid ab. Aber ebenso wie der von der Sonne beschienene Ozean immer dann am wärmsten zu sein scheint, wenn die Spenderin dieser Wärme hinter dem Horizont versinkt, so schien auch die Urwaldluft am Abend besonders reich an Sauerstoff zu sein und meine Sinne ein paar Stunden lang zu schärfen, bevor sie dann betäubend wirkte und mich in einen tiefen und traumlosen Schlaf fallen ließ.

Im Lager von Mombongo war die Nacht aber selten zum Schlafen da. Es war die Zeit der *mokoondi*, pulsierender, paradierender, tanzender und schwebender phosphoreszierender Gebilde, die mit unheimlicher Geschwindigkeit durch die Luft sausten, einer ganzen Galerie von glühenden Gesichtern, Urwaldgeschöpfen, Tieren und Lichtflekken. In Amopolo mußten die Frauen stundenlang singen, um die *mokoondi* herbeizurufen, und meistens erschienen sie gar nicht. In Mombongo zog schon ein einfacher Jodler am Abend die *mokoondi* an, deren Schreie dann aus dem umliegenden Wald ertönten. Wenn alle schliefen, fuhren sie unsichtbar durch das Lager, knallten mit Blättern, stampften auf den Boden, machten Kußgeräusche und pfiffen Melodien, die Mussorgsky komponiert haben könnte. Wenn diese Musik uns nicht zum Aufstehen brachte, griffen sie zu wirksameren Methoden. Sie schikanierten uns, indem sie gegen die Hütten klopften oder an ihnen rüttelten und kreischten: »Los, bewegt euch.«

Und die Bayaka bewegten sich tatsächlich. Nie war gewährleistet, daß man wirklich die ganze Nacht durchschlafen konnte. Manchmal achteten die Frauen darauf, nicht zu singen, ein Zeichen dafür, daß man übereingekommen war, versäumten Schlaf nachzuholen. Trotzdem schlugen die *mokoondi* vielleicht um Mitternacht zu und lösten ein *eboka* aus, das dann bis vier Uhr morgens dauerte. Oder sie stießen um drei Uhr nachts auf das Lager nieder, so daß das *eboka* erst im Morgengrauen zu Ende ging, wenn sich die *mokoondi* schon in ein oder zwei große Sträucher verwandelt hatten.

Nach einiger Zeit begann ich einige der Geister wiederzuerkennen. Der stimmgewaltigste von ihnen, die Bayaka nannten ihn den »Ältesten«, war ein großköpfiges Wesen von unglaublicher, unerschöpflicher Vitalität. Er lief auf allen Vieren, tanzte aber in aufrechter Haltung, und zwar oft mit so schnellen, kleinen Schritten, daß er zu gleiten oder zu schweben schien. Ein anderer war nur ein Fleck, der wie ein Irrlicht durch die Luft taumelte und wirbelte; seine Bewegungen waren vehement und völlig unberechenbar. Ein anderer Geist besaß einen langen glühenden Penis. Ihre Gegenwart erfüllte das Lager mit dem stechenden Geruch feuchter, modriger Erde, der auch am nächsten Tag noch lange anhielt. Er war ganz anders als der frische Blattgeruch, den die Strauch-*mokoondi* zurückließen.

Trotz des übernatürlichen Aussehens dieser Erscheinungen, und obwohl ich meine Ungläubigkeit bereitwilligst unterdrückte, konnte ich nicht umhin, unbewußt und ohne mich auf etwas Greifbares zu stützen, Beziehungen zwischen bestimmten Geistern und bestimmten Männern herzustellen. Schon in Amopolo hatte ich damit angefangen, einige der *mokoondi* zu identifizieren. Manchmal meinte ich, sowohl Balonyona als auch Mabuti erkannt zu haben. In Mombongo begann ich jetzt, einige der phosphoreszierenden *mokoondi* zu erahnen. Am stärksten war der Wiedererkennungseffekt bei dem »Ältesten«, er ließ mich immer an Adamo denken; in Adamos Stimme war ein nicht zu definierender Beiklang, den ich in der durchdringenden Falsettstimme des Geistes wiederzuhören glaubte.

In manchen Nächten zählte ich mehr als zwanzig glühende *mokoondi*. Es war nur natürlich, daß sie das Licht scheuten. Als jemand einmal eine Zigarette anzündete, jagte sie das aufflammende Streichholz sofort in den Wald zurück. Die Bayaka mußten eine halbe Stunde lang singen, um sie wieder ins Lager zu locken. Atemberaubend war die Geschwindigkeit, mit der sie sich nicht nur durchs Lager, sondern auch durch den umstehenden Wald bewegten, wobei sie wahrscheinlich in der Finsternis unter Ästen durchtauchen und über Wurzeln springen mußten. Wenn ich in einer solchen Dunkelheit unterwegs war, schlurfte ich immer nur mit winzigen, vorsichtigen Schritten vorwärts und hielt eine Hand ausgestreckt, um mein Gesicht zu schützen. Vielleicht waren aber auch die *mokoondi* nicht so unfehlbar, wie es schien. Eines Nachts, als eine besonders prächtige Zeremonie im Gang war, die schon seit Stunden dauerte und bei der sich das ganze Lager mit glühenden

Gebilden bevölkert hatte, erschien Singali bei mir und bat mich um Verbände. Ich kramte ein paar aus meinem Bündel hervor und gab sie ihm, er kam aber noch zweimal zurück, um weitere zu holen. Schließlich brachen die *mokoondi* die Zeremonie abrupt ab und zogen sich in den Wald zurück. Taschenlampen leuchteten auf, und ich wurde hinter eine Ansammlung von Hütten geführt, wo Singali und andere vergeblich versucht hatten, eine klaffende, blutende Wunde an Engulés Kopf zu schließen; er war offensichtlich mit großer Wucht in etwas hineingerannt.

Die völlige Dunkelheit stellte für das Aufnehmen dieser Zeremonien eine zusätzliche Schwierigkeit dar, konnte mich aber nicht davon abhalten. Ich lernte es, meinen Recorder nach Gespür zu bedienen, und erfand eine Methode, die Kassetten von einer Tasche in die andere wandern zu lassen, so daß ich nicht eine aus Versehen zweimal bespielte und damit ich am nächsten Tag wußte, in welcher Reihenfolge ich sie benutzt hatte. Ich war überzeugt davon, die erhabenste Musik zu hören, die es auf der ganzen Erde gab. Für mich hatte sie nichts mehr mit »Pygmäen«-Musik gemein, und sie erinnerte nicht einmal mehr an afrikanische Musik. Sie entzog sich allen solchen Zuordnungsversuchen, sie war eine Welt für sich. Ich zeichnete alles auf, nicht weil ich dachte, daß es eine einzigartige Gelegenheit sei – ich glaubte im Gegenteil, noch unzählige solcher Gelegenheiten zu haben –, sondern aus dem Drang heraus, soviel wie möglich von dem festzuhalten, was ich jetzt als die glücklichste Zeit meines Lebens ansah. Ich werde mich nach diesen Tagen zurücksehnen, dachte ich mir schon, als ich sie noch durchlebte.

Nach ein paar Wochen hatte sich die Zahl der Bewohner unseres Urwaldcamps auf ungefähr sechzig Personen eingepegelt. Joboko und Dimba, die dabei geholfen hatten, das Lager zu errichten, waren ein paar Tage später wieder nach Amopolo zurückgekehrt. Andere, wie Mobo und seine Familie, waren später zu uns gestoßen. Singali kam mit seiner dritten Frau nach Mombongo, pendelte aber ständig zwischen dem Dorf und dem Lager hin und her. Engulé und Mbina waren beide in Mombongo, sie lebten das erste Mal zusammen, in einer Hütte, deren Eingang nicht höher als meine Knie war. Ewunji hatte seine ganze Sippe zu uns herausgeführt, zu der auch Sombolos Brüder Zalogwé und Ndima gehörten. Bombé nächtigte weiterhin auf dem *mbanjo*, nachdem er sich wieder einmal von seiner Frau Balé getrennt hatte. Balé selbst ließ sich manchmal für ein paar Tage blicken, weigerte sich aber, auch nur mit Bombé zu sprechen. Bakpima, ein anderer Pionier von Mombongo, zog nach zwei Wochen zurück nach Amopolo – viel zu bald, denn er war ein großartiger Sänger, der die Frauen neu inspirierte, wenn sie unkonzentriert oder matt sangen. Mich enttäuschte besonders, daß Balonyona nicht unter uns war. Ich hatte keine Ahnung, warum er im Dorf geblieben war.

In Mombongo schienen die Bayaka ohne jegliche Mühe wieder in eine traditionellere Lebensweise hinüberzugleiten; voller Befriedigung verfolgte ich das Come-Back der Bienenkorbhütte mit. Ich hatte gelesen, daß die Frauen diese Hütten innerhalb weniger Stunden errichten, aber in Wirklichkeit wurde der Bau nie ganz abgeschlossen; die Frauen verbesserten ständig den ursprünglichen Entwurf: sie fügten weitere Räume hinzu, erweiterten die Eingänge, bastelten immer wieder am Blätterdach herum. Manchmal war eine Hütte gerade erst hochgezogen worden, wenn die Frauen sie aus mir unerfindlichen Gründen niederrissen und wieder bei Null anfingen.

Schon in Amopolo waren die Frauen gewöhnlich mit traditionellen Tätigkeiten, etwa dem Körbeflechten, beschäftigt gewesen, in Mombongo wuchs aber die Vielfalt dieser Aktivitäten noch. Die Männer hingegen hatten in Amopolo immer dazu geneigt, sich vom Zentrum ihrer kulturellen Identität zu entfernen; es war daher um so beeindruckender, wie sich ihr Verhalten in Mombongo änderte. Vorbei war es mit dem Einsammeln von Raffiablättern für die Einwohner von Bomandjombo; auch die verschiedenen Geschichten, mit denen sie sich *mbaku* zu verschaffen suchten, bekam man nicht mehr zu hören. Sogar in Augenblicken der Muße beschäftigten sie sich mit etwas Sinnvollem. Wenn die Männer zusammensaßen und schwatzten, kamen ihre Hände nie zur Ruhe. Sie spitzten Pfeile an oder pellten die zähen Fasern von einer Kletterpflanze, aus denen man *kusa*, Schnüre für die Jagdnetze herstellt. All das schien ihnen weniger Mühe zu bereiten als unsereins das Stricken zum Beispiel.

Die Herstellung von *kusa* erforderte viel Aufwand. Zunächst wurde die Kletterpflanze gesammelt und in Stücke von sechzig Zentimetern geschnitten. Dann wurde die Rinde abgeschält. Den Rest der Pflanze warf man weg. Gewöhnlich erledigte man dies während der Jagd. Im Lager lösten die Männer die verwendbaren Fasern von der Rinde ab und ließen sie mehrere Tage lang trocknen. Auf ihren Schenkeln drehten sie dann aus den Fasern kurze Schnüre, die sie Stück für Stück aneinanderfügten, bis sie ein ganzes Knäuel zusammenhatten. Es dauerte drei Monate, um genügend Schnur für ein Jagdnetz herzustellen.

Einige Männer zeigten eine so starke Verhaltensveränderung, daß man schon fast an Persönlichkeitsspaltung glauben konnte. Ein besonders gutes Beispiel dafür gab Mobo ab. Ich hatte zwar auf manchen Jagdzügen schon mitbekommen, was in ihm steckte – er konnte mit todbringender Lautlosigkeit durch den Dschungel pirschen –, in Amopolo schwankte sein Verhalten aber immer nur zwischen zwei Extremen hin und her – zwischen äußerster Faulheit und totaler Zügellosigkeit. Seine Lieblingsbeschäftigung war es, im Schatten herumzulungern, riesige Mengen Marihuana zu rauchen und nach jeder Pfeife, die er sich zu Gemüte geführt hatte, ein Nickerchen zu halten. Hin und wieder ging er auch auf eine Sauftour; da er von zarter Statur war, brauchte er für einen Vollrausch nicht viel Schnaps. Gelegentlich erwarb er sich das Geld für diese Vergnügungen durch ehrliche Arbeit, viel öfter setzte er jedoch seine bemerkenswerten Überredungskünste ein, um sich von den Dorfbewohnern Geld für Arbeiten oder auch Waren zu erschwindeln, die er überhaupt nicht zu leisten oder zu liefern beabsichtigte. Sein Talent war so groß, daß er es schaffte, Kunden, die er schon einmal hereingelegt hatte, erneut einzuwickeln. In Mombongo jedoch verließ ebendieser Mann immer als erster, noch bevor das Tageslicht durch das Blätterdach drang, das Lager und kehrte als letzter erst dann zurück, wenn sich schon die Dämmerung gesenkt hatte. Nur mit einem Lendenschurz bekleidet, mit einem großen Köcher voll kleiner Giftpfeile über der einen und einem Speer auf der anderen Schulter, ging er immer alleine mit seiner Armbrust auf die Pirsch. An der Jagd mit den Netzen nahm er nur selten teil, denn seine Fähigkeit, sich unbemerkt an das Wild anzuschleichen, war besonders bei der Pirschjagd von Vorteil. Manchmal ließ er seine Waffen aber auch in seiner Hütte und ging los, um Honig zu sammeln. Mobo liebte Honig.

Die bemerkenswerteste Wandlung von allen machte Sombolo durch. Die Frau, in die ich mich verliebt hatte, war die Tochter des unbestrittenen Meistersäufers von ganz Amopolo. Die meisten älteren Männer waren nie abgeneigt, ein Glas *mbaku* zu kippen, aber Sombolo gierte wirklich nach dem Fusel. Noch nie hatte ich ihn ganz nüchtern erlebt, und ich hatte mir nicht vorstellen können, wie er eigentlich war, wenn er nicht unter Alkohol stand. Wenn er nur ein Gläschen getrunken hatte, wurde er zum gutmütigen Clown und hieb meistens auf die Trommeln ein, um ein *eboka* in Gang zu bringen. Wenn er schon recht angesäuselt war, wurde sein Getanze immer akrobatischer und komischer; was er in diesem Stadium der Trunkenheit aufführte, hatte ihm, vor allem bei den Dorfleuten, den Ruf eingebracht, der vollkommenste Tänzer der ganzen Region zu sein. Wenn er richtig getankt hatte, was allzu oft vorkam, entartete sein Tanzen zu einem Kampf gegen die Schwerkraft; er wurde zur Zielscheibe des Gespötts der Kinder und bot wirklich einen erbarmungswürdigen Anblick.

In Mombongo bekam ich zum erstenmal einen nüchternen Sombolo zu Gesicht, und er entpuppte sich als ein wirklich prächtiger Kerl. Jede Spur von Clownerie war verschwunden, er schien, wie eine niedergepreßte Sprungfeder, eine Art von kontrollierter Spannung in sich zu bergen, und seine Wahrnehmungsfähigkeiten waren derartig gesteigert, daß sie mir schon unnatürlich scharf vorkamen. Er war ein mitreißend guter Pantomime; ich hatte schon seine Gorillaimitation gesehen, eine Darbietung, zu der man ihn leicht überreden konnte, wenn er betrunken war, jetzt nahm er aber die anderen Lagerbewohner aufs Korn. Eines Abends mußten wir uns vor Lachen die Seiten halten, als er uns vormachte, wie Adamo beim »Lesen« aussah. Er beendete seine Vorführung mit der vielsagenden Bemerkung, daß er, wenn er ein solches Getue sehe, wirklich bezweifeln müsse, daß es noch Hoffnung für die Bayaka gebe.

Mein Aufenthalt in Mombongo hätte ohne Ngbali nicht dieselbe Bedeutung für mich gehabt. In ihren Augen lag irgend etwas unermeßlich Fernes, beinahe Unerreichbares, so als schaute sie mich über die Kluft hinüber an, die zwischen unseren beiden Welten lag. Wenn unsere Blicke sich begegneten, was in Mombongo oft der Fall war, hatte ich immer das Gefühl, mit der Zeitlosigkeit des Urwalds konfrontiert zu werden. Aber so sehr ich mich auch bemühte, genau definieren konnte ich es nicht. Obwohl sie nicht weniger als alle anderen dem Leben im Dorf mit all seinen Einflüssen ausgesetzt war, war Ngbali eine der am wenigsten »kultivierten« Einwohnerinnen Amopolos. Sie sprach kaum ein Wort Sango und fühlte sich offensichtlich im Urwald zu Hause. Irgendwie war er Teil von ihr, und das verlieh ihr eine Schönheit, wie ich sie zuvor gar nicht für möglich gehalten hatte. Jedesmal, wenn ich sie anschaute, erschien sie mir schöner, als ich in Erinnerung hatte, so als reiche das Gedächtnis gar nicht aus, um eine so überwältigende Erscheinung aufzubewahren.

Die Art und Weise, wie in Mombongo die Schlafplätze verteilt waren, deutete darauf hin, daß Ngbali und ich keine Nacht zusammen verbringen würden. Ich schlief auf dem *mbanjo*, dem öffentlichsten Platz, den es im ganzen Lager gab. Ngbali bewohnte zusammen mit ihren Eltern und ihrem kleinen Bruder eine Bienenkorbhütte. Unser Aufenthalt in Mombongo sollte uns offensichtlich die Gelegenheit geben, unter den bestmöglichen Umständen miteinander vertraut zu werden. Durch dieses Arrangement verband sich für mich Ngbali auf untrennbare Weise mit dem Urwald. Sie verkörperte in gewisser Weise den Wald für mich, und nach einiger Zeit konnte ich mir diesen ohne sie nicht mehr vorstellen.

Auf den Jagdzügen hatte Ngbali jetzt recht wenig zu tun. Manchmal half sie ihrem Vater dabei, das Netz aufzuspannen, aber gewöhnlich überließ sie diese Aufgabe ihrer Mutter. Sie nahm selten einen *eekwa*, einen Tragkorb, mit, obwohl die jungen Mädchen das eigentlich routinemäßig taten. Sie demonstrierte so, daß sie als zukünftige Frau eines »reichen« weißen Mannes einen Sonderstatus genoß. Ihre Hauptaufgabe schien es zu sein, Mowoomas kleine Tochter, Etu, die sie besonders gerne hatte, herumzutragen. Sie verwendete ihre Machete meistens zu sinnlosen Verrichtungen, wie Stöcke in kleine Stücke zu zerschlagen oder Löcher in den Boden zu graben, die lediglich ihre außergewöhnliche Energie unter Beweis stellen sollten. Die einzige Person, die auf der Jagd noch weniger Verantwortung trug als sie, war ich selbst. Ungefähr das einzige, was ich tat, war, Ngbali zu beobachten, die mich mit jeder einzelnen Geste gefangennahm.

Ngbali bemühte sich nicht mehr darum, in meiner Nähe zu bleiben, wie sie es auf den Jagdexpeditionen vor unserer Verlobung getan hatte. Wie ein nicht zu fassender Geist huschte sie immer wieder aus meinem Gesichtskreis, um kurz darauf wieder aufzutauchen. Es konnte sein, daß sie nur ein paar Meter von mir entfernt auf dem Boden saß, ich kurz blinzelte oder die Schweißbienen von meinem Gesicht wegwedelte und danach feststellen mußte, daß sie lautlos davongeschlüpft war. Die einzige Gelegenheit, bei der sie direkt das Wort an mich richten sollte, ließ sie mir noch geheimnisvoller vorkommen.

Wir befanden uns in einem *bimba*-Waldstück, in dem es nur spärliches Unterholz gab. Es war die Zeit der Mittagspause. Ich hatte mich bei den anderen Männern niedergelassen, die Frauen hatten sich ein wenig von uns entfernt gelagert. Ngbali saß neben Mimba, der Frau ihres Onkels Zalogwé, als sie mich dabei erwischte, wie ich sie anstierte. Sie fing an, mit mir zu sprechen, das heißt, sie schien mich auszuschelten und gestikulierte emphatisch mit ihren Händen. Sie sprach so gedämpft, daß ich sie auch nicht verstanden hätte, wenn ich fließend Yaka gesprochen hätte. Ich hatte jedoch das Gefühl, daß sie wollte, daß ich sie verstand. Mimba, die wohl als einzige mitbekommen hatte, was sie gesagt hatte, winkte mich herüber. Aber als ich vor den beiden stand, hatte sich Ngbalis Forschheit bereits verflüchtigt. Als ich sie fragte, was sie gesagt habe, ignorierte sie mich, wandte sich von mir ab und fing an, ein Loch in den Boden zu graben.

Dieser Zwischenfall ließ das Gefühl in mir zurück, daß vielleicht nicht alles so war, wie es sein sollte. Da sich aber Ähnliches nicht wiederholte und es auf jeder der folgenden Jagden erfreulichere Begegnungen gab, ging ich darüber hinweg. Ich mußte mir aber eingestehen, daß ihre Blicke nicht mehr so offen und einladend waren wie früher. Manchmal glaubte ich, leise Kritik in ihnen zu entdecken, so als hätte sie festgestellt, daß ich im Urwald doch keine so überwältigende Figur abgab. Ngbali schien aber meine Aufmerksamkeit zu genießen, und mir wiederum machte es Freude, Szenen zu beobachten, an denen ich nicht beteiligt war. So stocherte sie zum Beispiel einmal mit ihrer Machete in einem Loch in einem Baumstamm herum und weckte damit eine ganze Kolonie von Fledermäusen auf. Sie schossen in Zweier- und Dreiergruppen aus ihrem Bau heraus und huschten schattengleich in die Baumkronen, während Ngbali und Mbina sie mit Stöcken zur Strecke zu bringen versuchten.

Hin und wieder erhielt ich eine Chance, mich zu produzieren. Da ich mir des großen Altersunterschieds (achtzehn bis zwanzig Jahre) zwischen Ngbali und mir bewußt war, ergriff ich jede Gelegenheit, meine körperliche Fitneß unter Beweis zu stellen. Ich war immer betont aktiv, wenn wir durch den Wald zogen, zeigte immer lebhaftes Interesse für die Jagd, lief von einem Netz zum anderen, war dabei, wenn die Tiere getötet wurden, trieb Antilopen, die aus dem Kreis entkommen waren, wieder zu den Netzen zurück. Einmal landete einer dieser von mir zurückgescheuchten Flüchtlinge tatsächlich in Bilémas Netz, und am Abend konnte ich Ngbali stolz meinen von mir selbst verdienten Anteil an der Beute präsentieren.

Eines Tages brach, als die Jagd zu Ende war, ein fürchterlicher Sturm aus. Sombolo entschied sich, so schnell wie möglich zum Lager zurückzurennen, und ich rannte mit ihm mit. Er legte ein gewaltiges Tempo vor, aber ich blieb ihm immer dicht auf den Fersen. Der Wald glitzerte im Regen, als ob die Bäume mit Lametta behängt wären; wir sprangen über Baumstämme und heimtückische Wurzeln, wichen Ästen und Lianen aus und sausten mit tollkühner Geschwindigkeit über den sich windenden Dschungelpfad. Die anderen stießen Ausrufe des Erstaunens aus, als wir von hinten an sie herankamen und sprangen nach links und rechts in den Dschungel, um uns den Weg freizumachen; ich hörte deutlich Ngbalis *wo!*, als wir an ihr vorbeipreschten.

Wenn wir von der Jagd ins Lager zurückgekehrt waren, wich normalerweise das Scharfe und Kritische aus Ngbalis Blick, und sie schien wieder genauso fasziniert von mir zu sein wie ich von ihr. Ich verbrachte die noch verbleibenden hellen Stunden auf dem *mbanjo*, wo die Männer Zigaretten rauchend zusammensaßen und die Ereignisse des Tages diskutierten. Sie begleiteten ihre Ausführungen immer mit Gesten und Geräuschen, von denen ihnen allen ein ganzes Repertoire zur Verfügung stand. Ich begriff nie, was diese Geräusche, die wohl eher etwas ausdrücken als nachahmen sollten, eigentlich bedeuteten. Bei Anbruch der Nacht schlenderte ich dann gewöhnlich zu Sombolos Enklave hinüber, um nach besten Kräften am intimeren Leben meiner Familie teilzunehmen. Der immer zu einem Gespräch aufgelegte Mowooma lag ausgestreckt neben einem hellodernden Feuer vor seiner Hütte. Akunga gefiel es, den Blicken der anderen entzogen, in seiner Hütte zu ruhen, er trug aber manchmal mit seiner barschen Stimme durch die Hüttenwand hindurch zu der Konversation bei. Ngbali war ständig mit kleinen Arbeiten beschäftigt – sie hackte *koko*, holte Wasser oder Brennholz. Sie stampfte zwar große Mengen von Maniok, bereitete aber keine Mahlzeiten zu, es sei denn, daß sie sich auf der Jagd eine Portion Fleisch verdient hatte.

Irgendwann im Laufe des Abends bezog Sombolo mich dann immer in das Gespräch ein, gewöhnlich, indem er mir Fragen über Amerika stellte. Ich versuchte dann in meinem bruchstückhaften Yaka etwas über das Land, aus dem ich kam, zu erzählen. Eines Nachts kam das Gespräch auf Flugzeuge, und ich beschrieb alle möglichen Typen, von Hubschraubern über Jumbo-Jets bis hin zu Raketen. Ein anderes Mal erzählte ich den Bayaka etwas über die Nahrungsmittel, von denen ich wußte, daß sie ihnen am meisten zusagen würden: zuckersüße Riesenwassermelonen, Pflaumen und Pfirsische, Cashew-und Pecannüsse, Gemüse wie Karotten und Süßkartoffeln. Wir hatten wegen heftiger Regenfälle seit zwei Tagen nicht jagen können, und keiner von uns hatte viel im Magen; als ich mit meinen Ausführungen zu Ende war, hatte ich mich selbst in einen ganz schönen Appetit hineingeredet.

Ich erzählte ihnen etwas über die verschiedenen Jahreszeiten und wie ein ganzer Wald mehrere Monate lang völlig entlaubt sein konnte, um dann mit der Rückkehr der warmen Jahreszeit neue Blätter auszubilden. Ich schilderte die Kälte, die so groß war, daß man »Kleider« an den Händen tragen mußte, die Häuser, die die höchsten Bäume überragten, den Verkehr, der so dicht war, daß man manchmal zu Fuß schneller vorankam als mit einem Auto. Ich hielt meine Zuhörer mit meinen bruchstückhaften Beschreibungen in Bann, entlockte ihnen Ausrufe des Erstaunens und auch des Unglaubens, wenn sie von Dingen hörten, die völlig außerhalb ihres Erfahrungsbereichs lagen. Ich fragte mich oft, was für Vorstellungen ich eigentlich in ihren Köpfen heraufbeschwor. Ngbali saß immer wie angewurzelt dabei und hörte gespannt zu. Was konnte sie nur über diese fremde Welt denken, in die ich sie vielleicht führen würde?

Eines Nachts erzählte ihre Tante Etu eine Geschichte, die wahrscheinlich durch meine Beschreibung Amerikas beeinflußt war. Ich konnte nicht alle Einzelheiten verstehen, bekam aber mit, daß es um eine Moaka-Frau ging, die eine Reise in ein fernes Land unternahm, wo alles ganz anders war. Etus Schilderung der großen Menschenmengen war so eindringlich, daß Ngbali erstaunt ausrief: »So viele Leute!« Etu spann die Geschichte immer weiter aus, sie erzählte sie noch, als fast alle anderen im Lager schon längst schlafen gegangen waren. Ab und zu unterbrach sie die Erzählung mit einem kleinen Lied, es war immer dasselbe, in das Ngbali und die anderen Frauen unserer Familie manchmal einstimmten. Ich verstand kaum ein Wort, war aber dennoch fasziniert. Einmal drängte Sombolo Etu sogar, sich zu beeilen und zum Ende zu kommen – er war müde und wollte schlafen gehen. Aber sie erzählte noch mindestens zwei Stunden lang weiter – und Sombolo hörte bis zum Schluß zu.

Eines Morgens sah ich, wie Ngbali und mehrere andere Frauen, jede mit einem leeren Tragkorb, das Lager verließen; aber niemand sagte mir, wohin sie gingen. Als ich am Nachmittag erfuhr, daß sie ins Dorf gegangen seien und erst am nächsten Tag zurücksein würden, schäumte ich vor Wut. Zumindest Ngbali hätte mir doch sagen können, wohin sie ging. Als ich mich bei Sombolo und anderen beklagte, teilten sie mir mit, daß die Frauen nur losgezogen seien, um einen Tag lang für die Dorfleute zu arbeiten. Sie würden dafür Maniok erhalten. In Mombongo habe man allen Maniok aufgebraucht.

»Was ist denn mit den fünf Sack passiert, die ich gekauft habe?« fragte ich verblüfft – sie hatten mir alle versichert, daß man mit einer solchen Menge mindestens zwei Monate auskommen würde.

»Die Bayaka essen viel Maniok«, sagte Sombolo entschuldigend.

Am Abend spürte ich Ngbalis Abwesenheit sehr, und mein Kummer wuchs. Die Vorstellung, daß sie von einem Dorfbewohner ausgebeutet wurde und einen ganzen Tag lang in der tropischen Sonne schwere körperliche Arbeit verrichten mußte, behagte mir überhaupt nicht. Ich hatte noch etwas Geld in der Tasche, warum hatte sie mich nicht einfach um Geld für Maniok gebeten? War ich denn nicht ihr zukünftiger Mann? Die Tatsache, daß sie offenbar lieber schuftete, als das Wort an mich zu richten, traf einen empfindlichen Nerv. Je mehr ich darüber nachdachte, desto weniger gefiel es mir.

Ngbali kam am nächsten Nachmittag zurück. Ihr *eekwa* war so voll Maniok gepackt, daß es mir schwer gefallen wäre, ihn hochzuheben – sie hatte sich den Riemen um die Stirn gelegt und den Korb meilenweit durch den Dschungel geschleppt. Ich wollte nicht, daß sie so schwere Lasten trug, und beschloß mein Mißvergnügen dadurch auszudrücken, daß ich sie ignorierte. Ngbali merkte schnell, was ich im Sinn hatte, und machte sich daran, mich von meinem Vorsatz abzubringen.

Zunächst versuchte sie, ständig in meinem Blickfeld zu bleiben – wohin ich auch immer ging, sie tauchte nach kurzer Zeit vor mir auf. Auch wenn ich sie nicht ansah, spürte ich, daß sie mich ungeniert fixierte. Dann ging sie zu einer anderen Taktik über, sie beachtete mich nicht mehr und schnappte sich die kleine Etu. Sie streckte sich auf eine

Schilfmatte, legte sich Etu auf den Leib und begann, in einer sehr suggestiven Weise mit ihr zu spielen. Die Art, wie sie mich dabei anblickte, ließ keinen Zweifel daran aufkommen, daß sie mich necken wollte. Mehrmals erwischte sie mich dabei, wie ich zurückschaute, und bald konnte ich den Blick nicht mehr von ihr abwenden.

Unterdessen hatten einige Jungen einen Riesentausendfüßler entdeckt und bugsierten ihn unter viel Geschrei auf einen Stock. Ich sah die Chance gekommen, Rache zu nehmen, ergriff den Stock, tat so, als wollte ich den Tausendfüßler ins Gebüsch schleudern, fuhr dann herum und rannte mit ihm auf Ngbali zu. Unter dem Gejohle und Gelächter aller Umstehenden raste Ngbali in die nächste Hütte.

Als ich am Abend zu Sombolo ging, saß sie allein in der Hütte ihrer Eltern. Als sie mich erblickte, schenkte sie mir ein bezauberndes Lächeln. Die letzte Spur meiner Verärgerung und meine Zweifel schwanden auf der Stelle dahin.

Wir waren aus Amopolo ausgezogen, als *izibu*, die trockene Jahreszeit, zu Ende ging. *Mboola*, die Regenzeit, stand vor der Tür. Ein paar kurze Schauer hatten bereits den sandflohverseuchten Boden Amopolos unter Wasser gesetzt, und der Himmel hatte sich immer häufiger bewölkt. Das entfernte Grollen, das wir jetzt des öfteren vernahmen, rührte aber von ausgewachsenen Gewitterstürmen her. Oft setzte der Regen am späten Nachmittag ein und hielt ein paar Stunden lang an, manchmal schüttete es aber auch die ganze Nacht hindurch bis zum nächsten Vormittag. An solchen Tagen gingen wir nicht auf die Jagd, weil die Netze zu leicht rissen, wenn sie naß waren.

Mit dem Beginn von *mboola* fing auch die Honigsaison an. Honig war zwar das ganze Jahr über zu finden, während der ersten beiden Monate der Regenzeit gab es ihn aber im Überfluß. Die Bayaka kannten mindestens ein halbes Dutzend verschiedener Sorten, von denen jede von einer anderen Bienenart produziert wurde. Eine der kleinen, stachellosen Bienenarten lieferte *kuma*, der mich mit seinem scharfen Geschmack an gegorenen Ahornsirup erinnerte. Die Waben waren dunkel, fast schwarz, und sahen wie ein verrotteter Baumpilz aus. *Kuma* hatte eine starke Wirkung auf den Magen und wurde deshalb kaum jemals pur genossen. Die Bayaka vermischten den Honig mit Wasser zu einem Getränk, das sie *njambu*, »Kaffee des Urwaldes«, nannten. Die Bauten der Bienen befinden sich hoch oben in Bäumen, die man fällen muß, wenn man an den *kuma*-Honig gelangen will. Der Honig wird dann in Gefäße gefüllt, die aus *ngungu* gefertigt sind, den Blättern, mit denen man auch die Hütten abdeckt.

Sako war ein Honig, den man in morschen Baumstämmen und auch im Boden fand. Die winzigen Schweißbienen, die einen so irritieren konnten, wenn sie einem die Flüssigkeit aus den Augenwinkeln nippten, produzierten einen Honig, der *bwangi* genannt wurde. Man sagte mir, daß er köstlich sei, gekostet habe ich ihn aber nie.

Der König aller Honige jedoch – der in »klassisch« geformten Waben enthalten war – war das Produkt der *banjooey*, meiner Todfeinde, der Honigbienen. Diesen *buuy* genannten Honig zu sammeln, ist ein gefährliches Unterfangen, weil man ihn immer nur in den Wipfeln der höchsten Bäume, derer, die noch über das Blätterdach hinausragen, findet. Ein Rindenriemen wird um den Baumstamm geschlungen und hinter dem Rücken des Kletterers verknüpft. Mit einer selbstgemachten Axt hackt dieser sich dann eine Fußstütze nach der anderen aus dem Baum heraus und kraxelt ganz langsam den Stamm hoch. Bis er den Bienenstock erreicht hat, kann ein guter Teil des Tages vergehen. Der Kletterer räuchert dann den Bau aus – der Rauch betäubt die Bienen, so daß sie kaum jemals stechen. Wenn das erledigt ist, schöpft er den Honig in einen Eimer aus Blättern, den er an einem Seil auf den Boden herunterläßt. Den größten Teil des *buuy* verzehrt man an Ort und Stelle. Mobo war einer der erfolgreichsten *buuy*-Sammler, Tété, der für seine Kletterkünste bekannt war, kam ihm aber fast gleich, und als Team leisteten auch Sombolo und Mowooma Beachtliches.

Die Bayaka konnten in wenigen Sekunden riesige Portionen Honig verdrücken. Am Anfang war ich mit einem Mundvoll mehr als zufrieden. Wenn ich mir zu viel zu Gemüte führte, bereute ich es später: Mir wurde so übel, daß ich mich auf mein Lager strecken mußte. Als ich mich nach und nach an diese Kost gewöhte, wuchs sich mein Appetit auf Honig zu einer regelrechten Gier aus, auch wenn mir immer noch leicht unwohl davon wurde. Lange glaubte ich, daß ich der einzige sei, der auf diese Weise für seine Unmäßigkeit büßen mußte, und litt daher schweigend. Erst Monate später erfuhr ich, daß alle Bayaka von den Honiggelagen Bauchschmerzen bekamen – das war einfach der Preis, den man für seine Völlerei zu zahlen hatte.

Wenn die anderen jagten, zog ich manchmal alleine los, um Aufnahmen von den Geräuschen des Urwalds zu machen. Bei Tagesanbruch ging es immer am lautesten zu. Die Affen verstummten zwar nach einiger Zeit, einige Vogelarten ließen aber den ganzen Tag lang ihre verschiedenen Rufe erschallen. Es war schwierig, die Vögel auszumachen – hin und wieder erhaschte ich durch das Blättergewirr hindurch einen Blick auf einen gelben Flügel oder einen leuchtendroten Schnabel oder ein erschrocken guckendes schwarzes Auge, das von einem orangefarbenen Ring umgeben war. Um die Mittagszeit herum gaben die Zikaden den Ton an; in periodischen Abständen brachen die großen grünen Insekten in schrilles Gezirpe aus. Am späten Nachmittag, wenn das Sonnenlicht nicht mehr den Boden erreichte, verschafften sich die ersten Nachtinsekten Gehör; sie veränderten mit ihren elektronisch klingenden Geräuschen nach und nach die Klangkulisse des Urwalds. Bei Sonnenuntergang kam noch eine letzte Salve von Affengeschrei und Vogelgesang, und danach setzte der Chor der Nachtinsekten mit voller Macht ein.

Eines der ergreifendsten Geräusche, das man im Urwald

zu hören bekam, war der Ruf des Baumschliefers. Der Baumschliefer ist ein auf Bäumen lebendes Nachttier, das ein bißchen wie ein Kaninchen aussieht, aber in Wirklichkeit einer der engsten noch lebenden Verwandten des Elefanten ist. Sein Ruf beginnt zunächst leise, es klingt wie ein geträllertes Wimmern, dann wird er von Mal zu Mal lauter und höher, und den Abschluß bildet dann ein langes klagendes Heulen das man noch aus einer Entfernung von einer Meile hört. Gewöhnlich läßt der Baumschliefer sich zwischen neun Uhr abends und Mitternacht hören und dann noch einmal ein paar Stunden vor Morgengrauen.

Wenn ich durch den Urwald streifte, wurde ich nur selten von Bienen belästigt, während der Stunden aber, in denen ich an einem Fleck verharren mußte, um meine Tonaufnahmen zu machen, kam es zu einigen Rencontres. Das Summen einer einzigen Honigbiene war überraschend laut, es schien die ringsum herrschende Stille regelrecht zu zerschneiden. Wenn ich es vernahm, konnte ich sicher sein, daß bald darauf die Biene im Zick-Zack dicht über dem Boden herangeflogen kam, nur ein paar Zentimeter von meiner Hand oder meinem Fuß entfernt Halt machte und dort dann aggressiv auf der Stelle schweben blieb. Was für ein Impuls trieb diese Einzelgänger eigentlich direkt zu mir, wo ihnen doch der ganze große Urwald zur Verfügung stand? Wenn sie einmal auf einen aufmerksam geworden waren, konnte sie nur eine Todesdrohung von ihren Absichten abbringen. Ich wartete immer, bis die Biene auf mir landete und schnipste sie dann mit dem Fingernagel weg. Betäubt lag sie erst minutenlang zwischen den Blättern, krabbelte dann – wie in einer Kurzversion des Bienentanzes – wild im Kreis herum, als müsse sie die Orientierung wiederfinden, und flog schließlich eilig weg – diesmal in einer schnurgeraden Linie, vielleicht, wie ich dachte und hoffte, um den anderen Bewohnern ihres Stockes zu melden, daß man mich besser in Ruhe ließ.

Wenn ich von diesen Expeditionen zum Lager zurückmarschierte, verspürte ich immer eine gewisse Beklemmung. Schon aus einer Entfernung von fünfzig Metern vernahm ich das mächtige Gesumm der Bienen. Tagsüber war es immer zu hören: ein komplexer Akkord mit Obertönen und Dissonanzen, als wolle der Urwald uns menschliche Eindringlinge damit einhüllen, so wie eine Muschel um ein Sandkorn herum eine Perle bildet. Ich versuchte oft, dieses Gesumme aufzunehmen, aber es war einfach ein zu feines Geräusch, um von einem Mikrofon eingefangen zu werden. Dieses Geräusch wurde von verschiedenen Bienenarten gemeinsam hervorgebracht, es kam daher wohl nur in Dschungellagern wie dem unseren vor. Nirgendwo sonst versammelten sich so viele verschiedene Arten in so großen Mengen. Der Klang war nie genau derselbe, er veränderte sich von Tag zu Tag, je nachdem, wieviele Bienen einer bestimmten Art dabei waren. An einigen Tagen übertraf eine Abart der kleinen Bienen die Zahl der Honigbienen, manchmal waren mehr schwarze Bienen darunter, dann wieder mehr rote.

Auf einer meiner Expeditionen stieß ich auf ein verlassenes, vom Dschungel überwuchertes Bayaka-Camp. Ich hielt mich schon eine halbe Stunde mitten in diesem Lager auf, bevor ich überhaupt merkte, wo ich da hineingestolpert war. Die Überbleibsel von Hütten gaben mir den ersten Hinweis. Die Holzstangen waren schwarz und verrottet, und Schößlinge wuchsen durch das verfallene Rahmenwerk, aber es konnte kein Zweifel daran bestehen, daß ich auf die Ruinen einer Bienenkorbhütte blickte. Ich sah mich nach weiteren Anzeichen um. Hier und da ragten noch ein paar gebogene Stangen aus dem Boden, und ich konnte schließlich das kreisförmige Areal ausmachen, das die kleine Urwaldsiedlung einmal eingenommen hatte. Von der Lichtung, die hier einst gewesen sein mußte, auf der man getanzt hatte und die *mokoondi* auf den Boden gestampft hatten und umhergehuscht waren, war aber nichts mehr zu sehen. Der Urwald war schon dabei, sich das Terrain zurückzuerobern und alle Spuren auszulöschen. Man konnte nicht erkennen, wie lange es her war, daß hier

Bayaka gelebt hatten – mindestens zwei Jahre schätzte ich. In weiteren sechs Monaten würden wohl auch die letzten Anzeichen dafür verschwunden sein.

Als ich so in dem verlassenen Lager stand, überfiel mich eine melancholische Stimmung. Es war nur noch eine Stelle im Urwald, die sich von allen anderen kaum noch unterschied, und doch war es einst der Ort gewesen, an dem eine Gemeinschaft von Menschen mit allen ihren Leidenschaften zu Hause gewesen war. Mir kam zu Bewußtsein, daß auch Mombongo, das jetzt die Szenerie für meine eigenen Leidenschaften war, ein Ort, der jetzt für mein Leben eine so tiefe Bedeutung hatte, wieder vergehen würde. Und ich dachte an eine Zeit, in der es keine Bayaka mehr geben würde, in der der Urwald einfach ein leeres und einsames Gebiet sein würde. In der Folge stieß ich jedoch noch auf weitere solcher aufgegebenen Lager, und nach einiger Zeit betrübte ihr Anblick mich nicht mehr so.

Als ich eines Abends von der Jagd zurückkehrte, verblüffte es mich, drei Frauen aus Bomandjombo in einem kleinen Unterstand sitzen zu sehen, den einige Jungen neben dem *mbanjo* errichtet hatte. Sie sahen so aus, als wollten sie für einige Zeit im Lager bleiben. Um sie herum lagen mehrere mit Maniok prallgefüllte Säcke, sowie eine große Menge Palmölnüsse. In einer Ecke stapelten sich Kochutensilien.

»Wer sind die?« fragte ich.

»*Bilo*-Frauen«, antwortete Biléma.

»Wie lange werden sie in Mombongo schlafen?«

»Weiß nicht«, erwiderte er gleichgültig.

Auf diese Weise wurde ich mit einer anderen Facette des Lebens der Bayaka bekanntgemacht. Die drei Frauen waren Sangha-sangha, und es war keineswegs ungewöhnlich, daß Frauen dieses Stammes sich für ein bis zwei Wochen in einem Waldlager der Bayaka niederließen. Sie brachten Waren wie Salz, Erdnüsse, Chilies, Zigaretten und Marihuana, um sie gegen Fleisch einzutauschen. Maniok, der im Wald immer knapp war, spielte bei diesem Tauschhandel die wichtigste Rolle. Die Sangha-sangha-Frauen aßen von dem Fleisch nur soviel, wie sie für ihre eigene Ernährung brauchten, und räucherten den Rest, um ihn haltbar zu machen. Wenn ihnen die Tauschartikel ausgegangen waren, kehrten sie nach Bomandjombo zurück und verkauften das Fleisch dort auf dem Markt.

Ich hatte regelmäßig Jugendlichen Geld in die Hand gedrückt und sie ins Dorf geschickt, um Zigaretten und andere Waren zu kaufen. Jetzt hatte ich kaum noch Bargeld. Ich besaß noch einige Traveler-Checks, wollte aber nicht den weiten Weg bis Bangui zurücklegen, um sie einzutauschen. Natürlich hatte ich mich gefragt, was die Bayaka wohl machen würden, wenn ich kein Geld mehr hätte. In gewisser Weise war es daher auch für mich günstig, daß die Frauen aus dem Dorf gekommen waren, denn ich war auch an ihren Zigaretten interessiert.

Anfangs fühlte ich mich in der Gegenwart der drei Frauen befangen, aber als dann die Tage vergingen, stellte ich erstaunt fest, wie wenig sich das tägliche Leben im Lager durch sie veränderte. Zum einen beherrschten sie Yaka, waren also, was die Sprache betraf, völlig unauffällig. Sango löste unangenehme Assoziationen aus, da es die Sprache war, in der die Dorfbewohner die Bayaka nur allzuoft herumkommandierten. Die Frauen blieben meistens für sich, sie kochten sich ihr eigenes Essen und gingen manchmal zusammen in den Wald, um *koko* zu sammeln. Zu Störungen kam es nur, wenn sie jemand beschimpften, der Tage zuvor auf Kredit Maniok oder Zigaretten erhalten hatte, und den sie jetzt verdächtigten, ihnen das Fleisch dafür vorzuenthalten.

Die Bayaka benahmen sich genau wie zuvor, so als gäbe es die drei Frauen gar nicht. Ich war einigermaßen überrascht, daß die *mokoondi* weiterhin zu jeder Stunde der Nacht das Lager besuchten. Die Zeremonien fanden jetzt direkt unter den Augen der Dörflerinnen statt – oder hätten es getan, wenn diese es der Mühe für wert befunden hätten zuzuschauen. Normalerweise schliefen sie zu dieser Zeit.

Manchmal erhob eine von ihnen die Stimme, um zu protestieren, wenn die *mokoondi* noch sehr spät kamen und ein *eboka* forderten, sie wurde aber immer ignoriert. Einmal hieb ein *mokoondi* sogar zur Antwort auf die Hütte der Frauen ein. Der einzige große Nachteil, den die Anwesenheit der drei Frauen mit sich brachte, war, daß Fleisch nicht mehr in solchem Überfluß zur Verfügung stand.

Die Frauen blieben vier Tage lang, und kurze Zeit, nachdem sie uns verlassen hatten, trafen andere ein. Unter ihnen war auch die erste Frau des Sangha-sangha-Häuptlings Biléma. Alle überreichten mir bei ihrer Ankunft ein Geschenk; ich schloß daraus, daß die Bayaka ihnen erzählt hatten, daß ich der »Besitzer« des Lagers sei. Nicht alle unsere Besucher waren vom Stamm der Sangha-sangha. In Mombongo machte ich erstmals die Bekanntschaft von Bunduwuri und seiner Frau Jeanne, die beide ursprünglich aus Nola kamen. Bunduwuri, einer der wenigen Männer aus dem Dorf, die regelmäßig Bayaka-Lager aufsuchten, war darauf bedacht, sich unauffällig zu verhalten. Wenn die *mokoondi* erschienen, löschte er immer schnell sein Feuer.

Bei den Bayaka muß ein Mann, wenn er sich eine Frau nimmt, einen Brautpreis zahlen. Für westliche Verhältnisse ist es nicht viel, für einen Moaka-Mann stellt es aber eine beträchtliche Summe dar, und manchmal braucht er Jahre, bis er den Preis voll und ganz entrichtet hat. In der Tat wird ein Großteil nicht in barer Münze bezahlt, sondern abgearbeitet. Der Brautpreis dient also dazu, den Bräutigam an die Familie seiner Frau zu binden. Bezeichnenderweise lassen sich die Frischvermählten immer neben der Familie der Braut nieder. Der Bräutigam geht gemeinsam mit den Mitgliedern ihrer Familie auf die Jagd, erledigt kleine Arbeiten für sie und hütet sogar die jüngeren Geschwister seiner Frau. Nicht nur die engere Familie, sondern auch entferntere Verwandte können Ansprüche an ihn stellen. Ein wirksamer gemeinschaftsstiftender Faktor ist auch die Tatsache, daß der Bräutigam der Familie der Braut nach der

Heirat eine Schwester »schuldet«; diese Schwester wird gewöhnlich die Ehefrau einer der Brüder seiner Frau. Solche arrangierten Eheschließungen werden nicht mit Gewalt erzwungen, sie finden aber recht häufig statt. Auf diese Weise hatte zum Beispiel Yéyés Bruder Mowooma Sombolos Schwester Elia als zweite Frau erhalten.

Obwohl Sombolo bei der Verlobung eintausend Francs (vier Dollar) auf die Hand gefordert hatte, hatten er und ich noch nicht wirklich den Brautpreis für Ngbali ausgehandelt. Mir bereitete die ganze Angelegenheit Unbehagen – und das aus gutem Grund. Es ging ja nicht wirklich um Geld, sondern darum, zwei Familien miteinander zu verbinden. In meinem Fall konnte dieses System ganz offensichtlich nicht funktionieren. Wo war die Schwester, die Ngbalis Bruder Ayoosi eines Tages als Ehefrau für sich beanspruchen könnte? Und statt mich zu jahrelangen hilfreichen Diensten zu verpflichten, könnte ich theoretisch den gesamten Brautpreis auf einmal in barer Münze entrichten. Ich war froh, daß Sombolo die Sache erst einmal auf sich beruhen ließ, wußte aber, daß wir irgendwann darüber reden müßten.

Eines Tages erschien eine Frau aus dem Dorf mit einer Gallone *mbaku.* Der Anblick des tödlichen Fusels deprimierte mich, die Bayaka hingegen machten strahlende Gesichter, als sie von der Jagd zurückkehrten und sahen, was da angeboten wurde. An diesem Abend gab es wenig zu essen, da sich das ganze Fleisch auf dem Räuchergestell der Frau aus dem Dorf türmte. Der *mbanjo* lag verlassen da; die Männer waren alle um die Frau versammelt und tranken abwechselnd aus der einzigen Tasse, die sie mitgebracht hatte. Als sie soviel Schnaps verkonsumiert hatten, wie das von ihnen gelieferte Fleisch wert war, überredeten sie die Frau, ihnen noch mehr auf Kredit auszuschenken. Morgen würden sie ihr noch viel Fleisch bringen. Als die Nacht voranschritt, wurden ihre Stimmen immer lauter. Als ich schließlich in Schlaf sank, waren sie noch eifrig zugange.

Am Morgen darauf erfuhr ich, was sich Sombolo in der Nacht noch alles geleistet hatte. Er war irgendwann weggegangen, um zu pinkeln, und als er nach einer halben Stunde noch nicht wieder aufgetaucht war, waren die anderen ausgeschwärmt, um ihn zu suchen: sie hatten ihn bewußtlos auf dem Dschungelpfad gefunden. Ich wußte, daß Sombolo am Vortag ohne Beute von der Jagd zurückgekommen war, und als er am Nachmittag endlich seinen Kater losgeworden war, kanzelte ich ihn ab, weil er so viel auf Kredit gesoffen hatte. Ich hatte Angst, daß Ngbali einige Tage lang nichts zu essen erhalten würde, wenn er der Frau aus dem Dorf so viel Fleisch schuldete. Sombolo versicherte mir, daß er nicht einen einzigen Tropfen auf Kredit getrunken habe. Andere hätten ihm etwas abgegeben. Außerdem, so prahlte er, habe er die Frau davon überzeugt, daß sie mir, dem »Besitzer« des Lagers, ein Glas *mbaku* gratis geben müsse. Dann habe er in seiner Eigenschaft als Schwiegervater des Lagerbesitzers meinen kostenlosen Drink für sich beansprucht. Später kam die Frau zu mir und wollte zweihundert Francs haben. Offensichtlich hatte Sombolo sie dazu gebracht, ihm zwei Glas auszuschenken, für die sein »Schwiegersohn« bezahlen würde. Eigentlich nehme sie nur Fleisch für den Schnaps, aber um mir einen Gefallen zu tun, habe sie meinem Schwiegervater seinen Wunsch erfüllt.

An diesem Tag wurde nicht gejagt, weil die Männer alle mit einem Kater zu kämpfen hatten, aber am Abend war die Schar, die die Frau aus Bomandjombo umgab, genauso groß wie in der Nacht zuvor. Ich war der einzige Mann, der bei Ngbali und den anderen Frauen blieb, und hörte mir an, wie Yéyé sich bei ihren Schwestern beklagte: an diesem Abend soff Sombolo wirklich auf Kredit. Ngbali schwieg verdrießlich. Später in der Nacht holte Sombolo mich aus dem Bett. Das Trinkgelage, das in einer entfernteren Ecke des Lagers stattgefunden hatte, war zu Ende, und er war auf dem Weg zu seiner Hütte. Er wollte mir nur rasch sagen, wie glücklich er war, daß ich seine Tochter heiraten würde, und zählte ein paar Dinge auf, die er als Ausgleich erwartete: ein Paar Tennisschuhe, wie ich sie hatte, einen Gürtel, eine Uhr und ein Radio, das sechs Batterien brauchte.

»Okay«, stimmte ich zu. Ich war erleichtert, daß er kein Geld wollte. »Ich werd' dir das alles geben, sobald Ngbali und ich verheiratet sind.«

»Und ich will auch ein großes Haus im Dorf«, fügte er hinzu, so als sei ihm das nachträglich noch eingefallen.

Als er wegstolperte, um sich schlafen zu legen, fragte ich mich, auf was ich mich da eingelassen hatte.

Die Frau aus Bomandjombo hing noch ein paar Tage im Lager herum, um Schulden einzutreiben. Es regnete jetzt sehr häufig, so daß die Jagd des öfteren abgeblasen werden mußte. Wenn eine Jagd stattgefunden hatte, strich die *bilo*-Frau, die endlich nach Hause zurückkehren wollte, anschließend durch das Lager und hielt nach dem erbeuteten Fleisch Ausschau; sie wußte genau, daß die Bayaka das, was sie ihr schuldeten, beiseite schaffen würden, wenn sie Gelegenheit dazu erhielten. An diesen Abenden erhob sie ihre schneidende Stimme und überschüttete die Bayaka mit Anschuldigungen, bis sie um des lieben Friedens willen mit dem Fleisch herausrückten. Als sie uns endlich verließ, hatte sie immer noch nicht alles eingetrieben, was ihr zustand.

Während der Zeit, in der sie bei uns war, gab es zum erstenmal Versorgungsprobleme. Die Bayaka achteten immer darauf, daß ich mindestens eine Mahlzeit am Tag erhielt; wenn sie wußten, daß Sombolo mir nichts anbieten konnte, sorgten sie dafür, daß ich auf dem *mbanjo* etwas bekam. Aber Ngbali war, was die Ernährung anbelangte, völlig von ihrer Familie abhängig – und sie mußte manchmal hungern. Als ich eines Nachts auf dem *mbanjo* meine tägliche Mahlzeit verzehrte, fragte ich, wo Ngbali sei; ich hatte sie seit Sonnenuntergang nicht mehr gesehen. Zalogwé sagte mir, sie sei zu Bett gegangen, da sie Hunger habe und es nichts zu essen gebe. Ich war erschüttert. Warum hatte mir das keiner gesagt?

Ich wollte ihr das bringen, was ich gerade verzehrte, aber ich konnte es ihr eigentlich nicht geben, weil es mir nicht gehörte. Ein auf dem *mbanjo* serviertes Mahl ist für alle Männer da, die sich gerade zufällig auf ihm aufhalten. Gewöhnlich ließen die anderen mich als ersten zulangen, aber nur weil sie so viel schneller als ich aßen. An diesem Abend waren viele auf dem *mbanjo*, die den ganzen Tag lang noch nichts gegessen hatten. Ich nahm mir mehr, als mir unter diesen Umständen eigentlich zustand, und trug es in meinen Händen zu Ngbali hinüber. Sie schlief in dieser Nacht in der Hütte ihrer Tante Etu.

»Ngbali!« rief ich leise ins Dunkel hinein. »Essen! Komm und nimm!«

Sie lag in tiefem Schlaf und antwortete nicht.

»NGBALI!« rief da das ganze Lager im Chor.

Sie fuhr aus dem Schlaf.

»Es gefällt mir nicht, wenn du hungrig bist«, sagte ich. »Ich geb' dir mein Essen.«

Ihre Hände schossen vor und griffen nach der Nahrung; es lag überraschend viel Kraft in dieser Bewegung. Als ich zum *mbanjo* zurückging, brachen alle in Gelächter aus. Als ich fragte, was denn so komisch sei, klärte Ngbalis Onkel Ndima mich auf: »Ngbali klagt, daß es so wenig ist.«

In der Dunkelheit unmittelbar vor der Morgendämmerung, kurz bevor die Baumschliefer verstummten, fachte Bombé, der große Älteste, immer das Feuer neben seinem Schlafpodest neu an. Nachdem er sich ein paar Minuten lang an den Flammen gewärmt hatte, begann er dann zu sprechen. Zunächst murmelte er nur, aber dann ließ er seine Stimme immer lauter erklingen und hielt eine Ansprache an das ganze Lager. Ich ließ mich gleichsam auf seinem Redestrom dahintreiben und driftete zwischendurch immer wieder für kurze Momente in den Schlaf. Nach einiger Zeit stimmte dann Ewunji von der anderen

Seite des Lagers her in Bombés Reden ein, und bald riefen sich die beiden Ältesten mit immer energischer anschwellenden Stimmen etwas zu. Dann dauerte es nicht mehr lange, bis sich die alte Esoosi einmischte, und beim ersten Tageslicht war dann schon ein zwanzigstimmiger Kanon in Gang gekommen; jeder Sprecher bekräftigte noch einmal das, was die anderen gesagt hatten, und alle sprachen sie gleichzeitig. Gewöhnlich diskutierten sie über den bevorstehenden Jagdzug oder über etwas, was sich in der Nacht zuvor ereignet hatte.

An dem Morgen, nachdem die *bilo*-Frau mit ihrem Sack voll Fleisch abgezogen war, sprach Bombé über den unmäßigen Alkoholkonsum der Bayaka und den Hunger, den er zur Folge hatte. Es war überraschend, daß ausgerechnet Bombé den anderen eine solche Standpauke hielt, denn er war einer der größten Sünder. Er hatte den Rang geltend gemacht, den er als Ältester der Ältesten genoß, und auf Kosten anderer getrunken. Ich mußte lachen, als Ngbalis Großvater Ewunji mit beipflichtenden Bemerkungen in die Rede Bombés einstimmte. Er war ein noch schlimmerer Saufbold als Bombé. Nach und nach verlagerte sich aber der Schwerpunkt der Diskussion; man sprach über den bevorstehenden Tanz der Frauen, ein *lingokoo*, sowie die Notwendigkeit, große Mengen von Fleisch und *payu* für diese Gelegenheit herbeizuschaffen. Als Ngbalis Name mehrfach genannt wurde, wurde ich hellwach und hörte aufmerksamer zu.

Lingokoo ist einzig und allein Sache der Frauen; wenn sie *lingokoo* singen, werden die Männer mehr oder weniger in ihre Hütten verbannt. Die Frauen beschwören ihren eigenen *mokoondi* herbei: eine tiefe heulende Stimme, die aus dem Erdboden aufzusteigen scheint. Ich hatte diesen Klang damals, bei meinem ersten Besuch, gehört, als ich die Trauerfeier für die alte Frau, die gestorben war, aufgenommen hatte. Normalerweise ziehen die Frauen in einer *lingokoo*-Nacht im Lager herum. Sie singen *lingokoo* auch bei Hochzeiten, sie hatten es zum Beispiel damals in Amopolo in der Nacht getan, bevor Engulé und Mbina zum erstenmal zusammengelegen hatten.

Plötzlich wurde mir klar, daß ich mitanhörte, wie meine eigene Hochzeitsfeier geplant wurde.

Mehrere Tage lang war Mombongo ein Pygmäen-Lager wie aus dem Bilderbuch. Alle waren mit irgendwelchen traditionellen Verrichtungen beschäftigt: Tété, Mobo und Akunga saßen viele Stunden über die Glut der Feuer gebeugt und trugen Gift auf die Spitzen ihrer winzigen Pfeile auf. Die Jäger zogen schon früh weg und kamen spät zurück. In den ersten Wochen hatte man dem Wild in so großer Nähe zum Lager nachgestellt, daß ich manchmal von meiner Hütte aus die Jagdrufe vernommen hatte. Jetzt war ein zweistündiger Marsch zu den Netzen nichts Ungewöhnliches.

Vorher hatte ich nie den Erdbogen, eines der ältesten Musikinstrumente, zu hören bekommen; jetzt erklangen sie überall um mich herum. Ein Strick wird oben um einen Schößling gebunden und dann angezogen, so daß der dünne Baumstamm sich wie ein Bogen krümmt. Der Strick wird dann mit einem Pflock im Boden festgemacht. Wenn man daran zupft, erhält man einen tiefen, vibrierenden Klang.

Mein abendliches Beisammensein mit Ngbali wurde intimer. Am Anfang hatten mich meine beschränkten Sprachkenntnisse gehemmt. Ich hatte ihr erzählen wollen, was sie mir bedeutete, aber in ihrer Gegenwart hatte ich auch die einfachsten Bemerkungen immer irgendwie verstümmelt, und ihr schüchternes Gekichere hatte mir auch nicht gerade Mut gemacht. Jetzt schienen wir über dieses Stadium hinausgekommen zu sein. Während sie ihre Hausarbeit erledigte, seufzte Ngbali eines Abends auf und setzte sich dann neben mich auf die aus Stöcken gezimmerte Bank. Ein paar Minuten später trug Mowooma ihr auf, Wasser zu holen, aber sie blieb an meiner Seite. Er rief sie mehrmals, aber, alles was sie tat, war nochmals zu seufzen und sich an mich zu kuscheln. Danach wurde dieses

Gekuschele ein allabendliches Ritual, das wir nur ein paar Meter von ihren Eltern entfernt ausführten. Für Ngbali mag es nur ein Vorwand gewesen sein, weiteren häuslichen Pflichten aus dem Weg zu gehen, für mich war es aber der unbestrittene Höhepunkt des ganzen Tages.

Eines Nachts hielt Sombolo vom *mbanjo* aus eine Ansprache an das ganze Lager. Er erzählte allen, wie glücklich seine Tochter seit ihrer Verlobung sei. Offensichtlich war Ngbali, bevor sie mir begegnet war, launisch gewesen und hatte schon mehrere Bewerber abgewiesen. Ewunji meldete sich auch zu Wort, er sagte, daß dieses schwierige Kind nun endlich zufrieden sei. Die *mokoondi* selbst schienen unsere Verbindung gutzuheißen. Eines Morgens weckten mich die allerschönsten Jodellaute, die in geringer Entfernung aus dem Wald drangen. Es war Yéyé, der Sombolo und die Frauen der Familie – alle mit Ausnahme Ngbalis – bald Gesellschaft leisteten. Sie sangen ein Lied nach dem anderen: ein reiner und voller polyphoner Gesang, der noch nicht einmal von Händeklatschen begleitet wurde. Aus einiger Entfernung trieb die Stimme eines *mokoondi* sie an. Eines der Lieder erkannte ich sofort: Ngbali hatte zu ihm ihr *moyaya*, ihren Initiationstanz getanzt. Ich lauschte gebannt. Es war das erste Mal, daß ich Yéyés Singen bewußt hörte, und ich fand, daß sie eine unglaublich schöne Stimme hatte.

Während der folgenden Tage vermittelte sich mir ein ganz außergewöhnliches Gefühl: Es war, als käme man mit einer höheren Macht in Berührung. Die Bayaka schienen von etwas dirigiert zu werden, das nicht nur überindividuell war, sondern auch noch über dem Kollektiv stand. Es ging um mehr als um die praktischen Vorbereitungen zu einer Hochzeit. Was ich miterlebte, war zu stark, zu tief und zu intim, um einfach als soziales Handeln definiert zu werden. Ein nahezu übernatürliches Geschehen bahnte sich an.

Da erschien eines Morgens ein sehr schweigsamer Simbu im Lager. Er war lange vor Morgengrauen in Amopolo aufgebrochen und hatte die längste Wegstrecke im schwachen

Licht des abnehmenden Monds zurückgelegt. Sein ernstes Gesicht und der eindringliche Ton in seiner Stimme verhießen nichts Gutes, aber ich war trotzdem nicht auf die Trauerbotschaft gefaßt: Akété, der begabte junge Harfenspieler, war bei einem Jagdunfall ums Leben gekommen.

Dorfleute

In Windeseile räumten wir Mombongo, um nach Amopolo zurückzukehren. Die Frauen luden ihre Utensilien in die Körbe, die Männer schulterten ihre Haumesser und Speere, und ohne viel Worte zu machen brachen wir auf. Bald marschierten wir einer hinter dem anderen über den schmalen Dschungelpfad. Ich konnte mir nicht recht vorstellen, welche Gefühle die Bayaka bewegten. Vielleicht waren sie von Kummer über den Tod Akétés überwältigt; ich war zugegebenermaßen mit meinen Gedanken woanders. Die unerträgliche Traurigkeit, die mich in den verlassenen Dschungelcamps überkommen hatte, ergriff erneut Besitz von mir, aber noch heftiger als zuvor, weil ich einen persönlichen Verlust erlitten hatte: Mombongo, mein Mombongo, war jetzt auch eines dieser aufgegebenen Lager. Als ich noch ein letztes Mal zurückblickte, war es bereits ein einsamer und verlassener Ort, sein Zauber war für immer dahin.

Auf dem Rückweg nach Amopolo rasten mir die verschiedensten Gedanken durch den Kopf. Wie würde sich Akétés Tod auf meine Hochzeit auswirken, die doch so bald hätte stattfinden sollen? War Ngbali über die Verzögerung ebenso betroffen wie ich, oder dachte sie nur an Akété? War jemand, der so eigensüchtige Überlegungen anstellte wie ich, überhaupt würdig genug, in eine so herzliche und aufrichtige Gemeinschaft aufgenommen zu werden?

Dann gelangten wir wieder auf die Landstraße. Die Temperatur war hier um gut zehn Grad höher als im Urwald. Ich hatte ganz vergessen, wie heiß es sein konnte, und als wir uns Amopolo näherten, spürte ich bereits das Elend, das uns dort erwartete. Die Klänge eines kraftvollen *élélo* erreichten uns, noch bevor wir die Brücke überquert hatten.

Als wir ins Lager eingezogen waren, ließen die Frauen alles, was sie getragen hatten, auf den Boden fallen und gingen sofort zu dem Bambushaus, in dem Akété gelebt hatte. Es war schon zum Bersten mit Frauen gefüllt, die laut klagten. Ich gesellte mich zu den Männern auf dem *mbanjo*, unter denen bedrücktes Schweigen herrschte.

Bayaka-Männer erreichen für gewöhnlich kein hohes Lebensalter, und es gibt viel weniger alte Männer als alte Frauen. Der Tod eines gesunden jungen Mannes wie Akété, der noch unverheiratet gewesen war, war ein besonders schwerer Schlag für die Gemeinschaft. Das *élélo* war beängstigend – ein langezogenes verzweifeltes Heulen, das auf- und abschwoll und die Hütte in ihren Fundamenten zu erschüttern schien. Akétés Verwandte klagten ohne Unterlaß, andere Frauen stimmten für eine gewisse Zeit in das Jammern ein. Dauernd gingen Leute in die Hütte oder kamen aus ihr heraus. Wenn einige Frauen weggingen, um sich um die Hausarbeit zu kümmern, kamen dafür andere. Ich sah, wie Ngbali mit einigen Freundinnen die Hütte verließ. Wir sahen uns ganz kurz in die Augen und wendeten uns dann beide ab. Wenn ich gewußt hätte, daß es für Monate das letzte Mal war, daß sie meinen Blick erwiderte, hätte ich mir mehr Gedanken darüber gemacht, was ihr in diesem Moment durch den Kopf ging.

Den meisten Menschen wäre die Art und Weise, wie Akété sein Leben verloren hatte, grausam und bizarr vorgekommen, für die Bayaka war aber nichts Ungewöhnliches daran. Die definitive Version bekam ich erst nach Tagen zu hören; sogar die Bayaka schienen verwirrt zu sein. Zunächst hieß es, daß er von einem *ebobo* angegriffen und getötet worden sei. *Ebobo* bedeutet »Gorilla«, manchmal bezeichnet man mit demselben Wort aber auch die Dorfbewohner. Um mir Gewißheit zu verschaffen, fragte ich: »Ein Mann aus dem Dorf hat ihn angegriffen?«

»Nein«, erwiderten die Bayaka. »Ein Gorilla.«

Dann hörte ich aber, daß Akété von einem *ebobo* erschossen worden sei. »Er wurde von einem Gorilla erschossen?« entfuhr es mir verwundert.

»Nein«, erhielt ich als Antwort, »von einem Mann aus dem Dorf.«

Schließlich stellte sich heraus, daß beides richtig war. Akété war mit einem *bilo*-Mann, der ihn als Helfer bei der Elefantenjagd angeheuert hatte, in den Urwald gezogen. Im Reservat war es natürlich verboten, Elefanten zu jagen, aber einige Bayaka taten es dennoch, weil Elefantenfleisch als große Delikatesse galt. Als sie die Fährte eines Elefanten verfolgt hatten, waren die beiden Männer in eine Gorillafamilie hineingeraten. Aus Angst hatten sie das Feuer eröffnet und die Tiere damit zum Angriff provoziert. Akété war von einem Gorilla ergriffen worden, und als der *bilo* auf den großen Affen geschossen hatte, hatte er statt seiner Akété getroffen. Die Kugel war ihm durch die Brust gefahren und hatte seine rechte Hand zerschmettert. Der Mann aus dem Dorf hatte zwei Tage dafür gebraucht, Akété zur nächstgelegenen Siedlung zu schleppen. Der junge Mann war auf dem Weg ins Krankenhaus von Nola in einem Busch-Taxi gestorben.

Das *élélo* für Akété ging den ganzen Tag und die ganze Nacht weiter und noch bis in den Morgen hinein. Der aus ihm sprechende Kummer erschütterte mich zutiefst; diese nichtendenwollende Welle von Emotionen schien alles andere irgendwie auszulöschen. Die Männer unterhielten auf dem *mbanjo* die ganze Nacht hindurch ein Feuer. Ab und zu diskutierten sie hitzig darüber, was man von dem *bilo* als Entschädigung verlangen sollte. Joboko bestand darauf, daß er sein Gewehr abgeben müsse; die Bayaka hatten immer ein Gewehr haben wollen, jetzt sahen sie die Gelegenheit dafür gekommen, sich eins zu verschaffen.

Akété wurde am nächsten Nachmittag begraben. Seine Mutter Belloo warf sich in das Grab und mußte herausgezogen werden. Ndoko, sein Vater, verfolgte die Zeremonie schweigend, er sah eingefallen und erschöpft aus. Ich gab mein letztes Bargeld für Zigaretten, Kaffee und Zucker aus. Nach Einbruch der Dunkelheit wurde vor Akétés Hütte ein großes Feuer entfacht. Als der Kaffee über dem Feuer brodelte, begannen die Trommeln zu dröhnen, und bald war ein *eboka* im Gang. Schon vor Mitternacht begann die Gesellschaft sich aber langsam aufzulösen, die Leute gingen nach und nach weg, um sich schlafen zu legen. Ich zog mich erst gegen Schluß zurück, als nur noch eine Handvoll Männer übrig war.

Bald darauf verstummten die Trommeln. Ein paar Männer saßen noch zusammen und unterhielten sich. Ich hörte Ndokos Stimme heraus. Manchmal sang einer von ihnen eine kurze Melodie. Dann diskutierten sie wieder leise miteinander.

Irgendwann in der Nacht vernahm ich plötzlich eine unirdische Musik. Als ich die Hand mit dem Mikrofon ausstreckte, um sie aufzunehmen, wachte ich auf und sah, daß ich die leere Hand in die Höhe reckte. Die Musik draußen war jedoch kein Traum; ich hörte die Stimmen vieler Männer. Sie wanderten langsam durch die Siedlung und sangen ihre eigene Version des *limboku*, die sie *so* nannten. Sie schlugen Stöcke in einem schnellen, manchmal geradezu frenetischen Rhythmus aufeinander. Als sie näher an meine Hütte herankamen, konnte ich unter dem strahlenden polyphonen Jodeln andere, fremdartige Stimmen vernehmen. Jemand schien in ein Kazoo, ein primitives Rohrblattinstrument, hineinzusprechen und zu singen. Jemand anders ließ immer wieder Schreie in den Gesang hinein erschallen; seine rauhe und tiefe Stimme hörte sich wie die eines Besessenen an. Es war aber die dritte Stimme, die mich am meisten fesselte: eine volltönende und gleichzeitig schnaufende Baßstimme, die ein tiefes brummendes Geräusch von sich gab, das an den Klang eines Schwirrholzes erinnerte. Ich ging nach draußen, um zu schauen.

Die Männer tanzten um eine Gestalt herum, die sie mit ihren Armen vor meinen Blicken verbargen. Mindumi hüpfte am Rand des Kreises herum und spielte auf einem selbstgebastelten Kazoo. Aber die brummende Stimme, die jetzt in schnellem Takt keuchte, erhob sich aus der Mitte. Obwohl die Gruppe manchmal auf der Stelle tanzte und manchmal auch ein paar Schritte zurück machte, bewegte sie sich im großen und ganzen doch langsam in eine Richtung weiter. Dann weitete sich der enge Kreis einmal, so daß der Mann in der Mitte mehr Bewegungsraum erhielt. Ich erhaschte einen Blick auf einen breiten, kräftigen Rükken. Während die anderen mit weit vorgeneigten Oberkörpern und abgespreizten Ellbogen tanzten und dabei mit den Füßen auf den Boden stampften, sang der Mann wieder, seine Stimme schien direkt aus seinem heftig zuckenden Oberkörper hervorzudringen. Ich war wie elektrisiert und fragte mich, wer das wohl sein könnte, und dann erkannte ich ihn – es war Adamo.

Das *so* endete erst im Morgengrauen, als die Männer, immer noch singend, eine Palme umstürzten und dann singend und tanzend bis zur Brücke zogen, wo sie ins Wasser sprangen.

Als das Leben wieder in normalen Bahnen verlief und ich mich wieder an Amopolo gewöhnt hatte, bekam ich Ngbali nur noch selten zu Gesicht. In der intimen Atmosphäre von Mombongo war es ein ganz natürlicher Akt gewesen, ihrer Familie einen Besuch abzustatten. Aber Amopolo war zu groß, zu offen, und wimmelte von zu vielen Menschen, als daß sich ein solches Gefühl von Intimität hätte einstellen können. Ich begann, mir Gründe für einen Besuch auszudenken; ich brachte kleine Geschenke hinüber, wie Erdnußbutter oder Seife, die ich – mittlerweile auf Pump – in Ngunjas Laden erstand. Ngbali war jedoch nie zu Hause; sie besuchte ständig irgendwelche Freundinnen oder Verwandte. So überreichte ich die Geschenke am Ende immer ihrer Mutter oder ihrer Großmutter oder einer ihrer Tanten.

Wenn ich sie einmal sah, dann immer nur in der Ferne. Sie spielte viel mit kleinen Kindern und neckte oft ihren kleinen Bruder Ayoosi. Er entwickelte sich aus diesem Grund zu einem rechten Schreihals. Sie verbrachte viele Stunden des Tages mit ihrem Onkel mütterlicherseits, Mindumi, und seiner Frau Zabu. Von meinem Sitzplatz auf dem *mbanjo* aus konnte ich sie in dieser Zeit am besten beobachten. Ich wartete darauf, daß sie mir irgendein Zeichen machte, aber sie tat immer so, als ob sie mich überhaupt nicht kenne. Der langen Zeit nach zu urteilen, die sie mit ihm verbrachte, mußte Mindumi einen beträchtlichen Einfluß auf sie haben. Ich wünschte mir jetzt, besser mit ihm bekannt zu sein. Ich mochte ihn ganz instinktiv, hatte aber keine Ahnung, was er von mir hielt. Er kam nie zu mir, um Zigaretten zu schnorren, und wir hatten nur wenig Kontakt.

Manchmal brachte Sombolo mir ein Mahl, von dem er sagte, daß Ngbali es zubereitet habe. Ich fragte mich dann, warum er mich nicht zu seiner Hütte herüberrief, wo Ngbali es mir persönlich servieren könnte. Tanten und Nichten kamen zu mir und stellten in Ngbalis Namen Forderungen: »Ngbali braucht Erdnußbutter«; oder »Ngbali braucht Chilies«. Später erhielt ich dann ein Gericht, in dem sich Erdnußbutter oder Chilies befanden, und ich konnte, da mir nie etwas gesagt wurde, nur annehmen, daß Ngbali es zubereitet hatte.

Und doch tröstete mich die Tatsache, daß jedermann sie als meine Frau bezeichnete. Ich hörte diesen Ausdruck sehr gerne, und wenn mir jemand etwas über Ngbali erzählte, stellte ich mich oft dumm und fragte nach: »Wer?« und erhielt dann zu meiner Genugtuung immer die Antwort: »Ngbali – deine Frau.«

»Heute abend *lingokoo*«, hörte ich meine Nachbarin Nyasu eines Morgens verkünden.

»Ja, heute abend, *lingokoo*«, bestätigte Bessé.

Es schien, als ob der Tag meiner Hochzeit endlich gekommen sei. Keiner sagte mir etwas, aber den ganzen Tag lang sprachen sie über den »Tanz der Frauen«, und ich konnte mir keinen anderen Anlaß für ein *lingokoo* denken.

Die Musik setzte am Abend ein, als die Männer noch umherschweiften. Aus purem Widerspruchsgeist riefen die halbwüchsigen Jungen in einer entlegenen Ecke des Lagers ein *élanda* ins Leben, aber die Frauen walzten die Gruppe geradezu nieder und scheuchten die Teilnehmer auseinander. Kurze Zeit später waren alle Männer von der Bildfläche verschwunden, also zog auch ich mich in meine Hütte zurück. Es war ein sehr ausgelassenes *lingokoo*, der Gesang wurde immer wieder von Gejohle und Gelächter überdeckt. Irgendwann schlief ich ein, als ich wieder erwachte, war das *lingokoo* lebhafter geworden – und es fand jetzt direkt vor meiner Hütte statt. Eine nach der anderen tanzten die Frauen zu mir herein und dann wieder hinaus. Es war zu dunkel, um die Gesichter erkennen zu können, aber dann hörte ich, wie Ngbalis Name gerufen wurde, und erblickte plötzlich ihre Silhouette in der Tür, wo sie ein paar Sekunden stehen blieb und sich in den Hüften drehte, bevor sie wieder davontänzelte.

Am Morgen erhob ich mich als – wie ich meinte – verheirateter Mann von meinem Lager. Niemand gratulierte mir, und der Tag verlief, als sei in der Nacht gar nichts geschehen. Ngbali ließ sich kurz in einiger Entfernung blikken, sie schien aber gedämpfter Stimmung zu sein und warf nicht einen einzigen Blick in meine Richtung. Trotzdem schöpfte ich am Abend wieder Hoffnung, als sich die übliche Versammlung von Männern um mein Feuer früher als sonst auflöste – mit Bemerkungen wie: »Okay, laßt uns gehen. Er wartet auf seine Frau.« Vom Bett aus hörte ich einer Unterhaltung zwischen Nyasu und Bessé zu, die ihr Feuer immer neben meiner Hütte anlegten. In dem mir im großen und ganzen unverständlichen Redeschwall kam hin und wieder ein Satz vor, den ich begriff: »Sie kommt heute nacht«, »Sie wartet, bis es spät ist«, »Wenn alle schlafen, wird sie kommen«. Ich wartete und wartete – und schlief dann irgendwann ein.

Als ein sehr enttäuschter Mann wachte ich wieder auf. Die Hähne des Lagers krähten aus vollem Hals, und es wurde schon hell. Lange nachdem alle anderen schon auf den Beinen waren, lag ich noch Trübsal blasend im Bett. Es schien, als seien alle stillschweigend übereingekommen, mich für eine Weile in Ruhe zu lassen. Schließlich brachte Nyasu mir etwas zu essen – *koko*, sonst nichts.

»Ist Ngbali letzte Nacht gekommen und hat sie hier geschlafen?« fragte sie sofort, womit klar wurde, warum sie mir dieses Frühstück gebracht hatte.

»Nein!« stieß ich heftig hervor.

»Wo!« rief Nyasu überrascht und eilte weg, um es den anderen zu melden. Bald war unter den Frauen der Nachbarschaft eine leise, aber erregte Diskussion in Gang.

Ngbali kam auch in der nächsten Nacht nicht zu mir und auch nicht in der Nacht darauf. Sombolo besuchte mich, und als ich mich überwand, ihn zu fragen, warum seine Tochter mich nicht aufgesucht hatte, sagte er, daß in Amopolo zuviel über uns geklatscht werde und seine Tochter sich daher schäme. Sombolo war aber kein sehr verläßlicher Auskunftgeber. Seit unserer Rückkehr nach Amopolo hatte er wieder sein »Dorf«-Ich angenommen und soff in Bomandjombo auf Kredit – er ließ alles auf meinen Namen anschreiben, da er ja mein Schwiegervater war.

In den folgenden Wochen versuchte ich immer wieder, Kontakt mit Ngbali aufzunehmen. Mein Gang zum Badeplatz führte mich jeden Tag an ihrer Hütte vorbei, und ich wartete stets, bis ich sie dort sitzen sah, bevor ich aufbrach. Ich hatte immer ein kleines Geschenk dabei. Aber diese flüchtigen Begegnungen verstärkten meinen Kummer nur noch. Ngbali sah mir nie ins Gesicht, und wenn ich ihr das Geschenk hinhielt, zögerte sie, es anzunehmen. Manchmal zauderte sie so lange, daß die anderen, die um uns herumstanden und uns beobachteten, riefen: »Nimm es!« Dann ließ sie es sich endlich in die Hand drücken.

An den Abenden stattete ich ihr einen Besuch ab, ohne irgendwelche Geschenke mitzunehmen. Wenn die Mitglieder ihrer Familie da waren, verbarg sie sich immer hinter einem von ihnen, und wenn ich mich neben sie setzte, fand sie immer einen Grund, ihre Stellung zu verändern, so daß sie mir den Rücken zukehrte. Wenn ich sie ansprach, antwortete sie nie, und sie ließ nicht einmal mehr ihr schüchternes Gekicher hören.

»Mag Ngbali mich nicht?« fragte ich dann ihre weiblichen Verwandten.

»Sie mag dich«, versicherten sie mir immer, und oft fügten sie hinzu: »Heute nacht wird sie mit dir schlafen.«

Aber dazu kam es nie. Statt dessen war sie plötzlich verschwunden. Ich erfuhr, daß sie sich bei einigen sehr entfernten Verwandten aufhielt. Da ich diese kaum kannte, würde es so sein, daß ich sie dort nicht besuchen könnte. Die Frauen meiner Nachbarschaft gaben mir gute Ratschläge: ich sollte sie einfach am Arm packen und in meine Hütte schleifen. Eines Abends versuchte ich das tatsächlich, nachdem ich mich bei ihrer Familie vergewissert hatte, daß ich sie trotz allem als meine Frau betrachten konnte. Ich lauerte neben ihrer Hütte, und als sie spät in der Nacht zurückkam, ergriff ich ihren Arm und sagte, daß wir jetzt miteinander ins Bett gehen würden. Sie löste sich aus meinem Griff und rannte in einen abgelegenen Teil des Lagers, wo sie unter den Tänzern verschwand, die dort gerade ein *élanda* abhielten. Danach beteiligte sie sich häufig an *élanda* – es war eine Zeit, in der die Jugendlichen so oft tanzten, daß die Erwachsenen sich zu beschweren begannen. Immer diese *élanda*, seufzten sie. Was ist bloß mit *eboka* geschehen? Manchmal war es Ngbali selbst, die die anderen zu einem *élanda* anstachelte. Zuweilen fanden zwei gleichzeitig in verschiedenen Ecken des Lagers statt, und Ngbali pendelte dann zwischen den beiden Gruppen hin und her, so daß ich es schließlich aufgab, sie im Auge behalten zu wollen. Ich wußte aber, daß ein *élanda* eine Aufforderung zum Flirt darstellte, und befand mich daher in einem Zustand ständiger Beunruhigung.

Was mich ein bißchen versöhnte, war die Tatsache, daß ich nicht der einzige war, der Probleme mit einer Frau hatte. Zu meiner größten Überraschung hatte ich nach unserer Rückkehr aus Mombongo erfahren, daß Simbu sich eine zweite Frau genommen hatte. Eines Tages deutete er auf eine lebhafte, jugendliche Schöne, die mir bereits ins Auge gefallen war, und sagte voller Stolz: »Meine Frau Saki!« Mandubu, seine erste Frau, schien diese Entwicklung ganz gut verkraftet zu haben. An den Abenden saßen beide Frauen nebeneinander vor Simbus Hütte. Mir fiel auf, daß Mandubu die meisten Arbeiten und auch das Kochen erledigte, während Saki sich nur faul herumfläzte und albern kicherte. Simbu war ein ehrwürdiger Ältester; er war sehr seriös, er trank nie *mbaku* und tanzte nie. Ich konnte mich nicht des Gefühls erwehren, daß er sich mit Saki etwas eingehandelt hatte, mit dem er nicht fertigwerden würde. Saki besaß einen äußerst lebhaften Charakter und war einfach wild darauf zu tanzen. Wie Ngbali nahm sie immer an den *élanda* teil, und ich hatte gerüchteweise gehört, daß sie sich bislang geweigert hatte, mit Simbu zu schlafen. Er sollte deswegen in schon bedrohlicher Weise eifersüchtig geworden sein.

Simbus Sorgen schienen die meinen irgendwie zu mildern: Ich war also nicht der einzige mit solchen Problemen. Vorher hatte ich meine sogenannte Ehe mit der von Engulé und Mbina verglichen, in der es keine Reibereien gab – wenn man davon absah, daß Engulé seiner Frau einmal die Nase blutig geschlagen hatte. Jetzt dachte ich, daß Eheprobleme vielleicht doch nicht so selten vorkamen. Andererseits bekam ich ein unbehagliches Gefühl, wenn ich meine Situation mit der Simbus verglich, und ich konnte nur hoffen, daß andere nicht auch solche Vergleiche anstellten. Ich war alles andere als ein ehrwürdiger Ältester und, wenn ich auch so gut wie gar nicht tanzte – weil ich so unbegabt war –, alberte ich ziemlich viel herum und hielt mich meistens in der Gesellschaft der jüngeren Männer auf.

Eines Tages kam ich mit etwas Reis aus dem Dorf zurück, den ich Ngbalis Großmutter Sopo überließ. Sombolo war seit einiger Zeit nicht mehr auf die Jagd gegangen, und ich wußte, daß seine Familie kaum noch über Vorräte verfügte.

Am Abend erschien Nyasu in meiner Hütte und bat mich um Reis – mittlerweile wußten alle, daß ich Reis aus dem Dorf mitgebracht hatte.

»Ich habe keinen Reis«, antwortete ich, »ich habe ihn...«

»Deiner Frau gegeben?« unterbrach Nyasu mich. »Welcher Frau? Schläft sie mit dir? Kocht sie dein Essen? Bringt sie dir Wasser oder setzt sie sich zu dir? Sie mag dich nicht!«

»Sie mag dich nicht!« kam es wie ein Echo von Bessé, die ebenfalls in meine Hütte trat.

»Sombolo führt dich an der Nase herum«, fuhr Nyasu fort. »du verschwendest nur dein Geld, wenn du Ngbali Seife und Erdnußbutter und Reis und Sardinen gibst.«

Jetzt standen noch mehr Frauen in meiner Hütte, unter ihnen war auch Sao.

»Ist das wahr?« fragte ich Sao; da sie wesentlich zu meiner Verbindung mit Ngbali beigetragen hatte, meinte ich, daß sie besser Bescheid wissen müsse als die anderen.

»Es ist wahr«, antwortete Sao. »Ngbali mag dich nicht!«

Das war's also. Kein Wunder, daß die Verlobung mir immer unwirklich vorgekommen war – es war alles nur eine Farce gewesen! Und ich war darauf reingefallen!

Vom Schock wie betäubt marschierte ich zu Sombolos Behausung hinüber. Die meisten Frauen aus seiner Nachbarschaft saßen um ein Feuer in Akungas halbfertigem Bambus-Haus, das er um seine Bienenkorbhütte herum hochzog. Ngbali und ihre Mutter waren nicht dabei.

»Ich habe gerade herausgefunden, daß Ngbali mich nicht mag«, stieß ich kläglich hervor.

Die Frauen hatten sich fröhlich unterhalten, aber jetzt verstummten sie mit einem Schlag – alle, mit Ausnahme von Ngbalis Tante Etu, die in schallendes Gelächter ausbrach.

Es folgten wirklich triste Tage, Tage, in denen ich in einem Zustand zwischen Wut und Verzweiflung schwebte. Ich wollte abreisen, erkannte aber, daß ich es nicht konnte: Ngbali hatte viel zu sehr Besitz von mir ergriffen. Sombolo stattete mir weiterhin ab und zu einen Besuch ab und versicherte mir, daß Ngbali trotz allem meine Frau sei. Ich klammerte mich an die Strohhalme, die er mir hinhielt, aber seine Motive waren jetzt ganz leicht zu durchschauen, besonders wenn er seine kleine Rede mit einer Bitte um überschüssiges Kleingeld ausklingen ließ.

In meiner Nachbarschaft bestand allgemein Einigkeit darüber, daß ich Ngbali vergessen und mir eine andere Frau suchen sollte. Jobokos Tochter Ngassa mochte mich und würde eine gute Ehefrau abgeben. Joboko selbst vertraute mir an, daß Mamadus Mutter Bessé seit Jahren keinen Mann mehr gehabt habe und einen Liebhaber mit offenen Armen willkommen heißen würde. Eines Abends erzählte Adamo den anderen, die um mein Feuer hockten, in meiner Gegenwart und in einem so schlichten Yaka, daß ich es einfach begreifen mußte, daß es ihn sehr glücklich machen würde, wenn ich seine Tochter zur Frau nehmen würde. Eines Nachts kam Sao in meine Hütte, um mir zuzuflüstern, daß Bowjana durchaus interessiert sei. Und ich wußte noch nicht einmal, wer Bowjana war.

Ihre Angebote und Ratschläge deprimierten mich nur noch mehr. Ich versuchte ihnen klarzumachen, daß ich nicht einfach die Achseln zucken und jemand anders heiraten konnte – mein Herz gehörte immer noch Ngbali. Ich fragte mich, ob sie überhaupt verstehen konnten, was ich vortrug. War Liebe für sie dasselbe wie für mich? Ich hatte es angenommen – die Beziehungen zwischen Männern und Frauen waren oft stürmisch, aber Eifersuchtsausbrüche und die Tatsache, daß die meisten Ehen standhielten, schienen darauf hinzuweisen, daß sie ähnlich empfanden wie ich. Aber jetzt bekam ich langsam Zweifel. Die Männer aus meiner Nachbarschaft meinten offenbar, daß ich mich unpraktisch verhielt. Die Frauen reagierten auf meine Ausführungen, indem sie einander erklärten: »Er mag Ngbali!«

Genauso wie ich mich auf Sombolos Aussagen nicht mehr verlassen konnte, mußte ich auch bezweifeln, daß die

Leute aus meiner Nachbarschaft mir wirklich helfen wollten. Sie gehörten alle zu Esoosis weitverzweigter Familie – der Familie, die mich von Anfang an adoptiert hatte. Ich wollte aber in Ewunjis Familie hineinheiraten. Esoosis Familie befürchtete sicher, ihren Einfluß auf mich einzubüßen – und damit viele Vorteile. Ich würde nichts mehr für sie kaufen oder für sie erledigen, denn Ewunjis Familie und insbesondere Sombolo würden mich für sich beschlagnahmen. Der Gedanke, daß die Bayaka sich wegen meines relativen Wohlstands um mich stritten, war entmutigend; ich konnte mir aber nicht weismachen, daß es nicht so war.

Eines Tages gelangte ich zu der Überzeugung, daß, wenn überhaupt irgend jemand Ngbalis Gefühle kannte, dies nur ihre Mutter Yéyé sein konnte. Als ich sie alleine vor ihrer Hütte sitzen sah, ging ich hinüber, um mit ihr zu sprechen. Ich hatte mich nie zuvor mit Yéyé unterhalten und war daher recht angespannt. Als ich mich neben ihr am Feuer niederließ, schob sie mir eine Schüssel mit Essen zu. Ich stellte sie zur Seite und sagte, daß ich nicht gekommen sei, um zu essen. Dann ließ ich meine Klagerede vom Stapel: Ich liebte ihre Tochter wirklich und habe geglaubt, daß sie meine Gefühle erwidere; jetzt gehe sie mir aber aus dem Weg, und die Leute behaupteten, daß sie mich nicht möge. Sie rieten mir, eine andere Frau zu nehmen, doch ich könne es nicht, weil ich Ngbali zu sehr liebte; aber ich müsse die Wahrheit wissen. Liebte Ngbali mich nicht mehr?

Niemand außer Yéyé hatte das hören sollen, aber Mindumi, der in der Nähe vor seiner Hütte saß, hatte offenbar jedes Wort mitbekommen. Yéyé antwortete, daß sie nicht wisse, wie es im Herzen ihrer Tochter aussehe. Sie wisse nur, daß Ngbali nicht länger mein Essen zubereite und nicht länger bei mir sitze. Ich sollte damit aufhören, ihr Geschenke und Geld zu geben, Ngbali wolle die Geschenke nicht und das Geld verführe Sombolo nur zum Trinken. Aber was in Ngbalis Herz vor sich gehe, das wisse sie nicht, weil ihr Herz anders sei.

Als ich diese Worte hörte, erstarb meine letzte Hoffnung.

Eines Nachts kamen Singali und Mindumi sehr spät, als alle anderen schon schliefen, von einer *mbaku*-Tour aus dem Dorf zurück. Sie waren noch weit entfernt, aber man hörte schon ihre Stimmen – sie grölten ein Lied, so wie es Besoffene in der ganzen Welt tun. Als sie näher kamen, erkannte ich die Melodie, obwohl ich sie vor Jahren das letzte Mal gehört hatte, bei jenem *eboka* nämlich, bei dem ich erstmals die *mokoondi* zu Gesicht bekommen hatte. Ich hatte schon gedacht, daß diese Melodie auf ewig verschwunden sei, und als ich sie jetzt wieder vernahm, ging es mir sofort ein bißchen besser.

Als sie Amopolo erreicht hatten, sagte Singali: »Gute Nacht, Herr Bürgermeister«, und Mindumi erwiderte: »Gute Nacht, Herr Häuptling«. Ich hörte, wie Singali seine Hütte betrat, noch einer seiner Frauen etwas zubrummte und dann zu schnarchen begann. Sonst war einen Moment lang nichts zu hören, aber dann fing Mindumi mit jemandem zu reden an, der so leise antwortete, daß man ihn nicht identifizieren konnte. »Du bist meine Schwester«, sagte Mindumi, »und sie ist deine Tochter. Ich sag dir noch einmal, er ist ihr Mann.« Sie diskutierten weiter, und dann brach es plötzlich aus Mindumi heraus.

»Geh in die Hütte deines Mannes!« brüllte er. »Jetzt, auf der Stelle!« Leise Stimmen, die ihm antworteten. Dann wieder Mindumi: »Ich habe gesagt, du sollst in die Hütte deines Mannes gehen!« Kurzes Schweigen. »Okay, ich werde dich morgen verhaften lassen.« Wieder Schweigen, dann erneut Stimmen und ein energisches »Geh!« von Mindumi.

Plötzlich ein Geräusch, als ob etwas zerfetzt würde. Es war Mindumi, der sich durch die Wand hindurch einen Weg in Sombolos und Yéyés Hütte bahnte. Ein Kind fing zu weinen an, wahrscheinlich war es Ayoosi.

»Ich werde dich jetzt auf der Stelle zur Hütte deines Mannes bringen.«

Geräusche von einem Handgemenge, dann das Stampfen von Füßen: Jemand rannte davon. Die Auseinandersetzung endete damit, daß Mowooma, in dessen Hütte Ngbali wohl Unterschlupf gesucht hatte, auf seinen Bruder einsprach, ihn zu beruhigen versuchte und ihm erklärte, daß Ngbali ihr Herz darüber entscheiden lasse, mit wem sie schlafe. Schließlich hörte ich, einigermaßen enttäuscht, wie Mindumi wegschlurfte.

Am nächsten Tag wurde der Zwischenfall nicht erwähnt, lediglich Mobo machte eine kurze Bemerkung über den »Lärm letzte Nacht«. Ich wußte aber, daß ich mit Mindumi einen wichtigen Verbündeten gewonnen hatte. Er war eine bedeutende Persönlichkeit in Amopolo und außerdem der älteste Onkel Ngbalis. Offenbar war für ihn unsere Ehe etwas sehr Reales. Und auch Ngbalis Verhalten bis zu dem Hochzeits-*lingokoo* war mir aufrichtig genug vorgekommen. Warum hatte sie die Zeremonie mitgemacht, wenn sie sie gar nicht ernstnahm? Hatten sich ihre Gefühle für mich über Nacht drastisch verändert, oder war plötzlich irgendein Problem aufgetacht? Aus diesen Zweifeln erwuchs mir neue Hoffnung, und ich nahm mir vor herauszufinden, was eigentlich falsch gelaufen war.

Ich hatte mich bislang eher besuchen lassen, als selbst andere zu besuchen. Um mein Feuer herum ging es abends gewöhnlich am lebhaftesten zu. Jetzt aber schweifte ich durch die ganze weitläufige Siedlung, ließ mich erst bei Joboko nieder, dann bei Mobo und zog danach weiter zu Sombolo und Mindumi. Recht bald fand es niemand mehr der Mühe wert, vor meiner Hütte Holz für ein Feuer aufzuschichten. Die *geedal*-Sessions, die dort stattgefunden und die Nächte mit Leben erfüllt hatten, gehörten der Vergangenheit an. Ich war ständig unterwegs auf der Suche nach Informationen. Auf direkte Fragen bekam ich nur einander widersprechende Meinungen darüber zu hören, was eigentlich passiert war. Man sagte mir, daß Sombolo mich die ganze Zeit über betrogen habe, daß Ngbalis Mutter mich möge, Ngbali selbst aber nicht, daß Ngbali von ihren Freundinnen so lange gehänselt worden sei, bis sie einen Rückzieher gemacht habe, daß Ngbali einfach ein böses

Weib sei. Der einzige Schluß, den ich daraus ziehen konnte, war, daß entweder niemand Bescheid wußte oder daß jeder Bescheid wußte, mir aber die Wahrheit nicht sagen wollte. Also ging ich zur produktiveren Methode des heimlichen Lauschens über. Wo auch immer ich hinging, hielt ich meine Ohren aufgesperrt und versuchte, Gespräche einzufangen, die ein, zwei Hütten entfernt stattfanden.

Durch diese Spionagetätigkeit verbesserten sich meine Yaka-Kenntnisse sehr schnell. Zunächst war es so, daß ich, durch die Erwähnung von Ngbalis Namen alarmiert, aufmerksam zuhörte und einige erstaunliche Dinge erfuhr, aber nie sicher war, ob ich richtig verstanden hatte. In dem Gerede über »Ngbali« ging es meistens um eine sehr stürmische Beziehung zu einem Mann. Schließlich bekam ich aber heraus, daß meistens die Tochter Bakpimas, die ebenfalls Ngbali hieß, gemeint war. Ihre Ehe mit Engbeté war sehr bewegt. Als meine Sprachkenntnisse besser wurden, stellte ich fest, daß meine Ngbali oft als »die Tochter Sombolos« bezeichnet wurde. Später schien es mir so, daß die Bayaka, um mich absichtlich im Ungewissen zu lassen, dazu übergingen, sie »die Tochter« zu nennen und schließlich nur noch »die Frau«.

Eines Tages rief Mokoko mich zu seiner Hütte hinüber. Mit verschwörerischer Miene öffnete er ein zusammengewickeltes Blatt und zeigte mir ein Häufchen gemahlener Rinde. Dies sei »Medizin«, sagte er. Ich solle mich gründlich waschen und dann meinen Körper mit dem Pulver einreiben. Wenn ich dann Ngbali aufsuchte, würde sie das unbezähmbare Verlangen überfallen, mit mir zu schlafen.

»Deine Medizin taugt absolut nichts«, sagte ich. Ich war empört, daß Mokoko solchen Hokuspokus überhaupt für notwendig hielt.

»Sie wirkt«, sagte Sao, die uns beobachtete. »Was glaubst du denn, was Ngbali genommen hat, um dich einzufangen?«

Meine Verheiratung büßte immer mehr an Aktualität ein, und ich befürchtete schon, daß sich eines Tages niemand mehr für sie interessiert würde. Vielleicht glaubten die

Bayaka, daß ich mit der Zeit alles vergessen würde. Ich schnitt das Thema hin und wieder an, um es ihnen wieder in Erinnerung zu bringen, und klagte darüber, daß ich immer noch nicht wisse, ob ich eine Frau hätte oder nicht. Aber während der folgenden zwei Monate rückten ganz andere Probleme in den Brennpunkt des Interesses.

Eines Tages besuchte uns Biléma, der Häuptling von Bomandjombo. Er erklärte uns, daß ihn ein besonderer Anlaß hergeführt habe. Er habe uns etwas Wichtiges mitzuteilen. In Bomandjombo liefen Gerüchte um, daß Bakpimas Frau, Ajama, die seit einiger Zeit an einer Entzündung im Bein gelitten hatte, schon vor Tagen gestorben sei, daß man sie aber nicht begraben habe. Dafür könne es nur einen Grund geben, und er, Häuptling Biléma, habe ihn herausbekommen und sei daher erschienen, um uns ernsthaft zu warnen: Wenn die Bayaka etwa daran dächten, Ajama von den Toten auferstehen zu lassen, sollten sie sich das aus dem Kopf schlagen. Ob sie denn solche Wilde seien, daß sie mit den Toten zusammenleben wollten? Sie müßten es lernen, den Tod hinzunehmen, wie normale, zivilisierte Menschen. Tote wieder zum Leben zu erwecken, sei verwerflich.

Dann richtete der Häuptling einen Appell an mich: »Monsieur Jean-Louis, Sie sind von so weit hergekommen, um die Bayaka zu zivilisieren. Sie müssen ihnen beibringen, den Tod zu akzeptieren. Mit Zauberei die Toten zum Leben zu erwecken, ist Barbarei! Die Bayaka müssen Bakpimas Frau beerdigen!«

Ich erwiderte, daß Bakpimas Frau lebe und auf dem Wege der Besserung sei, nachdem ich ihr Penicillin gegeben hätte.

»*Merci*, Monsieur Jean-Louis«, sagte Häuptling Biléma; er schien kaum überrascht zu sein. »Wir hoffen aufrichtig, daß Sie aus Amopolo ein zweites Monasao machen können, mit einer Schule und einem Krankenhaus, ein Dorf, in dem die Bayaka leben, wie es sich gehört!«

Spontan erzählte ich ihm, daß dieser Zivilisierungsprozeß bereits begonnen habe und daß wir uns als erstes vorgenommen hätten, Latrinen auszuheben.

»Ah *voilà*«, rief der Häuptling voller Genugtuung. Er schüttelte mir die Hand und ging.

Solche Bemerkungen über die Zivilisierung der Bayaka, wie Häuptling Biléma sie gemacht hatte, brachten die Dorfbewohner immer wieder vor, es war schon fast ein Refrain. Obwohl in den Dokumenten, die es mir gestatteten, bei den Bayaka zu leben, immer nur musikologische Forschungen als Zweck meines Aufenthalts angegeben waren, schienen die meisten *bilo* zu glauben, daß es meine wahre Mission sei, die Segnungen der Zivilisation nach Amopolo zu bringen. Die Bayaka selbst nährten diesen Glauben noch. Mabuti, Singali und Balonyona kamen einmal ganz begeistert aus Bomandjombo zurück. Sie hatten dort verbreitet, daß sie Amopolo für »Monsieur Louis« in ein richtiges Dorf verwandeln würden und daß ich der »Besitzer« der Siedlung sei. »Jeder weiß es jetzt«, sagten sie mir. »Wir haben es den Polizisten erzählt, dem Bürgermeister, den Gendarmen – allen! Wir bauen unser Dorf für Monsieur Louis!«

Es stimmte mich nicht gerade froh, das zu hören. Amopolo entwickelte sich immer mehr zu einer Monstrosität, und wenn sie so etwas für mich bauten, dann tat ich besser daran, sofort abzureisen. Aber dann beruhigte ich mich mit dem Gedanken, daß die Bayaka sich hier angesiedelt hatten, um in der Nähe des – jetzt stillgelegten – Sägewerks zu sein; außerdem hatte Amopolo schon lange vor meinem ersten Besuch existiert, und der Prozeß, der dazu führte, daß es langsam seinen Charakter veränderte, hatte vor meiner Rückkehr eingesetzt.

Ein anderer gewichtiger Grund dafür, diese »Ehrung« nicht anzunehmen, war meine Angst vor möglichen Konsequenzen. Wenn ich die Grenzen, die mir als Musikforscher gesteckt waren, überschritt, würde ich zwangsläufig Ärger mit den Behörden bekommen. Während meines ersten Aufenthalts hatte ich mehrfach selbst das Gesetz in die Hand genommen, indem ich betrunkene Dorfleute, die nach Amopolo gekommen waren, um an einem »*eboka* teilzunehmen«, des Lagers verwiesen hatte. Ich hatte Geschichten über einen deutschen Forscher gehört, der ein paar Jahre vor mir gekommen war und den die Dorfleute und die Bayaka »Makola« nannten. Er hatte die Bewohner von Bomandjombo so gegen sich aufgebracht, daß sie ihm schließlich durch ständige Belästigungen das Leben zur Qual gemacht hatten. Man hatte Makola mehrmals verhaftet, offizielle Berichte nach Bangui geschickt, in denen er angeprangert wurde, und einer Geschichte zufolge hatten die Gendarmen, die die Schranke bewachten, die einmal an der nördlichen Ausfahrt der Stadt gestanden hatte, ihn drei Tage lang nicht ausreisen lassen. Schließlich war er dann auf Nimmerwiedersehen abgezogen.

Allmählich wurde mir jedoch klar, daß die Rolle, die die Bayaka mir aufzwingen wollten, nicht nur meinen Aufenthalt in keiner Weise gefährdete, sondern mir sogar bei den Dorfleuten mehr Prestige verlieh. Nach einiger Zeit fand ich mich also nicht nur mit dieser Rolle ab, sondern akzeptierte sie sogar. Ich erkannte, daß die Bayaka auch aus Schlauheit handelten, wenn sie verbreiteten, daß ich gekommen sei, um sie zu »zivilisieren«, und machte das Spiel daher mit. Wenn das Bürgermeisteramt mir jetzt irgendwelche schriftlichen Mitteilungen zukommen ließ, waren sie nicht mehr an den »Musikologen« adressiert, sondern an den »Agenten für die Integration der Pygmäen.«

Um meiner neuen Rolle gerecht zu werden, bemühte ich mich auch um ein gutes Verhältnis zu den Dorfleuten. Die Erfahrungen, die Makola gemacht hatte, bewiesen mir, daß es zu nichts führte, wenn man sie sich zum Feind machte. Außerdem gefiel es mir, mit den Dorfbewohnern über meine Ehe zu plaudern. Dem allgemeinen Klatsch und Tratsch zufolge war ich mit Ngbali glücklich verheiratet, und es verschaffte mir einige Erleichterung, jetzt ganz frank und frei über die wirkliche Situation sprechen zu können. Ich fragte die Dorfleute auch, was ihrer Meinung nach schief gelaufen sein könnte, und ihr aufrichtiges Mitgefühl berührte mich.

Ein anderes beliebtes Gesprächsthema waren meine »Anstrengungen«, die Bayaka zu zivilisieren. Ich stellte fest, daß ich die *bilo* stundenlang unterhalten konnte, indem ich ganz offen über die Schwierigkeiten berichtete, mit denen ich bei meiner Arbeit konfrontiert wurde, und ihnen die Leiden, die mir daraus entstanden, schilderte. Ich selbst bekam auch einige interessante Geschichten zu hören. Bernard Koy, ein Polizist, mit dem ich mich anfreundete, gab eine Episode aus der Zeit zum besten, als er gerade frisch von Bangui nach Bomandjombo versetzt worden war und noch alleine lebte. Eines Tages erschienen zwei Bayaka bei ihm, die sich als Sombolo und Mowooma vorstellten. Als sie herausfanden, daß er neu in der Stadt war, schilderten sie ihm, was für ein wunderbares Verhältnis sie zu seinem Vorgänger gehabt hätten, bei dem sie Fleisch und Früchte aus dem Urwald gegen Geld und Waren eingetauscht hätten. Schließlich ließ Bernard sich beschwatzen, jedem einen Sarong und fünfhundert Francs zu geben. Sombolo versprach, dafür am nächsten Tag eine Antilope zu liefern, und Mowooma beschrieb den großen, in Blätter gewickelten Klumpen Honig, den er Bernard bringen würde. Dann gingen sie, und Bernard bekam sie zwei Monate lang nicht mehr zu Gesicht.

Ein anderer *bilo* faßte es so zusammen: »Selbst wenn du einem Pygmäen heute tausend Dollar gibst, wird er dich morgen um eine Zigarette bitten.« Und er schloß mit einer Prophezeiung: »Wir hier im Dorf haben seit Jahren versucht, die Pygmäen zu verstehen, jetzt sind wir wirklich erschöpft. Nun versuchen Sie es, eines Tages werden Sie auch erschöpft sein.«

Eines Tages erschien der Adjunkt des Bürgermeisters in Amopolo, um eine Ankündigung zu machen. Es gebe zuviel »Medizin« in Bomandjombo, sagte er. Ich brauchte eine Weile, um zu begreifen, daß er mit Medizin Zauberei meinte. Gewisse Elemente, so fuhr er fort, hätten diese schlechte Medizin gegen das Sägewerk eingesetzt, und das

Ergebnis sei, daß Bomandjombo jetzt leide. Es sei an der Zeit, Abhilfe zu schaffen. Da er während der Abwesenheit des Bürgermeisters der amtierende Bürgermeister sei, habe er Maßnahmen ergriffen, die, wie er hoffte, die Wirtschaft der Region wieder auf die Beine bringen würden. Am Abend würde in Bomandjombo ein Tanz stattfinden, und hiermit befehle er jedem, ob Mann, Frau oder Kind, daran teilzunehmen. Eine besondere Truppe von Tänzern aus Nola würde *nga-nga* – eine Art von Wahrsagerei – einsetzen, um diejenigen zu entlarven, die an der Schließung des Sägewerks schuld seien.

Als es Abend wurde, verspürte ich selber keine Neigung, zu diesem Tanz zu gehen, viele Bayaka aber waren neugierig und wanderten zum Dorf, aus dem die *nga-nga*-Trommeln bereits herüberdröhnten. Als sie spät in der Nacht zurückkamen, waren sie voller Wut. Offenbar hatten die Tänzer sowohl Mowooma als auch Mobo als diejenigen identifiziert, die mit Hexerei die Schließung des Sägewerks bewirkt hätten. Es war noch nicht ganz klar, was das für die beiden für Folgen haben würde, fürs erste hatte man sie nach Amopolo zurückkehren lassen.

Am nächsten Nachmittag kam der Adjunkt des Bürgermeisters wieder und verkündete, daß alle, auch ich, an einem zweiten *nga-nga*-Tanz teilzunehmen hätten. Bald danach konnten wir die Trommeln hören, aber da die Bayaka das, was man ihnen am Tag zuvor geboten hatte, wenig beeindruckend gefunden hatten, entschieden sie sich, in Amopolo zu bleiben. Daraufhin erschienen jedoch die Wachen des Bürgermeisters, trieben uns alle zusammen und führten uns wie eine Herde Vieh ins Dorf. Ich weiß noch, wie widersinnig es mir vorkam, Simbu in der Menge zu sehen, denn gerade er mied sonst das Dorf wie die Pest. Auf unserem Weg in das Dorf machte ich mir Gedanken darüber, ob die Wahrsager mich nicht vielleicht auch als verdächtige Person bezeichnen würden. Diese Aussicht machte mich ein wenig nervös; ich war insgeheim glücklich darüber, daß man das Sägewerk zugemacht hatte.

Würden die *nga-nga*-Tänzer aufdecken, daß ich mich zumindest solcher Gefühle schuldig gemacht hatte?

Der Tanz war schon im Gang. Der große Platz in der Nähe des Bürgermeisteramts war mit Zuschauern gefüllt. Die Würdenträger der Stadt, wie der Adjunkt und Häuptling Biléma, saßen, alle anderen mußten stehen. In der Mitte des Platzes befand sich ein runtergekommen aussehender junger Mann, der sich ein Leopardenfell über den Kopf gezogen hatte; er taumelte langsam an den Reihen der Zuschauer entlang. Vermutlich versuchte er zum Rhythmus der beiden Trommeln zu tanzen, aber seine blutunterlaufenen Augen verrieten, daß er entweder unter Drogen stand oder betrunken war, und sein Tanzen war nichts anderes als ein Torkeln. Er hatte einen kleinen Spiegel in der Hand, in den er von Zeit zu Zeit hineinschaute. Zwei Frauen folgten ihm; sie reichten ihm angezündete Zigaretten, von denen er eine nach der anderen rauchte. Hin und wieder fiel er gegen jemanden – vermutlich war das eine Anschuldigung, jedenfalls applaudierten dann alle anderen. Es schien eine recht harmlose Posse zu sein, und bald klatschte ich auch.

Unter denen, die auf diese Weise »überführt« wurden, waren auch der frühere Bürgermeister und Häuptling Biléma. Dann taumelte der Seher nach einem Blick in seinen Spiegel plötzlich rückwärts gegen Bombé. Als Bombé in die Mitte des Platzes gezerrt wurde, fingen die Bayaka zu murren an. Eine der *nga-nga*-Frauen schlug Bombé auf den Kopf, und dann wurde er von mehreren Dorfbewohnern in ein Haus geschleppt, die Bayaka schauten völlig erschüttert zu. Ich wollte hinter Bombé hinterherstürzen, aber ein Dutzend *bilo* versperrte mir den Weg.

»Das geht Sie nichts an«, knurrte einer von ihnen.

»Sie mischen sich besser nicht ein«, warnte mich ein anderer.

»Sie haben keine Ahnung, was das für Folgen haben könnte«, drohte ein dritter.

Bombé tauchte wieder auf; man hatte ihm sein zerlumptes Hemd vom Leib gerissen. Er wurde zum Gendarmerie-Posten geschleift.

»Was geht denn hier vor?« brüllte ich und versuchte, mir einen Weg durch die Menge zu bahnen.

»Er hat Zauberei gegen das Sägewerk eingesetzt«, erklärte einer der Dorfleute. »Das ist verboten. Sogar der Präsident könnte ihm jetzt nicht mehr helfen.«

»Was für eine Zauberei?« schrie ich zurück. »Dieses ganze *nga-nga* ist doch Unsinn!«

»Ihr verwendet Magie in Amerika«, meinte der Mann, »und Amerika ist reich und mächtig.«

»Nein«, antwortete ich heftig. »Wir in Amerika haben schon vor langer Zeit entdeckt, daß Magie zu wirkungslos ist, und jetzt verlassen wir uns auf die Wissenschaft.«

Hinter mir brach ein Tumult aus, und als ich mich umdrehte, sah ich gerade noch, wie Mowooma und Simbu weggezerrt wurden. Beiden hatte man die Hemden ausgezogen. Die Bayaka, die vorher zu erschrocken gewesen waren, um einen Finger zu rühren, gerieten jetzt in Aufruhr. Aus den Augenwinkeln sah ich, wie Mobo sich unauffällig durch die Menge zum Rand des Platzes schlängelte. Ein paar Sekunden später riefen einige *bilo*: »Wo ist Mobo?« Aber der war schon verschwunden.

Außer mir vor Wut rannte ich zu der großen *nga-nga*-Trommel und versetzte ihr mit voller Wucht einen Tritt. Meine zerschlissenen Leinenschuhe boten wenig Schutz, und der Anprall schien mir fast den Fuß zu zerschmettern. Die schwere Trommel geriet aber ins Schaukeln, kippte dann um und rollte ein paar Zentimeter weit. Mühsam hinkend machte ich mich auf den Rückweg nach Amopolo, obwohl einige Dorfleute hinter mir herriefen, daß der Tanz noch nicht zu Ende sei. Die wütenden Bayaka schlossen sich mir an.

Mehrere Tage lang lebten wir in ständiger Anspannung, weil wir nicht wußten, was mit Bombé, Simbu und Mowooma geschehen war. Die *nga-nga*-Trommeln grollten jede Nacht, aber keiner der Bayaka war neugierig genug, um einen Gang ins Dorf zu riskieren, und es kam auch niemand von dort zu uns herüber. Wir konnten nur Mutmaßungen darüber anstellen, was man den drei Männern antat. Mein Fuß war mächtig angeschwollen, und ich konnte nur mit Hilfe eines Stocks durch das Lager humpeln. Ich war überzeugt, daß ich mir ein oder zwei Knochen gebrochen hatte, und bereute jetzt meine impulsive Tat. Die Dorfleute, die tagsüber ins Lager kamen, bemerkten meine Verletzung und nickten einander zu, so als bestätigten sie sich gegenseitig, daß die *nga-nga*-Zauberer wegen meines Unglaubens Rache an mir genommen hatten. Es war erschreckend mitzuverfolgen, wie schnell die Dorfbewohner die *nga-nga*-Magie als etwas Wirkliches akzeptierten. Viele *bilo*, mit denen ich gut bekannt war, waren fest von der Schuld der drei Bayaka überzeugt. Erst später begriff ich, daß die ganze Angelegenheit ihnen noch mehr Angst einjagte als mir. Und obwohl ich weiterhin gegen die Unvernunft des Ganzen wetterte, mußte ich zugeben, daß die *nga-nga*-Zauberer in gewisser Weise zu merkwürdig zutreffenden Ergebnissen gekommen waren. Alle Männer, die man bezichtigt hatte, das Sägewerk sabotiert zu haben, gehörten entweder zu den Bayaka oder zu den Sangha-sangha, den ursprünglichen Einwohnern der Region. Beiden Volksstämmen hatte das Sägewerk bestenfalls einen fragwürdigen Gewinn gebracht. Die Gegend war in kurzer Zeit von Fremden überschwemmt worden, und über die traditionellen hierarchischen Formen war eine neue Hierarchie gestülpt worden: Der Bürgermeister, die Gendarmen und die Polizisten hatten jetzt das Sagen, und die ursprünglichen Einwohner hatten bis zu einem gewissen Ausmaß die Möglichkeit verloren, ihr Leben selber zu regeln.

Dann näherten sich eines Nachts, als alle schon zu Bett gegangen waren, eilige Schritte dem Lager: Es waren die weitausgreifenden Schritte von Leuten aus dem Dorf. Bald erklangen sie im Lager selbst, und dann hörte man, wie sie

Richtung auf Singalis Hütte nahmen. Eine kurze, leise Unterhaltung, dann erneut die Schritte; sie entfernten sich wieder und verhallten bald auf der Straße. In einer Hütte nach der anderen wurden Stimmen laut, gereizte, aufgebrachte Stimmen.

»Erzählt mir, was los ist!« schrie ich schließlich.

»Sie haben Singali zu den *nga-nga* geschleppt!« rief mir Mokoko erregt aus seiner Hütte zu.

Wir versammelten uns zu mehreren auf dem *mbanjo*. Alle waren außer sich vor Wut: Jetzt kamen sie schon in der Nacht und zerrten uns aus unseren Häusern! Was würde als nächstes geschehen?

Eine halbe Stunde später kehrte Singali zurück – er war lediglich von den Wildhütern geholt worden, die einen Streifzug vorbereiteten und von ihm Informationen über die Lage eines Camps von Wilderern eingeholt hatten. Wir seufzten alle erleichtert auf und gingen wieder ins Bett.

In der Zeit der *nga-nga*-Affäre wurde nur ein einziges Mal, sehr indirekt, auf meine Ehe angespielt. Ich saß mit den Männern zusammen, als ich hörte, wie Ngbalis Großmutter Sopo sich lauthals darüber beschwerte, daß ihr Kind die Kleider des weißen Mannes »kenne«, sie selbst aber nicht. Ich erkundigte mich bei anderen, was sie damit meinte.

»Sie sagt, daß du ihr keine Kleider gegeben hast«, erklärte Lalié.

»Warum kommt sie denn ausgerechnet jetzt darauf zu sprechen?« fragte ich. »In einer solchen Zeit, wenn ihr Sohn Mowooma im Gefängnis sitzt?«

»Siehst du«, erwiderte Lalié, als ob meine Frage schon die Antwort enthielte. »Das ist die Art, in der die Frauen denken.«

Als ich mich eines Nachmittags zu den Männern auf dem *mbanjo* gesellte, erzählte Joboko mir, daß Mowooma sich entschlossen habe, mit den *nga-nga*-Zauberern zu kooperieren. Er sei mit ihnen auf den Hof des Sägewerks gegangen und habe unter den Augen aller Beteiligten eine Zwiebel aus dem Boden ausgegraben.

»Ist das gut oder schlecht?« fragte ich.

»Es ist gut!« sagten alle. Offensichtlich war die Zwiebel ein Teil von dem Fetisch gewesen, der das Sägewerk »getötet« hatte, und da sie jetzt entfernt worden war, würde die ganze Affäre bald beigelegt sein. In der Nacht hörte man die *nga-nga*-Trommeln zum letztenmal, und am nächsten Tag durften Bombé, Simbu und Mowooma nach Amopolo zurückkehren. Als ich Simbus Hand ergriff und ihm sagte, daß ich mich freue, ihn wieder in Amopolo begrüßen zu können, schüttelte er nur den Kopf und stieß einen Seufzer aus, der mehr besagte als alle Worte.

Alle, nicht nur die Bayaka, waren froh, als die *nga-nga*-Magier endlich wieder abzogen. Viel später hörte ich, daß mehrere Mitglieder dieser Truppe im Gefängnis von Bangui gelandet waren, und erfuhr zu meiner Beruhigung, daß ihre Form der Wahrsagerei keineswegs, wie man es mir gesagt hatte, von der Regierung sanktioniert war. Die Welle von Paranoia, die über Bomandjombo und Amopolo zusammengeschlagen war, ebbte nach ihrem Verschwinden rasch wieder ab.

Mein Fuß brauchte viel länger, um zu heilen, und eine Zeitlang fürchtete ich, daß ich für immer hinken würde. Und dennoch hatte die ganze Affäre auch positive Folgen für mich. Mabuti vertraute mir an, welch tiefen Eindruck meine aufrichtige Sorge um das Schicksal Bombés und der anderen Gefangenen auf die Bayaka gemacht hätte. Jetzt wüßten sie alle, wie sehr sie mir am Herzen lägen, sagte er. Man bezeichnete mich jetzt nicht nur als »Besitzer« Amopolos, um die Dorfbewohner zu bluffen, ich hatte wirklich einen solchen Status erlangt. Mabutis Mitteilung ließ in mir vor allem die Hoffnung aufkeimen, daß die Bayaka nun vielleicht meine Eheprobleme ernster nehmen würden. Alles andere war mir eigentlich egal.

Eines Tages suchte mich Sombolo auf und sagte: »Das Problem ist gelöst.«

»Was für ein Problem?« fragte ich sicherheitshalber.

»Das Problem mit meiner Tochter.«

Am Abend kam Ewunji in meine Hütte und sagte dasselbe: »Das Problem ist gelöst.« Ich war daran gewöhnt, daß Sombolo leere Versprechungen abgab, aber wenn Ewunji eine solche Aussage machte, dann hatte sie Gewicht.

Am nächsten Morgen kam Ewunji noch einmal zu mir und wiederholte seine Botschaft – jedenfalls vermutete ich, daß es dieselbe Botschaft war. Ewunji kommunizierte manchmal auf eine sehr seltsame Art und Weise mit mir – mit Gesten statt mit Worten. Bei dieser Gelegenheit setzte er sich hin und starrte mich eine Minute lang an. Dann sagte er »Ngbali!« und zog mich am Ohr. Er jagte mir mehrmals einen Finger in die Brust, zupfte sich an seinem eigenen Ohr und drückte schließlich seinen Finger gegen meine Stirn, genau zwischen die Augen und so kräftig, daß es wehtat. Verstehst du? schienen seine Augen zu fragen. Ja, versuchte ich ihm, auch nur mit Blicken, zu bedeuten, ja, ich verstand.

Ein paar Tage lang grübelte ich über die Bedeutung von Ewunjis rätselhafter Versicherung nach. Ich wartete auf irgendein äußeres Zeichen, das sie bestätigen würde, aber Ngbali blieb so unsichtbar wie zuvor, und mit jedem Tag schien die Begebenheit an Gewicht zu verlieren. Schließlich entschied ich mich, drastische Schritte zu ergreifen. Ich hatte keine Ahnung, was überhaupt das »Problem« gewesen sein sollte, ich wußte nur, daß Sombolo und Ewunji übereinstimmend gemeint hatten, daß es eins gegeben habe. Also ermannte ich mich eines Abends und suchte Ewunji auf. Er lebte in einer Nische des Lagers, wo es immer noch ausschließlich Bienenkorbhütten gab, und alles wirkte so, als könnten die Bewohner jederzeit in den Dschungel umsiedeln. Nach einer angemessenen Pause begann ich meine Rede.

»Ich weiß, was das Problem ist«, log ich, »aber jetzt existiert es nicht mehr. Ich will immer noch Ngbali zur Frau.«

In dieser Weise schwadronierte ich mehrere Minuten lang weiter. Ewunji und seine Frau Aboya hörten mit unbewegten Mienen zu. Als ich geendet hatte, nickte Ewunji bedächtig mit dem Kopf. Nach einer Pause stand ich auf und ging, ohne die Spur einer Ahnung davon zu haben, welche Wirkung meine Rede auf sie gehabt haben könnte.

Am Morgen schien eine unterdrückte Erregung in der Luft zu liegen. Vom Morgengrauen an wurde überall viel geredet. Später besuchte Aboya Esoosi in ihrer Hütte, und kurz darauf kam noch Sopo hinzu. Die beiden ließen sich selten bei Esoosi sehen, offenbar hielten sie eine Konferenz ab. Ich nahm an, daß es um Ngbali und mich ging.

In den folgenden Tagen erlebte meine »Ehe« eine Art Renaissance – in dem Sinne, daß man wieder über sie sprach. Selbst Leute, die ihrer Familie überhaupt nicht nahestanden, wie Joboko, bezeichneten Ngbali als meine Frau. Einmal zeigte Simbu auf sie und sagte zu mir: »Deine Frau.« »Ich weiß« antwortete ich, aber in Wirklichkeit war ich mir dessen immer noch alles andere als sicher. Ngbalis Benehmen schien unverändert, und sie verbrachte immer noch übertrieben viel Zeit mit den kleinen Kindern. Wenn man von dem wiedererwachten Interesse der anderen absah, schien sich die Situation kaum gewandelt zu haben.

Eines Abends ging ich zu Mindumi. Er wußte wahrscheinlich schon,was mir auf der Seele lag, da ich seit einiger Zeit von nichts anderem als Ngbali sprach, aber ich hatte einen Punkt erreicht, an dem es mir völlig egal war, ob ich andere mit meiner Besessenheit langweilte oder zur Verzweiflung brachte. Es kam mir in den Sinn, daß ich früher unfähig gewesen war, den Bayaka meine Gefühle zu offenbaren; etwas hatte mich immer davon abgehalten. Jetzt störte es mich gar nicht mehr, wenn ich vor allen Einwohnern der Siedlung einen Narren aus mir machte.

»Mindumi«, sagte ich, »ich dachte, das Problem zwischen mir und Ngbali bestehe nicht mehr. Warum kommt Ngbali denn nicht in meine Hütte?«

»Sie wartet darauf, daß du sie dorthin bringst«, antwortete er.

»Das glaube ich nicht«, sagte ich. »Ich habe das Gefühl, daß immer noch irgend etwas nicht in Ordnung ist.«

»Warum fragen wir sie nicht selbst«, lautete sein vernünftiger Vorschlag. Und dann rief er ihren Namen.

Ich hatte nicht mit einer Gegenüberstellung gerechnet und bekam erst einmal kalte Füße. Dann aber dachte ich, was soll's zum Teufel. Mindumi schickte einen Jungen aus, sie zu holen, und nach ein paar Minuten kam sie herbeigeschlendert. Sie war bei einem *élanda* in einem anderen Teil des Lagers gewesen. Mindumi sagte ihr, sie solle sich setzen, und sie gehorchte ohne Widerrede. Dann sprach er eine Zeitlang mit ihr; er legte ihr dar, wie bekümmert ich war, und versuchte geduldig, eine Antwort aus ihr herauszulocken, aber sie blieb stumm.

»Okay«, sagte Mindumi schließlich einlenkend, »wenn du es mir nicht erzählen willst, dann sag's deinem Mann in seiner Hütte.«

Nachdem er noch einige Minuten auf sie eingeredet hatte, stand Ngbali auf und ging tatsächlich auf meine Hütte zu. Mindumi und ich folgten ihr. Vor dem Eingang zögerte sie kurz, schlüpfte dann aber, von Mindumi dazu gedrängt, hinein und setzte sich in den Sand. Ich ließ mich neben ihr nieder, und Mindumi ließ sich zu meiner Überraschung genau vor der Tür auf den Boden plumpsen.

Ich sprach stundenlang. Meine schlummernden Yaka-Kenntnisse kamen explosionsartig an die Oberfläche. Ich gebrauchte Wörter und Ausdrücke, die ich vorher nie verwendet hatte, und als sie mir aus dem Mund flossen, merkte ich, daß ich sie schon viele Male gehört hatte, erst jetzt aber plötzlich wußte, was sie bedeuteten. Ich war über mich selbst erstaunt. Ich sprach über alles, war mir in den Sinn kam. Ich versuchte, jeden Zweifel aus dem Weg zu räumen, den sie möglicherweise haben könnte. Mittendrin sagte Mindumi zu Ngbali, sie solle sich aufs Bett setzen, es sei nicht gut, im Sand zu sitzen. Ich pflichtete ihm eiligst bei, und sie setzte sich tatsächlich auf das Bett, drehte mir aber den Rücken zu.

Ich sagte Ngbali auch das, was ein Mann üblicherweise sagt, wenn er mit der Frau seines Herzens alleine ist. Aber wir waren nicht allein: da hockte Mindumi in der offenen Tür. Was er wohl über mein gefühlseliges Geplappere dachte? In Mindumis Rücken ragte die Hütte auf, in der Bessé und Nyasu schliefen – jetzt allerdings schliefen sie keineswegs, sie hörten gespannt zu und kommentierten jedes Wort, das ich von mir gab. Wenn ich einen wichtigen Punkt überzeugend vorgetragen hatte, konnte ich das immer daran erkennen, daß sie einander meine Worte wiederholten. Von Zeit zu Zeit hatten auch Esoosi und Sao etwas hinzuzufügen, sie taten das aus ihren eigenen, in der Nähe stehenden Hütten heraus. Und Mindumi lieferte den anderen die ganze Zeit über einen Bericht in der Art eines Radioreporters: »Jetzt sitzt sie auf dem Bett, und er im Sand.« »Jetzt hat er sich vor sie gestellt, aber sie wendet ihr Gesicht ab.« Er beantwortete auch äußerst entgegenkommend alle Fragen, die ihm von den Zuhörern zugeworfen wurden.

Als ich weiterplapperte, begann Ngbali, sich Stück für Stück zu mir umzudrehen. Reagierte sie auf bestimmte Argumente? Ich redete über so viele verschiedene Dinge, daß es schwierig war festzustellen, was davon Wirkung hatte und was nicht. Mindumi hatte seine kleine Kerosinlampe mitgebracht; in ihrem schwachen gelben Schein sah Ngbali einfach überwältigend schön aus. Als sie sich so weit gedreht hatte, daß ich ihr Profil erkennen konnte, begann sie zu schluchzen. Warum bloß? Schließlich wandte sie mir ihr Gesicht zu, und als ich sagte, daß ich ihr Mann sei, hob sie ihre Augen zu mir auf und schaute mir zum erstenmal seit Monaten in die meinen.

»Mendo mumsa na molima wom«, sagte sie, so unerwartet, daß ich einen Augenblick lang verblüfft war.

»Was hat sie gesagt?« fragte ich Mindumi.

Er übersetzte es mir ins Französische: »Sie sagt, daß es in ihrem Herzen kein Problem gibt.«

Einen Augenblick lang war ich außer mir vor Freude, als aber Ngbali aufstand, um wegzugehen, begriff ich, daß keineswegs alles in Ordnung war. Es gab kein Problem in ihrem Herz, und doch ging sie.

»Wirst du mich morgen besuchen?« fragte ich.

»*Ee*«, sagte sie nur. »Ja.«

Nach dieser Versicherung ging sie an Mindumi vorbei in die Nacht hinein. Meine Stimmung sank wieder, als ich hörte, wie Nyasu ungläubig fragte: »Sie ist gegangen?« Aber Mindumi schien vom Erfolg der Sitzung überzeugt zu sein. Er holte seine Flöte hervor, blieb noch stundenlang vor meiner Hütte sitzen und spielte lange, lyrische Melodien, während die übrige Einwohnerschaft im Schlaf lag.

Ngbali besuchte mich am nächsten Tag nicht. Nachher fragte ich mich, ob ich wirklich damit gerechnet hatte. Sie hatte einen guten Grund nicht zu kommen, wenn dieser sich auch rein zufällig ergeben hatte: Ihre Mutter Yéyé lag in den Wehen. Ein paar Tage später sah ich Ngbali mit dem Baby. Als ich fragte, ob es ein Junge oder ein Mädchen sei, wandte sie sich ab und wollte erst nicht antworten, aber ich merkte, daß sie lächelte. »Junge«, sagte sie schließlich.

In Bomandjombo waren die Geschichten über meine Ehe inzwischen auf den aktuellen Stand gebracht worden, und man verbreitete dort jetzt, daß Ngbali einen Mann gefunden habe, der besser tanze als ich. Wenn das wirklich so war, dürfte ihr das nicht schwergefallen sein, dachte ich, da ich ja kaum tanzen konnte. In Amopolo bezeichnete man Ngbali weiterhin allgemein als meine Frau, und obwohl ich nach wie vor wenig Kontakt mit ihr hatte, versuchte sie immerhin nicht mehr, außerhalb meiner Sichtweite zu bleiben. Als ich eines Abends aus dem Dorf zurückkam, sagte mir Mabuti, der sich in letzter Zeit als Cousin – oder »Bruder« – Sombolos aktiv für mich eingesetzt hatte, daß Ngbali in meiner Hütte auf mich warte. Ich raste hin – die Hütte war leer; in der Luft hing aber noch der Duft des Parfüms, das ich ihr geschenkt hatte. Sie müsse kurz weggegangen sein, um mit ihren Eltern zu essen, sagte Mabuti. Aber sie kam an diesem Abend nicht wieder.

Trotz solcher Rückschläge war ich mir jetzt einigermaßen sicher, ein verheirateter Mann zu sein, und ich meinte, einen kleinen Ausflug nach Bangui wagen zu können. Ich wollte dort den Rest meiner Traveler-Checks einwechseln; mein Plan wurde schnell im ganzen Lager bekannt, und die Bayaka nutzten jede Gelegenheit, um Bestellungen aufzugeben: Macheten, Sarongs, Laken, Töpfe, Schüsseln und Messer. Als ich schließlich abfuhr, hatte ich derart viele Bestellungen entgegengenommen, daß ich meiner Rechnung nach mindestens dreimal soviel Geld gebraucht hätte, wie ich besaß, um jeden Auftraggeber zufriedenstellen zu können.

In Bangui unternahm ich also wieder einen Zug durch die Geschäfte. Die Ladenbesitzer erinnerten sich an mich und waren froh, mich wiederzusehen. Ein paar Tage lang war ich ein großer Mann in der Stadt. Auf der Rückreise verließ mich meine Hochstimmung aber nach und nach. Mein Budget war den hochgeschraubten Erwartungen der Bayaka einfach nicht gewachsen gewesen. Besondere Bauchschmerzen bereiteten mir die großen Aluminium-Kochtöpfe; sie waren teuer gewesen, und ich hatte daher nur fünf kaufen können. Ganz egal, wem ich sie gab, ich würde bei den anderen Verbitterung auslösen. Ich mochte gar nicht daran denken.

Nach Amopolo zurückgekehrt, hielt ich zunächst einmal eine Ansprache: Die Bayaka sollten mich nicht mit ihren Forderungen überschwemmen, sondern es mir gestatten, die Sachen in Ruhe so zu verteilen, wie mein Herz es mir eingab. Sie stimmten begeistert zu – und stürzten dann auf mich los, um mich mit ihren Forderungen zu überschwemmen. Als ich eines Tages vom Baden zurückkam, stellte ich fest, daß einer der großen Töpfe verschwunden war. Später erfuhr ich, daß Ngbali jemanden herübergeschickt hatte, um »ihren« Topf zu holen. Ich wertete dieses forsche Verhalten als positives Zeichen.

Ich verteilte die Geschenke am liebsten in der Nacht. Ich schob mir immer einen Gegenstand unters Hemd. Zwar entging die Auswölbung nicht der Aufmerksamkeit der anderen, aber wenn ich dann denjenigen, dem ich das Geschenk zukommen lassen wollte, für einen Moment allein sah, trat ich schnell aus dem Dunkel an ihn heran und überreichte es ihm wortlos. Nachdem er sich von seiner Überraschung erholt hatte, ließ der Beschenkte den Gegenstand eiligst in der nächsten Hütte verschwinden. Als ich Sao einmal ein Laken zugesteckt hatte und auf dem Rückweg zu meiner Hütte war, hörte ich, wie Bessé, die die Übergabe mitverfolgt hatte, in ehrfürchtigem Ton murmelte: »Er gibt aus ganzem Herzen.« Ich krümmte mich vor Verlegenheit: Ich wurde Zeuge der Geburt einer neuen Nikolauslegende.

Eines Tages erschien Sombolo, um mir mitzuteilen, daß er nach Emona, einer Bayaka-Siedlung zwanzig Meilen südlich von Amopolo gehen werde, wo seine zweite Frau und seine kleine Tochter lebten. Er habe das Gefühl, daß er ruhig weggehen könne, denn meine Eheprobleme schienen ja beigelegt zu sein – Ngbalis Herz gehöre mir. Am nächsten Morgen erhielt er eine Mitfahrgelegenheit auf der Ladefläche eines Pick-Ups des World Wildlife Fund, der in die Richtung fuhr. Als der Transporter abfuhr, liefen Ngbali und ein paar andere Mädchen lachend und schreiend hinter ihm her. Sombolo hatte mir gesagt, daß er einen Monat lang wegsein würde, aber es sollte fast ein halbes Jahr vergehen, bevor ich ihn wiedersah.

Ich war mittlerweile mit einigen Dorfleuten so gut bekannt, daß sie nach Amopolo kamen, weil sie sich ebenfalls etwas aus meinem Füllhorn erwarteten. Ich erklärte ihnen, daß es Teil meines Zivilisierungsprogramms sei, wenn ich den Bayaka Geschenke gebe, und es keineswegs aus reiner Menschenliebe geschehe. Sie akzeptierten diese Erklärung, ohne böse zu werden, und kehrten mit leeren Händen nach Bomandjombo zurück. Sie wollten aber wissen, wann wir denn endlich die Arbeit an den Latrinen in Angriff nehmen würden. Ich antwortete ihnen, daß wir gerade dabei seien, geeignete Stellen auszukundschaften.

In Wirklichkeit planten wir aber etwas ganz anderes. Die *nga-nga*-Affäre hatte die Bayaka endlich zu der Überzeugung gebracht, daß es besser sei, das Lager an der Straße aufzugeben und wieder in den Urwald zu ziehen, wie ich es schon, seitdem wir aus Mombongo zurückgekommen waren, immer wieder gepredigt hatte. Die Frauen packten Maniokvorräte ein, und Mabuti stellte eine Gruppe von jungen Männern zusammen, die vorausgehen und schon den Lagerplatz vorbereiten sollten.

»Laß uns doch diesmal wirklich tief in den Urwald ziehen«, schlug ich vor.

»Oui«, stimmte Mabuti zu. »Wir werden so weit gehen, daß die Frauen aus dem Dorf uns nie finden werden.«

Eines Morgens übergab ich Mabuti einen großen geräucherten Fisch, den ich einem Sangha-sangha-Fischer abgekauft hatte, und einen Vorrat an Zigaretten, und er machte sich mit seinem Arbeitsteam auf den Weg. Ich versprach ihm, in drei Tagen zu ihnen zu stoßen.

Drei Tage später schickte ich ihnen weitere Vorräte, blieb aber selbst in Amopolo, da es mir widerstrebte, Ngbali zu verlassen, bevor ich endgültig geklärt hatte, ob sie sich nun als meine Frau betrachtete oder nicht. Da Sombolo nicht da war, konnte ich nicht sicher sein, daß Ngbali und ihre Mutter in das Urwaldlager übersiedeln würden. Also verschob ich meinen Aufbruch immer wieder; ich hoffte, daß es noch zu einer Klärung kommen würde. Schließlich erkannte ich aber, daß ich mich mit dem derzeitigen Stand der Dinge zufriedengeben mußte.

Die Bayaka erleichterten mir den Aufbruch nicht. Wenn ich sie halbherzig zu einem sofortigen Exodus zu ermuntern versuchte, hatten sie jede Menge von Entschuldigungen parat, um unseren Auszug aus Amopolo immer wieder auf den »nächsten Tag« zu verschieben. Ich ließ mich jedesmal überreden, noch weiter abzuwarten. Schließlich veranlaßte mich nur mein Schuldgefühl dazu, alleine loszuziehen. Mabuti und seine Mannschaft hatten vermutlich keine Zigaretten mehr, und sie mußten sich schon fragen, ob überhaupt noch jemand zu ihnen stoßen würde. An einem regnerischen Nachmittag packte ich die notwendigsten Dinge zusammen und machte mich mit Adamo auf den Weg. Es entmutigte mich ziemlich zu hören, daß wir das Lager schon am Abend erreichen würden. Ich hatte mit einem Marsch von mindestens zwei Tagen gerechnet.

Als wir ein paar Meilen auf der Straße zurückgelegt hatten, trafen wir Mabuti, der uns entgegenkam. Er war triefnaß und schien erleichtert zu sein, als er uns sah. Wir marschierten gemeinsam weiter, bis wir zu der Stelle kamen, wo wir von der Straße abzweigen mußten. Dort war ein frischer Pfad aus dem Dschungel herausgehackt. Mabuti deutete stolz auf die breite Eingangsöffnung. Das Werk seiner Mannschaft, prahlte er. Wir gingen über diesen Pfad durch einen ungewöhnlich düsteren Wald. Das Unterholz war sehr dicht, und ganz selten erblickte man durch das üppige Laubdach hindurch ein Stückchen blauen Himmel. Meine Stimmung stieg sofort – es war großartig, wieder im Urwald zu sein. Meine Saumseligkeit der letzten Tage kam mir plötzlich närrisch vor – warum hatte ich so lange auf ein solches Vergnügen verzichtet. Ngbali hin oder her – ich würde im Urwald bleiben.

Wir waren kaum ein paar hundert Meter weit in den Wald eingedrungen, als Mabuti verkündete, daß wir am Ziel angekommen seien. Auf einer kleinen aus dem Unterholz herausgeschlagenen Lichtung stand eine halbe Bienenkorbhütte. In ihr suchten Mabutis Leute eng zusammengekauert Schutz vor dem strömenden Regen.

Sao-sao

Das Lager erhielt seinen Namen nach einem Fluß, in dessen Nähe es lag: *Epoko*, das bedeutet auf Yaka »Pfütze«, eine zutreffende Bezeichnung für ein fast stehendes, schmutzig-orangefarbenes Gewässer. Ich verwechselte in Schüsseln geschöpftes Flußwasser ständig mit *njambu*, jener Mixtur aus Honig und Wasser. Neben dem Lager stand ein hoher Baum, den die Bayaka *bambu* nannten; an den riesigen Ästen, die sich über uns wölbten, hingen rot-gelbe Früchte, geformt wie Granaten. Hin und wieder löste sich eine von ihnen, sauste herab und schlug in den Boden ein; ich war noch keine Stunde im Lager, als mir schon eine genau auf den Fuß krachte.

Epoko war ein feuchter, gottverlassener Ort. Meine Enttäuschung darüber, daß wir immer noch in Rufweite zur Straße lagen, wurde durch das Fehlen der Frauen verstärkt. Ich konnte nicht anders, als wehmütig an die ganz anderen äußeren Umstände zurückzudenken, unter denen ich zum erstenmal im Urwald gelebt hatte: Mombongo war verheißungsvoll gewesen, ich hatte damals das Gefühl gehabt, daß mich eine ganz neue Welt erwartete; in Epoko lag noch eine Erinnerung an die Spannungen in der Luft, die uns hierhergetrieben hatten; außerdem hatte ich das Gefühl, daß dies die Bühne war, auf der mein letzter Versuch, Ngbali zu gewinnen, stattfinden würde. Mombongo war weitläufig und luftig gewesen, morgens und abends waren die Sonnenstrahlen durch den *bimba*-Wald gefallen und hatten das Lager aufleuchten lassen. Epoko war, besonders jetzt, da die heftigsten Schauer der ganzen Regenzeit unmittelbar bevorstanden, düster und dunkel, so dunkel, daß sich sogar meine persönliche Nemesis, die Honigbiene, dort selten blicken ließ.

Einige Tage lang standen uns nur zwei Unterkünfte zur Verfügung: die Bienenkorbhütte, die ich mit Mabuti, Adamo und ein paar anderen teilte, und der *mbanjo*, der während eines Sturms hastig zusammengeschustert worden war, wo die jüngeren Mitglieder der Mannschaft schliefen. Ein Vorteil, den unsere geringe Zahl mit sich brachte, war die beinahe absolute Ruhe, die in dem Lager herrschte. Tagsüber gingen die Männer und Jungen auf die Jagd, abends stampften sie sich ihren Maniok und bereiteten ein gemeinsames Mal zu. Eines Nachts hielten sie sogar ein kleines *eboka* ab, bei dem selbst die glühenden *mokoondi* nicht fehlten. In mir ließ es aber nur eine noch größere Sehnsucht nach jenen wilden Nächten von Mombongo hochsteigen, in denen meine Liebste sich unter den Sängerinnen befunden hatte.

Nach ein paar Tagen stießen Mindumi und seine Frau Zabu zu uns, und meine Stimmung hob sich sofort. Mindumis Anwesenheit bedeutete, daß ich den Kontakt zu Ngbali nicht ganz verloren hatte, und nährte in mir die Hoffnung, daß sie und ihre Mutter ebenfalls bald zu uns kommen würden. Mabuti versicherte mir immer wieder, daß Ngbali bald eintreffen werde, und berichtete mir fast täglich, welchen Fortschritt ihre Vorbereitungen machten: Heute weichte sie Maniok in Wasser ein, am nächsten Tag trocknete sie ihn in der Sonne, am darauffolgenden Tag weichte sie noch mehr Maniok ein, und so weiter. Er wollte natürlich nur, daß ich mich besser fühlte. Oder meinte er, daß ich ihm abnahm, daß er genau wisse, womit Ngbali in Amopolo gerade beschäftigt war?

Aus den Tagen wurden Wochen, und unsere kleine Truppe von Pionieren arbeitete immer noch an dem Lager, ohne daß von Amopolo mehr als eine gelegentliche Botschaft zu uns gedrungen wäre. Zabu, die einzige Frau in unserer Gruppe, übernahm das Kochen, und das Essen schmeckte wieder. Ich vertraute den ganzen Vorrat an Kaffee und Zucker Mindumi an, und bald wurde es für mich zu einem unverzichtbaren Ritual, morgens und abends den von ihm servierten Kaffee einzunehmen: Es waren Höhepunkte des Lagerlebens; im Urwald war jeder kleine Luxus doppelt kostbar, weil man sich so selten einen gönnen konnte. Ich fühlte mich nach einiger Zeit merkwürdig befreit, die Ängste, die mich immer überfielen, wenn Ngbali in der Nähe war, verließen mich. Immer auf ein beruhigendes Zeichen von ihr zu warten, jede ihrer Handlungen zu interpretieren, dem Klatsch zu lauschen, um herauszufinden, was sie gerade anstellte – das erschöpfte einen! Und es schränkte mich in meinem Verkehr mit den anderen Bayaka ein.

Mobo und seine Familie waren die nächsten, die zu uns herauszogen. Er verkündete, daß ein allgemeiner Exodus unmittelbar bevorstehe, und in den folgenden Tagen kamen tatsächlich noch viele andere Familien an, so daß sich unser kleiner Schlupfwinkel schnell mit Hütten füllte. Die neuen Hütten wurden bald in den freien Raum zwischen zwei schon stehenden gequetscht, so daß nach einiger Zeit kaum noch Platz war, um ungehindert umherzugehen. Als Simbu eintraf, schätzte er schnell die Situation ab und entschied sich dann, in einer Entfernung von hundertfünfzig Metern einen zweiten Lagerplatz aus dem Urwald zu hauen. Als dann Yéyé und Ngbali ankamen, zogen sie direkt in dieses neue Lager. Ich besuchte es am nächsten Tag und war sofort von Neid erfüllt. Die Hütten standen im Kreis um eine Lichtung herum, die sich zum Tanzen nur so anbot. Im Vergleich zu dem neuen war mein Lager wie eine überfüllte Mietskaserne, in der es drunter und drüber ging. Und außerdem wohnte ja Ngbali hier, in Simbus Lager!

Eines Nachts wurde ein wunderschönes *eboka* angestimmt. Töpfe und Pfannen mußten als Perkussionsinstrumente herhalten, da noch niemand eine Trommel angefertigt hatte. Die phosphoreszierenden *mokoondi* erschienen und versprachen reichliche Nahrung. Am Morgen zog eine Jagdgesellschaft los. Am frühen Nachmittag kam Mabuti vor den anderen ins Lager zurück, um mir mitzuteilen, daß die Jagd, obwohl sie noch nicht zu Ende sei, schon überaus erfolgreich gewesen sei und man obendrein einen wunderbaren Platz für ein großes neues Lager entdeckt habe. Auf der einen Seite sei ein *bimba*-Wald und auf der anderen ein großer Fluß, dessen Wasser köstlich schmecke.

Zwei Tage später räumten wir Epoko. Die Frauen streiften die *ngungu*-Blätter von den Hütten ab und stopften sie in ihre Körbe, um sie in der neuen Siedlung wiederzuverwenden. Manchmal folgten wir einem frisch geschlagenen Pfad, dann wieder kaum sichtbaren Wildwechseln. Adamo und ich eilten den anderen voran, in einem Tempo, daß wir schon nach zwei Stunden an einer Stelle ankamen, wo der Weg sich gabelte. Der alte Pfad lief weiter geradeaus und verlor sich vor uns im Unterholz. Zur Linken führte ein neu angelegter Pfad steil hinab. An einem jungen Baum war ein merkwürdiges Schild befestigt; ein Stück Baumrinde war an den Stamm genagelt, so daß die glatte, weiße Innenfläche nach außen zeigte. Darauf war mit Holzkohle eine Reihe von Zeichen gekritzelt: verkehrt herum stehende L's, auf dem Kopf stehende e's, umgedrehte Dreien, große und kleine O's, eine liegende Acht und etwas, das wie der griechische Buchstabe *pi* aussah.

»Was bedeutet das denn?« fragte ich Adamo, als wir zusammen vor diesem Schild standen und es anschauten.

»Sao-sao«, antwortete er, ohne zu zögern, »das ist der Name unseres Lagers.«

Ich starrte weiter verwundert auf das Schild. Adamo bemerkte, wie fasziniert ich war.

»Ich«, sagte er schließlich mit einem Lächeln und wies stolz auf die Zeichen: »ich habe das geschrieben.«

Sao-sao war ein schönes Lager, und ich hätte dort eigentlich glücklich sein müssen. Aber mein Herz war von Kummer erfüllt wie nie zuvor. Gerade die Schönheit des Platzes verstärkte diesen Kummer noch, bis er so groß war, daß ich ihm nicht mehr entkommen zu können schien. Für die Bayaka war es anders: Das Leben in diesem Lager verlieh ihren traditionellen Wertvorstellungen neue Kraft. Nur eine Handvoll Familien war in Amopolo zurückgeblieben, und Sao-sao wurde daher zu einem der größten Urwaldlager, das jemals in der Dzanga-Sangha-Region errichtet worden war. Die Musik, die in den Nächten gemacht wurde, schien aus einem früheren Zeitalter herüberzuklingen; es war, als hätten die Bayaka nie etwas anderes als den Urwald gekannt. Mich aber ließ ihre Freude nur noch tiefer in einen Zustand sinken, der der Verzweiflung nahe kam. Ich wurde ausgerechnet in dem Augenblick Zeuge ihrer bemerkenswerten Wiedergeburt, als ich selber das Gefühl hatte, unaufhaltsam und unwiederbringlich aus ihrer Welt herausgedrängt zu werden.

Anfangs schlief ich auf dem *mbanjo*, aber mein Lamentieren führte dazu, daß man schnell eine andere Lösung für mich fand. Ich wußte, daß Ngbali mich auf dem *mbanjo* niemals besuchen würde, nicht einmal am hellichten Tag. Außerdem konnte ich in der Stimmung, in der ich war, die ständige Gesellschaft eines Haufens ausgelassener unverheirateter junger Männer nicht ertragen. Esoosi und Mandubu bauten eine Bienenkorbhütte für mich, in die ich nach einer Woche einziehen konnte. Die Aussicht, eine so gemütliche Behausung mit Ngbali teilen zu können, erfüllte mich mit freudiger Erregung, aber der Gedanke, daß sie unsere Hütte nicht mit eigenen Händen errichtet hatte, setzte meiner Begeisterung sofort wieder einen Dämpfer auf.

In den ersten Tagen, bevor ich in einen Zustand der Apathie versank, versuchte ich mit allen meinen Sinnen ein noch so leises Anzeichen dafür zu erhaschen, daß Ngbali mich beachtete. In Abwesenheit Sombolos hatte Mabuti es auf sich genommen, als Überbringer guter Nachrichten zu fungieren. Viel von dem, was er mir erzählte, war offenkundiger Unsinn, aber in meiner Verfassung war ich sogar dankbar, wenn ich mir Illusionen machen konnte. Eines Tages brachte Zabu mir ein Mahl auf den *mbanjo*. Nachdem sie wieder gegangen war, erzählte mir Mabuti, daß Ngbali es zubereitet habe, und malte in allen Einzelheiten aus, wie schwierig es für sie gewesen sei, *payu* für die Sauce zu bekommen, sich *koko* zu besorgen und auch noch Chilies aufzutreiben. Lächerlicherweise schwebte ich tatsächlich ein paar Minuten lang auf allen Wolken, aber dann, als ich mein Mahl fast schon beendet hatte, tauchte Ngbali selbst auf und ignorierte mich so gründlich, daß ich schlagartig jeden Appetit verlor. Entweder hatte sie mich wirklich nicht gesehen, überlegte ich niedergeschlagen, oder sie wollte mit ihrem Verhalten auch den leisesten Funken von Hoffnung in mir ersticken.

Es vergingen Tage, an denen ich sie kaum zu Gesicht bekam. Seltsamerweise fand ich zu einem gewissen emotionalen Gleichgewicht, das durch nichts anderes als eine gelegentliche ermutigende Bemerkung von Mabuti aufrechterhalten wurde. Ich gelangte allmählich zur Überzeugung, daß ich auch ohne sie leben könnte. Ich hielt mich öfter auf dem *mbanjo* auf und genoß die Gesellschaft der Männer, wie ich es in der guten alten Zeit getan hatte. Dann aber erhaschte ich einen Blick auf sie, und die Stärke meines Verlangens brachte mich sofort aus dem Gleichgewicht.

Ich schlief viel, weil es zu sehr schmerzte, wach und bei vollem Bewußtsein zu sein. Ich ging nie mehr auf die Jagd, weil mich das nur an glücklichere Tage erinnert hätte. Wenn sich das Lager morgens geleert hatte, legte ich mich wieder hin. Ich verschlief einen Gutteil des Tages, erst am späten Nachmittag wachte ich wieder auf. Ich verbrachte viele Stunden damit, auf die mit Blättern verkleidete Decke meiner Unterkunft zu starren, die sich nur wenige Zentimeter über meiner Nase befand. Ich wurde mit jedem Detail der Decke vertraut, ich ließ die Augen darübergleiten und zeichnete in meiner Vorstellung immer neue Muster darauf, entwarf immer neue Dreiecke und Rechtecke.

Die Bayaka muß mein Verhalten sehr beunruhigt haben, aber sie sprachen kaum mit mir darüber. Manchmal fragte einer der Männer mich beiläufig, was denn nicht in Ordnung sei, und ich stöhnte dann leise vor mich hin: »Als ob du das nicht wüßtest.« War es, fragte ich mich, möglich, daß sie es tatsächlich nicht wußten? Vielleicht war es ihnen so fremd, sich vor Sehnsucht nach einer Frau zu verzehren, daß sie die Verbindung zwischen meinem Zustand und Ngbalis Verhalten nicht herstellen konnten.

Eines Tages kam Singali von Amopolo herüber; er hatte ein Telegramm von Brian Eno für mich. »Wo sind Sie?« erkundigte sich Eno und forderte dringend die Aufnahmen für das New Yorker Winterfestival an; ich hatte versprochen, sie ihm bis zu einem bestimmten Termin zu schicken. Dieser Termin war schon vor einem Monat verstrichen – ich hatte ihn wahrhaftig vergessen! Ich verfaßte ein Antwortschreiben, wie es wirklich nur jemand, der in völliger Isolation im Dschungel lebt, zu Papier bringen kann: *Tut mir leid, daß ich das Festival verpaßt habe; kein Geld mehr; schicken Sie Umschlag mit französischen Francs in großen Scheinen; werde Sie im Dezember in London treffen.* Es dauerte oft Wochen, bevor ein Brief nach Bangui befördert und dort auf die Post gegeben werden konnte, und vor Ablauf von zwei Monaten war nicht mit einer Antwort zu rechnen. Eine solche Abgeschiedenheit schien das Verfassen verrückter Botschaften zu fördern. Unbewußt hatte man das Gefühl, daß sowieso nie jemand den Brief zu Gesicht bekommen würde. Man schrieb daher unbekümmert alles hin, was einem in den Sinn kam. Ich gab den Zettel Singali und bat ihn, ihn dem Direktor des Nationalparks zu überreichen, damit der ihn bei seinem nächsten Aufenthalt in Bangui auf die Post geben könnte.

Auch um einmal aus meinem Elend herauszukommen, bot ich mich gewöhnlich freiwillig an, nach Bomandjombo zu gehen, wenn wir neue Vorräte brauchten. Die Bayaka nannten das Herbeischaffen neuer Vorräte *mbingo*. Wenn ich beim ersten Tageslicht aufbrach, konnte ich bei Einbruch der Nacht zurück sein. Oft übernachtete ich jedoch in Amopolo und kehrte erst am nächsten Tag ins Lager zurück. Obwohl es mir eigentlich nicht gefiel, den Urwald zu verlassen, freute ich mich auf diese Botengänge, weil sie mich von meinem Unglück ablenkten. *Mbingo* zu erledigen war immer noch besser als den ganzen Tag in der Hütte herumzudämmern. In der Verfassung, in der ich war, fand ich auch den Anblick des entvölkerten Amopolo tröstlich; das Lager strahlte eine Gelassenheit und Ruhe aus, wie es sie in Sao-sao jetzt nicht mehr gab. Nur die Familien von Joboko, Wadimo, Balonyona, Akunga und Mowooma waren in Amopolo geblieben. Ewunjis Gruppe hatte zwar ursprünglich vorgehabt, nach Sao-sao zu übersiedeln, es war aber nie dazu gekommen. Zwei von Ewunjis Söhnen – Ndima und Zalogwé – hatten einen Elefanten getötet. Als der Mann aus dem Dorf, der sie angestellt hatte, sie nicht entlohnen wollte, gingen sie zur Polizei und verpfiffen ihn. Das Ergebnis war aber, daß sie selbst verhaftet und ins Gefängnis von Nola gesteckt wurden. Zalogwé, der jüngere der beiden, wurde später wieder freigelassen, Ndima saß drei Wochen ab. Als die anderen Gefangenen ihm immer wieder weismachten, daß er für sein Verbrechen hingerichtet werden würde, floh er. Er sprang in einen Einbaum und ließ sich auf dem Fluß bis nach Bomandjombo hinuntertreiben. Danach verließen Ewunji und seine Leute Amopolo und schlugen nach und nach eine ganze Reihe von eigenen Lagern auf; sie zogen immer weiter in den Urwald hinein und stießen schließlich bis in den nördlichen Kongo vor. Zalogwé kehrte nach einem Monat von dort zurück, aber die anderen blieben mehr als zwei Jahre lang verschwunden.

Es war immer ein seltsames Gefühl, wenn man aus der tiefen Dunkelheit des Urwalds auf die von Sonnenlicht überflutete offene Straße trat. Ich hatte mittlerweile nur noch wenig Bargeld, daher kaufte ich bei meinen *mbingo*-Gängen nicht nur ein, sondern verhökerte auch einige meiner persönlichen Besitztümer – unbespielte Kassetten, Arzneimittel und Kugelschreiber –, um mir Geld zu verschaffen. Dieser Teil meiner Geschäfte lag mir am meisten auf der Seele, wenn ich über die Straße in Richtung Bomandjombo marschierte. Ich mußte viele Meilen zurücklegen, hatte also genügend Zeit, die finanziellen Möglichkeiten immer wieder aufs neue durchzukalkulieren. Ich wußte nie im voraus, wie erfolgreich so ein Gang sein würde. Manchmal brachten mir schon ein paar Transaktionen die Summe ein, die ich erzielen wollte. Die Dorfleute waren jedoch arm, und gewöhnlich mußte ich mich mit einem Minimum zufriedengeben.

Wenn ich meine Einkäufe in Bomandjombo erledigt hatte und wieder auf dem Weg nach Amopolo war, stieg meine Stimmung beträchtlich. Ich gab einen Teil meines Gewinns an die Familien in Amopolo weiter; ich saß mit den Männern auf dem *mbanjo*, während Balonyona uns Kaffee braute. Ich fühlte mich sehr wohl in ihrer Gesellschaft – sie schienen mir eine Art Zuflucht vor meinem Urwaldelend zu bieten. Was machte es da schon, daß die Moskitos wie wild über uns herfielen und auch noch von winzigen Stechfliegen Verstärkung erhielten?

Wir blieben oft die ganze Nacht auf und hielten ein *eboka* ab. Einige dieser Tänze waren wirklich wunderschön. Wenn nur so wenige Leute daran teilnahmen, hatte die Musik eine beruhigende Wirkung auf mich – manchmal war sie kaum lauter als ein sanftes Raunen. Wenn *mokoondi* zu den Tänzen kamen, dann ließen sie sich meistens nicht sehen, sondern stießen nur in einiger Entfernung ihre Schreie aus. Wenn sie tatsächlich erschienen, dann blieben sie still und glitten, irgendein geheimnisvolles Ziel verfolgend, im Zick-Zack durch das Lager.

So sehr ich meine Aufenthalte in Amopolo genoß, so war ich doch immer wieder froh, wenn ich mich auf den Rückweg nach Sao-sao machte. Auf diesen langen Märschen langte meine Stimmung auf einem Höhepunkt an; eigentlich waren dies die glücklichsten Stunden, die ich seit unserer Übersiedlung nach Sao-sao erlebte.

Mbingo-Gänge bieten in gewisser Hinsicht große Befriedigung. Man stellt sich die Leute vor, die im Lager sitzen und keine Zigaretten und keinen Kaffee mehr haben und schon Spekulationen darüber anstellen, wann man endlich zurückkommt. Das Gewicht der Waren, das man auf seinem Rücken spürt, gibt einem ein sicheres Gefühl; man weiß, daß man enthusiastisch empfangen werden wird, mindestens eine Stunde lang wird man im Mittelpunkt stehen und der Held des Lagers sein. Außerdem produzierte mein Geist, von allen Hemmnissen der Wirklichkeit befreit, ganze Argumentationsketten, die unweigerlich damit endeten, daß Ngbali »die Meine« wurde; ich »bewies« mir immer selbst auf die verschiedenste Weise, daß sie mich liebte – es konnte gar nicht anders sein.

Auf einem dieser Märsche steigerte ich mich in eine solche Euphorie hinein, daß ich mich entschloß, Ngbali abends zu einer Entscheidung zu zwingen: Meine Entschlossenheit geriet ein bißchen ins Wanken, als ich sie nach meiner Rückkehr kurz zu Gesicht bekam – sie schien sich bewußt indifferent zu verhalten, so als durchschaue sie meinen Plan. Aber ich hielt trotzdem an meiner Absicht fest: Die Zeit, sie zur Rede zu stellen, war gekommen. Alles war besser, als die Tage weiterhin sinnlos zu verdämmern.

Am Abend rief ich sie zu Mindumis Feuer herüber. Sie zeigte sich nicht gerade begeistert, folgte aber wenigstens meiner Aufforderung. Das gleiche taten aber auch ein Dutzend ihrer Verwandten und Freunde; sie ließen sich mit einem Enthusiasmus um uns herum nieder, über den ich erfreut gewesen wäre, wenn Ngbali ihn wenigstens andeutungsweise geteilt hätte. Als ich im Schein des Feuers ihr verdrossenes Gesicht sah, verließ mich mein Mut. Trotzdem begann ich mit meiner Rede: Der Zeitpunkt komme rasch näher, an dem ich nach Amerika zurückkehren müßte. Ich würde fünf Monate lang in Amerika arbeiten und dann erst wieder nach Amopolo kommen. Ich müsse jetzt wissen, ob sie mit mir kommen werde. Wenn ja, dann müsse sie es mir sofort sagen. Alle möglichen »Papiere« seien notwendig: vom Bürgermeisteramt, von den Ämtern in Bangui, von meiner Botschaft. Das brauche alles seine Zeit. Außerdem koste das Flugzeug Geld, und ich müsse daher wissen, ob sie mitkomme, so daß ich »befehlen«

könne, mir genügend Geld für einen Flug für uns beide zu schicken.

Während ich noch so redete, fuhr es mir durch den Kopf, daß ich völlig übergeschnappt sein müsse. Wie sollte ich das Geld für einen Flug für uns beide auftreiben, wo ich doch noch nicht einmal genug für ein Busch-Taxi nach Bangui hatte? Und was für eine Arbeit sollte ich eigentlich in Amerika verrichten, die es uns ermöglichte, nach fünf Monaten nach Afrika zurückzukehren? Die Situation war hoffnungslos geworden, und ich wurde mit ihr nur noch fertig, indem ich ihr und mir etwas vorlog. Und ich rechtfertigte das vor mir selbst, indem ich mir sagte, daß Ngbali die ganze, komplizierte Wahrheit gar nicht verstehen würde, wenn ich sie ihr wirklich auseinanderzusetzen versuchte. Wenn Ngbali mit mir kommen wollte, so redete ich mir ein, dann würde ich auch Mittel und Wege finden, das möglich zu machen.

Ngbali antwortete sehr vernünftig: Nein, sie wolle nicht nach Amerika mitkommen.

Bedeute das, fragte ich, kaum daß ich mich von dem Schock erholt hatte, hartnäckig weiter, bedeute das, daß sie auch nicht wolle, daß ich ginge? Oder sei ihr das ganz egal? Wenn ich wegginge, ob ihr dann daran liege, daß ich irgendwann zu ihr zurückkehrte? Würde sie auf mich warten?

Aber Ngbali hatte gesprochen, und ihr war kein weiteres Wort mehr zu entlocken. Nach einer Weile stand sie auf und ging zur Hütte ihrer Mutter. Ich folgte ihr und hing wie jemand, der nicht recht bei Sinnen ist, vor der Hütte herum. Ich hörte, wie sie mit ihrer Mutter sprach und Einwände gegen unsere Ehe vorbrachte. Sie zählte sie Yéyé einzeln auf, aber so, daß ich alles mitbekam. Das war Brauch bei den Bayaka; sie redeten oft eine dritte Person an, wenn ich es eigentlich war, für den ihre Bemerkungen bestimmt waren. Was wisse der »weiße Mann« schon darüber, wie man im Wald Nahrung fand? Könne er ihr Honig bringen? Außerdem würde er nicht eines Tages für immer weggehen? Sogar Makola (der deutsche Anthropologe) habe sie jahrelang immer wieder besucht und sei dann am Ende für immer verschwunden.

Von der Stichhaltigkeit ihrer Argumente ernüchtert, ging ich in meine Hütte zurück.

Die Bayaka hatten mir versprochen, daß uns keine Frauen aus dem Dorf bis nach Sao-sao folgen würden, aber kurze Zeit nach meinem Zweikampf mit Ngbali trafen die ersten ein. Mehrere Hütten wurden ihnen überlassen, eine davon stand direkt vor der meinen. Ich konnte keine Alternative vorschlagen, wie wir unseren Maniokvorrat wieder ergänzen sollten, mußte ihre Anwesenheit also stumm erdulden. Eine von ihnen, die ein wenig schielte, erkannte ich sofort wieder. Sie hatte Jahre zuvor bei Ngbalis Initiation getanzt, und mir entging nicht die Ironie, die darin lag, daß sie ausgerechnet jetzt, da es zwischen Ngbali und mir aus war, im Lager auftauchte. Sie hieß Claire und war die älteste Tochter von Biléma, dem Häuptling der Sangha-sangha.

Eines Nachmittags wartete sie in meiner Hütte das Ende eines Sturms ab. Wir sprachen über Ngbali. Aufgrund ihrer Rolle bei Ngbalis Initiation war Claire ihre »Mutter«. Sie machte sich schnell bei mir beliebt, indem sie sich ohne Vorbehalt für unsere Ehe aussprach. Ngbalis Widerspenstigkeit verblüffte sie. »Ngbali ist sehr schön«, sagte sie. »In Amerika würde man sie lieben.« Das versetzte mir einen kleinen Stich: Jetzt, da Ngbali nicht mehr die Meine war, war es mir zuwider, wenn jemand ihre Schönheit herausstrich.

Ich hatte mir tatsächlich einzureden versucht, daß sie häßlich sei, daß ich mir ihre Schönheit nur im Fieberwahn eingebildet hätte. Zu diesem Zweck hatte ich mich auf ihre Zahnlücken konzentriert. Bei den meisten Bayaka waren die vier vordersten Zähne im Oberkiefer aus dekorativen Gründen zu scharfen Spitzen gefeilt. Ich hatte nie gesehen, wie das gemacht wurde, aber die Praxis war in Amopolo weit verbreitet. Man ließ diese Schönheitsoperationen in sehr jungen Jahren über sich ergehen. Eine andere beliebte Form, sich zu schmücken, war es, einen oder zwei Zähne zu kurzen Stummeln zu feilen. Bosso hatte einen derart gekürzten Zahn im Oberkiefer; Ngbali besaß deren zwei, ein Schneidezahn und dessen Nachbar zur Linken waren abgeschliffen. Mein Trick funktionierte nicht: Die beträchtliche Lücke, die auf diese Weise entstanden war, hätte mich früher vielleicht abgestoßen, jetzt machte sie Ngbali in meinen Augen nur noch schöner.

Ich sagte mir selbst, daß Ngbali nicht die einzige Schönheit sei. Ich versuchte, eine Frau auszumachen, die mich von ihr ablenken würde, eine, die ich bei den Tänzen beobachten könnte, denn ich merkte, daß ich es mir angewöhnt hatte, nur noch Ngbali anzuschauen. Ich zwang mich dazu, andere Frauen anzusehen – Engulés Frau Mbina und Adamos Tochter Njongo. Aber dann verschwor sich immer die Natur selbst gegen mich: Wolken zogen heran, die Bäume wiegten sich wispernd in urplötzlichen Windstößen, die Luft lud sich mit Elektrizität auf, und alles erglühte in dem besonderen Licht, wie es kurz vor einem Sturm zu geschehen pflegte. Wenn ich dann das üppige und in vielen Farben schimmernde Laubdach anschaute, verspürte ich ein solches Verlangen nach Ngbali, daß es mir fast das Herz zerreißen wollte.

Ich schaute Ngbali bewußt nicht an – was eine enorme Willenskraft verlangte. Trotz meiner Vorsicht tappte ich jedoch manchmal in eine Falle. Als ich einmal auf dem *mbanjo* saß, bemerkte ich eine Frau vor Mobos Hütte. Durch eine Lücke in dem zwischen uns stehenden Gebüsch hindurch konnte ich nur ihren Oberkörper von der Hüfte bis zu den Schultern sehen. Ich wußte also nicht, wer es war, fand aber, daß ihre Brüste einen hinreißend schönen Anblick boten. Ich fragte mich sofort, wer sie sein könnte und warum sie mir vorher nie aufgefallen war. Plötzlich beugte sich die Frau nach vorne und spähte durch den Schlitz in den Blättern hindurch – sie blickte mir direkt in die Augen. Es war Ngbali, und ich runzelte verärgert die

Stirn, weil sie mich dabei erwischt hatte, wie ich sie voller Bewunderung ansah.

An Sao-sao war etwas Geheimnisvolles: Es schien, als gälten die normalen Gesetze der Astronomie hier nicht. Vielleicht lag es ja auch nur an meinem sich langsam auflösenden Verstand, aber ich hätte schwören können, daß die Sonne und der Mond in anderen Himmelsrichtungen aufgingen. Vor allem der Mond schien einen exzentrischen Weg einzuschlagen: Er ging südlich von der Sonne auf, rückte dann auf einer elliptischen Bahn nach Norden vor, wobei er zweimal die Bahn der Sonne kreuzte, und ging schließlich wieder im Süden unter. Ich wußte, daß es unmöglich war, aber ich sah es immer wieder mit eigenen Augen.

Eines Nachmittags erklang aus dem Urwald um uns herum das Knallen von vielen Blättern, und Simbu informierte mich, daß Ejengi herbeigekommen sei, um sich in der Nähe niederzulassen. Aber Ejengi ließ sich nie sehen. Statt dessen knallten jeden Nachmittag in seinem Unterschlupf die Blätter, während Mabuti – dessen besondere Verbindung zu Ejengi ich noch ergründen mußte – mit lauter Stimme Ejengis Gedanken verkündete. Gewöhnlich betrafen diese aktuelle Dinge, wie zum Beispiel die Notwendigkeit, die Schulden zu begleichen, die man bei den Frauen aus dem Dorf hatte. Manchmal wurden auch die Jäger ermahnt, dafür zu sorgen, daß ich abends Fleisch zu essen hätte, oder es wurde ein Tanz ohne Lärmen gefordert. Zu meiner Enttäuschung äußerte sich Ejengi nie zu meinem Eheproblem.

Ich machte mehr Aufnahmen, als ich es seit Monaten getan hatte, da ich bei allem das Gefühl hatte, das alles möglicherweise zum letztenmal zu hören. Wenn ich mitten in der Nacht von einer von Mamadus Solodarbietungen auf der Harfe geweckt wurde, sagte ich mir nicht mehr, daß es noch viele Gelegenheiten geben würde, ihn aufzunehmen, sondern verließ sofort das Bett und ging mit meinem Recorder zu ihm hin. In einer Nacht riß mich eines der seltenen Konzerte Mabutis auf der Harfen-Zither aus dem Schlaf, und ich legte im Dunkeln eine Kassette ein und ließ das Gerät laufen. Am nächsten Morgen stellte ich zu meinem großen Kummer fest, daß ich aus Versehen die Ejengi-Zeremonie überspielt hatte, die ich in Yonos Dorf aufgenommen hatte.

Vor allem zeichnete ich aber die *mokoondi* auf. Ich mochte in noch so tiefe Depressionen versunken in meiner abgedunkelten Hütte liegen, während die anderen feierten, die Stimmen der *mokoondi* lockten mich immer hervor. Und wenn ich mich nicht sofort unter die *eboka*-Tänzer mischte, kamen die Geister zu mir hereingehuscht, kreischten *Looyay!* und fingen an, die Hütte auseinanderzunehmen. Wieder einmal fühlte ich, daß die Anwesenheit der *mokoondi* einen heilenden Effekt hatte. Während eines *eboka* wich die emotionale Belastung von mir, und ein paar Stunden lang teilte ich die Freude der Bayaka an diesen Manifestationen des Wunderbaren.

Viele der *eboka* in Sao-sao grenzten aber auch an burleske Theateraufführungen. Die halbstündigen Pausen zwischen den einzelnen Liedern überbrückten die *mokoondi* oft mit Clownereien. Manchmal erfand einer von ihnen ein albernes Lied und bestand darauf, daß die Frauen es immer wieder von neuem sangen. Als die Frauen sich einmal weigerten, sagte einer der Geister: »Gut, dann also keine Yamwurzeln morgen.« So in ihre Schranken gewiesen, kamen die Frauen seinem Wunsch sofort nach. Manchmal fingen zwei *mokoondi* miteinander zu streiten an, was meistens damit endete, daß einer von ihnen sich ein paar Minuten lang wie ein Berserker aufführte. Einmal ähnelte ihr Tanz in geradezu unheimlicher Weise dem einer Ballettruppe in einem Broadway-Musical. Und eines Nachts verwandelte sich einer von ihnen vor meinen Augen in eine Antilope.

Der volle Mond, der seine verrückte Bahn zur Hälfte zurückgelegt hatte, schwebte irgendwo nördlich des Zeniths und tauchte die Lichtung in helles, silbriges Licht. Nachdem er ein paar Minuten lang herumgealbert hatte, hüpfte einer der *mokoondi* – ein gesichtsloses Albinowesen – gemächlich über die Lichtung und hielt einen halben Meter vor mir an. Mir verschlug es den Atem und ich hörte, wie auch die Frauen entgeistert nach Luft rangen: Es war eine Antilope! Einen Augenblick lang dachte ich, daß die Bayaka ein eingefangenes Tier freigelassen hätten oder irgendwie eines aus dem Wald in das Lager gelockt hätten. Aber dann hatte die Antilope den Rand des *mbanjo* erreicht und begann auf den Boden zu trommeln – es war doch ein *mokoondi*. Ich schwor mir damals, nie wieder das anzuzweifeln, was ich sah, oder jemals zu versuchen, es rational zu erklären.

Sogar in meiner tiefsten Apathie machte ich mir Gedanken über die Zwangslage, in der ich mich befand. Ich war pleite, meine einzige Hoffnung, erlöst zu werden, gründete auf einem Schuß ins Blaue, auf dem Brief, den ich an Brian Eno geschickt hatte. Falls das Geld jemals eintreffen sollte, könnte ich bis Bangui gelangen. In der Zwischenzeit blieb mir nichts anderes übrig, als das Leben im Paradies von Sao-sao, das für mich eine Art privates Fegefeuer darstellte, zu ertragen. Physisch verfiel ich immer mehr; ich hatte es geschafft, mir Krätze zuzuziehen, was das Leben zu einer Qual machte. Meine Leinenschuhe hatten sich aufgelöst und befanden sich jetzt in einer Klasse mit dem lächerlichsten und schäbigsten Schuhwerk, das ich jemals bei den Bayaka erblickt hatte. An meinem linken Fuß schien der große Zeh an seiner Wurzel abzufaulen; wenn ich mit ihm gegen irgend etwas stieß, tat es so weh, daß ich nachsah, ob er nicht abgefallen war. Nicht daß mich ein solcher Verlust sehr bekümmert hätte – in meinem geistigen Zustand hätte ich ihn wohl überhaupt nicht registriert. Eigentlich hätte ich lahmen müssen, aber, durch die Verzweiflung in eine Art von Roboter verwandelt, vollbrachte ich unglaubliche Leistungen im Gehen. Ich wurde der tüchtigste *mbingo*-Gänger und machte mich, ohne lange darüber nachzudenken, auf einen achtstündigen Fußmarsch ins Dorf, nur um ein Päckchen Zigaretten zu holen.

Ich entfernte mich jetzt immer öfter vom Urwaldlager und blieb immer länger weg. Es kam mir selber seltsam vor, daß ich in dem moskitoverseuchten Amopolo Zuflucht vor der großartigen Welt von Sao-sao suchte. Einmal brach ich, fast ohne zu wissen, was ich tat, im Morgengrauen auf. Ich war einzig von dem verzweifelten Verlangen getrieben, endlich wieder einmal aus meiner eigenen Haut herauszukommen. Ich marschierte an Amopolo vorbei, ohne es eines Blickes zu würdigen, bis ich an der jenseitigen Stadtgrenze von Bomandjombo angekommen war. Für eine Handvoll Aspirin ergatterte ich mir einen Platz in einem Busch-Taxi, das mich bis zu der Stelle mitnahm, wo die Straße nach Belemboké abzweigte, der katholischen Missionsstation, wo auch das Krankenhaus für die Bayaka war. Ich ging die letzten drei Meilen zu Fuß und kam mir in der sonnenversengten Savanne mit ihren verkrüppelten niedrigen Bäumen wie ein Geist vor. Der temperamentvolle Pater nahm mich mit größter Freundlichkeit auf; vielleicht flößte mein Anblick ihm Mitleid ein. Er gab mir Medikamente gegen meine Krätze und tausend Francs für ein Busch-Taxi zurück nach Bomandjombo. Ich lehnte sein Angebot, über Nacht zu bleiben, ab und machte mich erneut auf, diesmal nach Monasao, der anderen Missionsstation, die fünf Meilen südlich lag. Einmal versperrte mir eine Herde von Rindern mit langen Hörnern den Weg, bei der kein Hirte war. Sollen sie mich doch aufspießen, dachte ich, und ging auf sie zu. Im letzten Moment schwenkten sie vom Weg ab, um aus einem Tümpel zu saufen. Später kam ich durch ein verlassenes Mbororo-Lager. Ich stolperte fast in die großen runden Grashütten hinein, so sehr waren sie mit den Zwergbäumen und dem hohen Gras verschmolzen.

Im Westen hing die Sonne schon wie eine feurige orangefarbene Scheibe tief am Himmel, als ich auf die Hauptstraße gelangte. Der Himmel spannte sich über eine wilde Hügellandschaft, die Flüsse, die sich zwischen den Hügeln hindurchwanden, waren von Bäumen gesäumt. In der Ferne stiegen ein, zwei Rauchsäulen auf. Es war wie eine Vision des urtümlichen Afrika. Ich wachte für einen Augenblick auf und fühlte es ganz intensiv: Du bist im Herzen Afrikas. Es war ein ganz neues Gefühl, eines, das ich im Regenwald nie gehabt hatte.

Ich näherte mich Monasao, als ein Busch-Taxi vor mir aus der Dämmerung auftauchte. Es war auf seiner täglichen Fahrt nach Bomandjombo – und hatte wie immer Verspätung. Ich kletterte hinein, und zwanzig Minuten später waren wir wieder im Urwald, die Straße wurde schlammig und tückisch glatt und von Miniaturschluchten zerfurcht, von den Rändern her hangelten Schlingpflanzen nach uns.

Spät in der Nacht, nachdem ich in Bomandjombo ausgestiegen war und das Dorf zu Fuß durchquert hatte, entschloß ich mich genau das zu tun, für das die Bayaka immer von den Autoritäten des Dorfes getadelt wurden: Ich hockte mich am Straßenrand nieder, um zu scheißen. Ich meinte, daß mich in der tiefen Finsternis niemand sehen und schon gar nicht erkennen könnte. Außerdem war sowieso keine Menschenseele in der Nähe. Aber ich hatte mich kaum hingekauert, als eine undeutliche Gestalt aus dem Dunkeln herangeschlendert kam und mich ansprach: »Monsieur Louis, wir haben uns schon gefragt, wo du steckst.«

Es war Balonyona. Ich beendete mein Geschäft und ging mit ihm nach Amopolo.

Fünf Tage später kehrte ich nach Sao-sao zurück. Wahrscheinlich hoffte ich insgeheim immer noch, daß meine längere Abwesenheit die Bayaka geängstigt und Ngbali unter Druck gesetzt hätten. Von wegen! Durch mich waren in letzter Zeit nur so wenig Luxusgüter ins Lager geflossen, daß sie in dieser Hinsicht mein Fehlen kaum gespürt hatten. Sie waren dennoch froh, mich wiederzusehen, sie hatten schon befürchtet, daß ich sie für immer verlassen hätte. Den Höhepunkt stellte für mich eine kurze, rätselhafte Bemerkung Bakus dar, der sagte, daß, nachdem ich drei Tage lang fort gewesen sei, Ngbali ärgerlich gesagt habe, wenn ich nicht bald zurückkäme, würde sie selbst wieder nach Amopolo gehen. Das war so überraschend, daß ich mich fragte, ob es nicht ein apokrypher Ausspruch war. Die Hoffnung, die dennoch in mir aufkeimte, wurde sofort durch den Anblick Ngbalis selbst erstickt, die meine lange Abwesenheit überhaupt nicht berührt zu haben schien.

Danach machte ich mich immer öfter aus dem Staub und schlief zwei, drei Nächte hintereinander in Amopolo. Bei einem meiner Besuche bat Joboko mich, ihm ein Schreiben vorzulesen, das ihm aus Bobongo, einer Bayaka-Siedlung, die ungefähr zehn Meilen nördlich lag, zugeschickt worden war. Die Mitteilung war im Namen eines Moaka von einem Dorfschreiber verfaßt worden. Ich hatte schon vorher solche Mitteilungen in Händen gehalten: Es blieb dem Schreiber und seiner Phantasie überlassen, die Botschaft in Worte zu fassen, sie konnte daher in einem formalen oder blumigen oder aggressiven Stil abgefaßt sein, die Gefühle, die darin zum Ausdruck kamen, sollten aber die des Auftraggebers sein. Ich hatte selbst mehrere solcher Botschaften geschrieben, mein Meisterstück war ein Drohbrief, das ich auf Drängen Gongés aufgesetzt hatte. Es war an einen Moaka in Mosapola gerichtet gewesen, dem blutige Vergeltung angedroht wurde, für den Fall, daß er Gongés einzige Schwester ermorden sollte.

In dem Schreiben, das Joboko mir reichte, wurde er verärgert aufgefordert, den Brautpreis von 15000 Francs zurückzuerstatten, den der Unterzeichnete ihm für seine Schwester gezahlt hatte. Das war vor vier Monaten geschehen, und sie weigerte sich immer noch, mit ihm zu schlafen. Ich meinte, daß Joboko ein ernsthaftes Problem habe – fünfzehntausend Francs, ungefähr fünfzig Dollar also, sind für einen Moaka ein Vermögen. Joboko schien aber recht unbeeindruckt zu sein. Er nickte lediglich mit dem Kopf, als hätte er mit einer solchen Nachricht gerechnet, und murmelte: »Wir werden das schon hinkriegen.« Ich überlegte, ob ich Sombolo einen ähnlichen Brief schicken sollte.

Die Bayaka stellten sich auf mein neues Wanderleben ein, und bald hatte ich auf jedem meiner Ausflüge eine Eskorte. Wenn ich die Nacht in Amopolo verbrachte, blieb auch mein Gefolge dort. Es entwickelte sich eine gewisse Kameraderie zwischen uns, und die *mbingo*-Gänge gehören mit zu meinen schönsten Erinnerungen. Einmal war Bokumbi, ein bärtiger Bursche mit einer tiefen Stimme, mein Begleiter. Das einzige, was ich über ihn wußte, war, daß seine Frau Ngbali hieß – was mich von vornherein für ihn einnahm. Unser Gang war denkwürdig: grollender Donner bedrohte uns fast auf dem ganzen Weg, dann ließ uns ein fürchterlicher Wolkenbruch die halbe Meile sprinten, die uns noch von Epoko, dem alten Lager, trennte, wo wir in meiner ehemaligen Hütte Unterschlupf fanden. Ein anderes Mal stahl ich mich allein aus Sao-sao heraus, aber am Nachmittag erschien Mindumi in Amopolo, um mich zurückzugeleiten. Einmal kam auch Mindumis junger Sohn Landi mit mir. Die letzten Meilen des Rückwegs legten wir im Schein unserer Taschenlampen zurück; in der Mitte der Strecke begegneten wir Lalié und Bwanga, die gerade einen Baum gefällt hatten, der mit *kuma*, dem flüssigen Honig, gefüllt war. Wir hielten an Ort und Stelle ein Festmahl ab.

Nach einigen Wochen ging ich dazu über, mehr Zeit auf dem *mbanjo* zu verbringen, und verbrüderte mich wieder mit den jungen Männern, die schon zu murren begonnen hatten, weil ich mich kaum noch mit ihnen abgab. Jetzt war es beinahe wieder wie in den alten Zeiten. Manchmal verfinsterte sich meine Stimmung, weil ich an Ngbali dachte oder weil mir eine Melodie aus Mombongo wieder in den Sinn kam oder eine Frau in der Entfernung jodelte, aber dann verzog sich die dunkle Wolke wieder. Jetzt schienen erneut unbegrenzte Möglichkeiten vor mir zu liegen.

In der ganzen langen Zeit, in der ich emotional so aufgewühlt war, stand Mindumi mir zur Seite. Jeden Morgen und jeden Abend brachte er mir meinen gesüßten Kaffee.

Es freute mich immer, ihn mit einem feinen Lächeln auf dem Gesicht spreizfüßig heranschlurfen zu sehen. Er war nach wie vor der Wächter über Zucker und Kaffee und schaffte es immer, mit dem Vorrat ein, zwei Tage länger auszukommen, als ich es für möglich gehalten hätte. Vielleicht verdankte ich meine wiedergewonnene Ruhe zu einem Großteil seiner Gegenwart und dem Gefühl, daß er es nie zulassen würde, daß meine Ehe mit seiner Nichte einfach in Vergessenheit geriet. Er hatte meine Liebeserklärungen mitgehört und er hatte gespürt, daß sie aufrichtig gewesen waren. Mehr als jeder andere schien er zu verstehen.

Eines Abends rief Omoo mich zu seiner Hütte herüber. Er hatte ein köstliches Mahl für mich, das seine Frau Tambala, eine meiner Lieblingsköchinnen, zubereitet hatte. Während ich es verspeiste, kam Mbinas kleine Schwester Metimbo herbei, um Ngbali zu besuchen, die sich in der Hütte der anderen Ngbali, der Tochter Bakpimas, aufhielt. Metimbo und Ngbali packten sich, rangen miteinander und bespritzten sich mit Wasser aus Pfützen. Es war seltsam mitanzusehen, wie aus dem Nichts eine Freundschaft zwischen den beiden aufblühte. Nachdem ich gegessen hatte, kochte Mindumi mir einen Kaffee. Während ich ihn schlürfte, beobachtete ich die kleine Schar von Frauen, die vor Ngbalis Hütte zusammengekommen war, und vor allem Metimbo und Ngbali. Jede hatte ihren Kopf auf die Schulter der anderen gelegt. Die Frauen sangen *limboku*-Lieder im Licht einer kleinen hellen *vaka*-Flamme, die sie am Leben erhielten, indem sie immer wieder kleine Stücke des Harzes hinzufügten. Ngbali war in Hochstimmung. Sie sprang ständig auf, rannte herum, jauchzte und jodelte. Weil sie einen Stock in der Hand hatte, an dessen Ende ein Stück brennendes *vaka* befestigt war, war sie immer gut zu sehen. Einmal klopfte sie sich tatsächlich auf den Bauch und prahlte, daß sie diejenige sei, die meine Kinder austragen werde.

Daraufhin sagte Mindumi aufmunternd. »Gut so, dann mal los.«

Ngbali erstarrte mitten in einer Pirouette. Einen Augenblick lang dachte ich, daß sie tatsächlich Mindumis Aufforderung nachkommen würde. Aber dann wandte sie sich abrupt ab und setzte sich wieder zu der Frauenschar. Omoo lachte glucksend.

»Macht nichts«, sagte er. »Heute hat er sie mit seinen Augen gesehen. Morgen wird er mit ihr schlafen.«

Aber dieses »morgen« kam nie. Es gab weitere Begegnungen, die von dritten herbeigeführt wurden. Einmal manövrierte Mosio uns beide in den engen Innenraum seiner Hütte hinein. Das aufregende Gefühl, ihr so nahe zu sein, verflog sofort, als sie mir den Rücken zukehrte. Ich merkte, daß sie lächelte, aber ich war verärgert. Später kam ich an Lalié, Adamo und Mabuti vorbei, die auf einem Holzstamm saßen. »Sie mag dich nach und nach?« fragte Lalié. Obwohl der Ausdruck »nach und nach« mir nicht behagte, weil er ja bedeutete, daß ich noch einen langen Weg vor mir hatte und Ngbali noch sehr viel Zeit, um ihre Meinung – wieder einmal – zu ändern, antwortete ich, daß es so zu sein schiene. Adamo nickte und grinste, und Mabuti fügte in bestimmtem Ton hinzu: »Sie mag dich sehr.«

Wenn ich bei Omoo oder Mindumi aß, war Ngbali immer in der Nähe und flirtete manchmal ganz offen mit mir. Für sich betrachtet, war jede dieser Begegnungen sehr ermutigend, wenn man aber in Betracht zog, daß wir seit über einem halben Jahr Mann und Frau waren, waren sie eher ernüchternd. Eines Nachts lächelte ich Ngbali an – und sie lächelte zurück! Was für ein Fortschritt! dachte ich sarkastisch.

Eines Morgens weckte mich der Klang ihrer Stimme. Es war ungewöhnlich, sie in meiner Nachbarschaft zu hören; seit sie in Sao-sao war, war sie nie in die Nähe meiner Hütte gekommen. Sie sprach nur ein paar Worte, aber ich verwechselte ihre Stimme nie mit der einer anderen Frau: Sie hatte immer eine elektrisierende Wirkung auf mich. Plötzlich tauchte Ngbali in der Tür auf. Sie kniete sich, anmutig wie immer, nieder und stellte mir die allmorgendliche

Schale Kaffee auf den Boden. Dann war sie wieder verschwunden.

Ich lag einen Augenblick lang in meinem Bett und dachte voller Glück über dieses Anzeichen für einen wirklichen Fortschritt nach. Mir den Kaffee zu bringen, war das erste, was Ngbali für mich getan hatte, seitdem wir verheiratet waren.

Eines Tages aber gingen unsere »Flitterwochen« genauso abrupt zu Ende, wie sie begonnen hatten. Ich argwöhnte schon, daß irgend etwas schiefgelaufen war, als Mindumis Sohn Landi mir abends den Kaffee brachte. Am nächsten Tag nahm ich bei Mindumi meine zwei Mahlzeiten ein, aber Ngbali ließ sich nicht sehen. Nach ein paar Tagen beklagte ich mich bei Simbu und Mobo; wenn die Situation nicht bald besser würde, würde ich nach Amerika fahren – ich könne diese Ungewißheit nicht länger ertragen. Das löste eine Diskussion aus, die sich wie ein Steppenbrand verbreitete, so daß bald das ganze Lager in Aufruhr war. Es wurden wieder einmal verschiedene Theorien vorgebracht: Ngbali sei ein böses Weib; ihre Mutter möge mich nicht; ihre Mutter wolle nicht, daß Ngbali mich nach Amerika begleite. Ich hatte das alles schon gehört, und die Wiederholung deprimierte mich ungeheuer. Ich zog mich in meine Hütte zurück.

Kurze Zeit später erhob sich eine Stimme und übertönte alle anderen. Durch die Anschuldigungen aufgebracht, schrie Yéyé, daß es von diesem Augenblick an kein Problem mehr gebe. Sie jedenfalls sei nicht die Verursacherin. Ihre Stimme wurde immer lauter, als sie sich meiner Hütte näherte. Das Gewimmere, das ihr Geschrei begleitete, verriet mir, daß sie Ngbali mitschleifte.

Mehrere Männer versammelten sich draußen, um Ngbali Ratschläge zu geben. Nacheinander sprachen Bombé, Tété und Mabuti auf sie ein. Schließlich gaben sie auf, und nur Adamo bearbeitete sie noch weiter. Ich ging nach draußen und versuchte mit ihm gemeinsam, Ngbali dazu zu bewegen, in meine Hütte zu kommen. Sehr widerwillig tat sie es schließlich und setzte sich auf mein Bett. Ich sprach auf sie ein, wie ich es schon einmal getan hatte. Diesmal machte ich ihr aber auch noch ein gewichtiges Zugeständnis: Wenn sie mich akzeptierte, würde ich mit ihr in Amopolo bleiben. Ich würde nie öfter als einmal im Jahr nach Amerika reisen und auch nie länger als einen Monat wegbleiben. Ich wußte gar nicht, wie ich dieses Versprechen halten sollte, aber als ich es aussprach, war es ganz aufrichtig gemeint.

Ngbali hörte mit ausdruckslosem Gesicht zu. Als ich zu Ende war, nahm sie meine Taschenlampe, drückte sie mir in die Hand und forderte mich auf, sie nach Hause zu bringen. Ich kam ihrem Wunsch nach und kehrte allein zu meiner Behausung zurück. »Mach dir keine Sorgen«, trösteten mich mehrere Frauen, »morgen wird sie dir ihre Antwort geben.«

Diese Antwort kam aber nicht. Nachdem zwei Tage verstrichen waren, ohne daß ich etwas gehört hätte, begriff ich, daß es zwischen Ngbali und mir aus war. Meine Drohung abzureisen, mein letzter verzweifelter Schachzug, hatte sie auch nicht zum Nachgeben bewegt. Sie war bereit, mich ziehen zu lassen.

Am dritten Morgen verkündete ich, daß ich gehen würde. Ich konnte selbst kaum daran glauben, als ich meine Sachen zusammenpackte. Männer und Frauen scharten sich um mich, sie jammerten, klagten und drückten mir ihr Mitgefühl aus. Aber niemand versuchte, mir meine Abreise auszureden. Und Ngbali war nirgendwo zu sehen.

»Wirst du für immer weggehen?« fragten sie.

»Für immer!« schrie ich; ich war tief verletzt und hoffte, sie ebenfalls zu verletzen. Aber im Innersten meines Herzens wußte ich, daß meine Abreise keine nachhaltigen Auswirkungen haben würde. Die Bayaka hatten viele Jahre lang ohne mich gelebt. Eine Weile lang würden sie sich durch mein Fehlen gestört fühlen, aber dann würden sie sich daran gewöhnen, und ich würde ihnen nicht mehr das Geringste bedeuten. Ich verabscheute sie dafür.

In meiner letzten Stunde in Sao-sao brachen fast alle zur Jagd auf und ließen mich allein mit meinem Gepäck zurück. Ngbali war eine der letzten, die das Lager verließ; sie war völlig unbekümmert und scherzte mit ihren Freundinnen. Bosso, die nicht mitging, kam zu mir und setzte sich neben mich auf die Bank. Sie wandte mir den Rücken zu und sprach kein einziges Wort, aber sie hatte sich nie zuvor auf diese Bank gesetzt, und ich verstand, daß das eine Geste war, die mir helfen sollte. Eine Zeitlang saßen wir schweigend nebeneinander, dann lud ich mir mein Gepäck auf und machte mich davon.

Ejengi

Zunächst ähnelte meine Reise einem meiner *mbingo*-Gänge, nur mein Ziel war diesmal viel weiter entfernt. Ich verbrachte vier Nächte in Amopolo. Mehrere Leute, darunter Simbu, Adamo und Mindumis Frau Zabu, kamen aus Sao-sao herüber, um mir Gesellschaft zu leisten. Dann traf zu meiner großen Überraschung ein Brief von Brian Eno ein – mit dem Geld, um das ich ihn gebeten hatte! Es war ein glücklicher Zufall, den ich als Signal dazu deutete, daß ich wirklich abreisen sollte.

Ich flog nach Paris und fuhr von dort mit dem Zug und der Fähre nach England. Ich hielt mich ein paar Tage in London auf, wo ich einige meiner Aufnahmen für Eno kopierte, und flog dann nach New York, wo ich mich eines Tages ohne einen Cent in der Tasche auf der Türschwelle meiner guten Freunde Jim und Sara präsentierte.

Von meinem Aufenthalt in New York habe ich in meiner Erinnerung einen so traumhaften Eindruck zurückbehalten, daß ich mich manchmal frage, ob ich wirklich dort war. Mit Sicherheit war nicht alles von mir dort. Ich kam im Winter an, und die schneidende Kälte verstärkte noch mein Gefühl, wie ein Astralkörper durch meine Umgebung zu schweben. Jim und Sara nahmen mich noch mehr für sich ein, weil sie es mit einem Freund aushielten, der nur noch sein eigener Geist zu sein schien. Ich war rastlos, zugleich aber ziellos, einfach eine körperliche Erscheinung, die gefüttert und ruhiggestellt werden mußte.

Alles schien nach den Gesetzen des Traums zu verlaufen. Ich erfuhr, daß mein Vorschlag, ein Buch über meine Erlebnisse bei den Bayaka zu schreiben, den ich einem Literaturagenten unterbreitet hatte, bevor ich Ngbali überhaupt kennengelernt hatte, angenommen worden war. Ein Verlag war bereit, sofort einen Vertrag mit mir zu schließen und einen Vorschuß zu zahlen. Ich würde ein Jahr Zeit haben, um das Buch zu schreiben. Was ich im Moment am allerwenigsten wollte, war, etwas über Ngbali zu Papier zu bringen. Andererseits würde der Vorschuß aber für eine Rückreise nach Amopolo ausreichen, und mir wurde immer klarer, daß ich so bald wie möglich wieder hinfahren müßte. Ich bereute es jetzt bitter, daß ich den Bayaka gesagt hatte, ich würde für immer weggehen. Wenn Ngbali das tatsächlich glaubte, könnte sie sehr gut jemand anders heiraten, und zwar so schnell, wie es damals Mbina getan hatte. Ich verfiel in Hektik.

Es waren erst zwei Wochen vergangen, seit ich Ngbali verlassen hatte, aber sie schien schon einer unermeßlich fernen Welt und längst vergangenen Zeiten anzugehören. Die Gefühle, die sie in mir wachgerufen hatte, waren aber keineswegs schwächer geworden, und ich klammerte mich an sie, als ob sie meine letzte Verbindung zu ihr darstellten. Meine Leidenschaft begann einer Art von Wahnsinn zu ähneln, in dem ich Zuflucht suchte. Da ich Angst davor hatte, in die Welt um mich herum hineingezogen zu werden, weigerte ich mich, ihre Realität anzuerkennen. Wenn ich das täte, so glaubte ich, würde ich Verrat an Ngbali begehen und sie in das Reich der Erinnerungen verbannen. Irgend etwas in mir hatte sich unwiederbringlich geändert, und ich erkannte, daß ich mich nie wieder an die westliche Lebensweise würde anpassen können. Mir mißfiel alles daran, ich hatte sogar eine Abneigung dagegen, Englisch zu sprechen. Je länger ich bliebe, desto unglücklicher würde ich werden.

Ich unterschrieb den Vertrag und erklärte, daß ich das Buch nur in Afrika schreiben könnte und daher unverzüglich wieder abreisen müsse. Der Verleger war damit einverstanden.

Zehn Tage, nachdem ich in New York angekommen war, verließ ich die Stadt wieder. Aufgrund einer Reihe von glücklichen Umständen traf ich schon fünf Tage später in

Amopolo ein. Seit meiner Abreise waren genau drei Wochen vergangen.

Amopolo sah im grauen Licht des späten Nachmittags verlassen und trostlos aus. Der feine Regen und die kühle Luft hatten alle in ihre Hütten getrieben. Meine Ankunft schien unter sehr schlechten Vorzeichen zu stehen. Als ich jedoch den *mbanjo* betrat, war ich schon bemerkt worden. Im ganzen Lager erhob sich ein Gemurmel, die Männer standen von ihren Lagern auf und kamen ruhig auf dem Platz zusammen. Die Begrüßungszeremonie war sehr schlicht. »Looyay – er ist gekommen«, sagte Bombé, als er mir auf Bayaka-Art, das heißt, ohne fest zuzugreifen, die Hand schüttelte.

Schweigend saßen wir ein paar Minuten lang zusammen. Einige Frauen waren jetzt auch aus den Hütten gekommen, und ich hielt nach Ngbali Ausschau. Es dauerte nich lange, und ich erblickte sie. Sie schaute nicht zu mir her, aber sie mußte wissen, daß ich wieder da war. Ich stieß einen Seufzer der Erleichterung aus: Vielleicht war ich ja doch nicht zu spät gekommen.

Die Gruppe von Männern, die auf dem *mbanjo* zusammengekommen war, war ungewöhnlich groß. Leute, die ich schon lange nicht mehr gesehen hatte, waren darunter: Mitumbi, Sosolo, Maliamba. Ich schaute mich in der Runde um.

»Monsieur der Bürgermeister«, verkündete Balonyona plötzlich in seinem schnell herausgestotterten Französisch, »ist nicht gekommen – wegen seines Todes.«

Ich brauchte ein paar Minuten, um diese Nachricht zu verkraften.

»Mindumi?« fragte ich ungläubig, als mir dämmerte, was Balonyonas Worte bedeuteten.

»*Oui*, Mindumi«, bestätigte Balonyona, »er ist gestorben.«

Ich stieß einen entsetzten Schrei aus. Ich hatte in Amerika nicht oft an Mindumi gedacht. Ich hatte nur wenige

Geschenke mitgebracht, aber ich hatte nicht vergessen, ein Paar amerikanische Leinenschuhe für Mindumi zu besorgen. Ich hätte mir so gewünscht, daß er, vor allem er, erfahren hätte, daß ich zurückgekommen war und daß alles, was ich Ngbali erzählt hatte – daß ich für immer bleiben würde, daß ich mir weit von den Bayaka verloren vorkäme, daß ich sie liebte –, wahr gewesen war. Ich hätte ihm so gern bewiesen, daß er sich nicht in mir getäuscht hatte. Und nun war er in der Überzeugung gestorben, daß ich für immer weggegangen sei.

Am nächsten Tag begegnete ich auf meinem Weg zum Badeplatz Mindumis Witwe Zabu. Sie saß mit ihrem Sohn Tété in dem winzigen Streifen Schatten auf der einen Seite von Akungas großer Bambushütte. Ich hielt inne, stand erst verlegen vor ihr und ließ mich dann neben ihr nieder. Sie erzählte mir, wie Mindumi ums Leben gekommen war. Kurze Zeit nach meinem Weggang war er in den Wald gezogen, um Bokia beim Honigsammeln zu helfen. Bokia hatte hoch oben an einem Baumstamm gehangen und auf ihn eingehackt, um an eine Honigwabe heranzukommen. Er hatte Mindumi zugerufen, er solle zurücktreten, weil ein großer Ast abzubrechen drohte. Mindumi hatte diese Warnung ignoriert, und der Ast war ihm auf den Kopf gefallen. Er war auf der Stelle tot gewesen.

Ich begann Zabu zu erklären, wieviel Mindumi mir bedeutet hatte, und mußte plötzlich weinen. Ich versuchte, die Schluchzer, die mich schüttelten, zu unterdrücken. Zabu weinte auch leise vor sich hin, und dann kam ihre Schwester Tambala herbei und fing ebenfalls an zu schluchzen. Das war für den armen kleinen Tété zuviel: Auch er brach in Tränen aus.

Mindumis Tod lähmte Amopolo und ließ eine große Lücke zurück. Das lag nicht nur daran, daß es niemanden gab, der so wie er war, sondern auch daran, daß, wie Singali es auszudrücken versuchte, »so viel von ihm in Amopolo war«. Erst nach vielen Monaten begriff ich wirklich, wie groß der Verlust war, aber ich spürte sofort, daß die Gemeinde ohne ihn nicht mehr die gleiche wie früher war. Keiner von uns ahnte, welche schrecklichen Ereignisse auf uns zukommen würden, aber Mindumis Tod schien schon eine neue Phase in der Geschichte Amopolos einzuleiten.

Zabus Gesellschaft tröstete mich sehr, wie sie umgekehrt in meiner Gesellschaft Trost zu finden schien. Sie besuchte mich häufig, manchmal brachte sie mir Essen, manchmal kam sie auch mit ihren drei Kindern, und dann setzten wir uns zusammen und unterhielten uns. Ich gab den Kindern Bananen, Erdnußbutter und andere Leckereien und versorgte Zabu mit allem, um das sie mich bat. Sie war hochschwanger, und ich hatte das Gefühl, sie beschützen zu müssen. Wir wollten beide das Beste für das ungeborene Kind.

Eines Nachts kam sie alleine mit etwas Essen für mich herüber und setzte sich neben mich, während ich aß. Danach vertraute sie mir, hastig flüsternd, etwas an: Mindumi sei durch *gundu* getötet worden. Die Frau von Sosolo sei neidisch auf Mindumi gewesen, weil ich ihm den Kaffee und den Zucker anvertraut hätte, und habe daher *gundu* verwendet, um ihn zu töten. Sie besitze mächtigen *gundu*.

Ich war so verwirrt; ich hatte noch nie von *gundu* gehört, aber ich dachte sofort, daß es sich um eine Art von Aberglauben handeln müsse – schließlich war Mindumi von einem herabstürzenden Ast erschlagen worden. Es war nur ein Unfall gewesen. Wie konnte man jemand ermorden, indem man einen Ast dazu brachte, auf ihn zu fallen. Ich wußte aber nicht, wie man auf Yaka sagte: Es war nur ein Unfall. Statt dessen erwiderte ich: »Nein, Zabu, niemand hat Mindumi umgebracht. Gott hat ihn zu sich gerufen. So ist es.« Später fragte ich mich, was zum Teufel wohl *gundu* war.

Ein paar Tage nach meiner Rückkehr kam Adamo zu Fuß aus Monasao herüber. Er sagte, daß seine Familie ihm in einer Woche folgen würde. Einen Tag später kam Sombolo aus Emona, das genau in der entgegengesetzten Richtung lag, die Nachricht von meiner Rückkehr hatte ihn per Busch-Taxi erreicht. Ich war mir nicht sicher, ob ich mich freute, ihn zu sehen, oder nicht. Zugegeben, er hatte dafür gesorgt, daß die Frage meiner Ehe mit Ngbali nicht in Vergessenheit geraten war – oft war er der einzige gewesen, der das Interesse dafür am Leben erhalten hatte –, aber die meisten seiner beruhigenden Mitteilungen waren pure Erfindungen gewesen, mit denen er versucht hatte, mir Geld aus der Tasche zu ziehen.

Am Abend kam Zabu, um mich zum Essen einzuladen. Sie war in eine der beiden Bienenkorbhütten gezogen, die in Mowoomas riesiger, immer noch unfertiger Bambushütte standen. Sombolo, Yéyé und Ngbali wohnten in dem anderen Bienenkorb. Sopo schlief in einem Winkel, und Mowooma und seine Frauen in einem der beiden Innenräume, die noch im Bau waren. Als ich ankam, waren sie alle da. Mowooma hatte sich auf eine Schilfmatte gelagert. Er ließ den Schein seiner Taschenlampe mehrmals über Ngbali gleiten und sagte mir, daß das meine Frau sei. Ngbali wandte uns den Rücken zu und kicherte. Später servierte sie mir mein Mahl, aber anstatt mir die Schüssel mit Wasser direkt zu reichen, stellte sie sie auf den Boden und schob sie kichernd zu mir heran. Als ich viel später in der Nacht zu meiner Hütte zurückging, war mir viel fröhlicher zumute als vorher, als ich sie verlassen hatte.

Die gehobene Stimmung verließ mich auch in den nächsten Tagen nicht. Probleme mit Frauen schienen in Amopolo an der Tagesordnung zu sein, und wahrscheinlich tröstete es mich ein bißchen, daß ich mich in guter Gesellschaft befand. Engbeté und die andere Ngbali hatten sich endlich, nach monatelangen Streitereien, getrennt. Ich erfuhr es, als sie zu mir kam und mich um ein Laken bat.

»Aber ich habe Engbeté in Sao-sao ein Laken für euch beide gegeben!« protestierte ich.

»Engbeté hat es mitgenommen, als er ausgezogen ist«, erklärte Ngbali, und ich begriff, daß derjenige, dem ich etwas ausgehändigt hatte, sich als dessen Besitzer betrachten durfte.

»Ist Engbeté endgültig weg?« fragte ich.

»Er ist für immer weggegangen.«

Ich holte ihr ein Laken.

Dann gab es da auch noch Bwanga und Mowa, die einst wie zwei Turteltauben gewesen waren. Sie hatten am meisten von allen Bayaka auch in der Öffentlichkeit gezeigt, wie sehr sie sich mochten. Aber das war lange vorbei. In jüngster Zeit hatten sie einen Streit nach dem anderen gehabt, und Mowa war zu ihren Eltern zurückgezogen. Als Bwanga einmal bei mir in meiner Hütte saß, kam plötzlich Mowa herein und knallte wortlos ein Bündel mit seinen Habseligkeiten auf den Boden. Darunter war auch seine Taschenlampe, die dabei so zertrümmert wurde, daß man kaum noch erkannte, was es einmal gewesen war. Bwanga hob das Wrack auf und sagte kopfschüttelnd: »Frauen!«

Die Beziehung zwischen dem alten Bombé und Balé war seit kurzem intensiver geworden, dergestalt, daß sie jetzt beide in Amopolo lebten und sich häufig über den Weg liefen. Als ich eines Nachmittags aus dem Dorf zurückkehrte, begegnete ich Balé, die mir entgegenkam.

»Es ist aus!« verkündete sie ohne weitere Erklärung und faßte mich am Arm.

»Was ist aus?«

»Zwischen mir und Bombé ist es aus«, sagte sie. »Diesmal endgültig. Ich gehe zum Bürgermeisteramt, um es bekanntzugeben.«

Am selben Abend wollte ich Bombé irgendeine kleine Sache übergeben, aber er war im Dorf, und die anderen sagten mir, ich solle das Geschenk bei Balé abliefern, sie würde es dann an Bombé weiterleiten.

»Ich denke, sie haben sich getrennt«, sagte ich.

»Haben sie«, erklärte Biléma und Egulé, »aber das war heute nachmittag. Jetzt sind sie wieder zusammen.«

Eines Tages schaute Sombolo bei mir herein; er wollte

ein paar Pillen für Ngbali haben. »Ist Ngbali krank«, fragte ich ein bißchen beunruhigt.

»Sie ist sehr krank«, erwiderte Sombolo, und seiner Beschreibung entnahm ich, daß sie ernsthaft an Malaria erkrankt war. Natürlich wurde ich ganz aufgeregt und eilte zu ihr.

Sie war ganz benommen vor Fieber, brachte aber immer noch genügend Energie auf, um es ganz deutlich zu machen, daß sie in diesem Zustand nicht von mir gesehen werden wollte. Ngbali war stark und geradezu erstaunlich robust, und es machte einen betroffen, sie jetzt so ohne jede Kraft daliegen zu sehen. Sie machte Theater, als sie die Tabletten schlucken sollte, die ich für sie abgezählt hatte. Ich hatte schon damit gerechnet – eine der Eigenschaften, die ich am meisten an ihr liebte, war ihre entschiedene Abneigung gegen alle Neuerungen. Nur indem ich einen kleinen Wutanfall vortäuschte, konnte ich sie schließlich dazu bringen, die Medizin einzunehmen.

Am nächsten Tag hatte sie sich so weit erholt, daß sie einsah, wie gut ihr die Medizin getan hatte, und sie schluckte, ohne zu protestieren, das Aspirin, das ich ihr gab. Ich pflegte sie, bis sie wieder gesund war, besuchte sie jeden Tag und verbrachte ein, zwei Stunden bei ihrer Familie. Es waren angenehme Tage, besonders die letzten, als Ngbali sich wieder ganz und gar erholt hatte, es augenscheinlich aber genoß, die Zeit der Rekonvaleszenz in die Länge zu ziehen und faul auf ihrer Matte zu liegen und mit ihren kleinen Vettern zu spielen. Daß sie es mir wirklich hoch anrechnete, daß ich sie gepflegt hatte, wurde mir eines Abends bestätigt, als Zabu mich zum Essen eingeladen hatte. Unaufgefordert holte Ngbali mir Wasser und gab mir die Schüssel in die Hand. Als ich meine Mahlzeit fast beendet hatte, hörte ich, wie Yéyé darüber klagte, hungrig zu sein, und gab ihr das, was noch übrig war. Als Yéyé es verzehrte, erschien Ngbali in der Tür und begann, schnell und leise zu sprechen – so wie sie es tat, wenn sie gar nicht recht wollte, daß ich sie verstand. Zuerst begriff ich überhaupt nicht, daß sie mit mir redete: »Ich erhole mich gerade von einer schweren Krankheit. Und jetzt bin ich hungrig. Warum teilst du also dein Essen mit meiner Mutter und nicht mit mir?«

Am liebsten hätte ich Yéyé das Essen sofort wieder weggerissen und es Ngbali hingeschoben. Glücklicherweise wurde mir aber die Entscheidung abgenommen: Yéyé hatte schon alles verdrückt, bevor Ngbali noch zu Ende geredet hatte.

Als das neue Jahr schon vorangeschritten war und die trokkene Jahreszeit mit ihrer allgewaltigen Sonne sich fest etabliert hatte, wurde mir bewußt, daß die Bayaka seit meiner Rückkehr nicht ein einziges Mal auf die Jagd gegangen waren. Sao-sao und das Leben, das sie dort geführt hatten, schienen einer längst vergangenen Epoche anzugehören. Die Leute um mich herum schienen ganz andere Persönlichkeiten zu sein, als sie es damals im Urwald gewesen waren. Es herrschte Hunger, aber alle schienen sich damit abgefunden zu haben. Maniok war jetzt unser Grundnahrungsmittel; die Wurzeln wurden zerstampft und aus dem Mehl eine Art Teig zubereitet, der zusammen mit den feingehackten und gekochten Blättern der Pflanze gegessen wurde. Obwohl es unsere Mägen füllte, stillte es doch nie unseren Hunger.

Tagsüber herrschte in Amopolo eine Temperatur wie in einem Hochofen, es bestand nicht einmal Hoffnung auf einen kleinen Schauer, der uns helfen würde, den Tag besser zu überstehen. Die Sandflöhe fühlten sich in diesem Klima wohl und vermehrten sich wie verrückt; sie befielen vor allem die Füße der Kinder, von denen einige wieder auf allen Vieren zu krabbeln begannen. Nachts war es oft recht kühl, aber nie kühl genug, um die Moskitos abzuschrekken. Anders als die Sandflöhe, deren Zahl während der Regenzeit stark abnahm, waren die Moskitos das ganze Jahr hindurch eine Plage. Ihre Überfälle ließen die Bayaka in der Nacht nur unruhig schlafen, so daß sie tagsüber oft müde waren. Kein Wunder also, daß sie sich nicht für einen Jagdzug begeistern konnten.

Mir wurde noch mehr als früher klar, daß Amopolo kein guter Ort für ein Lager war. Abgesehen davon, daß es nicht weit von einem Raffiasumpf entfernt lag, der von Moskitolarven nur so wimmelte, verführte auch die Nähe von Bomandjombo die Männer dazu, zu jeder möglichen Tages- und Nachtzeit in das Dorf zu ziehen, um dort hinter jenem besonders scheuen Beutetier, einem kostenlosen Glas *mbaku*, hinterherzujagen. Unweigerlich kehrten sie verschuldet nach Amopolo zurück. Um ihre Gläubiger befriedigen zu können, sammelten die Bayaka im Sumpf Raffiablätter; um ein Bündel im Wert von einhundert Francs – so viel kostete ein Glas *mbaku* – zusammenzubekommen, brauchten sie einen halben Tag. Wenn ein Mann vier Glas Schnaps trank, dann mußte er zwei volle Tage arbeiten, um seine Schulden zurückzuzahlen. Die Männer waren immer öfter und immer länger damit beschäftigt, Raffiablätter zu schneiden, und hatten deshalb immer weniger Zeit für die Jagd. Es war eine beunruhigende Entwicklung, über die ich oft laut klagte. Die Männer pflichteten mir bei, daß sie es zu weit getrieben hatten – und machten unverdrossen weiter wie bisher.

Ich bekam ernsthafte Zweifel, ob die Bayaka überleben könnten, wenn sie in Amopolo blieben. Und jetzt waren sie sogar dabei, sich noch stärker in diesem Ort festzusetzen, indem sie, meinem Rat folgend, Latrinen anlegten. Die Zustände in dem das Lager umgebenden Busch wurden immer unhaltbarer. Wenn ich auf einem meiner einsamen Ausflüge in einen Scheißhaufen trat, kehrte ich immer rasend vor Wut ins Lager zurück. Früher war ich mit meinen Tiraden immer nur auf taube Ohren gestoßen, aber jetzt, ganz plötzlich, wollten sie alle Latrinen bauen. Ich hatte zwei Schaufeln als Geschenk mitgebracht, und es dauerte nicht lange, da klafften in ganz Amopolo drei Meter tiefe Löcher im Boden. Keine Latrine kam jedoch über dieses Anfangsstadium hinaus. Kaum hatten die Männer ein

Loch gegraben, begannen sie schon mit dem nächsten. Ein Spaziergang im Dunkeln wurde bald lebensgefährlich. Die hektische Energie und Hingabe, mit der die Männer buddelten, hatte auch etwas Verzweifeltes. Keines der Löcher wurde jemals für das benutzt, wofür es ursprünglich bestimmt gewesen war. Sie schafften es, pro Tag zwei völlig sinnlose Löcher auszuheben, hatten dann aber nicht mehr die Kraft, auf die Jagd zu gehen. Ich brachte es nicht übers Herz, sie von ihren Erdarbeiten abzubringen – ich hatte das Gefühl, es könnte so gefährlich sein, wie einen Schlafwandler aufzuwecken –, ich ermutigte sie aber auch nicht dazu. Das würde gleichbedeutend mit einer Aufforderung sein, für alle Ewigkeiten in Amopolo zu bleiben, und daß es dazu kam, wollte ich ganz und gar nicht. Ich sah zu, wie sie buddelten, und war insgeheim froh, daß keine Latrine jemals fertig wurde.

Ich mußte auch meine eigene Arbeit organisieren. Ich hatte Geld bekommen, damit ich ein Buch schrieb, und ich meinte, daß es an der Zeit sei, zumindest so zu tun, als wollte ich damit beginnen. Ich beauftragte einen Tischler aus dem Dorf damit, mir einen Tisch und einen Stuhl anzufertigen, und kaufte mir eine Kerosinlampe. Während meiner gesamten Zeit in Amopolo war es mir bisher nie in den Sinn gekommen, mir solch eine Lampe anzuschaffen; jetzt wurde sie mir schnell unentbehrlich. Zuerst behagte mir ihr steter Schein nicht ganz, er machte das Leben sicherlich einfacher, aber ich hatte das Gefühl, daß ich mich den Bayaka entfremdete, indem ich auf die abendlichen Zusammenkünfte um ein flackerndes Lagerfeuer verzichtete. Sie fanden aber nur lobende Worte für meine neue Einrichtung, den großen Tisch und den Stuhl aus Redwood, die Kerosinlampe und eine kleine Digitaluhr mit Wecker. *Endlich*, schienen sie zu sagen, *fängt unser weißer Mann an, sich wie einer zu benehmen.*

Ich hielt mich bald an eine bestimmte Routine. Bei Einbruch der Dunkelheit zündete ich meine Lampe an, setzte mich auf meinen Stuhl, schlug das auf dem Tisch liegende

Schreibheft auf, nahm den Kugelschreiber in die Hand – und starrte bis spät in die Nacht hinein auf das leere Blatt. Meine Arbeit war für die Bayaka eine unerschöpfliche Quelle der Faszination. Kaum hatte ich mein Heft aufgeschlagen, da versammelten sich schon die Jungen und die Männer um meinen Tisch, um zuzuschauen und jede Bewegung, die ich machte, zu kommentieren. Der Schein der Lampe fiel auf ihre aufmerksamen Gesichter; manche harrten stundenlang auf ihrem Beobachtungsposten aus. Andere kamen und gingen. Meine Hütte wurde zu einem Ort für eine Art von Round-Table-Konferenzen, bei denen alle möglichen Tagesordnungspunkte diskutiert wurden, auch solche, die mit meiner Person herzlich wenig zu tun hatten. Ich ertappte mich nach einiger Zeit immer dabei, daß ich diesen Diskussionen zuhörte, statt mich auf meine Arbeit zu konzentrieren.

Als ich nach einer Woche endlich die erste Zeile zu Papier brachte, rühmten die Männer, die Zeuge dieses Schöpfungsakts wurden, ihre Verdienste. Als ich sie eine Minute später wieder durchstrich, lobten sie meinen überragenden Sachverstand. Wenn ich mich über den Lärm beschwerte, wurde er nur noch lauter, weil die, die schon da waren, versuchten, die Neuankömmlinge zu vertreiben. Man begann darüber zu streiten, wer das Recht hatte zu bleiben. Gewöhnlich trugen die größten Schreihälse den Sieg davon, und jeder von ihnen feierte seinen Triumph mit einer weitschweifigen Rede, in der er auf mein Bedürfnis nach Ruhe und Frieden hinwies. Manchmal irritierte mich jedoch die Anwesenheit eines schweigenden Beobachters noch mehr als die einer lärmenden Meute. Einmal schlüpfte Etubu in meine Hütte, blieb mäuschenstill hinter mir stehen und schaute mir über die Schulter. Nach fünfzehn Minuten sagte ich ihm, daß ich nicht arbeiten könne, wenn er mich auf diese Weise beobachte. Er erwiderte, daß er mich gar nicht beobachte – er schaue sich meine neue Digitaluhr an. Ich erlaubte ihm zu bleiben.

In meine Beziehung zu Ngbali schien endlich neues

Leben zu kommen. Jeden Abend verbrachte ich ein paar Stunden bei ihr und ihrer Familie. Ngbali setzte sich dann zu mir, bereitete den Kaffee zu, den ich mitgebracht hatte, und trank eine Schale mit mir. Sie war stets sehr lebhaft und fröhlich, und das ermutigte mich bald zu Anspielungen, daß es doch höchste Zeit sei, daß wir beide zusammenzögen. Eines Nachts versprach sie mir schließlich, »morgen« würde sie zu mir kommen.

Früh am nächsten Morgen wurde auf dem *mbanjo* ein zänkisches Lamentieren laut. Zunächst beteiligten sich nur wenige dran, aber nach kurzer Zeit schien das ganze Lager in einen mit Schreien ausgefochtenen Kampf verwickelt zu sein. Offensichtlich diskutierten sie über irgendein Problem, aber ich konnte das erregte Geschnatter nicht verstehen. Mir ging anderes durch den Kopf, und ich wollte mir die Stimmung auf keinen Fall verderben lassen. Nach einiger Zeit legte sich das Geschrei wieder.

Mit fortschreitendem Tag wurde ich noch unruhiger als sonst. Seit ich aufgewacht war, hatte ich Ngbali nicht gesehen. Oft war sie schon ins Dorf oder in den Wald gegangen, bevor ich das Bett verließ, und ich bekam sie dann bis zum Abend nicht zu Gesicht. Aber an diesem Tag war es anders: Ihre Mutter, ihre Großmutter, ihre Tanten, ihre Nichten und ihre Freunde, kurz jeder, in dessen Begleitung sie sonst wegging, war im Lager geblieben.

Als Sombolo kam, um sich seine tägliche Zigarette zu holen, fragte ich ihn, wo Ngbali sei. Er erwiderte, daß sie im Wald *koko* sammele. Als Mabuti, ein entfernter Verwandter Ngbalis, sich bei mir sehen ließ, um seine tägliche Zigarette in Empfang zu nehmen, fragte ich ihn das gleiche. Ich hatte mittlerweile begriffen, daß es gut war, soviel Informationen wie möglich zusammenzutragen. Mabuti sagte, daß Ngbali losgezogen sei, um zu fischen. Die Frauen fingen aber Fische mit einer besonderen Methode: Sie leiteten den Fluß an einer Stelle mit einem Damm um und sammelten die Fische aus dem auf diese Weise trockengelegten Flußbett heraus. Man brauchte dafür natürlich viele Arbeitskräfte – mit wem war Ngbali aber losgegangen? Es gebe viele Frauen, mit denen sie losgegangen sein könnte, lautete Mabutis kryptische Antwort.

Bei Einbruch der Nacht war immer noch nichts von ihr zu sehen, und ich wußte jetzt, daß irgend etwas nicht in Ordnung war. Aus purer Gewohnheit setzte ich mich an meinen Tisch und schlug mein Heft auf und war auch bald wieder von meinem Stammpublikum umgeben, aber mit meinen Gedanken war ich nicht bei meiner Arbeit. Ich lauerte auf das erste Mitglied von Ngbalis Familie, das sich blicken lassen würde. Nach einiger Zeit kam Mabuti in meine Hütte geschlendert – wahrscheinlich hoffte er, noch eine Zigarette zu bekommen. Ich stellte ihn sofort zur Rede. Er habe mich angelogen, als er mir erzählt habe, daß sie fischen gegangen sei. Also, wo sei sie wirklich?

Einen Augenblick lang schwiegen alle schuldbewußt. Dann erhob Singali die Stimme: sie hätten mich alle hinters Licht geführt. Ngbali sei weg. Sie sei noch vor dem Morgengrauen mit ihrem Onkel Zalogwé aufgebrochen, um im Wald Schlingen zu legen. Niemand wisse, wann sie zurücksein würden.

Plötzlich begriff ich, warum es am Morgen einen solchen Tumult gegeben hatte.

In den nächsten Tagen ließ ich mich einfach treiben, ich war wie gelähmt vor Verzweiflung. Ich war so in das Leben der Bayaka eingetaucht, daß ich jedes Gefühl dafür verloren hatte, wer ich eigentlich in ihren Augen war. Ich hatte stillschweigend angenommen, daß ich dazu gehörte, daß die Art und Weise, in der ich meine Gefühle ausdrückte (meine frühere scheue Zurückhaltung hatte sich längst verflüchtigt), die sich – unbewußt – an der ihren orientierte, automatisch als Zeichen dafür genommen werden müßte, daß wir uns auf gemeinsamem Grund bewegten. Jetzt ging es mir auf, daß solche Vorstellungen reiner Unsinn waren; es war viel wahrscheinlicher, daß die Bayaka meine plötzlichen Gefühlsausbrüche als weitere Eigentümlichkeit eines ohnehin sehr eigentümlichen weißen Mannes betrachteten. Ngbali mochten meine erbarmungslosen Bemühungen, ihr den Hof zu machen, wie die unwillkommenen Annäherungsversuche eines Ungeheuers vorgekommen sein. Wenn sie sich untereinander über mich unterhielten, bezeichneten mich die Bayaka oft, obwohl ich doch schon so lange bei ihnen war, immer noch als den »weißen Mann«. Ich fing an, mich wegen meines Benehmens zu schämen: Ein Weißer hatte den Bayaka Geschenke gemacht und erwartet, dafür mit einer ihrer Frauen schlafen zu dürfen. Und jetzt hatte diese Frau die Flucht ergriffen. Ich hatte mich genau zu der Sorte Mann entwickelt, die ich verabscheute.

Am Nachmittag nach Ngbalis Verschwinden stählte ich mich und ging los, um Yéyé einen Besuch abzustatten. Ich traf sie alleine in Mowoomas Hütte an.

»Ich mag keinen Lärm«, sagte ich zur Eröffnung, es war ein Ausdruck, den ich von Sombolo geborgt hatte, der ihn in Gesprächen mit mir immer benutzte. Yéyé schaute mich an, trotz aller Offenheit war ihre Miene undurchdringlich. Ihre vor Erstaunen oder vielleicht auch Furcht weit geöffneten Augen waren überwältigend schön. Ngbali hatte genau denselben Ausdruck. Zum erstenmal bemerkte ich, wie sehr sich Mutter und Tochter ähnelten.

Ich entschuldigte mich dafür, ihre Tochter belästigt zu haben, und versprach, sie in Zukunft in Ruhe zu lassen. Als ich geendet hatte, sagte sie, daß sie immer wieder mit Ngbali über ihr Benehmen mir gegenüber gesprochen habe, aber ihre Tochter habe einfach nicht auf sie hören wollen. Ngbali habe einfach einen »schlechten Kopf«.

Ngbali habe keinen schlechten Kopf, antwortete ich sofort (obwohl ich im Innersten meines Herzens auch langsam zu dieser Überzeugung kam). Sie sei eine gute Frau, und ich liebte sie sehr. Es sei einfach so, daß Ngbali mich nicht liebe. Mit Worten könne man das Herz einer Person nicht ändern. Mit Gewalt auch nicht.

Yéyés Miene blieb so undurchdringlich wie zuvor, aber

ich glaubte dennoch, die leise Spur einer Reaktion auf meine Worte zu entdecken – vielleicht war es Überraschung. Es ließ sich schwer sagen. Aber im Vertrauen darauf, irgendeinen Eindruck gemacht zu haben – indem ich sozusagen für eine Bestie, die auf der Pirsch nach einem jungen Mädchen war, etwas Untypisches getan hatte –, bat ich Yéyé, Ngbali für mich um Verzeihung zu bitten. Ich ging in meine Hütte zurück und war einige Minuten lang verdientermaßen stolz auf mich selbst: Diese Bitte um Verzeihung war mir so schwer gefallen wie keine andere in meinem Leben. Sehr bald aber wich meine Erleichterung einem abgrundtiefen Kummer: Ich hatte gerade auf Ngbali verzichtet.

Am nächsten Nachmittag war ich ziemlich überrascht, als Akungas junger Sohn Mango zu mir kam und sagte, daß Yéyé ein Mahl für mich gekocht habe. Ein Teil meines Ichs hatte beinahe eine solche Entwicklung erwartet, aber es war unvermutet schnell gegangen. Immer, wenn meine Beziehung zu Ngbali schon fast auf einem hoffnungslosen Tiefstand angekommen zu sein schien, geschah irgend etwas, was diese Abwärtsbewegung umkehrte. Es kam mir vor, als ob ich mitten in einer bizarren Testreihe steckte, wie sie Verhaltensforscher ersinnen, um die Auswirkungen von Gefühlsentzug zu studieren.

Yéyé war in bester Laune. Sie nannte mich Looyay und forderte mich auf, Platz zu nehmen. Sie servierte mir ein schmackhaftes Gericht aus Antilopenfleisch, während sie selbst, wie mir nicht entging, nur *koko* aß. Es war eine Geste, die mich anrührte, zugleich aber auch verwirrte. Ich wäre vielleicht auf die Idee gekommen, daß sie mir mit diesem Mahl dafür danken wollte, daß ich in Zukunft ihre Tochter in Ruhe lassen würde, aber während ich aß, sprach sie mit ihrer Mutter Sopo, und einige ihrer Bemerkungen waren sehr aufschlußreich. »Ihr Herz gehört dem Mann«, sagte sie, und sie konnte eigentlich nur Ngbali und mich meinen. Später, als sie Mbanda, ihr Baby, auf dem Schoß schaukelte, zeigte sie auf mich und sagte dem Kleinen, daß ich sein Schwager sei. Ich mochte meinen Ohren kaum trauen.

Yéyé kochte weiterhin für mich, und manchmal kamen sie und ihre Mutter zu einem kurzen Besuch in meine Hütte. Obwohl ich darunter litt, daß Ngbali immer noch weg war, munterten mich diese Visiten auf. Bald fühlte ich mich sicher genug, um an eine seit langem überfällige Reise nach Bangui zu denken, wo ich einige Traveler-Checks eintauschen wollte.

Der Tag vor meiner Abreise war denkwürdig. Als ich aufwachte, erfuhr ich, daß Zabu in der Nacht einen Sohn zur Welt gebracht hatte, der den Namen Mindumi erhalten sollte. Am Abend wurde ein kleines Abschieds-*eboka* abgehalten. Ich saß bei den Trommlern und schaute zu. Zuerst fiel mir Mabutis jüngere Frau Sakpata auf, die inspiriert tanzte. Dann richtete ich mein Augenmerk auf Bosso, die so überschäumend tanzte wie in den Tagen, bevor sie Mutter geworden war. Schließlich nahm mich aber die Erscheinung Yéyés gefangen, die so wunderschön tanzte und sang, daß ich in der Dunkelheit zu Tränen gerührt wurde. Sie sang meinen Namen.

Am zweiten Tag meiner Rückreise von Bangui nach Amopolo bekam ich plötzlich Angst vor der Ernüchterung, die mich wahrscheinlich im Lager überkommen würde. Als wir Monasao erreichten, war ich bereits so nervös geworden, daß ich mich entschloß, meine Reise zu unterbrechen. Es war besser, noch ein paar Tage in der relativen Geborgenheit zu leben, die einem seine Illusionen vermittelten – die bittere Wirklichkeit würde noch früh genug triumphieren.

Mehrere Familien in Monasao kannten mich, und viele andere hatten von mir gehört. Ich mußte mich aber noch bei Pater René und Schwester Madeleine vorstellen. Als ich zu ihren bescheidenen, aus Schlammziegeln gebauten Unterkünften ging, war ich ein bißchen beunruhigt darüber, wie sie mich wohl empfangen würden. Sie waren Missionare, und ihre Aufgabe war es, die Bayaka zum Christentum zu bekehren, ein Unterfangen, das mir Unbehagen bereitete. Sie hatten aber in jedem Fall Beeindruckendes geleistet. Monasao war eine autonome Bayaka-Gemeinde von fast eintausendfünfhundert Seelen. Normalerweise hingen die Bayaka, vor allem was die Versorgung mit Maniok betraf, von Dorfbewohnern ab. In Monasao hatte aber jede Familie ihre eigene Maniokpflanzung, und sie verkauften sogar ihren Ernteüberschuß an Dorfleute. Damit die Bayaka weniger stark der Versuchung ausgesetzt waren, die der *mbaku* darstellte, hatte René Monasao in einer Gegend gegründet, wo man möglichst fern von anderen Dörfern war. Das nächstgelegene war eine Meile entfernt und sehr klein.

Die Gebäude säumten auf einer Länge von drei Meilen beide Ränder einer Straße. Es war eine hübsche Siedlung, überall standen Obstbäume, die der Pater vor fünfzehn Jahren gepflanzt hatte. Die Hütten, von denen mehr als die Hälfte im traditionellen Bienenkorbstil gebaut war, standen weiter auseinander als in Amopolo, die Siedlung machte einen weniger gedrängten und daher auch ruhigeren Eindruck. Es gab eine Schule (der Lehrer und seine Familie waren die einzigen *bilo* in Monasao), zwei Kirchen, ein einfaches Krankenhaus und zwei Läden, von denen der eine von René, der andere von Madeleine geleitet wurde. Die Bayaka verdienten sich Geld, indem sie entweder für René oder Madeleine an Projekten für die Gemeinde arbeiteten oder Maniok und Produkte aus dem Urwald an die Dorfleute verkauften. Obwohl der Wald recht weit entfernt war, zogen einige Gruppen immer noch auf die Jagd.

René und Madeleine nahmen mich gastfreundlich auf. Die Bayaka unterstützten mich, indem sie mich als einen der Ihren vorstellten. René, die Seele Monasaos, akzeptierte mich sofort, Madeleine, das Rückgrat der Gemeinde, musterte mich durchdringend, entschied zu meinen Gunsten und war danach die Freundlichkeit und Warmherzigkeit in Person. Sie stellten mir eine Hütte aus Schlammziegeln (das ehemalige Krankenhaus) zum Schlafen zur Verfügung und luden mich ein, die Mahlzeiten mit ihnen einzunehmen. Ansonsten überließ man mich mir selbst. Ich hatte vor, mehrere Tage zu bleiben.

Beim Abendessen erzählte mir René, daß er jeden Monat eine Woche lang unterwegs sei und alle Bayaka-Siedlungen bis hinauf nach Mosapola im Süden aufsuche. Er bleibe in jedem Lager eine Nacht und verkünde die Botschaft Gottes. Erst vor ein paar Tagen – als ich in Bangui war – habe er zum erstenmal Amopolo besucht. Der Pater schüttelte den Kopf. Er habe noch nie ein Lager gesehen, das derart von Sandflöhen heimgesucht wurde. Und die Moskitos von Amopolo – in Monasao gab es keine – gehörten in eine Klasse für sich. Außerdem seien eine Reihe von Männern betrunken gewesen. Seine Methode des Predigens sah so aus, daß er ein großes Feuer anlegen ließ, um das sich die Bayaka versammelten, und ihnen dann die Geschichte Jesu erzählte; er lockerte seine Predigt mit Gebetstexten auf, die er auf Yaka zu selbstkomponierten Melodien sang. Die Bayaka wurden zum Mitsingen ermuntert. In Amopolo habe er jedoch nur übernachtet. Zum Predigen sei er nicht gekommen. Ejengi sei im Lager gewesen, und die Bayaka hätten darauf gebrannt, ihren Tanz fortzusetzen.

»Ejengi tanzt in Amopolo?« fragte ich überrascht.

»Ejengi hat fast bis zum Morgengrauen getanzt«, antwortete René.

Ich meinte, daß ich vielleicht besser daran täte, am nächsten Morgen wieder abzureisen, da ich den Ejengi von Amopolo noch nie gesehen hatte.

René lachte ironisch auf: »Oh, machen Sie sich nur keine Sorgen, Ejengi zu versäumen! Ejengi hat keine Eile, das Dorf wieder zu verlassen!«

Sie erzählten mir, daß Ejengi in Monasao einmal länger als zwei Jahre lang getanzt hatte! Zu jeder Stunde des Tages und auch noch in der Nacht, wenn der Mond geschienen hatte. Wenn der Mond um drei in der Nacht aufgegangen war, hatten die Bayaka sich erhoben und angefangen zu tanzen. Sie hatten sich unablässig mit *mbaku* vollaufen lassen, Unmengen Marihuana geraucht und waren natürlich nicht in der Lage gewesen zu arbeiten. Madeleine hatte dem Ganzen schließlich ein Ende gemacht: Sie war mit ihrem Landrover mitten in den Kreis der Tänzer gefahren, hatte die Tür geöffnet und Ejengi befohlen einzusteigen. Dann war sie mit ihm in den Wald gefahren und hatte ihm gesagt, er solle sich davonscheren.

Ich fragte René, ob er vorhabe, sich noch einmal nach Amopolo zu begeben und es ein zweites Mal zu versuchen. Nein, sagte er; es seien nicht so sehr die widrigen äußeren Umstände, die ihn davon abhielten – obwohl es für einen Mann seines Alters (er war vierundsiebzig) schon recht anstrengend sei, mit ihnen fertig zu werden –, sondern der hohe Grad der Korruption: Amopolo sei die heruntergekommenste Bayaka-Gemeinde, die er jemals gesehen habe. Er habe wenig Hoffnung, daß die Einwohner in ihrem gegenwärtigen Zustand einer seiner Predigten zuhören oder sich gar ernsthaft mit ihr beschäftigen würden. Vielleicht, so fügte er hinzu, würde mein Einfluß sie im Laufe der Zeit empfänglicher machen. Es sei bewundernswert, daß ich weiterhin bei ihnen lebte. Er könne sich vorstellen, daß ich aufgrund all der Parasiten oft krank würde.

Ich hatte mich tatsächlich schwach und ausgebrannt gefühlt, seitdem ich Amopolo verlassen hatte, und wie zum Beweis dafür, daß René mit seiner Bemerkung recht gehabt hatte, erlitt ich am nächsten Abend, als wir gemeinsam beim Essen saßen, ohne Vorankündigung einen so heftigen Malariaanfall, daß ich mitten im Satz das Bewußtsein verlor. Ich verbrachte die restliche Zeit meines Aufenthalts in Monasao im Bett und versuchte mich zu erholen.

Nach einigen Tagen fühlte ich mich wieder fit und gesund und verabschiedete mich von meinen Gastgebern. Ich bestieg das Busch-Taxi nach Bomandjombo. Wir hatten mehrere Pannen, eine davon in der Nähe des Dorfes Yobé. Auf meiner letzten Reise hatte ich in Yobé haltgemacht, um den dortigen Bayaka-Frauen eine Tüte voll bunter Plastik-Halsketten zu schenken. Diesmal waren keine Bayaka zu sehen, ihre Siedlung war verlassen. Mehrere aufgebrachte Dorfbewohner näherten sich unserem liegengebliebenen Fahrzeug und bezichtigten mich, »ihren Pygmäen« befohlen zu haben, zurück in den Urwald zu gehen. Ich stritt das ab.

»Sie sind doch der weiße Mann von Amopolo?« fragte einer von ihnen wütend.

»*Oui*«, antwortete ich.

»*Voilà!*« rief er. »Die Pygmäen haben gesagt, daß Sie ihnen befohlen haben, in den Urwald zu ziehen.«

Glücklicherweise waren die Reparaturarbeiten mittlerweile beendet, und ich konnte wieder in das Busch-Taxi steigen. Als wir abfuhren, schrie noch einer der Dorfleute: »Geben Sie uns unsere Pygmäen zurück!«

Amopolos Ejengi enttäuschte mich nicht. Das tolle Herumgewirbele, das sich mit den Auftritten dieses Geistes verband, fehlte nicht, aber es steckte sogar noch eine Spur mehr Musikalität darin als sonst. Am ersten Abend erschien Ejengi in der Dämmerung. Viele Leute aus dem Dorf waren anwesend; ein paar von ihnen waren Sangha-sangha, die sich an dem Tanz beteiligten, indem sie mit Stöcken bewaffnet neben Ejengi herrannten, um die Frauen vor ihm zu schützen, aber die große Mehrheit waren Fremde (das heißt keine Sangha-sangha), die nur zuschauten. Sie standen in einem großen Halbkreis um die kleinere Gruppe der Sängerinnen; die meisten von ihnen hatten ganz deutlich Angst vor Ejengi und flohen immer, wenn er sich ihnen näherte. Nach ein paar Stunden verlangsamten die Bayaka das Tempo des Tanzes, um die Dorfleute zum Gehen zu veranlassen. Als die Menge der Zuschauer kleiner geworden war, kam der Tanz wieder in Schwung und ging bis Mitternacht weiter.

Am nächsten Morgen rief man mich in Mitumbis Teil des Lagers. Ich sollte Etundu untersuchen, der krank war.

Etundu war einer der Männer, die ich am wenigsten kannte, was darauf schließen ließ, daß er zu den scheueren und wahrscheinlich sanftmütigeren Bayaka gehörte. Er lag auf dem Rücken ausgestreckt, und es ging ihm offensichtlich sehr schlecht.

»Wie lange ist Etundu schon krank?« fragte ich bestürzt.

»Seit einem Monat«, lautete die Antwort.

Es war typisch für die Bayaka, daß sie mir bis zu diesem Zeitpunkt nichts über seine Erkrankung gesagt hatten. Sie hatte ein Stadium erreicht, in dem ich kaum noch etwas für ihn tun konnte: er war nicht mehr genügend bei Bewußtsein, um irgendeine Medizin schlucken zu können. Niedergeschlagen kehrte ich zu meiner Hütte zurück.

Am Nachmittag drang aus Ejengis *janga*, seinem Schlupfwinkel im Dschungel, das Geräusch von knallenden Blättern ins Lager herüber. Dann erschollen *oka!*-Rufe, und einer der Männer begann, Ejengis Gedanken zu verkünden. Ejengi gab bekannt, daß er aus Achtung vor Etundu in dieser Nacht nicht tanzen werde. Später schaute Mabuti bei mir herein; Mabuti war der »Eigentümer« des Ejengi von Amopolo – was das eigentlich bedeutete, hatte ich noch nicht ergründet. Er war angetrunken, und was er sagte, machte nur zum Teil Sinn. In Amopolo gebe es irgend etwas Böses, Schreckliches. Die Leute stürben. Deshalb habe er Ejengi herbeigerufen, damit dieser alles wieder in Ordnung bringen würde. Mindumi sei schon gestorben, und jetzt sei Etundu krank geworden.

Er begann zu schluchzen und ging, um sich irgendwo im Stillen auszuweinen.

Sehr früh am nächsten Morgen starb Etundu. Bei Tagesanbruch begann ein herzzerreißendes *élélo*, an dem sich alle Frauen Amopolos beteiligten. Am Nachmittag wurde der Tote begraben. Als am Abend die Trommeln für Ejengi erklangen, setzten nur die unmittelbaren Familienangehörigen Etundus das *élélo* fort. Als der volle Mond am Himmel stand, erschien Ejengi, um die ganze Nacht hindurch zu tanzen. Doch vor Mitternacht fing der Mond an sich zu verdunkeln – ich begriff, daß es sich um den Beginn einer totalen Mondfinsternis handelte –, und als Amopolo in völliger Düsternis versank, zog Ejengi sich zurück. Als gegen drei Uhr morgens der Mond wieder hell am Himmel leuchtete, tauchten die Männer auf und hielten ihre *so*-Zeremonie für Etundu ab. Als sie im Morgengrauen endete, dauerte es nicht lange, und Ejengi kam zurück, um erneut zu tanzen. Etundus Tod hatte den normalen Lauf der Dinge nur für einen ganz kurzen Moment zum Stocken gebracht.

Kurze Zeit nach meiner Rückkehr stellte ich fest, daß Ngbali wieder im Lager war. Ihre Anwesenheit brachte mich um die innere Ruhe, ich konnte sie aber wenigstens im Auge behalten und mitverfolgen, mit wem sie sich abgab. Manchmal fragte ich mich, ob sie sich nicht schon einem anderen Mann versprochen hatte, bevor wir uns begegnet waren. Konnte es sein, daß die Bayaka, als sie mein Interesse an ihr bemerkt hatten, in mir absichtlich den Glauben erweckt hatten, daß ich sie zur Frau bekommen könnte, um mich (oder mein vermeintliches Vermögen) in Amopolo zurückzuhalten?

In der ganzen Zeit tanzte Ejengi weiter – bei Tagesanbruch, um die Mittagszeit, in der Abenddämmerung, um Mitternacht. Selbst wenn er sich vorübergehend in sein *janga* zurückgezogen hatte, wurden seine Gedanken weiterhin von einem der Männer bekanntgegeben. Immer wurden diese Proklamationen vom Klang knallender Blätter begleitet, es hörte sich an, als ob Ejengis Gedanken laut knisternd aus einer anderen Dimension zu uns herübergestrahlt würden. Manchmal lief der Geist auch zusammen mit seinem Sprecher durch das Camp. Jeden Tag trugen die Jungen eine neue Kollektion jener merkwürdig festlich wirkenden »Rahmenwerk«-Hüte auf dem Kopf, die in Verbindung mit Ejengi stehen. Diese Hüte, die breite oder auch gar keine Krempen haben, wie Helme oder Kronen geformt sind, werden angefertigt, indem man an dem Rahmenwerk blüten- oder schneeflockenartige Gebilde befestigt. Diese werden aus blaßgelben Streifen von Palmblättern hergestellt, die man zur gewünschten Form zusammenrollt. Das Erscheinen Ejengis, so erfuhr ich, bot die Gelegenheit für die Initiation der Jungen. Man nannte diesen Prozeß der Einführung »Ejengi sehen«. Den ganzen Tag über gingen die Männer und die schon initiierten Jungen den Dschungelpfad hinauf und hinunter, der zum *janga* führte. Die Frauen und den nicht-initiierten männlichen Jugendlichen war es strengstens verboten, den Pfad zu betreten; der Punkt, den sie nicht überschreiten durften, wurde von einem Vorhang aus den gleichen Bastfasern, aus denen auch Ejengis Kleidung bestand, markiert. Zum erstenmal war ich bisweilen stundenlang fast der einzige Mann im Lager; die anderen zogen es vor, sich im *janga* zu lagern, und schickten manchmal nur einen der Jüngeren aus ihrer Gesellschaft aus, um ihnen Zigaretten oder Marihuana zu holen. Diese Forderungen wurden immer im Namen Ejengis gestellt.

Für die Tänze selbst stellten sich die Sängerinnen dicht zusammengedrängt vor dem *mbanjo* auf. In dieser Position waren sie bis gegen vier Uhr nachmittags der Äquatorsonne ausgesetzt, trotzdem sangen und tanzten sie stundenlang und tranken nur hin und wieder einen Schluck Wasser oder ruhten sich kurz im Schatten des *mbanjo* aus. Yéyé, eine der hingebungsvollsten Tänzerinnen, war immer dabei, und auch Ngbali machte oft mit. Wenn ich in meiner Hütte an meinem Tisch arbeitete, brauchte ich nur den Kopf zu drehen, um alles mitanzusehen. Ich konnte Ngbali beobachten, während ich behaglich zwischen meinen eigenen vier Wänden saß.

Sie war immer noch eine großartige Tänzerin und sehr einfallsreich; sie führte Bewegungen aus, die sonst niemandem in den Sinn kamen. Während des *esimé*-Teils von jedem Lied entfesselte sie sich wirklich; ihre Schreie ertönten auf die Millisekunde genau, und sie variierte die Tonhöhe mit sicherem Gefühl. Sie war eine wunderbare Erscheinung, wenn sie meine Frau gewesen wäre, hätte ich mich sehr stolz gefühlt. Statt dessen verspürte ich nur ein schmerzliches Verlangen, das jederzeit in flammende Eifersucht umzuschlagen drohte. An manchen Tagen schaute sie oft zu meiner Hütte herüber, und gelegentlich tanzte sie sogar auf der Seite des *mbanjo*, die meiner Hütte am nächsten lag. An anderen Tagen schien sie jedoch keinen einzigen Blick in meine Richtung zu werfen.

Im Verlauf jedes Tanzes freundeten sich viele der jungen Frauen vorübergehend eng mit einer anderen an. Paarweise schossen sie hinter Ejengi her, wenn sie in dem Trubel getrennt wurden, suchten sie sich wieder, faßten sich bei den Händen und liefen lachend gemeinsam zu ihrem Platz vor dem *mbanjo* zurück. Während mehrerer Tänze bildeten Ngbali und Mbina ein solches Paar. An anderen Tagen tanzte Ngbali mit Banda, einer jungen Frau, die erst vor kurzem mit ihrem Mann Eloi, ihren Eltern und ihrem Bruder vom Mokala-River im Kongo nach Amopolo gekommen war.

Anfangs gefiel es mir, daß Ejengi da war. Seine Gegenwart bedeutete, daß etwas in Gang kam. Der Kollektivgeist der Gemeinde wurde aktiviert, und alle steigerten sich immer mehr in eine erwartungsvolle Stimmung hinein. Auch bekam ich oft Ngbali zu Gesicht. Es gab jedoch auch unbestrittene Nachteile. Weil sich die ganze Gemeinde nur noch Ejengi hingab, herrschte völliges Durcheinander. Das Interesse an der Jagd flaute immer mehr ab, man kümmerte sich immer weniger um die Hygiene und um die Alltagsgeschäfte, es wurde immer mehr Alkohol getrunken und entsprechend immer mehr *mbo*-Arbeit für die Dorfleute verrichtet. Aber die schwerwiegendste Folge von Ejengis Anwesenheit, die alle anderen Probleme noch verschärfte, war, daß zu jeder Tages- und Nachtstunde die Dorfleute haufenweise herbeieilten, um den Geist zu bestaunen.

Ich hatte das Fehlen der Leute aus dem Dorf bei den nächtlichen Feiern bis dahin nicht genügend gewürdigt. Obwohl sie das Dröhnen der Trommeln in Bomandjombo gehört hatten, hatten sie keine Neigung gezeigt, herauszukommen und zuzusehen. Jetzt, da Ejengi da war, strömten sie beim ersten Trommelwirbel nach Amopolo – nicht aus bloßer Neugier, sondern weil sie tatsächlich zutiefst fasziniert waren. Sie schienen zu spüren, daß Ejengi eine Macht repräsentierte, die sich jeder Erklärung entzog, und sie wurden es nie müde mitanzusehen, wie sich diese Macht offenbarte. Manchmal brachen die Bayaka einen Tanz vorzeitig ab, um die Dorfleute zum Weggehen zu bewegen. Wenn der Mond schien, fingen sie spät in der Nacht erneut an; einige besonders interessierte Dorfbewohner kamen dann oft wieder ins Lager zurück, auch wenn es schon nach Mitternacht war.

Viele *bilo* nahmen jedoch auch die Gelegenheit wahr, um Geschäfte zu machen. Sie kamen mit Zigaretten, Marihuana und Krügen voll *mbaku.* In ihrer begeisterten Hingabe an Ejengi konsumierten die Bayaka alles im Übermaß. Sie verschuldeten sich immer mehr und verpflichteten sich zu wochenlanger *mbo*-Arbeit. Zu jeder Tageszeit schweiften Dorfleute durch das Lager, um Schulden einzutreiben; oft beschlagnahmten sie irgendwelche Gegenstände – ein Laken, eine Machete, einen Kochtopf – und hielten sie als Pfand zurück. Immer überstieg der Wert der konfiszierten Gegenstände die Höhe der geschuldeten Summe. Die Bayaka protestierten natürlich – manchmal kam es auch zu einer Schlägerei –, sie gaben aber am Ende immer nach und versuchten selten, sich ihre Habseligkeiten zurückzuholen. Ich verfolgte mit Schrecken, wie all die Geschenke, die ich verteilt hatte, nach und nach in den Hütten und Häusern der Dorfleute endeten.

Ich fand heraus, daß ein Ejengi-Tanz eine gute Gelegenheit zum Schreiben bot. Da sie völlig von ihrer Zeremonie vereinnahmt waren, belästigten die Bayaka mich selten mit Bitten um Zigaretten, und wenn ich einen Satz begann, konnte ich recht zuversichtlich sein, daß ich ihn beenden würde, bevor jemand kam und mich unterbrach. Nach einiger Zeit trieb mich dann aber die Ankunft neugieriger Dorfleute oder die größer werdende Hitze aus meiner

Hütte und an den Saum des Urwaldes. Ich nahm mein Heft immer mit, obwohl ich nie ein Wort schrieb. Wenn ich die Maniokfelder überquerte – wobei ich darauf achtete, von niemandem gesehen zu werden –, fühlte ich mich immer ungeheuer erleichtert, dem Chaos entkommen zu sein. Hinter mir schienen die Geräusche des Tanzes fieberhaft anzuschwellen, obwohl ich mich immer weiter von ihnen entfernte. Wenn ich dann aber meinen abgelegenen Schlupfwinkel erreichte, waren sie kaum noch lauter als das Zwitschern der Vögel. Ich ließ mich auf den Boden fallen, legte mir mein Heft unter den Kopf und schlief ein.

Wenn er nicht tanzte, gesellte Ejengi sich oft zu der Gruppe von Männern, bei denen ich saß. Lange Zeit verharrte er bewegungslos in zusammengekauerter Haltung, während die Männer rauchten und sich unterhielten. Dann klopfte er plötzlich gegen die Innenseite seines Raffiagewandes, um damit anzuzeigen, daß er einen Gedanken hatte, der übersetzt werden mußte. Einer der Männer verkündete diesen Gedanken dann mit lauter Stimme. Bei einer dieser Gelegenheiten führte Mabuti Ejengi zu mir, um mich ihm vorzustellen. Ejengi schien einen Augenblick lang verwirrt zu sein, er drehte sich nach rechts und nach links und fuhr vor mir zurück. Mabuti erklärte den anderen, daß Ejengi nicht an meinen Geruch gewöhnt sei. Alle lachten – nur ich nicht. In der Folgezeit hockte sich Ejengi dann oft neben mich, und man bedeutete mir, daß er mich möge. Mich verwunderte das nicht, denn ich stillte immer seine Gier nach Zigaretten und Marihuana. Die Freundschaft mit Ejengi kam mich teuer zu stehen, aber ich konnte ja einem Geist nur schlecht etwas abschlagen. Wenn ich mich, während ein Tanz im Gang war, in meiner Hütte verschanzte und den Eingang verrammelte, um mich vor den neugierigen Blicken der Dorfleute zu schützen, kam Ejengi zwischen zwei Liedern immer zu mir herein. Seine Aufforderungen, daß ich mich an dem Spektakel beteiligen solle, wurden von einem der Männer übermittelt. Da ich Ejengis Gefühle nicht verletzen wollte, verließ ich gewöhnlich meine Hütte und schaute zu. Als ich einmal von Belemboké zurückkehrte, wo ich Medikamente gekauft hatte, kam Ejengi und schüttelte mir die Hand! In seinem Gewand tat sich ein Schlitz auf, und man sagte mir, ich solle meine Hand hindurchstecken. Sie wurde von einer knorrigen, mit Hornhaut bedeckten Hand ergriffen.

Eines Tages luden die Männer mich ein, mit ihnen zum *janga* gehen. Wir würden jedoch vorsichtig sein müssen; die Frauen und nicht-initiierten Jungen dürften von diesen Besuchen nichts erfahren. Ich mußte mich dem *janga* auf Umwegen nähern, durch so dichten Dschungel, daß ich die meiste Zeit auf allen Vieren krabbeln mußte. Während meiner Aufenthalte in seinem Versteck war Ejengi nie anwesend, aber Dutzende seiner abgelegten Raffiakostüme lagen wie abgestreifte Häute herum. Man saß und lag auf ihnen so bequem wie auf den Jagdnetzen, und ich stellte fest, daß es eine der Lieblingsbeschäftigungen der Männer war, sich im Schatten auf Ejengis Kleider auszustrecken und ein Nickerchen zu machen. Ab und zu gab einer von ihnen eine »Mitteilung« Ejengis bekannt, die anderen griffen sich dann rasch ein Blatt und schlugen während der Proklamation damit auf ihre Hand, daß es knallte.

Während dieser angenehmen idyllischen Stunden im *janga* diskutierten die Männer darüber, ob man mich initiieren sollte. Sie sprachen nie mit mir selbst darüber, und zuerst bekam ich nicht genau mit, worüber sie sich unterhielten. Aber als sie ihre Pläne in meiner Gegenwart immer wieder von neuem durchsprachen, begriff ich. Ejengi sei mir gewogen, teilten sie einander mit. Ich sei ein Erwachsener, also sei es an der Zeit, daß ich Ejengi »zu Gesicht bekäme«. Sie redeten sich in Enthusiasmus hinein. Man kam überein, daß Joboko mein »Vater vor Ejengi« sein solle. Ich würde etwas zu trinken bekommen, aber sie waren sich nicht sicher, ob ich es wirklich herunterschlucken würde. »Er wird es trinken«, erklärte Joboko mit Überzeugung. »Er ist ein Mann, er wird keine Angst haben. Er weiß, daß wir ihn nicht töten würden.« Mit der Zeit wurden die Pläne immer konkreter, und eines Tages beschlossen die Männer, am folgenden Tag mit meiner Initiation zu beginnen. Vor dem Einschlafen machte ich mir Gedanken darüber, was das wohl für ein Gebräu war, das sie mir vorsetzen würden.

Am nächsten Tag war es jedoch Bilémas Sohn Elivé, der initiiert wurde. Elivé war noch keine fünf Jahre alt und außer sich vor Angst. Im *janga* wurde er von Kopf bis Fuß mit einem rötlichen Öl eingerieben und mit einem halben Dutzend Plastik-Halsketten geschmückt. Was dann dort noch vor sich ging, weiß ich nicht, aber bei dem sich anschließenden Tanz wurde der kreischende und zappelnde Junge mehrmals bis zu Ejengis Gesichtsschleier hochgehoben. Der Schleier öffnete sich jedesmal, und Elivé wurde ins Innere der Gestalt hineingezogen.

Ein paar Tage später, es war ein Sonntag, wurde der zehnjährige Sohn des anderen Biléma, des Häuptlings der Sangha-sangha, initiiert. Der Junge hatte mehrere Nächte in Amopolo verbracht, und am Tag seiner Initiation erschien auch sein Vater. Er wohnte der Zeremonie auf meinem Arbeitsstuhl sitzend bei, den man für die Gelegenheit beschlagnahmt hatte. Normalerweise waren sonntags die meisten Besucher aus dem Dorf da, aber an diesem bestimmten Tag ließ sich kein Fremder blicken.

Ein anderes Mal wurde eine ganze Schar von Jungen gemeinsam initiiert. Keiner von ihnen war so jung wie Elivé, aber sie machten alle ein sehr ernstes Gesicht und saßen fast den ganzen Tag lang still da und starrten ihre Füße an.

Mit meiner Initiation verhielt es sich ähnlich wie mit meiner Ehe: Es wurde nichts daraus. Wochenlang wurde eifrig darüber diskutiert, und alle waren dafür – aber mit der Wirklichkeit hatte das überhaupt nichts zu tun. Ich sehnte mich danach, initiiert zu werden. Wenn ich endlich nach den Vorstellungen der Bayaka zum Erwachsenen würde, konnte das mein Ansehen bei Ngbali nur erhöhen. Als Traditionalistin war sie möglicherweise nur gegen unsere Ehe gewesen, weil ich in ihren Augen noch ein Kind war. Aber die Initiation war nicht etwas, um das ich bitten konnte. Ich hatte zuviel Respekt vor den Traditionen der Bayaka, um sie einfach zu verlangen. Außerdem, in welches Licht hätte es mich bei Ngbali gebracht, wenn ich um meine Aufnahme in den Kreis der Männer gebettelt hätte? Also wartete ich weiter. Und ich fragte mich, ob das Gerede über meine Initiation ernstgemeint war oder ob es sich nur um eine weitere raffiniert ausgeklügelte Scharade handelte.

Eines Tages saß ich mit einigen Männer zusammen, als Ejengi zu uns trat. Nach ein paar Minuten klopfte er gegen sein Raffiagewand.

»Erzähl«, forderten die Männer Sombolo auf, der Ejengi am nächsten war.

»Ich höre nichts«, gestand Sombolo.

»Ich höre es«, meldete Bwanga und sprang auf, um die neuesten Gedanken des Geistes zu verkünden.

Dieser kurze Wortwechsel ließ mich ernsthaft über etwas nachdenken, was mir schon seit Wochen immer wieder durch den Kopf gegangen war. Es sah alles so aus, als finde die »Gedankenübermittlung« zwischen Ejengi und seinem Sprecher auf telepathischem Wege statt. Das mochte nur geschickt vorgetäuscht sein, aber es war in jedem Fall die Vorstellung, die dem Ganzen zugrunde lag. Ejengi hatte aber noch andere geheimnisvolle Fähigkeiten, zum Beispiel die Art und Weise, wie er zuerst immer größer wurde und dann zu einem winzigen auf dem Boden liegenden Haufen zusammensank. Noch verwirrender war es aber, daß er, wenn er in die Höhe wuchs, sich zur Seite neigte und sich in dieser Haltung langsam um sich selbst kreiselnd von der Stelle bewegte. Ich streckte einmal meine Arme in die Höhe, knickte meinen Oberkörper zur Seite und versuchte, mich dabei um die eigene Achse zu drehen. Es war ganz unmöglich, aber wenn Ejengi es machte, wirkte es kinderleicht.

Die nicht abbrechen wollende Folge von Ejengi-Zeremonien wirkte auf mich bald wie ein einziger ekstatischer

Totentanz. Die Dorfleute strömten weiterhin herbei, um sich die Tänze anzusehen, aber auch um Leute für *mbo*-Arbeiten anzuheuern und um Schulden einzutreiben. Die Bayaka wurden von ihren Forderungen erdrückt, der einzige Ausweg, der sich ihnen anbot, war, sich noch tiefer in die Ejengi-Zeremonien zu versenken. Nur in ihren Tänzen fanden sie Zuflucht vor der bitteren Realität. Hunger griff um sich. Bakus Frau Bwangi hatte Knochenkrebs und starb langsam vor sich hin. Sie war noch gesund genug gewesen, um ins Lager von Sao-sao zu übersiedeln, aber seit unserer Rückkehr hatte sich ihr Zustand immer mehr verschlechtert. Jetzt sah sie aus wie ein Skelett, und wenn sie irgendwohin gehen mußte, dann bewegte sie sich wie eine Krabbe auf Händen und Füßen, und ihr Gesäß schleifte über den Boden. Sie war kaum noch in der Lage, sich um ihren fünfjährigen Sohn Baja zu kümmern, der zu verhungern drohte. Seine Arme und Beine waren dürr wie Stöcke, seine Rippen stachen durch die papierene Haut, sein Kopf sah zu groß aus und wirkte ungemein zerbrechlich. Ich gab ihm Bananen und Erdnüsse, konnte damit aber kaum etwas gegen seine Unterernährung ausrichten.

Immer öfter floh ich vor den Ejengi-Tänzen in die Einsamkeit des Urwaldes. In meinem alten Versteck war ich schon vor langer Zeit aufgestöbert worden – ausgerechnet von Yéyé, die nach Brennholz suchte. Sie entdeckte mich erst, als sie mir schon ganz nahe war, und ich mich verlegen räusperte. Ich suchte mir dann andere Verstecke, aber jedes wurde von den Bayaka auf ihren Streifzügen durch den Wald entdeckt. Ich fing an, ihnen dieses Eindringen in meine Privatsphäre übelzunehmen, und verdächtigte sie in ein paar Fällen sogar, mir nachgespürt zu haben.

Ich mochte Ejengi. Er hatte eine kindliche und unberechenbare Wesensart. Ich war stolz darauf, daß er mich gerne hatte. Deshalb tat es mir besonders weh, als ich erkannte, daß Ejengi, der doch aus dem Wald gerufen worden war, um Amopolo zu helfen, es statt dessen zu zerstören drohte.

Eines Nachmittags, als gerade ein hitziger Tanz im Gange war, klopfte ein Mann aus dem Dorf Ngbali auf die Schulter und bat sie um etwas Wasser. Sie scherte sofort aus dem Kreis der Tanzenden aus, um es ihm zu holen, und als sie zurückkam und ihm die Schüssel reichte, lächelte sie ihn an. Ich schäumte sofort vor Wut. Ich wußte, daß meine Reaktion unvernünftig war – Ngbali war nur höflich –, aber Höflichkeit war mehr, als ich seit Monaten von ihr bekommen hatte.

Voll unterdrückter Wut schlich ich mich wie ein Schatten aus meiner Hütte und nahm Richtung auf den Wald. Ich hielt nicht an, bis ich außer Hörweite des Lagers war. Mit lächerlichen Tricks versuchte ich, etwaige Verfolger in die Irre zu führen; an Stellen, wo der Pfad sich gabelte, machte ich ein paar Schritte in die eine Richtung und ging dann in meinen eigenen Fußspuren wieder zurück. Als ich sicher war, daß ich genügend falsche Spuren gelegt hatte, sprang ich von dem Pfad in den Urwald und ließ mich schließlich an einer verborgenen Stelle nieder. Vielleicht waren meine Vorsichtsmaßnahmen berechtigt gewesen – irgendwann wurde ich von den Stimmen zweier Menschen, die über den Pfad gingen, geweckt. Sie bewegten sich nur langsam vorwärts, was darauf schließen ließ, daß sie eine Spur verfolgten, aber zu meiner Befriedigung verloren sich ihre Stimmen bald in der Ferne. Kurze Zeit später hörte ich, wie sie mit schnelleren Schritten wieder in die Richtung zurückgingen, aus der sie gekommen waren, und frohlokkend stellte ich mir vor, wie sie den anderen berichten würden, ich hätte mich in Luft aufgelöst.

Meine Entschlossenheit, die Nacht im Dschungel zu verbringen, wurde auf eine harte Probe gestellt, als es Abend wurde und die Dunkelheit meine Phantasie aktivierte. Ich würde für jeden zufällig vorbeikommenden Leoparden eine leichte Beute sein, obwohl es wahrscheinlicher war, daß ein Elefant mich zertrampeln würde, bevor die Nacht zu Ende war. In der Nähe fiedelten und raspelten und sägten Grillen und Zikaden; viel beunruhigender war aber das

Geräusch, das vom mit Blättern bedeckten Waldboden aufstieg, ein Geraschel mit unheilverkündenden murmelnden Untertönen. Aus der Ferne kam der tiefe, pulsierende Klang von Ejengis Trommeln.

Erst spät am nächsten Morgen machte ich mich auf den Rückweg nach Amopolo. Als ich näherkam, hörte ich erratisches Getrommel, lautes Geschwatze und Gelächter. Sie machten gerade eine Pause zwischen zwei Liedern. Meine Abwesenheit, so dachte ich, als ich die Siedlung betrat, war überhaupt nicht bemerkt worden. Viele Bayaka hatten sich auf dem *mbanjo* versammelt. Wortlos ließ ich mich ein wenig abseits von den anderen nieder. Ejengi, der im Lager herumlief, kam bald zu mir und kauerte sich neben mir zusammen.

Du schon wieder, dachte ich voller Abneigung, gleichzeitig aber auch von der Aufmerksamkeit, die er mir entgegenbrachte, getröstet – er schien der einzige zu sein, der sich wegen meiner Abwesenheit Sorgen gemacht hatte. Ich geriet innerlich in Aufruhr, und ich ertappte mich plötzlich dabei, wie ich in Gedanken einen Appell an Ejengi richtete, ihm die Probleme anvertraute, mit denen ich mich herumgeschlagen hatte.

Zu meiner Überraschung lehnte er sich zu mir herüber und preßte sich gegen meine Brust. Es war eine Geste von unerwarteter Intimität. Als sich der Aufruhr in mir gelegt hatte, wich der Geist sofort wieder von mir zurück.

Hast du mich wirklich gehört? dachte ich.

Ejengi lehnte sich wieder gegen mich. Nach einer Minute stand er auf und begann sich zu entfernen. In mir stieg eine wilde Hoffnung hoch. Es war lächerlich – oder war es doch möglich?

Mein Herz rief: *Ejengi!*

Ejengi hielt an und drehte sich zu mir um.

Kannst du mich hören?

Ejengi kam zurück, hockte sich neben mich und preßte sich an mich.

Da schwanden alle meine Zweifel.

Die Zeremonie dauerte nun schon fast drei Monate, da erschienen zwei Ejengis, um gleichzeitig zu tanzen. Das beeindruckte mich so, daß ich den geheimen Eid, den ich erst vor kurzem geschworen hatte, nämlich keine weiteren Ejengi-Tänze mehr aufzunehmen, brach. Ich zeichnete mehrere Lieder auf und packte meine Ausrüstung erst dann ein, als ein Mann aus dem Dorf mitten in einer Aufnahme zu mir kam und fragte, was mein »Apparat« gekostet habe.

Es waren mehr als hundert Leute aus dem Dorf zugegen, eine riesige Menge. Sie standen in einem großen Halbkreis hinter der viel kleineren Gruppe der Sängerinnen und schienen sich darauf eingerichtet zu haben, längere Zeit zu bleiben. Der Vollmond garantierte dafür, daß die Tänze die ganze Nacht hindurch dauern würden, es war also möglich, daß die Besucher bis zum Morgen ausharren würden.

Entmutigt zog ich mich von der Szene zurück, obwohl die beiden Ejengis meine Neugier geweckt hatten. Ich setzte mich neben meine Hütte, von wo aus ich zumindest ungehindert zuschauen konnte. Es dauerte nicht lange, bis sich mehrere der Ältesten zu mir gesellten: Joboko, Simbu, Mobo, Doko und Dimba. Wir beobachteten die Tänzerinnen und unterhielten uns, und bald hatte ich mein neues Lieblingsthema angeschnitten: daß ich Ejengi mit einem Teil meines Herzens liebte, daß mich sein Tanzen entzücke, daß er aber doch besser in den Wald zurückkehren und dort auf uns warten solle. Es sei schlecht, wenn er in der Nähe des Dorfes tanze. Sie sollten sich doch nur einmal vor Augen halten, was mit Amopolo geschehen sei: Die Leute hungerten, sie grölten besoffen vor sich hin und kämpften miteinander, und alle Männer verrichteten nur noch *mbo*-Arbeit. Das sei nicht Ejengis Schuld, betonte ich (obwohl ich insgeheim langsam zu der Überzeugung kam, daß es doch so war), es sei einfach so, daß der Geist immer die Leute aus dem Dorf herbeiziehe. Amopolo sei völlig überlaufen – für die Bayaka sei kein Platz mehr da. Sogar mitten in der Nacht streunten die Fremden durch das Lager, es hätte eine Reihe von Diebstählen gegeben. Die Situation sei unbestreitbar gefährlich geworden.

»Gefährlich!« stimmte Joboko mit Nachdruck zu, aber was er dann sagte, überraschte mich: »Ejengi ist ein mächtiger Geist! Den Dorfleuten könnte etwas zustoßen, wenn sie weiterhin hier herumlaufen.«

Ich wußte, daß ich meine Initiation, über die man im *janga* immer noch diskutierte, aufs Spiel setzte, wenn ich mich dafür aussprach, daß Ejengi gehen sollte. Aber meine Beunruhigung über die Zustände in Amopolo war jetzt stärker als mein Verlangen, initiiert zu werden. Vor allem wollte ich nicht, daß Ejengi eigens für meine Initiation bei uns blieb, und um sicher zu sein, daß sie das begriffen, sagte ich den Bayaka sogar, daß es mir lieber wäre, wenn ich bei einer anderen Gelegenheit »Ejengi zu Gesicht bekommen« würde. Für den Augenblick liege mir vor allem daran, daß die Bayaka wieder sie selbst würden. Ich wollte, daß sie wieder auf die Jagd gingen und wieder etwas zu essen hätten. Wir sollten alle in den Urwald ziehen.

Die Ältesten stimmten mir zu, aber ich hatte ihnen dasselbe schon seit Wochen gesagt, und obwohl sie jedesmal meiner Meinung gewesen waren, hatten wir keinerlei Fortschritte erzielt. Ich hatte sie wieder einmal im Verdacht, daß sie mich einfach bei Laune halten wollten.

Es war Nacht geworden, aber der Mond schien so hell, daß das Lager in eine Art fahles Tageslicht getaucht zu sein schien. Entgegen ihrer Gewohnheit wanderten die Leute aus dem Dorf nicht im Lager herum. Sie unterhielten sich nicht einmal. Wie erstarrt standen sie da und hielten ihre Augen unverwandt auf die beiden wild umhertollenden Ejengis gerichtet. Stumm und bewegungslos schienen sie alle auf etwas zu warten.

Ein *esimé* war im Gange, und die beiden Ejengis tanzten abwechselnd. Den alten Ejengi konnte man an der dunkleren Färbung seiner schon etwas abgenutzten Raffiakleidung erkennen. Im Vergleich dazu war die des neuen Ejengi blaß-gelb, und er wirkte insgesamt frischer und kräftiger. Das Getrommel schien sich auf eine Art von Höhepunkt zuzubewegen, komplexe, sich gegenseitig störende und überkreuzende Rhythmen drohten, den Tanz zum Stocken zu bringen. Plötzlich stürzte der alte Ejengi in sich zusammen, auf dem Boden blieb nur ein lebloses Raffiabündel zurück. Ich dachte, daß mir vielleicht meine Sinne einen Streich spielten, aber es sah wirklich so aus, als ob derjenige, der in dem Kostüm gesteckt hatte, sich in Luft aufgelöst hätte. Das Kleiderbündel war nur ein paar Zentimeter hoch – wie könnte sich jemand darunter verbergen?

Der neue Ejengi tanzte noch eine Minute lang weiter. Dann brach er einen Meter von dem alten Ejengi entfernt ebenfalls zusammen – es war nicht der gewöhnliche Fall, den ich schon Hunderte von Malen miterlebt hatte, sondern ein In-Sich-Zusammensacken wie bei einer Marionette, deren Fäden man zertrennt hatte. Die Trommeln verstummten.

Ich beobachtete jetzt alles sehr genau. Auch die Ältesten hatten sich umgewandt und schauten zu. Die Dorfleute waren wie erstarrt, vielen stand der Mund vor Staunen offen. Die Sängerinnen schwiegen und setzten sich nieder. Die Männer, die an dem Tanz teilgenommen hatten, wichen ein Stück weit zurück. In der allgemeinen Stille ging ein Junge zu dem alten Ejengi hin, hob mit den Fingerspitzen die Raffiagewänder hoch und warf sie ins nahe Gebüsch. Dann nahm er in derselben Art und Weise die Kleider des neuen Ejengi vom Boden auf, näherte sich der Mitte des freien Platzes, um den die Fremden herumstanden, und schleuderte die Kleider ein paar Meter hoch in die Luft. Er wiederholte das ein paarmal und erinnerte mich dabei an einen Zauberer, der dem Publikum demonstriert, daß sich nichts in seinem Zylinder befindet. Dann legte er die Kleider auf den Boden und, als er mit ihrer Anordnung offenbar zufrieden war, zog er sich zurück.

Aus dem Hintergrund des Lagers näherte sich jetzt eine kleine Gruppe von Männern, sie seufzten und klatschten in einem simplen Rhythmus. Ich schaute gebannt zu, wie sie auf den leblosen Ejengi zugingen. Ich wußte, was geschehen würde: Wenn sie nahe genug herangekommen waren, würde einer von ihnen rasch unter das Raffiabündel tauchen, um den Geist neu zu beleben. Daß die Bayaka in der Lage waren, solche Manöver blitzschnell auszuführen, war mir bekannt. Ich hatte einmal gesehen, wie Zalogwé bei einem *eboka* der Kinder einen *mokoondi* »spielte«; er hatte getanzt und dabei einen Schild aus Palmenblättern vor seinen Körper gehalten; in dem Augenblick, als er diesen Schild losgelassen hatte, war er in zusammengekauerter Haltung auf den *mbanjo* gesprungen. Als der Schild auf dem Boden aufgekommen war, hatte er schon dort gesessen. Eine Sekunde der Unaufmerksamkeit, und man hätte nie gemerkt, daß er etwas mit den tanzenden Palmblättern zu tun gehabt hatte. Ich erwartete jetzt einen ähnlichen Trick und schaute gebannt zu. Aber die Männer waren noch mindestens drei Meter weit von dem Bündel entfernt, als Ejengi plötzlich in die Höhe schnellte und zu tanzen begann. Ich konnte nur noch verdutzt und genauso fassungslos wie die Leute aus dem Dorf auf die wieder zum Leben erwachte Gestalt starren.

Der Schrei der Mokoondi

Der Morgen dämmerte schon, aber ich glaubte, mir noch ein paar Stunden Schlaf gönnen zu können. Ich war sehr lange aufgeblieben. Irgend jemand kam jedoch in meine Hütte, um mich aufzuwecken. Als ich die Augen aufschlug, sah ich Mobo vor mir.

»Der Hunger hat gesiegt«, sagte er. »Ich werde im Wald schlafen. Kommst du mit?«

Sein Angebot überraschte mich. Ich brauchte Zeit, um mich innerlich darauf vorzubereiten, mit ihm in den Wald zu ziehen. Außerdem war ich todmüde.

»Ich werde später nachkommen«, murmelte ich.

»Nicht später«, sagte er beharrlich. »Jetzt ist gut.«

Fünfzehn Minuten später waren wir auf dem Weg. Genau in dem Moment, in dem wir Amopolo verließen, hörte man wieder das Knallen von Blättern, und jemand fing an, Ejengis Gedanken zu verkünden. Wir waren jedoch bald in den ruhigen und stillen Wald eingetaucht. Unsere kleine Gesellschaft bestand aus Mobos Familie und ein paar Jungen, unter denen auch ein Halbwüchsiger namens Mobila war, der gerade dabei war, sich zum vollwertigen Mann zu mausern. Man sagte mir, daß andere nach der Jagd zu uns stoßen würden.

Ich war ganz in meine widersprüchlichen Gedanken und Gefühle versunken, und mir blieb wenig von unserem Marsch im Gedächtnis zurück. Ich war nicht glücklich darüber, Ngbali in Amopolo zurückzulassen, aber auf der anderen Seite hätte meine Anwesenheit im Lager nichts bewirkt, und meinem seelischen Gleichgewicht zuliebe mußte ich einfach von dort weg. Irgendwann wies man mich einmal auf eine lange hell-gelbe Schlange hin, die so dick wie mein Unterschenkel war und sich langsam an einem Baumstamm hochwand.

Wir schlugen unser Lager in der Nähe der Quellflüsse des Mobongo auf. Mittlerweile war ich froh, mitgekommen zu sein, und Mobo nahm mich ein wenig wegen meines Zögerns am Morgen auf den Arm. Bevor es dunkel wurde, kam die Jagdgesellschaft, die aus Adamo, Yongo, Bokumbi, Bakpima, Engulé und einem Dutzend Frauen bestand, zu uns; sie hatten vier kleine Dücker und drei Stachelschweine erbeutet. Zum erstenmal seit Monaten schliefen wir in dieser Nacht mit vollen Bäuchen ein.

Am Morgen fielen Honigbienen in unser Lager ein. Als die anderen auf die Jagd zogen, ging ich alleine los. Ich wanderte weit genug, um vor den Bienen sicher zu sein, und ließ mich dann unter einem großen *bimba*-Baum auf den Boden sacken. Ich wollte den Tag damit verbringen, an meinem Buch zu arbeiten. Mir schien eine gewisse Ironie darin zu liegen, daß ich, nachdem ich mir in Amopolo alles mögliche angeschafft hatte, um bequem schreiben zu können, jetzt hier saß und in fast schon primitiver Weise, mit dem Schreibheft auf den Knien, arbeitete. Ich stellte fest, daß die friedliche Umgebung und die Isolation meiner Konzentration sehr förderlich waren. Ich schrieb mehr, als ich jemals zuvor bei einer einzelnen Arbeitssitzung zu Papier gebracht hatte. Als ich am späten Nachmittag ins Lager zurückging hatte ich viel geschafft, aber auch Kopfschmerzen und einen steifen Hals.

Ich kam gleichzeitig mit den Jägern im Camp an. Es wimmelte immer noch von Bienen, aber ich war nicht übermäßig besorgt. Ich hatte mich drei Monate in Sao-sao aufgehalten, ohne ein einziges Mal gestochen zu werden, und nahm die Bedrohung, die die Bienen für mich darstellten, auf die leichte Schulter. Außerdem hatte ich jetzt ein Gegenmittel dabei, das ich mir aus einer Spritze im Notfall problemlos injizieren konnte.

Als es dämmerte, beschlagnahmten die Jungen Töpfe und Pfannen, um darauf zu trommeln, und bald war ein *eboka* im Gang. Als die Dunkelheit das Lager verschluckte, hörte man einen scharfen Knall: die *mokoondi* kündigten sich an. Ich steckte die Hand in das Bündel mit meinen Habseligkeiten, um ein Fläschchen mit Aspirin herauszufischen – und zog sie rasch mit einem erschreckten Schrei wieder heraus. Ein fürchterlicher Schmerz schoß mir den Arm hoch. Ich ließ meine Taschenlampe aufleuchten und entdeckte eine Honigbiene, die mich hektisch mit ihrem Gift vollpumpte. Die Männer herrschten mich wütend an, das Licht auszumachen. Ich tat es und saß dort im Dunkeln; mir brach der Schweiß aus.

Ich hatte keine Ahnung, wo ich meine Erste-Hilfe-Ausrüstung gegen Bienenstiche verstaut hatte. Ein paar Augenblicke lang wühlte ich blind in meinen Sachen herum, während die phosphoreszierenden Geister ins Lager hineingetanzt kamen. Aber es war sinnlos: Offensichtlich hatte ich die Spritze so sorgsam weggepackt, daß ich sie jetzt in meiner Panik nicht finden konnte. Ich fühlte nach meinem Herz – es hämmerte wie wild. Ich überprüfte meine Atmung: mir wurde schwindlig, aber war das ein Asthmaanfall, oder lag es daran, daß ich so rasend schnell atmete? Ich dachte über die ausgeprägte Ironie meiner Situation nach: Ich mußte hier untätig im Dunkeln herumsitzen, bis ich tot in mich zusammensackte, weil die *mokoondi* gekommen waren und ich meine Taschenlampe nicht anknipsen durfte.

Der Gesang, den die Bayaka angestimmt hatten – die Melodie bestand aus einer Reihe abfallender Jodellaute –, war auf einem Höhepunkt angekommen, es war ein dichtes Geflecht polyphon jodelnder Stimmen entstanden, das unablässig zu pulsieren schien. Weil so wenige ältere Frauen dabei waren, hatte die Musik einen besonders strahlenden und freudigen Klang. Mehrere *mokoondi* kreischten auf ihre Art eine Begleitung dazu. Ich entdeckte den »Ältesten« unter ihnen, der langsam rückwärts schwebte. Ein anderer Geist hatte die großen und eng zusammenstehenden glühenden Augen eines Nachtgeschöpfes; schweigend nickte er im Rhythmus mit dem Kopf und drehte sein Gesicht zum Chor der Frauen hin. Andere *mokoondi* huschten schemenhaft durch den *bimba*-Wald jenseits der Grenze des Lagers. Ich hatte noch nie zuvor so viele *mokoondi* auf einmal gesehen. Jeder Mann und Junge aus unserem kleinen Lager mußte sich in einen Geist verwandelt haben. Ich hatte ganz vergessen, welch überwältigendes Freudengefühl sie in einem auslösen konnten, und spürte jetzt die in mir aufsteigende Euphorie.

Plötzlich merkte ich, daß schon gut zwanzig Minuten vergangen waren, seitdem ich gestochen worden war – und ich lebte immer noch. Meine Hand war angeschwollen und tat höllisch weh, aber wenn das das ganze Ausmaß des Schadens war, warum hatte ich dann so viel Zeit und Energie darauf verschwendet, mir den Kopf über die Psychologie der Bienen zu zermartern? Und wenn ich es gekonnt hätte, hätte ich mir sogar ein Herzberuhigungsmittel injiziert! Was für ein Witz! Die Todesgefahr, der ich so mutig ins Auge gesehen hatte, hatte nur in meinem überspannten Hirn existiert! Ich war gar nicht allergisch gegen Bienengift.

Die ganze nächste Woche hindurch wurde ich praktisch jeden Tag einmal gestochen, an einem Tag sogar zweimal. Meine rechte Hand, die am meisten von Angriffen wütender Bienen betroffen war, glich einem Gummihandschuh, der wie ein Ballon aufgeblasen war. Irgendwie schaffte ich es aber trotzdem zu schreiben, und meiner Handschrift merkte man kaum etwas an, obwohl ich den Kugelschreiber nur noch mit Mühe halten konnte. Die ersten Stiche ängstigten mich noch, da ich nicht ganz darauf vertraute, tatsächlich frei von der fatalen Allergie zu sein. Nach einiger Zeit nahm ich jedoch jeden neuen Stich mit einer Gleichgültigkeit hin, die schon einer Art von Überheblichkeit gleichkam.

Im Wald gelang es mir, beim Schreiben eine bestimmte Routine einzuhalten, etwas das im Chaos von Amopolo nicht möglich gewesen war. Jeden Morgen aß ich eine sättigende Mahlzeit, trank eine Tasse Pulverkaffee und machte mich dann, noch bevor die Jäger loszogen, zu dem Fleckchen auf, wo ich mich eingerichtet hatte. Am späten Nachmittag trat ich den Heimweg ins Lager an, wo schon immer ein weiteres Mahl auf mich wartete. Am Abend gab es noch einmal etwas zu essen, und oft wurde mir zum Abschluß noch Honig angeboten.

Das Camp füllte sich langsam mit Neuankömmlingen. Die Frauen stießen zu ihren Männern. Bombé tauchte auf und richtete sich auf dem *mbanjo* ein, auf dem ich vorläufig auch schlief. Zu meiner Enttäuschung traf aber kein Mitglied von Ngbalis weit verzweigter Familie ein. Die einzige Verbindung zu ihr, eine sehr zarte, stellte die Ankunft von Eloi und seiner jungen Frau Banda dar, die Ngbalis Freundin geworden war.

Eines Nachts rüttelte man mich wach und warnte mich vor einem heranziehenden Sturm. Der Wind zischte durch das Blätterdach des Urwalds, und überall um uns herum schwankten knarrend die *bimba*-Bäume. Hin und wieder hörte man, wie ein abgebrochener Ast laut auf den Boden krachte. Bombé erhob sich und ging zum Rand des Lagers. Er blieb dort stehen und schaute in die Finsternis hinein. »Gib mir Wasser!« schrie er. »Ich werde es den Kindern geben! Wenn ich sterbe, begrabt mich in der Erde! Aber die Kinder sind durstig! Gib mir Wasser!« Und so machte er weiter, bis sich der Wind legte und der Regen einsetzte.

Ein paar Stunden später wurde ich von einem langezogenen Schrei aus dem Tiefschlaf geschreckt. Ich horchte. Einen Moment lang hörte man nichts als das sanfte Prasseln des Regens. Die Luft war kühl und dunstig. Vielleicht war es nur das Kreischen eines Vogels gewesen, oder ich hatte die Stimme nur im Traum gehört. Aber da ertönte ein neuer Schmerzensschrei, und bald sprachen mehrere Leute aufgeregt durcheinander. Jemand rief mich, und mein Mut sank. Was auch immer die Neuigkeiten sein würden, es konnten nur schlechte sein.

Was ich sah, war ein solcher Schock für mich, daß meine Gefühle erlahmten. Der Verzweiflungsschrei war von Eloi gekommen. Er saß vor dem Eingang zu seiner Hütte auf dem Boden und hatte die Arme um Banda geschlungen, die gegen ihn gesunken war. Sie war bewußtlos, und das gurgelnde Geräusch, das ab und zu von tief unten aus ihrer Kehle aufstieg, ließ keinen Zweifel daran, daß sie im Sterben lag. Mir fiel ein, daß Eloi mich am Morgen um Aspirin gegen die Kopfschmerzen seiner Frau gebeten hatte. Ich hatte sie kurz gesehen, als ich die Tabletten abgeliefert hatte. Sie hatte im Bett gelegen, sich aber aufgerichtet, um die Aspirin mit etwas Wasser herunterzuspülen. Nichts hatte auf etwas Ernsteres als simple Kopfschmerzen hingedeutet. Jetzt stand ich vor einer Sterbenden. Ich konnte nichts tun, und im Umkreis von vielen Meilen gab es niemanden, der uns helfen konnte. Einen schrecklichen Augenblick lang schien der Urwald uns zu bedrohen – und wie ein riesiges, amorphes Wesen zu atmen, dessen Gleichgültigkeit in Wirklichkeit ein Ausdruck seiner Bösartigkeit war.

Banda starb eine Stunde später. Im grauen Licht des Morgens machte Mobo sich auf, um die Botschaft nach Amopolo zu bringen. Der Rest von uns wartete das Ende des Regens ab, der bei Tagesanbruch wieder heftiger geworden war. Als der Sturm vorüber war, brachen wir unser Lager ab und traten den Rückweg an. Bokumbi trug die Tote auf seinem Rücken, sie hing an einem Riemen, den er sich um die Stirn gelegt hatte. Es war eine düstere Prozession. Als wir an den verrottenden Überresten Mombongos, unseres alten Lagers, vorüberkamen, die uns an die glücklichen Stunden erinnerten, die wir dort durchlebt hatten, tauchte in unserem Rücken Bandas Bruder Musako auf. Er war über einen anderen Pfad herbeigeeilt, die Stelle, wo er auf den unseren traf, lag schon hinter uns. Musako zog seine Schwester von Bokumis Rücken herunter und fing über der Leiche zu klagen an.

»Nich hier im Wald!« ermahnten ihn die anderen – aber er hörte nichts. »Warte, bis wir in Amopolo sind!« Bakpimas Frau versetzte ihm sogar mit der flachen Klinge ihrer Machete einen Hieb – aber er spürte nichts.

»Du Wilder!« rief Bombé voller Mißbilligung aus.

Schließlich zog man Musako von seiner Schwester weg. Wir machten uns weiter auf den Weg, waren aber erst ein paar hundert Meter gegangen, als der Vater und die Mutter Bandas uns einholten. Es folgte eine zweite qualvolle Szene. Adamo und ich gingen alleine weiter und erreichten gegen Mittag Amopolo. Die anderen trafen eine Stunde später ein, und dann begann das richtige *élélo*.

An dem Nachmittag nach unserem Auszug aus dem Dschungel kam Omoo betrunken in meine Hütte getorkelt und schaute mir drohend in die Augen. Er wollte wissen, wie es kam, daß jedesmal, wenn ich die Bayaka in den Wald führte, einer von ihnen starb? Erst Mindumi, jetzt Banda. Was ich dazu zu sagen hätte?

Die anderen fielen sofort über Omoo her, weil er solchen »Unsinn« redete. Ich nahm die Anschuldigung nicht zu ernst, aber die Plötzlichkeit von Bandas Tod hatte mich erschüttert, und ich nahm mir vor, die Bayaka nie wieder dazu zu überreden, in den Dschungel umzusiedeln.

Man kam überein, daß Banda sich die Erkrankung, die zu ihrem Tod geführt hatte, schon im Kongo zugezogen hatte. Sie hatte seitdem ständig Kopfschmerzen gehabt. Adamo erzählte mir, daß sie das zweite Gesicht gehabt habe. Sie habe sogar damals schon gesehen, was mit ihr geschehen würde. Dimba erwähnte, daß er während der Ejengi-Zeremonien bemerkt habe, daß irgend etwas nicht in Ordnung war. Banda hatte immer eine Zeitlang getanzt, sich dann hingesetzt und gedankenverloren vor sich hingestarrt. Dann hatte sie wieder getanzt, sich wieder hingesetzt und nachgedacht. Die anderen nickten wissend mit dem Kopf. Ja, es war von weither gekommen, und sie hatte es gewußt. Ich begriff ihre Argumentation nicht, war aber froh, daß sie zu diesem Schluß kamen.

Mobo hatte geschworen, daß er nur drei Nächte im Amopolo schlafen und dann in den Wald zurückkehren würde. Er hielt sein Wort: Am dritten Morgen stand er in meiner

Hütte und drängte mich aufzustehen, genauso wie er es schon eine Woche zuvor getan hatte. Mir widerstrebte es immer noch, Ngbali zurückzulassen. Ich hatte gehört, daß in Kamerun eine besondere Art von Malaria große Verheerungen anrichtete. Die Krankheit befiel nur das Gehirn und führte in weniger als vierundzwanzig Stunden zum Tod. Die Leute nannten sie *le marteau*, den Hammer. Ich war zu der Ansicht gekommen, daß Banda an dieser Seuche gestorben war. Der Raffiasumpf in der Nähe von Amopolo mit seinen Moskitoschwärmen war vermutlich eine Brutstätte für solche neuen Mutationsformen von Malaria. Ngbali an einem Ort zurückzulassen, wo sie einer solchen Gefahr ausgesetzt sein könnte, bereitete mir große Sorgen. Gleichzeitig war ich wütend auf sie, weil sie es einfach zuließ, daß die Moskitos über sie herfielen und sie zu Tode stachen. Wenn sie nur einen Funken Verstand hätte, dachte ich finster, würde sie zu mir ziehen, und sei es auch nur, um mein Moskitonetz mit mir zu teilen.

Schließlich gelang es Mobo, mich zu überreden. Ich mußte mich mit Gewalt von Amopolo und von Ngbali losreißen, aber als wir dann wieder den Wald betraten, war ich sofort glücklich, daß ich es getan hatte. Im Wald bedrückten mich meine Sorgen um Amopolo weniger stark; es war, als ob diese von der Sonne ausgebleichte Welt nicht mehr existierte, und ich fühlte mich entsprechend nicht mehr ganz so hilflos.

Wir waren nur eine Handvoll Leute: Mobo und seine Familie, Adamo, der gute alte Bombé und ein paar Jungen. Wir kamen an beiden am Mombongo gelegenen Camps, dem alten und dem neuen vorbei, und marschierten immer weiter, bis wir ein drittes aufgegebenes Lager erreichten, einen Ort, den ich bewunderte, seitdem ich ihn vor mehr als einem Jahr einmal gesehen hatte. Die Ausläufer eines Gewitters, das im Osten dröhnte und krachte, zogen über uns hinweg, und ein sanfter Regen fiel auf uns, als wir die alten Hütten nach Materialien durchstöberten, mit denen wir uns einen provisorischen Unterschlupf bauen konnten.

Ich zog die Taschenflasche mit Malt-Whisky hervor, die ich seit meinem Aufenthalt in London bei mir hatte. Es schien der richtige Moment zu sein, sie zu leeren. Als Mobo, Bombé, Adamo und ich abwechselnd einen Schluck nahmen, gingen wir noch einmal die Liste der Schrecken von Amopolo durch – Moskitos, Sandflöhe, Dorfleute, Sonnenglut und so weiter –, und diese Aufzählung machte uns die Friedlichkeit und die Schönheit unseres gegenwärtigen Aufenthaltsorts nur noch stärker bewußt. Wenn man die Möglichkeit hatte, im Wald zu leben, wie konnte es dann jemand vorziehen, in Amopolo zu bleiben? Immer wieder kamen wir auf seine Schrecken zurück – wir ahmten das Summen der Moskitoschwärme nach und wiederholten mit strengen Stimmen einige der Ausdrücke, die Dorfleute am liebsten benutzten, wenn sie die Bayaka ausschimpften –, bis wir schließlich in irres Gelächter ausbrachen.

Am nächsten Morgen kam Musako mit seiner Frau Mbutu, der Tochter Ndokos. Ich erfuhr erst bei dieser Gelegenheit, daß sie verheiratet waren. Ich fühlte mich durch Musakos Kommen entlastet, denn es bedeutete ja wohl, daß er mir nicht die Schuld am Tod seiner Schwester gab. Später an diesem Tag tauchte Wadimo zusammen mit seiner Frau auf, und danach kam Engulé ohne Mbina, die noch Maniok zubereiten und dann in einigen Tagen zu uns stoßen wollte.

Mehrere Tage lang war unsere kleine Siedlung ein Hafen der Ruhe und Geborgenheit. Im Süden erstreckte sich ein schöner *bimba*-Wald, in dem ich stundenlang herumstreifte, um ein Plätzchen ausfindig zu machen, an dem ich schreiben konnte. Ich wählte zwei aus, eines für die Morgenstunden bis gegen Mittag, wenn die Sonne bei einer Lücke im Blätterdach angekommen war und einen blendenden Strahl direkt in meine Augen schoß, und für die Nachmittage ein dunkleres, das durch dichtes Laub gegen den Himmel abgeschirmt war, so daß das Sonnenlicht nie ungefiltert hereinfiel. Bevor ich von dem einen Ort zum anderen zog, kehrte ich immer ins Lager zurück und ging zum Fluß hinunter, um zu baden. Der Mombongo war hier nur wie ein enger Kanal, und durch das von Gerbsäure getrübte Wasser schimmerte der creme-farbene Sand des Flußbetts golden herauf. Der Wasserlauf wurde auf beiden Seiten von der üppigen Vegetation wie von Mauern eingeschlossen. Die wenigen Sonnenstrahlen, die hindurchdrangen, erfüllten die Luft mit einem diffusen smaragdgrünen Licht. Aus dem flachen Wasser ragte das Schlüsselbein eines Elefanten hervor, das ich als Ablage für meine Zahnbürste und meine Seife benutzte. Ein paar Meter entfernt lag unter einem Knäuel von Wasserpflanzen der dazugehörige Schädel. Manchmal hatte ich das Gefühl, der privilegierteste Mensch auf Erden zu sein, weil ich in einem solchen Paradies leben durfte.

In einer ruhigen Nacht hallten die tiefen Töne einer Trommel aus großer Entfernung durch den Urwald zu uns herüber. »Ejengi«, bemerkte Mobo aus seiner Hütte heraus, und wir lagen im Dunkeln und hörten dem Getrommel zu, das sich mit dem Pulsieren der Nacht zu vereinigen schien. Es war leise, übertönte kaum die Geräusche der von den Bäumen herabfallenden Tropfen, klang ab und war einen Augenblick lang gar nicht zu hören, aber es drang doch in das Innerste meines Herzens vor und rief wieder die alte Erregung wach, so als würde mit den Schallwellen irgend etwas von Ngbali zu mir herübergetragen. Ich wälzte mich ruhelos auf meinem Lager herum, bis in den frühen Morgenstunden die Trommeln verstummten.

Ich verbrachte die meiste Zeit des Tages mit Schreiben. Anfangs war ich ängstlich an die Aufgabe herangegangen, und die große Verpflichtung hatte mich eingeschüchtert. Jetzt brannte ich jeden Morgen darauf weiterzumachen. Ich genoß das exotische Gefühl, über die Bayaka zu schreiben, während ich mitten unter ihnen lebte. Manchmal schaute ich, nachdem ich ein, zwei Stunden lang mit äußerster Konzentration gearbeitet hatte, von meinem Heft auf und wunderte mich darüber, daß ich mich an diesem Ort befand.

Während der Zeit, in der ich still an meiner Arbeit saß, kamen viele Tiere an mir vorbei, von denen die meisten mich überhaupt nicht bemerkten. In den Baumkronen über mir turnten Affen herum – manchmal sprangen ganze Trupps von ihnen übermütig von Baum zu Baum und ließen einen Schauer von Zweigen und kleinen Ästen auf mich niederregnen. Gelegentlich krachte auch ein dickerer Ast herunter, und ich zog mich hastig zurück, während die Affen beunruhigt – oder vielleicht auch entzückt – aufkreischten. Blaue Dücker, die im Unterholz ästen, trippelten manchmal bis auf ein paar Meter zu mir heran und blieben dort, ihre Blätter malmend, stehen. Zum erstenmal bekam ich die Vögel zu Gesicht, die ich vorher nur gehört hatte. Manchmal überraschte es mich, welche Stimme zu welchem Vogel gehörte; so wurde zum Beispiel das Geräusch, das wie ein scharfer, brutaler Peitschenschlag klang und mich nervös machte, von einem kleinen braunen Vogel produziert. Große schwarze Hornraben flatterten lärmend von einem Baumwipfel zum anderen und kreischten sich mit ihren traurig und alt klingenden Stimmen etwas zu. Einmal beobachtete ich eine Marschkolonne von großen schwarzen Ameisen, die genau unter mir durchzog. Ein Tier ging immer hinter dem anderen. Nach zwanzig Minuten kehrten sie auf demselben Weg wieder zurück, jetzt trug jede Ameise ein winziges grünes Samenkorn.

Eines Tages kam eine Gruppe von Männern aus Amopolo, um die Nacht bei uns zu verbringen. Sie hatten beunruhigende Neuigkeiten für Engulé. Nach einem *élanda* in der Nacht zuvor hatte Mbina mit Mowoomas ältestem Sohn Mbunda geschlafen. Offenbar hatte er sie nach dem *élanda* in ihrer Hütte erwartet und war morgens beim ersten Hahnenschrei wieder fortgeschlichen. Engulé lief eine halbe Stunde lang erregt herum und murmelte etwas darüber, daß er feststellen müsse, ob Mbina schwanger geworden sei, aber im großen und ganzen nahm er die Nachricht mit bemerkenswerter Gelassenheit hin. Er brach noch nicht einmal am nächsten Morgen nach Amopolo auf. Ich hätte daraus den Schluß ziehen können, daß Eifersucht in den Beziehungen der Bayaka keine große Rolle spielte, wenn ich nicht bereits bei zahllosen Gelegenheiten vehemente Eifersuchtsszenen zwischen Ehepartnern miterlebt hätte.

Unser Camp wuchs allmählich an. Balonyona und seine Angehörigen kamen zu uns, darunter war auch eine neugeborene Tochter namens Mbota. Ich war froh, Balonyona zu sehen. Es würde das erste Mal sein, daß wir uns gemeinsam im Wald aufhielten. Engbeté und Ngbali (Bakpimas Tochter), deren stürmische Beziehung mit einer »permanenten« Trennung geendet hatte, waren jetzt, da Ngbali schwanger war, wieder zusammen. Mit großer Befriedigung verfolgte ich, wie sie gemeinsam an ihrer Hütte arbeiteten. Bombés Frau Balé traf ein und baute sich eine kleine Hütte, und ich war angenehm überrascht, als Bombé seinen Platz auf dem *mbanjo* räumte und zu ihr zog.

Eines Nachmittags ertönte aus dem nahen Wald Blättergeknalle, es war ein wahres Stakkato, das mindestens zehn Minuten lang anhielt. Die Bayaka erzählten mir, daß Ejengi auf dem Weg zurück in sein »Dorf« im Urwald sei. Ich fragte, ob dieses Dorf in der Nähe liege. Sie lachten – nein, nein, es sei weit weg. An den folgenden Nachmittagen hörte man wieder das Knallen von Blättern und Ejengis Gedanken wurden verkündet, aber er selbst ließ sich nicht blicken. Dann wurde mir eines Nachmittags bewußt, daß ich das Geknalle schon seit Tagen nicht mehr gehört hatte, und als ich mich erkundigte, sagte man mir, daß Ejengi gegangen sei.

Eines Morgens begab ich mich mit Adamo auf einen *mbingo*-Gang nach Amopolo. Unterwegs begegneten wir einer Gruppe, deren Ziel unser Waldlager war. Ein Kind war in der Nacht in Amopolo gestorben, einer von Dimbas Söhnen. Ich stellte ein paar Fragen. Der Junge sei nie krank gewesen, antwortete man mir. Er habe einfach Kopfschmerzen bekommen und sei gestorben. Adamo und ich setzten unseren Marsch in unerbittlichem Tempo fort.

Amopolo war jetzt ein einziges Durcheinander, oder vielleicht hatte ich es nur vorher nicht so deutlich wahrgenommen. Ich erhielt einen Schock, als ich aus dem Wald auf die Straße trat; es war so, als sei man aus tiefer Seelenruhe herausgerissen und in ein rasendes Delirium gestürzt worden. Überall summten Fliegen, und der faulige Geruch menschlicher Exkremente hing wie eine giftige Wolke über dem Lager. Ich konnte es schon aus einer Entfernung von hundertfünfzig Metern riechen. Amopolo flimmerte in der Sonne, ich hatte den Eindruck, auf ein überbelichtetes Foto zu schauen, das jemand an einem Strand geschossen hatte. Nur die schmalen Streifen und winzigen Flecken von Schatten neben den Hütten boten Zuflucht vor dem grellen Licht. Die meisten Bayaka waren in ihren Behausungen. Die paar, die draußen waren, hatten sich in den wenigen schattigen Stellen zusammengekauert; sie wirkten benommen und lustlos.

Wie immer beim Tod eines Kindes, war das *élélo* gedämpft und fand im Kreis der Familie statt. Ich stellte fest, daß eine ganze Reihe von Leuten an Malaria litt, und verbrachte eine Stunde damit, Medikamente zu verabreichen, um das Vordringen der Krankheit aufzuhalten. Danach setzte ich mich auf den *mbanjo*, beziehungsweise auf das, was von ihm noch übrig war, denn man hatte ihn nach den Ejengi-Zeremonien verfallen lassen. Dann tauchte endlich Ngbali auf, und als sie in meine Richtung blickte, schien sie irgend etwas an mir stutzig zu machen. Sie ging zu Etubus Hütte und kam dabei dicht am *mbanjo* vorüber; sie drehte nicht ihren Kopf, aber ich merkte, daß sie mich aus den Augenwinkeln musterte. Nachdem sie ein paar Worte mit Etubus Frau Kukpa gewechselt hatte, ging sie wieder zu Mowoomas Hütte zurück, wobei sie erneut einen verstohlenen Blick auf mich warf. Plötzlich begriff ich: Es war mein Bart! Ich hatte mich seit zwei Wochen nicht rasiert.

Ich erledigte meine Einkäufe in Bomandjombo und ließ einen Teil der Waren in Amopolo zurück. Dann machte ich mich mit Adamo auf den Rückweg. Wir erreichten das Lager bei Sonnenuntergang und wurden von denen jubelnd begrüßt, die vorausgesagt hatten, daß wir bei Anbruch der Dunkelheit zurück sein würden.

Die Arbeit an meinem Buch schritt voran, sie wurde allmählich zu meiner Daseinsberechtigung. Außerdem schien ich durch sie eine wirkliche Funktion in der Gesellschaft der Bayaka erhalten zu haben. Es war ja ganz schön, daß ich mit ihnen auf die Jagd ging, aber ich hätte mir selbst etwas vorgemacht, wenn ich geglaubt hätte, auf diese Weise etwas für die Gemeinschaft zu leisten. Jetzt hatte ich plötzlich eine Rolle: Ich war so etwas wie der Dorfchronist geworden.

Manchmal warnten mich die Bayaka, wenn ich morgens mit meinem Heft unter dem Arm loszog, nicht zu weit in eine bestimmte Richtung zu schweifen, weil Elefanten in dieses Gebiet gewandert seien, um *payu* zu fressen, oder weil man auf einem Pfad am Tag zuvor den Geruch von Gorillas wahrgenommen hatte. Die Warnungen vor den Elefanten schlug ich nicht in den Wind, aber wenn man mich auf die Gefahr durch die Gorillas hinwies, so antwortete ich immer, daß ich anders als die Bayaka vor diesen Tieren keine Angst hätte. Wenn tatsächlich ein angriffslustiger Gorilla kommen würde, würde ich einfach still sitzen bleiben und mich um meine eigenen Angelegenheiten kümmern. Die Bayaka waren über meine Einstellung erstaunt. Sobald ich allein im Wald war, wirkte natürlich die Aussicht, von einem Gorilla angegriffen werden zu können, weitaus bedrohlicher. Würde ich wirklich still sitzen bleiben? Ich konnte das Gefühl nicht unterdrücken, daß ich schon in Panik geraten würde, wenn mir ein Schimpanse entgegenträte.

Es kamen jetzt täglich mehr Bayaka aus Amopolo an, so daß unser Waldlager bald mehr Einwohner als die Hauptsiedlung hatte. Einige der Neuankömmlinge schienen mit ihrem Erscheinen zeigen zu wollen, daß sie uns unterstützten. Dimba kam nur ein paar Tage nach dem Tod seines kleines Sohnes. Daß Zabu zu uns stieß, konnte angesichts der Gerüchte über Mindumis Tod, die immer noch zirkulierten, nur als mutige Tat angesehen werden. Ich unternahm weitere *mbingo*-Gänge, um die Entwicklungen in Amopolo im Auge zu behalten. Jedesmal stellte ich fest, daß weitere Personen an Malaria erkrankt waren und behandelt werden mußten.

Obwohl die Besorgtheit mich nie verließ, sondern gleichsam aus dem Hintergrund in das Spektrum meiner anderen Gefühle hineinstrahlte, fühlte ich mich doch optimistisch, was meine Zukunft mit Ngbali betraf. Die Hoffnung ist unverwüstlich, und wenn keine gegenteiligen Beweise vorliegen, dann wächst sie fast unkontrolliert an. Außerdem begann ich mit etwas, das einer Vernunfterklärung noch weniger zugänglich ist als die Intuition, zu spüren, daß »hinter den Kulissen« etwas geschah. Zuerst gab es nichts Konkretes, was dieses Gefühl hätte bestätigen können. Die Blicke, die ich auf meinen *mbingo*-Gängen von Ngbali erntete, waren nicht besonders aufmunternd – aber sie waren auch nicht unverhohlen abweisend. Einen Blick von ihr zugeworfen zu bekommen, wurde zu einem Ereignis von größter Bedeutung, da sie ja so sorgsam darauf achtete, sie nicht zu freigiebig zu verteilen. Die wenigen, die sie einem gönnte, waren mit Sicherheit wohlberechnet. Und so wurde jeder meine *mbingo*-Gänge zu einem Feldzug mit dem Ziel, einen ihrer Blicke zu erbeuten. Auf einigen bekam ich sie überhaupt nicht zu Gesicht, aber wenn sie da war, gab ich mich nicht eher zufrieden, bis sie mir einen Blick geschenkt hatte.

Ein *mbingo*-Gang überragt in meiner Erinnerung alle anderen. An jenem Morgen brach ich mit Adamo, meinem gewöhnlichen *mbingo*-Gefährten, und zwei oder drei Jungen in aller Frühe auf. Wir folgten diesmal einer anderen Route und überquerten den Mombongo ungefähr hundertfünfzig Meter weiter flußabwärts als üblich. Von da an war alles ganz anders als sonst. Oft schien der Pfad unter unseren Füßen zu verschwinden, und umgestürzte Bäume zwangen uns zu vielen beschwerlichen Umwegen. Wir traten schließlich ein paar Meilen südlich der Brücke auf die Straße.

Als wir Amopolo erreichten, war ein *élélo* im Gang. Die Mutter eines Mannes namens Bokia war in der Nacht gestorben, nachdem sie mehrere Tage lang Fieber gehabt hatte. Ich erinnerte mich, daß ich sie bei meinem letzten Aufenthalt in Amopolo behandelt hatte. Ich fühlte mich immer frustrierter, weil meine Medikamente sich als wirkungslos gegen einige der Arten von Malaria erwiesen, die aus dem Sumpf ins Lager drangen. Ich stellte fest, daß mehrere andere Leute, die ich behandelt hatte, ebenfalls noch krank waren; zum erstenmal verabreichte ich daher Injektionen. Ich haßte das, aber die Bayaka, die schon die ganze Zeit lang nach einer Spritze verlangt hatten, waren äußerst zufrieden. Meine Patienten streckten mir ihre Hinterteile mit einer Vertrautheit, ja, mit einer Begeisterung entgegen, die komisch gewirkt hätte, wenn es nicht gleichzeitig auch ein Zeichen dafür gewesen wäre, wie verzweifelt sie mittlerweile waren.

Die Sorgen, die ich mir um Ngbalis Gesundheit gemacht hatte, waren schon vorher von mir gewichen, als ich sie in der Nähe der Brücke beim Baden gesehen hatte. Sie hatte mich überrascht angeschaut und sich dann meinen Blicken entzogen, indem sie untergetaucht war. Es hatte mir nicht gerade gefallen, daß sie in Sichtweite der Straße badete, aber immerhin wußte ich, daß sie in Ordnung war. Später bekam ich sie ein paarmal zu Gesicht, als ich meine Runden machte, um die Bayaka zu versorgen, und unsere Augen trafen sich des öfteren. Ich schloß daraus, daß sie mich beobachtete. Als ich mich mit Adamo und den Jungen auf den Rückweg in den Wald machte, schwebte ich Zentimeter über dem Dschungelpfad.

Wir gingen auf demselben Weg zurück, auf dem wir gekommen waren, und ich begriff, daß wir in Zukunft immer diese Route einschlagen würden, um den alten Lagerplatz zu umgehen, wo Banda gestorben war. Während wir über die Straße schritten, plapperte ich unaufhörlich. Amopolo liege zu nahe an Bomandjombo, sagte ich. Wenn wir unser Waldlager irgendwann wieder verließen, sollten wir eine neue Siedlung auf der anderen Seite des Flusses errichten. Es gebe dort einen idealen Platz auf der Kuppe eines Hügels. Es sei nur ein paar hundert Meter weiter von Bomandjombo entfernt, aber daß man die Brücke, die nachts immer in totaler Finsternis lag, überqueren und den Hügel hinaufsteigen müßte, würde vielleicht viele Leute aus dem Dorf davon abhalten, uns einen Besuch abzustatten. Adamo stimmte voller Begeisterung zu. Ja, wenn wir den Wald wieder verließen, würden wir eine neue Siedlung gründen. Ich fügte hinzu, daß diejenigen, die in der alten bleiben wollten, es ruhig tun sollten. Das alte Amopolo würde als eine Art Köder dienen, und die Dorfleute von dem neuen weglocken. Ich aber würde Amopolo für immer verlassen und in Amopolo II leben. »In Amopolo II!« pflichtete Adamo mir begeistert bei.

Wir waren bis jetzt immer noch auf der Straße gegangen, die auf beiden Seiten von Maniokfeldern gesäumt war, zwischen denen gelegentlich ein verwildertes Wäldchen aufragte. Ich hatte die genaue Stelle, an der wir aus dem Wald gekommen waren, vergessen. Als wir an dem letzten verwahrlosten Garten vorbeikamen – dahinter wucherte schon der Urwald bis an die Straßenränder heran –, bedeutete Adamo mir, daß wir hier abbiegen mußten. Er kletterte über den riesigen Stamm eines gefällten Baums hinweg und verschwand in dem hohen Kraut, das auf der anderen Seite wuchs. Ich folgte ihm, und plötzlich stieg mit Macht eine Welle von Euphorie in mir hoch – ich hatte eine Offenbarung.

Ausgelöst wurde dies durch etwas ganz Gewöhnliches: Mehrere blühende Pflanzenranken wanden sich über den Baumstamm und bis in einige Äste hinauf; sie formten einen Bogen genau über der Stelle, wo Adamo hinübergeklettert war – einen Bogen aus strahlend weißen und gelben Blüten. Es war ein bezauberndes von der Natur zufällig hervorgebrachtes Gebilde – vermutlich würde es sich schon in einem Monat so geändert haben, daß nichts mehr davon zu erkennen war, aber jetzt, da ich darauf blickte, kam es mir wie ein Symbol vor. Ich lachte fast laut auf, weil seine Bedeutung in schon fast grotesker Weise offensichtlich war: Es war der Eingang in eine neue Welt, in ein neues Leben. Was auf der anderen Seite lag, schien voller Verheißungen zu sein, es war, als ob es riefe: Hier bin ich, hier bin ich. Ich hatte das wunderbare Gefühl, daß ich nur durch den Bogen hindurchzuschreiten brauchte, und mein Leben würde sich auf mysteriöse Weise verändern. Signalisierte das Waldlager wirklich den Beginn eines neuen Lebens? Später zeigte sich, daß ich einige Einzelheiten falsch interpretiert hatte, meine Vision an sich erfüllte sich aber in schon verblüffender Weise.

Ich muß dort mehrere Minuten lang gestanden haben, denn Adamo brüllte mich plötzlich an, ich solle mich beeilen – es blieben uns nur noch ein paar Stunden Tageslicht. Ich krabbelte hastig über den Baum unter dem Bogen hindurch.

Auch wenn man nicht schnell ging, war der Weg anstrengend, und wir befanden uns jetzt in einem Wettlauf gegen die sinkende Sonne. Trotzdem achtete ich kaum darauf, wo ich meine Füße hinsetzte. Jede Biegung in dem Pfad gab den Blick auf eine andere Facette der zeitlosen Schönheit des Urwalds frei. Gerade bewunderte ich noch die schlangenhaften Windungen einer Liane, da wurde ich schon von dem Moos abgelenkt, das wie ein schimmernder grüner Schatten immer nur eine Seite der Baumstämme bedeckte, so als ob der Baum von der anderen Seite her von einer unsichtbaren Lichtquelle angestrahlt würde. Wortlos liefen wir voran, der üppige Wald hüllte uns ein, die Sonnenstrahlen fielen durch das Blätterdach und warfen hier und da helle Tupfer auf den Boden. Die ganze Natur schien leise

Atem zu schöpfen, um uns dann wispernd ein tiefgründiges Geheimnis kundzutun. Ich zitterte, als ob mich Fieber oder Ekstase ergriffen hätte. Ob die anderen es auch fühlten?

Dann sang plötzlich einer der Jungen ein Liedchen in die Stille hinein. Eigentlich war es weniger ein Lied mit einer Melodie, als ein rhythmisch skandierter Satz, den er mehrfach wiederholte. Die Stimme des Jungen zerstörte aber nicht den Zauber, mit dem der Wald mich gefangenhielt, sondern verstärkte ihn im Gegenteil noch, denn die Worte, die er sang, standen in Einklang mit meinen Gedanken.

»Ya tay! Ya tay, Sombolo! Ya tay!« – »Komm her! Komm her, Sombolo! Komm her!«

Die anderen Jungen nahmen diesen Vers auf, und es dauerte nicht lange, bis Adamo lachen mußte und ihn ebenfalls zu singen begann. Sofort wuchs mein vager, auf nichts gründender Optimismus zu einer konkreten Hoffnung an. Konnten sie sich auf etwas anderes beziehen als auf Sombolos unmittelbar bevorstehendes Eintreffen in dem Dschungellager? Seit Wochen hatte ich nicht mehr daran geglaubt, daß Ngbali und ihre Familie zu uns ziehen würden. An diesem Tag hatte ich jedoch, als wir Amopolo verließen, das deutliche Gefühl gehabt, daß Ngbali bald zu uns kommen würde, und jetzt schienen es Adamo und die Jungen mit ihrem Lied zu bestätigen. Die allgemeine Stimmung hatte sich sachte, aber doch deutlich wahrnehmbar verändert, das Zusammengehörigkeitsgefühl, das ich schon mehrere Male vorher wahrgenommen hatte, hatte sich wieder manifestiert. Gewöhnlich führten die Bayaka ein chaotisches, anarchisches Leben, sie handelten völlig unabhängig von den anderen und kooperierten gerade in dem Maße, daß das Überleben ihrer Gesellschaft als ganzer gewährleistet war. Hin und wieder schlossen sie sich jedoch zu einem Kollektiv zusammen, und ein tiefer Gemeinschaftssinn machte sich bemerkbar. Diese Vereinigung wurde oft durch ein *eboka* ausgelöst, durch das alle zu einer einzigen Identität zusammengeschmolzen zu werden schienen, die auch Tage, ja sogar Wochen nach dem Tanz noch Bestand hatte. Manchmal spürte man sie in der Luft, und jede Geste, jedes Lächeln, jedes Wort waren Teil von ihr.

Durch Lücken im Blätterdach sahen wir den hellen Himmel aufblitzen, aber hier unten herrschte schon Zwielicht. Der tiefe Schatten, der wie Nebel aufstieg, verbarg allmählich die Einzelheiten des Terrains, und ich stolperte mehrmals über Wurzeln. Die letzte Flußüberquerung lag hinter uns, und wir waren auf den letzten Meilen unseres Wegs. Meine Gedanken rasten, ich versuchte, diese kollektive Identität zu begreifen. Wieder zog ich die Möglichkeit von Telepathie in Betracht. Trotz meiner Erfahrungen mit Ejengi hatte ich den Glauben an direkte Gedankenübertragung aufgegeben; jetzt entstand in mir die Vorstellung von einer weniger vom Bewußtsein gesteuerten Form der Telepathie, einer, die irgendwo im Reich des Unbewußten wirkte. Manchmal war ihr Einfluß geradezu körperlich spürbar.

Adamo und die Jungen sangen immer noch ihr *ya-tay*-Liedchen, als wir in Hörweite des Camps ankamen. In dieser Nacht und in den folgenden Tagen trällerte jedermann den Text. Die Kinder sangen ihn im Chor, Mädchen trugen ihn unter Händeklatschen vor und brachen dann in Gelächter aus. Sogar Bombé summte ihn ein paarmal.

Eines Morgens wanderte ich mit meinem Schreibheft in der Hand los. Ich brannte darauf, mein Tagespensum zu erledigen, denn die Arbeit an dem Buch war in letzter Zeit zügig vorangeschritten, und ich hoffte, an diesem Tag den ersten Teil zu beenden. In einer plötzlichen Laune ging ich an den Plätzen vorbei, an denen ich gewöhnlich schrieb, und bog schließlich vom Pfad ab, um in einen dunklen und mir unbekannten Teil des Urwalds einzutauchen. Bald befand ich mich in einem schöpferischen Rausch, und ich schrieb ohne Pause bis in den Nachmittag hinein. Als ich dann aufhörte, hatte ich ganz vergessen, wo ich war; ich dachte, an dem Ort zu sein, an dem ich mich nachmittags sonst immer aufhielt, und schlug die Richtung ein, in der meiner Meinung nach der Pfad lag. Nachdem ich nach ein paar Minuten noch nicht auf ihn gestoßen war, wurde mir mein Irrtum bewußt, und ich wollte wieder zu dem Baum zurückkehren, unter dem ich gesessen hatte. Ich orientierte mich an Dingen – einem Schößling oder einem Termitenhügel –, die mir fälschlicherweise vertraut vorkamen, und ging in die Irre. Ich kehrte um und versuchte, meinen eigenen Spuren folgend, wieder zu meinem Ausgangspunkt zu gelangen. Wieder kam ich an einen anderen, mir unbekannten Ort, und ich machte zum zweitenmal kehrt, um in der neuen Spur zurückzugehen. Schließlich blieb ich wie angewurzelt stehen: Ich hatte mich verirrt!

Einen Augenblick spürte ich vor allem Enttäuschung über mich selbst. Hier stand ich, der ich schon angefangen hatte, mich für einen »Mr. Regenwald« zu halten, nur ein paar hundert Meter von einem vielbegangenen Fußpfad entfernt und konnte diesen nicht finden. Ich machte einen letzten Versuch, auf ihn zu gelangen, indem ich in einer größer werdenden Spirale – jedenfalls hoffte ich, daß es eine war – durch den Wald lief, aber nach einer halben Stunde gab ich es auf. Ein paarmal hörte ich den gerade noch vernehmbaren Klang von Frauenstimmen. Es waren aber immer nur so kurze Lautfetzen, daß ich Mühe hatte, festzustellen, aus welcher Richtung sie kamen. Ich rief; meine Stimme schallte so laut durch den Wald, daß ich selbst erschrak, aber ich erhielt keine Antwort. Schließlich holte ich tief Luft und heulte einen dröhnenden Jodler heraus, der wie der Todesschrei eines Urwelttieres klang. Ein Jodellaut hallt im Wald besonders weit; vermutlich liegt es daran, daß die Stimme vom Kopf in die Brust wandert. Als sich das Echo meines Verzweiflungsschreis gelegt hatte, hörte ich, wie eine überrascht klingende Stimme mir antwortete. Ich stieß einen zweiten Monsterjodler aus, wieder antwortete mir die Stimme, und ich stampfte durch das unwegsame Unterholz auf sie zu. Schließlich gelangte ich ins

Lager – von der Seite aus, die der, von der ich aufgebrochen war, genau gegenüber lag. Als die Frauen und Kinder sahen, wer die bizarren Schreie ausgestoßen hatte, und begriffen, daß ich mich verirrt hatte, brachen sie in ein unbarmherziges Gelächter aus.

Ungefähr um diese Zeit herum fingen Sandflöhe an, uns auch im Lager zu belästigen. Mehr als einen Monat lang hatten sie sich nicht bemerkbar gemacht, und ich hatte es genossen, an den Abenden barfuß umherzugehen. Aber die Larven der Sandflöhe waren von den Kindern in ihren Füßen zu uns getragen worden; sie schlüpften jetzt zu Hunderten, ja sogar Tausenden aus, und bald mußte ich sie aus meinen eigenen Zehen herausgraben. Wir entschlossen uns, das Lager um ein paar hundert Meter hügelaufwärts zu verlegen, und in den folgenden Tagen machten sich die Männer und Frauen daran, den ausgewählten Platz von dem dort wachsenden Gestrüpp zu befreien.

Währenddessen kam es zu einer weiteren größeren Auswanderung aus Amopolo. Mitumbi traf mit seiner Sippe ein und richtete sich sofort auf dem neuen Lagerplatz ein. Er erzählte mir, daß in Amopolo viele Leute krank seien, und seiner Beschreibung konnte ich entnehmen, daß die Malaria weiter grassierte. Unglücklicherweise schien auch der Wald kein sicherer Zufluchtsort vor ihr zu sein. Obwohl es nur wenige Moskitos gab, brach die Krankheit bei vielen Leuten aus oder steckte zumindest in ihnen. Ich behandelte bald täglich meine Patienten. Wadimo war schon vor Tagen erkrankt und verließ kaum noch seine Hütte; Ngbali, die Frau Bokumbis, hatte Fieber, das so stark anstieg, daß ein kritischer Punkt erreicht war; erst nachdem ich ihr zweimal Chinin injiziert hatte, sank es wieder. Obwohl diese Entwicklungen mich beunruhigten, fand ich es immer noch besser, daß sie alle bei mir im Wald waren. Ich meinte, daß die Zahl der Krankheitserreger in ihrem Blut sinken werde, wenn die Bayaka erst einmal eine Zeitlang fern von den Moskitos gelebt hätten.

Eines Tages traf dann auch Sombolo mit seinen Angehörigen ein. Sie zogen wortlos durch unser Camp hindurch und stiegen zu dem neuen auf dem Hügel hinauf. Ich war glücklich sie zu sehen, obwohl Ngbali mich im Vorübergehen nicht eines einzigen Blickes gewürdigt hatte. Am Abend überreichte ihr Cousin Mango mir Maniok; es sei ein Geschenk von Ngbali sagte er, und ich entnahm dem, daß neues Leben in unsere Beziehung gekommen war.

Zwei Tage später zogen wir alle in das neue Lager. Dort standen schon viele Hütten, und eine davon war für mich. Mbina, Bosso und Simbus Frau Mandubu hatten sich alle an ihrem Bau beteiligt. Ngbali hatte keinen Finger gerührt, um ihnen zu helfen. Trotzdem war ich froh, daß ich nicht mehr auf dem *mbanjo* schlafen mußte, sondern mein eigenes Reich hatte.

Ich verbrachte jetzt meine Tage damit, das, was ich zu Papier gebracht hatte, noch einmal in sauberer und großer Schrift abzuschreiben. Es war eine langweilige Arbeit, aber man brauchte sich dabei nicht groß zu konzentrieren, und ich erledigte sie daher im Lager. Biléma und Engulé fertigten sogar aus Stöcken einen provisorischen Tisch und einen Stuhl für mich an. Wenn das Wetter es zuließ, es regnete jetzt immer öfter, gingen alle schon früh auf die Jagd. An den Abenden taten wir uns an Fleisch und Honig gütlich, und danach wurden wir oft durch ein *eboka* in Schwung gebracht.

Eines Abends lud mich Bakpima in seine Hütte zum Essen ein. Ich hatte zugesehen, wie seine Frau Ajama die Hütte gebaut hatte, aber ich war vorher noch nicht in ihr gewesen. Es war nicht nur die bei weitem größte Hütte des Lagers, sondern die größte Bienenkorbhütte, die ich überhaupt jemals zu Gesicht bekommen hatte. Eigentlich waren es mehrere ineinandergehende Bienenkörbe, und von außen sah das Ganze wie eine Ansammlung von Hügeln mit dazwischenliegenden Tälern aus. Der Eingang den ich benutzte – es gab derer zwei – war ein kurzer Tunnel, der so niedrig war, daß ich praktisch auf Händen und Knien hindurchrutschen mußte. Nachdem ich im Inneren angekommen war, konnte ich jedoch nur noch staunen. Hütten wirken von innen immer größer, aber diese hier war schon ein aus Blättern konstruiertes Herrenhaus. In der Mitte konnte ich sogar aufrecht stehen. Ein junger Baum war in die Konstruktion miteinbezogen worden, sein Stamm ragte wie eine Säule durch die Decke. Während ich aß, schaute ich mich weiter um und entdeckte immer mehr Winkel und Nischen, in denen Betten standen oder Räuchergestelle. Ich ließ den Schein meiner Taschenlampe herumwandern und war verblüfft, als immer mehr Räume oder Alkoven aus dem Dunkel zum Vorschein kamen. Die Hütte war ein Meisterwerk. »Eine große Hütte ist gut«, sagte Bakpima und lachte, weil ich aus dem Staunen nicht mehr herauskam.

Von Ngbali sah ich in diesem Zeitraum wenig, obwohl unsere Hütten keine hundertfünfzig Meter voneinander entfernt lagen, aber es reichte mir zu wissen, daß sie in der Nähe war. Bis jetzt waren Sombolo und seine Familienmitglieder die einzigen von seiner Sippe, die zu uns gekommen waren. Man sagte mir aber, daß Akunga jeden Tag eintreffen könne, und Mowooma plane, in den Wald zu übersiedeln, sobald seine Bambushütte fertiggestellt sei. Er bastelte jetzt schon seit fast einem Jahr daran herum. Sombolo kam oft zu mir in meine Hütte, ich besuchte ihn weniger häufig in seiner. Wenn Ngbali da war, ignorierte sie mich. Jedesmal aber, wenn ich sie in der Ferne erblickte, schien sie mir eine ganz andere Botschaft zu senden. Einmal sah ich durch eine Lücke im Laub hindurch jemanden, der an eine Liane geklammert hin- und herschwang. Ich konnte nur die Arme und die Hände sehen, war aber ganz fasziniert davon, daß jemand eine meiner alten Phantasievorstellungen von Tarzan und seinem Leben im Dschungel Wirklichkeit werden ließen. Dann schwang die Liane in mein Blickfeld, und ich sah, daß es Ngbali war, die daran hing. Sie bemerkte meinen Ausdruck offenkundigen Interesses, bevor ich eine andere Miene aufsetzen konnte, ließ sich zu Boden fallen und führte mir zuliebe ein wildes

Tänzchen auf. Dann eilte sie über den Dschungelpfad hinter ihren Eltern her, um den Tag mit dem Einsammeln von Früchten und Pflanzen zu verbringen. Mein Herz raste.

Bei anderen Gelegenheiten geschah es, daß ich über meinen Tisch gebeugt saß und mein Manuskript abschrieb, während eine Schar von Frauen in der Nähe vor einer Hüttes saß und schwatzte, und ich plötzlich Ngbalis Stimme aus den anderen heraushörte. Instinktiv schaute ich dann immer hoch, und für einen kurzen Moment lang begegneten sich unsere Blicke. Danach ignorierte sie mich aber immer wieder.

Eines Morgens traf aus Amopolo die Nachricht ein, daß Akungas Frau Awoka und seine kleine Tochter Gonjé ernsthaft erkrankt waren. Bevor ich begriff, was geschah, hatten Yéyé und Ngbali schon ihre Tragkörbe vollgepackt und verließen das Lager.

»Wohin gehen sie?« fragte ich Sombolo ziemlich besorgt.

»Sie gehen zurück nach Amopolo, um sich um Awoka zu kümmern«, antwortete er. Ich war betroffen, daß niemand es für nötig befunden hatte, mir das mitzuteilen, griff sofort meine Tasche mit den Medikamenten und hastete hinter ihnen her. Balonyona und der junge Mann namens Mobila folgten mir. Ich hörte noch, wie Esoosi ihnen nachrief, sie sollten auf mich aufpassen.

In Amopolo herrschte eine noch drückendere Hitze als sonst. Ich fragte mich laut, wieso die paar Familien, die noch hier lebten, das auf sich nahmen.

»Wir bewachen die Siedlung«, erklärten Joboko und Simbu.

»Was gibt es denn hier zu bewachen«, entgegnete ich, »außer den Sandflöhen?« Sie lachten, aber es war das Lachen von Verdammten, und es tat mir leid, diese Bemerkung gemacht zu haben.

Sowohl Awoka als auch ihre Tochter glühten vor Fieber und verlangten nach einer Spritze. Allmählich kam es mir pervers vor, daß ich mit den Pobacken so vieler Bayaka intime Bekanntschaft machte.

Ich nahm an, daß Ngbali über Nacht in Amopolo bleiben würde, also verkündete ich, daß ich ebenfalls hier übernachten wolle. Ich würde sie unter keinen Umständen alleine in Amopolo zurücklassen. Ich fürchtete mich schon vor der Nacht und vor der Aussicht, hier noch weitere Tage verbringen zu müssen. Und was war, wenn Ngbali sich entschied, überhaupt nicht mehr von hier wegzugehen? Genau in diesem Augenblick steckte Balonyona den Kopf zur Tür meiner Hütte herein und sagte, daß Ngbali bereit für den Rückmarsch ins Urwaldlager sei, sie warte schon auf mich.

Eines Tages kam Mowoomas Sohn Mbunda mit einem kurzen Brief für mich. Er war von Roland, einem Bekannten von mir aus Bomandjombo. Roland hatte in einer vagen Verbindung zu dem jetzt geschlossenen Krankenhaus gestanden, eigentlich aber seine ganze Zeit damit zugebracht, unter einem Mangobaum zu sitzen und Palmwein zu schlürfen. Er hatte das Fortschreiten unseres Latrinenprojekts mit offiziellem – letztlich aber sehr oberflächlichem – Interesse verfolgt und war anfangs von der großen Zahl der Löcher, die wir buddelten, beeindruckt gewesen.

»Ihr müßt sofort nach Amopolo zurückkommen!« hieß es in seinem Brief. »In Mosapola sind schon fünf Latrinen fertiggestellt. In Amopolo gibt es immer noch keine. Ihr habt immer nur die Jagd im Kopf. Ihr müßt zurückkommen und die Latrinen fertigstellen! Ihr Freund Roland – für die Dorfhygiene verantwortlicher Beamter. P. S. Wenn ihr zurückkommt, denkt an ein bescheidenes Häppchen Fleisch für mich.«

Normalerweise ignorierte ich solche Forderungen, Befehle oder Bitten, mit denen die Dorfbewohner uns dazu bringen wollten, nach Amopolo zurückzuziehen – sie hatten mich mit schöner Regelmäßigkeit bei jedem unserer Aufenthalte im Urwald erreicht –, aber diesmal fühlte ich mich dazu veranlaßt zu antworten.

»Das Problem von Amopolo«, schrieb ich voll echter Wut,

»sind nicht die fehlenden Latrinen. Es sind schon drei Einwohner an Malaria gestorben und viele andere sind krank. Ich habe fast das ganze Chinin aufgebraucht und mußte mir sogar selbst etwas injizieren, als ich ernsthaft erkrankt war. In Amopolo gibt es so viele Moskitos, daß man keinen Schlaf findet. Amopolo ist gefährlich, und ich fürchte, daß noch mehr Leute sterben würden, falls wir zurückkämen. Für den Augenblick bewegen wir uns also nicht aus dem Wald heraus. Ihr Freund, Louis. P. S. In letzter Zeit wegen des Regens wenig gejagt.«

Daß ich mir selbst eine Spritze verpaßt hatte, hatte ich erfunden, um die Situation alarmierender erscheinen zu lassen. Ich glaubte, daß ein solch beunruhigender Ton angebracht war, später zeigte sich jedoch, daß ich damit, ohne es zu wollen, eine Prophezeiung ausgesprochen hatte.

Es vergingen ein paar Tage, ohne daß sich etwas ereignete. Ich hatte meine Abschreibearbeit fast beendet und fühlte mich zuversichtlich, was meine Ehe betraf, obwohl es keine konkreten Entwicklungen gab. Wir erhielten die Nachricht, daß es Awoka und ihrer Tochter besser gehe und daß Akunga bald zu uns kommen werde. Ich behandelte immer noch eine beträchtliche Anzahl von Kranken, glaubte aber, die Situation unter Kontrolle zu haben.

Ich wurde aus meiner Selbstzufriedenheit schlagartig herausgerissen, als eines Morgens ein Tumult ausbrach, der bis in meinen Schlaf drang. Ich wußte sofort, daß jemand im Sterben lag. Das Ganze kam mir erschreckend bekannt vor, es war, als ob Bandas Sterben noch einmal nachgestellt würde; ich glaubte der hilflosen Erregung der Stimmen entnehmen zu können, daß der Tod eines anderen Menschen so gut wie sicher war. Wer war es diesmal?

Einer der Männer rief zu mir herüber: »Mobila tut der Kopf wirklich weh!« Das war eine schon lächerliche Untertreibung. Mobila lag im Koma, unsere verzweifelten Versuche, ihn wieder zum Leben zu erwecken, nahm er gar nicht mehr wahr. Als wir ihm etwas Wasser in den Mund gossen, hustete er, seine Augen öffneten sich einen Spalt weit, und seine Hände stießen in einer automatischen Abwehrbewegung den Becher fort. Ich injizierte ihm Chinin, obwohl ich glaubte, daß nicht mehr der leiseste Funke Hoffnung für ihn bestand. Dann setzten wir uns um den bewegungslos daliegenden jungen Mann und warteten. Ich hörte mir den Bericht der Männer über die Ereignisse, die zu diesem Alptraum geführt hatten, an.

Sie erzählten, daß Mobila im Wald herumgegangen sei, womit sie meinten, daß er am Morgen mit Speer und Machete bewaffnet losgezogen war, um zu sehen, was er erbeuten konnte. Gegen Nachmittag sei er auf einem Dschungelpfad Mobo begegnet und habe über Kopfschmerzen geklagt. Mobo, der für seine Heilkunst berühmt war und immer einen Vorrat an Medizin mit sich herumtrug, hatte ihn sofort behandelt; er hatte kleine Kerben in Mobilas Schläfen geschnitten und seine spezielle, nach »Familien-Rezept« hergestellte Heilpaste hineingerieben. Mobila war in der Abenddämmerung ins Camp zurückgekehrt; da seine Kopfschmerzen schlimmer geworden waren, hatte er sich sofort hingelegt.

Beim ersten Tageslicht begann Mobila zu stöhnen; es waren langgezogene, tiefe, qualvolle Laute, die von dort aufzusteigen schienen, wo die Quelle seiner Agonie war. Ein solches Stöhnen hätte eigentlich von einem heftigen Sichwinden des Körpers begleitet werden müssen, aber Mobila lag bewegungslos wie ein Leichnam da. Alle Frauen des Lagers versammelten sich still vor der Hütte seiner Mutter, sie drängten sich in der kühlen Morgenluft eng zusammen. Von den Bäumen tröpfelte Kondenswasser herab, es hörte sich wie leichter Regen an.

Die Männer waren alles andere als still. Mobilas älterer Bruder, Dembé, der den Tränen nahe war, fing an, gegen Yongo zu wüten. Ich fragte Adamo, was er sagte. Er erwiderte, daß Dembé Yongo anklage, Mobila zu ermorden. Ich war völlig perplex.

»Warum sollte Yongo Mobila ermorden wollen?« fragte ich.

»Ich weiß es nicht«, antwortete Adamo.

Yongo bestritt vehement, für Mobilas Zustand verantwortlich zu sein. Er rief immer wieder: »Gebt mir *mbanda* – ich werde es trinken.« Schließlich verschwand Bakpima im Wald und tauchte eine halbe Stunde später mit einigen Streifen Rinde wieder auf. Nachdem sie im Wasser aufgekocht worden waren, trank Yongo das Gebräu, ohne zu zögern, in großen Schlucken. Noch bevor er alles runtergebracht hatte, stimmte Bombé einen schnellen, rhythmischen Singsang an. Es waren Beschwörungsformeln, die immer mit dem Wort *ngaké* endeten. *Ngaké* kam es jedesmal als Echo von den anderen Männern zurück. Bombé skandierte immer weiter, so schnell, daß zwischen den einzelnen Anrufungen kaum Zeit für einen einzigen Gedanken war, und jedesmal antworteten die Männer wie mit einer Stimme: *»Ngaké!«* Früher wäre ich wohl begeistert gewesen, ein solches Ritual aufnehmen zu können, jetzt war ich eher ein unfreiwilliger Zeuge, und ich krümmte mich zusammen, weil ich die Verzweiflung dieser Menschen so hautnah miterlebte.

Yongo wanderte währenddessen langsam auf und ab, auf seinen Lippen lag ein seltsames, entrücktes Lächeln. Ab und zu schnalzte er mit der Zunge und schüttelte frustriert den Kopf. Bombé hielt ein Bündel Zweige in der Faust, und bei jedem *ngaké* brach er von einem der Zweige ein Stück ab und warf es fort. Als er das letzte Stück des letzten Zweiges weggeworfen hatte, und der Wahrheitstrank immer noch nichts aus Yongo hervorgelockt hatte, schienen die Männer schlagartig aus ihrer Verzauberung aufzuwachen. Der immer noch stöhnende Mobila wurde auf Dembés Rücken gehievt, und seine Familie machte sich sofort mit ihm nach Amopolo auf.

Ich hatte mit einer Massenabwanderung zurück nach Amopolo gerechnet, wie es sie nach Bandas Tod gegeben hatte, und war daher dankbar, als Mobo mir erzählte, daß alle im Wald bleiben würden. Im nächsten Augenblick sah ich jedoch, wie Ngbali und ihre Familie sich zum Abmarsch fertigmachten. Sie hatten alle ihre Habseligkeiten eingepackt. Als ich nach dem Grund fragte – sie standen in keiner Beziehung zu Mobilas Familie –, erfuhr ich, daß während des Rituals mit dem Wahrheitstrank ein Bote angekommen war und Yéyé mitgeteilt hatte, daß ihre Schwester Awoka einen Rückfall erlitten hatte und todkrank war. Als sie in einer Reihe hintereinander aus dem Lager zogen, schnappte ich mir schnell ein paar Sachen und folgte ihnen. Ich rief Mobo und den anderen noch rasch zu, daß ich in ein, zwei Tagen zurücksein würde. Im Innersten meines Herzens wußte ich aber, daß ich dieses Urwaldlager nie wiedersehen würde.

Mobila starb auf dem Weg nach Amopolo. Ihm zu Ehren, und um zu bekräftigen, daß er den Status eines Mannes erreicht hatte, wanderten in der darauffolgenden Nacht die Männer, die in Amopolo waren, durch die Siedlung und sangen ein *so*.

Obwohl ich nur noch wenig Geld hatte, ging ich am nächsten Morgen sofort nach Bomandjombo und kaufte in Ngunjas Laden ein Moskitonetz für Ngbali. Um mein eigenes Moskitonetz wurde ich vom ganzen Lager beneidet, und für Ngbali kaufte ich eins, das sogar noch feinmaschiger war. Am Nachmittag überreichte ich es ihr und forderte sie mit Nachdruck auf, da sie ja nicht mein Netz mit mir teilen wolle, in Zukunft wenigstens unter ihrem eigenen zu schlafen. Es hätte mir eigentlich klar sein sollen, daß ein Moskitonetz ein zu großartiger Besitz war, als daß man es jemandem, der so jung wie Ngbali war, erlaubt hätte, es zu behalten. Ich stellte jedenfalls ein paar Tage später fest, daß sie es an eine ihrer Tanten abgetreten hatte, als diese es verlangt hatte. Danach brachte ich Ngbali jeden Abend eine Räucherspirale gegen Moskitos. Wenn man diese anzündete, brannte sie langsam ab und produzierte die ganze Nacht hindurch einen Rauch, der die Moskitos abstieß. Diese Spiralen hatten den Vorteil, daß sie jeden schützten, der sich in der Hütte aufhielt – wenn Ngbali sich entschied, eine von ihnen weiterzugeben, würde sie erst die Erlaubnis Sombolos und Yéyés einholen müssen. Ngbali nahm die Spiralen bereitwillig entgegen. Es waren aber immer noch sehr wenige Bayaka, die mit mir daran glaubten, daß die Moskitos etwas mit der jüngsten Serie von Todesfällen zu tun hatten, und ich hatte den Eindruck, daß Ngbali die Spiralen lediglich deshalb annahm, weil sie mich bei Laune halten wollte.

Es kamen immer mehr Bewohner des Urwaldcamps nach Amopolo zurück, und nach einer Woche war dort kaum noch jemand außer Yongo und Mobo und deren Familien. Ich fühlte mich schuldig, weil ich nicht bei ihnen war, es kam mir so vor, als ob ich sie im Stich gelassen hätte. Eines Tages stellte ich gerade ein Päckchen mit Naschereien und Luxusartikeln aus dem Dorf für sie zusammen – Zigaretten, Kaffee, Zucker, Marihuana, Seife –, das ich ihnen überbringen lassen wollte, da erschienen sie plötzlich mit allen ihren Besitztümern in der Siedlung; sie waren die letzten, die noch im Urwald ausgeharrt hatten. Am darauffolgenden Morgen kam Yongo zu mir und beschwerte sich darüber, daß er damals, als ich die Laken verteilt hatte, keins bekommen habe. Ich versprach, ihm eins zu kaufen, sobald ich wieder genügend Geld hätte, aber als er wegging, wirkte er unzufrieden. Das war kein Wunder, denn am nächsten Tag floh er, weil er fürchtete, daß man sich wegen Mobilas Tod an ihm rächen würde, und ich sah ihn nie mehr wieder.

In den Wochen, die folgten, war ich aufgewühlt wie nie zuvor in meinem Leben. Das Gefühl, eine Katastrophe mitzuerleben, ja Zeuge zu werden, wie die Menschen um mich herum von einem Verhängnis ereilt wurden, wich nicht mehr von mir, und – ohne überhaupt darüber nachzudenken – hörte ich auf Tagebuch zu führen, so als wären die täglichen Ereignisse zu widerwärtig, um festgehalten zu werden. Am erschreckendsten waren jedoch die Wahnvorstellungen, die immer mehr von den Bayaka Besitz ergriffen und die sich wie durch Osmose auf mich übertrugen.

In Amopolo herrschte eine ähnlich verzweifelte Stimmung wie in einem Flüchtlingslager. Die Leute hungerten, und wohin ich mich auch hinwandte, ich wurde mit Krankheit konfrontiert. Awoka litt sowohl an Malaria als auch an einer Lungenentzündung, und ich hatte sie kaum auf den Weg der Besserung gebracht, als mich schon Bokumi kommen ließ, damit ich seine Frau Ngbali untersuchte. Zum letztenmal hatte ich sie vor einigen Wochen im Wald gesehen. Sie hatte sich damals schon wieder von der Malaria erholt, aber an einer schleichenden Krankheit gelitten, die meiner Meinung nach eine Influenza war. Ich war von ihr zu ihrer Hütte herübergerufen worden, sie hatte mir gebakkenen *yoko* vorgesetzt, und wir hatten eine Weile miteinander geplaudert. Sie war die Mutter dreier gesunder Jungen und eine sehr starke und schöne Frau. Als ich Ngbali aber jetzt in Amopolo wiedersah, war ich über ihren Zustand entsetzt. Ich erkannte sie kaum wieder, so ausgemergelt war sie. Was konnte nur die Ursache für diese so rasch erfolgte Auszehrung sein? Sie klagte über Schmerzen in der Brust, also begann ich sie, in der Hoffnung, daß sie an nichts Geheimnisvollerem als an einer Lungenentzündung litt, mit Penicillin zu behandeln. Aber als ich sie verließ, haderte ich mit dem Himmel, weil er es zuließ, daß so etwas geschah.

Dann schlug auch »der Hammer« wieder zu. Ich wurde mitten in der Nacht geweckt und zu Joboko herübergeholt. Sein Sohn, ein Teenager, dessen Namen ich nie in Erfahrung gebracht hatte, war ins Koma gefallen, nachdem er am Abend Kopfschmerzen gehabt hatte. Während ich noch, in meiner Hilflosigkeit wie gelähmt, über den sterbenden Jungen gebeugt stand, stimmte seine Familie schon die Totenklage an. Er starb im Morgengrauen – der Alptraum fing von neuem an.

Als das *élélo* am Morgen einem Höhepunkt zusteuerte, hockte Joboko sich vor seine Hütte, trommelte mit der

Faust auf den Boden, und schrie immer wieder die Frage heraus, warum es geschehen war. Da trat Akunga still zu mir und bat mich, mir einmal seinen Jungen anzusehen. Ich stellte fest, daß sein Sohn fieberte. Alarmiert fragte ich, ob er auch Kopfschmerzen habe. Nein, erklärten Akunga und seine Frau, sein Nacken tue ihm weh. Ich wußte damit nichts anzufangen. Ich war von dieser Welle von Krankheiten und Leiden so verwirrt und von meiner eigenen Ohnmacht im Angesicht dieser Attacken so erschöpft, daß ich beinahe begann, die Bayaka dafür zu hassen, daß sie so verletzlich waren und so schnell starben.

Als ich in der Nacht unter meinem Netz lag, lauschte ich mit einer Mischung aus Abscheu und Faszination dem unaufhörlichen Summen: die Luft war schwarz von Moskitos. Aus der Ferne hörte ich ein paar Jagdhunde, die die Bayaka im Lager hielten, heulen und wie verrückt hin und her laufen, hin und her. Der Gedanke, daß den Bayaka, und Ngbali besonders, jede Nacht das Blut abgesaugt wurde, als seien sie hilflose Tiere, ließ die Wut in mir hochsteigen. Ich war entschlossen, nicht eher Ruhe zu geben, bis wir alle Amopolo für immer verlassen würden.

Es war ein echter Willensakt, am Morgen aus dem Bett zu steigen. Das *élélo* in Jobokos Hütte, das in der Nacht zu einem leisen schaurigen Schluchzen abgeklungen war, wurde wieder lauter, als man mit den Vorbereitungen für die Beerdigung des Jungen begann. Ich vernahm einige Wörter in Sango: Es waren schon Dorfbewohner da, die Schulden eintreiben wollten. Ihre Stimmen unterschieden sich deutlich von denen der Bayaka, sie waren nicht so reich an Zwischentönen. Die frühe Morgensonne brannte auf die Siedlung herunter, ließ die Schatten kürzer werden und legte mit ihrem erbarmungslosen gleißenden Licht die ganze Häßlichkeit von Amopolo bloß. Das laute, erregte Stimmengewirr, das aus Akungas Hütte drang, verhieß nichts Gutes. Ich wollte die Augen einfach wieder schließen, aber am Ende bereitete ich mich innerlich auf das Schlimmste vor und ging los, um mir Akungas Sohn wieder anzusehen.

Der Zustand des Jungen hatte sich nicht gebessert, und seine Symptome stellten mich noch mehr als zuvor vor ein Rätsel; er schien an einem Mittelding zwischen spinaler Meningitis und Starrkrampf erkrankt zu sein oder vielleicht auch an beidem gleichzeitig. Ich war nicht ausgerüstet, um mit einem solchen Fall fertig zu werden, und entschied mich, Andrea Turkolo um Hilfe zu bitten.

Andrea und auch ihr Mann, Mike Fay, der neue Leiter des Dzanga-Sangha-Projekts, waren in dieser Periode von größter Bedeutung für mich. Wie ich selbst stammte Mike aus New Jersey, und zu unserer Erheiterung hatten wir, die wir durch Zufall in demselben kleinen Gebiet der Zentralafrikanischen Republik lebten, herausgefunden, daß wir beide jüngere Brüder hatten, die in New York für dieselbe Gesellschaft arbeiteten. Andrea und Mike standen mir auf vielfältige Weise bei, sie liehen mir Geld und, was wichtiger war, sie gaben mir moralische Unterstützung und das Gefühl, zwei gute Kameraden zu haben. Andrea war in Mosapola mit Gesundheits- und Hygieneproblemen befaßt, und ich verschaffte mir, indem ich die schreckliche Situation in Amopolo mit den beiden diskutierte, die emotionale Erleichterung, derer ich so sehr bedurfte. Bei einem unserer Gespräche wurde auch das Thema einer Verlegung der Bayaka-Siedlung angeschnitten. Fay und Mike waren mit mir der Meinung, daß sie unbedingt vorgenommen werden müsse, aber es war uns allen klar, daß die Behörden in Bomandjombo und die Einwohner des Ortes sich unnachgiebig gegen einen solchen Umzug stellen würden. Diese Unterhaltung bedeutete einen Wendepunkt für mich, danach hatte ich mehr Vertrauen in meine eigenen ketzerischen Ansichten über die Situation.

Andrea war in den vergangenen Monaten bei Notfällen immer wieder nach Amopolo gerufen worden und manchmal hatte sie helfen können. Einmal, als der Arm von Sosolos Frau plötzlich immer dicker wurde, bis er wie eine aufgeschwollene Wurst aussah, hatte ihre Behandlung der Patientin das Leben gerettet. Als sie jetzt aber

Akungas Sohn untersuchte, wußte sie genauso wenig weiter wie ich.

Am Nachmittag kam eine Touristengruppe – immer noch ein seltener Anblick – und schlenderte fotografierend durch Amopolo. Einer der Touristen machte eine Bemerkung über die »seltsamen Klänge« des *élélo*, die aus Jobokos Hütte kamen. Ich erzählte ihnen, daß heute kein guter Tag für Tänze sei, da ein Junge im Sterben liege. Eine Frau ging daraufhin von Neugier – sie selbst hielt es vielleicht für Mitleid – getrieben zu Akungas Hütte, um hineinzuspähen. Diese abscheuliche Demütigung der Bayaka ließ mich mit den Zähnen knirschen.

Am nächsten Morgen weckte mich ein lautes, emotionsgeladenes *élélo*, das aus der Richtung von Akungas Hütte kam. Schicksalsergeben fragte ich, ob sein Sohn gestorben sei. Nein, gab mir Mobo finster zur Antwort, nicht er, aber Zabus Baby, der kleine Mindumi. Diese neue Tragödie war einfach zuviel für mich, die Tränen schossen mir in die Augen.

Akungas Sohn starb am darauffolgenden Morgen. Jetzt fanden gleichzeitig drei *élélo* statt. Und ich war früher einmal begeistert gewesen, ein *élélo* aufnehmen zu können! Als ich die ersten Seufzer hörte, begann mein Herz zu rasen, und als die Klagen intensiver wurden, übermannte mich die Erschütterung.

Jeden Tag schien ein neuer Schrecken zu den alten dazuzukommen. Bakus Frau Bwangi, die durch den blumenkohlförmigen Tumor, der unter ihrem Knie wucherte, ans Bett gefesselt war, bot einen erschreckenden Anblick. Wenn ich an ihrer Hütte vorbeikam, rief sie mir manchmal wie ein lebender Kadaver zu, ich solle ihr hundert Francs für Salz und Erdnüsse geben. Ich gab ihr jedesmal das Geld und fragte mich immer, wie lange sie wohl noch leben würde. Eines Tages fiel der Teil des Beines unterhalb des Tumors ab. In einem Versuch, den Beinstumpf zu desinfizieren, rieb Baku Salz auf die Wunde. Bwangis Schreie drangen bis in den entlegensten Winkel des Lagers. Eine

Gruppe von Männern saß eng zusammengekauert in meiner Hütte – sie schüttelten alle nur traurig die Köpfe.

Mehrmals unternahmen wir den Versuch, Bokumbis Frau in das Krankenhaus von Belemboké zu bringen. Die Umstände schienen sich aber gegen uns verschworen zu haben. Beide Fahrzeuge des World-Wildlife-Fund funktionierten nicht; im ganzen Land war das Benzin knapp, und das Busch-Taxi hatte daher seine täglichen Fahrten eingestellt; die Straße war in einem fürchterlichen Zustand, selbst wenn es uns gelungen wäre, ein Auto aufzutreiben, hätte Ngbali die Fahrt möglicherweise nicht lebend überstanden. Jeden Tag mußte ich Bokumbi und Ngbali melden, daß nichts zu machen war. Sie wußte, daß sie im Sterben lag, und ihre einzige Hoffnung bestand darin, nach Belemboké zu gelangen. Manchmal schaute sie mich an und sagte flehend: »Looyay, gibt es denn kein Auto?« »Nein, Ngbali, heute nicht«, war alles, was ich über die Lippen brachte. Wie hätte ich ihr denn diese ganze verdammte Welt erklären können, mit ihren Machenschaften, ihren gottlosen ökonomischen Strategien und ihren verrückten und eitlen Ideen, die dazu führen konnten, daß kein Auto zur Verfügung stand? Wie hätte ich ihr erklären können, daß das Schicksal einen gerne auf so grausame Weise zum Narren hielt, daß das Glück sich einen perversen Spaß daraus machte, einen im Stich zu lassen.

Später ergriff eine seltsame Ruhe sowohl von Ngbali als auch von Bokumbi Besitz. Das erleichterte mir den Umgang mit ihnen, gleichzeitig war es aber auch äußerst beängstigend. Wenn ich ihre Hütte aufsuchte und fragte, wie Ngbali sich fühle, antwortete Bokumbi mir jedesmal. »Sie sitzt«, und der ausgeglichene, ruhige Ton seiner Stimme zeugte von Resignation und Sichfügen. Ich hatte das schon vorher erlebt, bei Akunga, als sein Sohn im Sterben gelegen hatte, und jetzt wußte ich, worauf es zurückzuführen war, obwohl ich es nur widerstrebend zugab – auf den Glauben an *gundu*, an Hexerei.

Als ich mich in Büchern über die Pygmäen informiert

hatte, war ich auch auf Ausführungen darüber gestoßen, daß die Pygmäen bestimmte Todesfälle auf Hexerei zurückführen. Meine Lektüre hatte mich aber nicht darauf vorbereitet, daß plötzlich ganz Amopolo diesem Glauben anhing. Die Bayaka schienen jetzt überzeugt zu sein, daß Hexerei die Ursache eines jeden Todesfalls, ja des Todes an sich, sei. So etwas wie einen natürlichen Tod gab es für sie nicht mehr. Krankheit, Unfälle, sogar Tod aufgrund von Altersschwäche – alles hatte seine Wurzeln in *gundu.* Obwohl sie leicht erregbar waren, waren die Bayaka mir immer als realistische Menschen vorgekommen, und als ich jetzt feststellen mußte, wie weitverbreitet der Glaube an *gundu* war, war ich schockiert. Ich hatte das Gefühl, daß ich noch nicht einmal angefangen hatte, das, was in ihnen vorging, zu verstehen.

Viel später versuchte ich herauszufinden, wie *gundu* angeblich funktionierte. Wenn überhaupt, bekam ich sehr vage Antworten, als ob die Bayaka nur ungern darüber sprächen. Mobo erklärte es mir sehr vorsichtig so: »Vielleicht stiehlt sich jemand in der Nacht, wenn du schläfst, in deine Hütte und trägt dich nach draußen und läßt dich im Wald zurück.«

»Wenn jemand versuchte, mich wegzutragen, wenn ich schlafe«, antwortete ich, »würde ich doch aufwachen.«

»Vielleicht wachst du nicht auf, vielleicht hat er eine Macht, die dich weiterschlafen läßt.«

»Wenn ich dann am Morgen aufwache, bin ich im Wald?«

»Vielleicht denkst du, daß du noch in deiner Hütte bist«, lautete seine geheimnisvolle Antwort.

»Hast du jemals gesehen, wie jemand *gundu* gebraucht?« fragte ich.

»Nie«, gab Mobo zu.

»Wie weißt du denn, daß es wirklich *gundu* gibt?«

»Vielleicht gibt es *gundu* wirklich«, war alles, was er sagte.

Damals wußte ich jedoch nur, daß *gundu* Hexerei bedeutete.

Überall wurde über *gundu* gesprochen, und die Bayaka steigerten sich in höchste Erregung hinein. Sie warfen sich Anschuldigungen an den Kopf, hitzige Diskussionen brachen aus und drohten, in Gewalttätigkeiten auszuarten. Als zwei weitere Jugendliche plötzlich starben – wahrscheinlich an zerebraler Malaria – hatte das eine Wirkung, die mich entsetzte. Ich hatte nie zuvor versucht, Einfluß auf ihre Bräuche und Denkgewohnheiten zu nehmen, jetzt aber bemühte ich mich, sie davon zu überzeugen, daß *gundu* mit den Todesfällen nichts zu tun habe. Genausogut hätte ich versuchen können, eine Flutwelle mit einem Teelöffel aufzuhalten. »Louis kennt uns Bayaka wirklich nicht gut genug«, meinte Joboko zu den anderen nach einer meiner Tiraden gegen *gundu*, »wenn er uns kennen würde, würde er wissen, wie oft wir *gundu* verwenden.«

Meine eigene hysterische Angst vor den Moskitos kam ohne weiteres an ihre Furcht vor *gundu* heran. Die Tatsache, daß so viele Opfer Jugendliche gewesen waren, ließ mich jetzt besonders um Ngbali bangen. Ich brachte ihr immer noch jeden Abend eine Räucherspirale, es hatte sich aber herumgesprochen, wie wirksam diese Spiralen waren, und andere bombardierten mich mit Bitten, ihnen ebenfalls welche zu geben. Sie glaubten mir wohl nicht, daß sie ihr Leben retten konnten, indem sie sie abbrannten, schätzten sie aber, weil sie durch sie von den Moskitos erlöst wurden. Wenn ich einem von ihnen seine Bitte abschlug, machte ich mir hinterher Sorgen, daß Ngbali ihm ihre Spirale geben könnte, und verteilte also schließlich immer mehr von den Dingern, was mich eine beträchtliche Summe kostete.

Ich drängte Ngbali weiterhin, daß sie endlich zu einem Entschluß kommen sollte, was unsere Ehe betraf. Ich bat sogar ihre Tanten um Hilfe. Nach ein paar Wochen schien sich meine Hartnäckigkeit auszuzahlen: Eines Nachmittags arrangierten ihre Tanten ein Treffen zwischen uns beiden, bei dem sie als Vermittlerinnen fungierten. Indem sie ihre Tanten anredete, obwohl sie neben mir saß, zählte

Ngbali ihre Einwände auf: Ihr Vater, Sombolo, habe sie mit Scham erfüllt, indem er in Bomandjombo herumgeprahlt habe, daß seine Tochter mit einem weißen Mann schlafe; wenn sie mit mir zusammenzöge, würde er uns nie mehr in Ruhe lassen, sondern uns unaufhörlich mit Bitten um Geld für Schnaps belästigen; und wenn ich erst einmal mit ihr geschlafen hätte, würde ich vermutlich jedes Interesse an ihr verlieren und mir eine neue Frau suchen.

Ich tat mein Bestes, ihre Befürchtungen zu zerstreuen: Sie solle sich nicht schämen, meine Frau zu sein – ich selbst sei stolz darauf, daß sie mir gehöre, und wolle, daß das die ganze Welt erfahre. Ich würde ihren Vater kategorisch ermahnen, daß er keinen von uns beiden um Geld für seinen Schnaps angehen solle; und vor allem, ich würde nie Augen für eine andere Frau als sie haben. Ngbali sagte wieder etwas zu ihren Tanten, sie sprach so rasch, daß ich sie nicht verstand. Als man es mir übersetzte, mochte ich meinen Ohren nicht trauen: Ngbali würde noch in dieser Nacht mit mir schlafen!

An diesem Abend ging ich voll freudiger Erwartung zu unserem Rendezvous in ihrer Hütte. Ngbali empfing mich jedoch mit einem mürrischen Gesicht und erklärte, daß sie Kopfschmerzen habe. Sofort war ich aufs äußerste beunruhigt. Kopfschmerzen, das konnte nur eines bedeuten: Zerebrale Malaria! Ich rannte los, um meine Medikamente zu holen. Als ich mit einem halben Dutzend verschiedener Arzneimittel und einer Spritze zu ihr zurückhastete, wurde mir klar, daß ich ihre Worte wahrscheinlich falsch gedeutet hatte – sie war gar nicht krank, sie hatte bloß auf die älteste Ausrede der Welt zurückgegriffen. Mehrere Minuten lang redete ich auf sie ein; ich bat sie inständig, daß sie es einfach sagen sollte, wenn sie nicht mit mir schlafen wolle, ich würde sie nicht dazu zwingen. Aber sie solle bitte nicht behaupten, Kopfschmerzen zu haben, wenn es nicht wahr sei. Sie hatte mir erzählt, daß sie starke Schmerzen habe, aber jetzt ließ sie sich erweichen und sagte: »Mein Kopf tut ein bißchen weh.« Ich gab ihr eine Aspirin und trottete alleine zu meiner Hütte zurück.

In der gleichen unerklärlichen Weise, in der das große Sterben ausgebrochen war, ging es dann wieder zu Ende. Die Moskitos waren genauso zahlreich wie zuvor, die Malaria grassierte immer noch, aber der Tod schien das Leichentuch wieder von uns wegzuziehen. Wer hätte sagen können, warum? Ganz allmählich wurde die Stimmung wieder besser, die Anspannung ließ nach, als wir instinktiv spürten, daß das Schlimmste hinter uns lag. Der Tod hatte uns aber noch nicht ganz verlassen. Bokumbis Ngbali und Bakus Frau kämpften immer noch um ihr Leben, aber es war uns allen klar, daß sie bald sterben würden.

Die Jugendlichen, die Gruppe, die am meisten betroffen worden war, erholten sich als erste. Bald gab es jede Nacht wieder ein *élanda*, während einzelne Familien noch weiter ihre Toten betrauerten. Ich war kein *élanda*-Fan, aber bei den ersten Gelegenheiten, bei denen ich es wieder vernahm, meinte ich, einen Segen zu hören. Manchmal nahm ich sogar eine solche Veranstaltung auf. Ngbali war immer dabei und amüsierte sich wie wild. Ich konnte über ihr unverwüstliches Naturell nur staunen.

Als das Leben wieder in die gewohnten Bahnen zurückkehrte, das heißt, alles wieder mehr oder weniger so war wie nach den Ejengi-Zeremonien, quälte mich immer öfter ein Gedanke, der mir einmal spät in einer Nacht gekommen war. Die *élandas* fanden oft auf der großen Lichtung in der Nähe meiner Hütte statt und dauerten immer noch lange, nachdem die Erwachsenen – und auch ich – schon schlafen gegangen waren, an. Eines Nachts lag ich im Bett, hörte der Musik zu und sperrte die Ohren auf, um Ngbalis Stimme aus denen der anderen herauszuhören. Mir fiel auf, daß sie jedesmal, wenn ich ihr übermütiges Lachen vernahm, den Namen Kukpatas rief. Kukpata war der populärste junge Trommler in Amopolo. Ich fuhr alle Antennen aus. Was ging da vor? Das *élanda* ging bis tief in die Nacht hinein, und obwohl die Schar der Teilnehmer allmählich kleiner wurde, blieben Ngbali und Kukpata bis zum Ende.

Am Morgen danach kam mir mein Argwohn absurd vor, es war ein Phantom, das die Dunkelheit und der Zweifel hatten aufsteigen lassen und das sich in den ersten Strahlen der tropischen Sonne in Nichts auflöste. Natürlich konnte einen meine sogenannte Ehe in den Wahnsinn treiben. Ich wußte nie, ob ich Ngbali einfach bedingungslos bewundern sollte, weil sie die Meine war, oder ob ich weiterhin ein kritisches Auge auf sie werfen sollte, weil sie mir nicht gehörte. Jetzt, im Licht des hellen Tages, sagte ich mir, daß ich mich gegen die aus dieser Unsicherheit geborene Eifersucht wappnen mußte. Aber als in der Nacht wieder ein *élanda* begann, kehrte das Unbehagen zurück. Sowohl Ngbali als auch Kukpata nahmen daran teil, und sie rief mehrmals seinen Namen.

An den folgenden Tagen erhielt mein Argwohn neue Nahrung: Kukpata war eindeutig hingerissen von Ngbali. Er verbrachte jetzt viel Zeit damit, auf einem Baumstamm zu sitzen, von dem aus er einen guten Blick auf ihre Hütte hatte. Als ich einmal an ihm vorüberging, hörte ich ihn tatsächlich seufzen. Erwiderte Ngbali seine Gefühle? Ich hatte keinen Zweifel daran, daß sie gemerkt hatte, wie vernarrt Kukpata in sie war, und daß sie ihm noch Mut machte, da sie immer auf Teufel heraus flirtete. Einmal beobachtete ich, wie sie bei einem *élanda* Kukpata zweimal hintereinander dazu bestimmte, nach ihr ein Solo zu tanzen. War das nur ihre übliche Koketterie, oder war es ernst gemeint?

Ich sah Ngbali jetzt oft in einem pinkfarbenen T-Shirt. Eine der bezauberndsten Gewohnheiten von Pärchen, die »fest miteinander gingen«, war es, Kleidungsstücke auszutauschen, und am liebsten trugen sie ein T-Shirt des Partners. Ich konnte mich schwach daran erinnern, Kukpata ein rosa T-Shirt gegeben zu haben, wußte aber nicht mehr, ob das Hemd, das ich Ngbali geschenkt hatte, ebenfalls diese Farbe gehabt hatte. Eigentlich war das auch egal, denn es waren mindestens ein Dutzend rosa T-Shirts im Umlauf, und Ngbali konnte ohne weiteres eins durch Tausch bekommen haben. Wie ich mich quälte! War es ein Zufall, daß immer, wenn Ngbali das rosa T-Shirt trug, Kukpata gar keins anhatte? Und daß, wenn Kukpata sich in einem rosa Hemd sehen ließ, Ngbali keines am Leibe trug?

Manchmal redete ich mir selbst ein, daß Ngbali sich nicht für Kukpata interessiere, daß sie nur mich wolle. Für die Verhältnisse der Bayaka war ich ein Multi-Milliardär, was in jeder Kultur einen starken Anreiz darstellte. Ich war an einer Ehe interessiert, nicht an einer Affäre. Ich war bereit, Ngbalis Bedingungen zu akzeptieren und ihr zuliebe auf meine Familie und meine Heimat zu verzichten. Ihre Eltern und Verwandten waren für unsere Ehe – das ganze Dorf würde von unserer Verbindung profitieren. Eine Stunde später gelangte ich aber zu einer gegenteiligen Ansicht: Ngbali war eine solche Traditionalistin, daß es nur logisch war, wenn sie den beliebtesten Trommler der Siedlung dem weißen Mann vorzog, der zwar wohlhabend war, sich aber noch nicht einmal aufs Honigsammeln verstand! Und so debattierte ich endlos mit mir selbst – und es schien alles von diesem rosa T-Shirt abzuhängen.

Ungefähr um diese Zeit starb Bokumbis Ngbali. Ich hatte angenommen, daß ihr Tod den anderen nicht so nahegehen würde, aber ich hatte mich geirrt. Das *élélo* erreichte eine emotionelle Intensität, die mich betroffen machte. Bokumbi saß in seiner Hütte, die mit trauernden Frauen angefüllt war. Ab und zu trat eine Pause in ihrem Klagen ein; dann schrie Bokumbi etwas mit einer tiefen, heiseren, von unermeßlichem Leid getränkten Stimme, und die Seufzer und klagenden Schreie der Frauen erhoben sich von neuem und wurden immer lauter, bis die ganze Hütte von diesem gespenstigen Durcheinander von Stimmen ins Schwanken und Beben gebracht zu werden schien. Nach einiger Zeit konnte ich es nicht mehr ertragen und zog mich in meine eigene Hütte zurück.

Später in dieser Nacht schweiften die Frauen durch die Siedlung und sangen ihr rituelles *limboku*. Es war überirdisch schön, voll tiefer, trällernder Untertöne – ein bewegender Abschiedsgesang für eine der Ihren.

Mit der Zeit wuchs meine Unruhe wegen Kukpata immer mehr. Nachts war er oft in meiner Hütte, er stand dort, wohin der Schein meiner Lampe nicht drang, und schaute zu, wie ich schrieb. Andere taten genau dasselbe, aber es war etwas Unheimliches an der Art, wie Kukpata schweigend dastand, mich stundenlang unentwegt anstarrte und – ich wußte nicht was – in seinem Kopf bewegte. Immer wenn Sombolo hereinkam und über Ngbali zu sprechen begann, war Kukpata zufällig in der Nähe und hörte aufmerksam zu.

Dann hörte ich – und das war das Merkwürdigste von allem – immer öfter, wie Kukpatas Name in der ganzen Siedlung im Flüsterton ausgesprochen wurde. Als ich eines Tages mit einigen Männer zusammensaß, stieß Sombolo plötzlich heftig hervor, daß er, wenn Kukpata jemals Ngbali ermorden würde, diesen höchstpersönlich mit einem Messer erstechen werde. »Was?« blökte ich erstaunt. Aber die Männer taten so, als gäbe es nichts zu erklären.

Kukpata wurde allmählich einem der Schatten, in denen er ständig zu lauern schien, immer ähnlicher. Ich saß manchmal spät in der Nacht an meinem Tisch, kritzelte beim Schein der Lampe meine Wörter aufs Papier und wurde dann von einem winzigen Lufthauch oder einer ganz kurzen Unruhe in der Dunkelheit dazu veranlaßt, mich zur Tür umzudrehen. Zuerst konnte ich immer, vom hellen Licht der Lampe geblendet, nichts erkennen. Wenn sich meine Augen aber an die Dunkelheit gewöhnt hatten, sah ich Kukpata geisterhaft in der entferntesten und dunkelsten Ecke meiner Hütte schweben. Wenn ich ihn fragte, ob er etwas von mir wolle, sagte er einfach: »Nein«.

Ein paar Tage später wurde offenbar, daß sich da unter der Oberfläche etwas Bedrohliches für Kukpata zusammengebraut hatte: Er hatte das Weite gesucht – warum, das wußte ich allerdings immer noch nicht.

In der nächsten Nacht saß ich mit Adamo und ein paar anderen zusammen, als in meinem Rücken plötzlich ein

Tumult ausbrach. Als ich mich umdrehte, sah ich, wie Kukpatas Vater Wadimo seinen Sohn an einem Seil, das er ihm um den Hals gelegt hatte, aus seiner Hütte schleppte. Kukpata, der die Hände in die Schlinge gesteckt hatte, damit sie sich nicht zuzog, wehrte sich. Er wurde von Akunga, Joboko, Singali und vielen anderen vorwärtsgestoßen oder geschleift. Einmal versetzte Wadimo ihm einen Hieb auf den Kopf und schrie: »Die Leute sterben! Die Leute sterben!«

Ich fühlte mich irgendwie für Kukpatas Notlage verantwortlich. Es deutete alles darauf hin, daß die Bayaka ihn töten würden.

»Was geht denn hier vor?« fragte ich. Meine Stimme war ganz schwach und zittrig, weil ich dieses abscheuliche Schuldgefühl verspürte.

»Weiß ich nicht!« rief Adamo, obwohl ganz klar war, daß er es durchaus wußte. Der sich immer noch sträubende Kukpata wurde von seinem Vater und den anderen über einen Dschungelpfad weggeschleift.

Erschüttert ging ich zu Mobo hinüber, der an dem Ganzen nicht beteiligt gewesen war. Er war dabei, in aller Gelassenheit Kohlenstückchen in den Kopf seiner Bambuspfeife zu füllen.

»Warum haben sie Kukpata weggeschleppt?« fragte ich.

»Er hat Leute getötet«, antwortete Mobo ganz sachlich. »Kukpatas *gundu* ist unglaublich stark.«

Wenn Mobo, der für seine Fähigkeit, sich unsichtbar zu machen, berühmt war, das sagte, hatte es Gewicht. Ich hielt dem entgegen, daß es nicht möglich sei und daß Kukpata am wenigsten von allen Grund dazu hätte, jemanden zu töten. Während ich noch redete, merkte ich jedoch, daß ich irgendwo in meinem Innersten von meinen eigenen Argumenten unbeeindruckt war, ja, daß ich mich erleichtert fühlte, weil der Mann, der meine Ängste verursacht hatte, aus dem Weg geräumt worden war.

Die ganze Nacht hindurch brütete ich finster über die häßliche Wendung nach, die die Ereignisse genommen hatten; meine Gedanken verfolgten mich bis in den Schlaf.

Ich kam zu dem Schluß, daß es kein Zufall gewesen sein konnte, daß mein persönliches Unbehagen und der Verdacht der ganzen Gemeinde gegen Kukpata gleichzeitig entstanden waren. Es mußte eine Art von telepathischer Gedankenübermittlung zwischen uns gegeben haben. Der Glaube an *gundu* war in den Bayaka so tief verwurzelt, daß ich mich zu fragen begann, ob nicht vielleicht doch etwas daran war. Ich fürchtete beinahe, daß es so sein könnte. Vielleicht erklärten die Bayaka mit *gundu* ein wirklich existierendes Phänomen. Ich hatte schon seit langem geglaubt, daß es eine Art von Telepathie auf der Ebene des Unterbewußtseins gab, und diese neue Erfahrung nahm mir die letzten Zweifel. Ich hatte die Gedanken und Gefühle der Gemeinde empfangen und sie in eine unbegründete Eifersucht auf Kukpata umgesetzt. Aber nein – es war genau andersrum gewesen. Meine Eifersucht war von etwas Realem, wenn auch völlig Belanglosem, ausgelöst worden – es waren die Ängste der Bayaka, die unbegründet waren, denn der arme Kukpata hatte sicherlich niemanden umgebracht. Ich hatte, indem ich meiner Mißstimmung freien Lauf gelassen hatte, die ganze Gemeinde angesteckt, meine Gefühle waren in jenes telepathische Übertragungssystem hineingeströmt und hatten Verheerendes angerichtet. Ja, dachte ich, als ich in jenem Bereich zwischen Bewußtsein und Schlaf schwebte, in dem einem alles glasklar zu sein scheint, es war wirklich so: böse Gedanken – Eifersucht, Haß – konnten töten; man brauchte noch nicht einmal einen Finger zu rühren.

Mehrere Tage lang war keine Spur mehr von Kukpata zu sehen, und die Krise schien zu Ende zu sein. Ich entspannte mich wieder. Das Geheimnis des rosa T-Shirts verlor jegliche Bedeutung. Eines Tages nahm ich allen Mut zusammen und fragte Sombolo, ob man das »Problem Kukpata« gelöst habe. Seine fröhliche Miene schwand, für einen Augenblick lag tiefe Melancholie auf seinen Zügen, und er nickte traurig mit dem Kopf. Ich schloß daraus, daß Kukpata verbannt worden war, damit wieder Harmonie in der Gemeinde herrschte.

Die Erfahrungen, die ich bis zu diesem Zeitpunkt mit den Bayaka gemacht hatte, waren ganz anders gewesen; ich hätte nie gedacht, daß sie zu solch einer drastischen Maßnahme greifen würden, und ihr Glaube an *gundu* und der tiefe Schrecken, den die Magie in ihnen auslöste, erschütterten mich wirklich. Ich hatte das Gefühl, sie nicht mehr zu kennen, und glaubte, daß sie zu allem Möglichen fähig wären.

Aber, siehe da, nach einiger Zeit tauchte Kukpata wieder auf, und seinem Verhalten war überhaupt nicht anzumerken, was er und wir durchgemacht hatten. Es war, als sei nichts geschehen. Bemerkenswerterweise verschwand mein früherer Argwohn spurlos. Kukpata besuchte mich bald wieder jede Nacht, um mir beim Schreiben zuzusehen, aber jetzt hatte die Art, wie er beharrlich im Schatten verweilte, nichts Ominöses mehr an sich: Es war nur eine Angewohnheit, die einer liebenswerten kindlichen Schüchternheit entsprang. Ich fühlte mich nicht mehr bedroht, sondern verspürte echte Zuneigung zu ihm.

Als Amopolo wieder aus der kollektiven Hysterie emportauchte, hob sich das alltägliche Elend der Gemeinde noch schärfer als zuvor ab. Die Bayaka waren hoch verschuldet, und die Siedlung war eine Art von Arbeitslager geworden. Fast alle Männer mußten *mbo*-Arbeiten verrichten; sie kamen jeden Nachmittag mit Bündeln von Palmblättern, die sie auf den Köpfen balancierten, aus den Raffiasümpfen zurück. Abends kamen dann die Leute aus dem Dorf, um die Palmblätter abzuholen. Sie drückten immer den Wert eines jeden Bündels herab, so daß am Ende die Arbeit eines ganzen Tages einem Bayaka nur ein paar Francs einbrachte. Die Dorfleute machten einen Profit von vierhundert Prozent, wenn sie das aus den Palmblättern hergestellte Flechtwerk verkauften. Aber auch in Bomandjombo herrschte Not, und die Bewohner handelten aus Verzweiflung. Amopolo jedoch war, was die Wirtschaftslage betraf, wirklich ganz nach unten gesunken, und es sah so aus, als ob es dort bleiben würde. Als ich aber einmal schüchtern vorschlug, daß wir wieder in den Wald ziehen sollten, reagierten die Bayaka sehr ablehnend. Ich fand es merkwürdig, daß Joboko, dessen Sohn in Amopolo krank geworden und gestorben war, meinte, daß der Urwald zu gefährlich sei und daß dort zu viele Leute ums Leben kämen.

Hier und da hungerten die Leute nicht mehr nur, sondern sie verhungerten. Bakus vierjähriger Sohn Baja lag im Sterben. Erst spielte er nicht mehr mit den anderen Kindern, dann konnte er nicht einmal mehr gehen. Jeden Tag saß er hinter der Hütte seiner Eltern, ruhig und still, als ob er sich dessen bewußt wäre, bald sterben zu müssen. Sein kolossaler Kopf saß auf einem dürren Stecken von Hals; er sah alt und weise aus. Jedesmal, wenn ich an ihm vorüberging, rief er leise, aber deutlich meinen Namen, und wenn ich mich dann umdrehte, um seinen Gruß zu erwidern, indem ich seinen Namen aussprach, antwortete er nur mit einem kurzen Nicken. Dieses weise, schwache Nicken wirkte auf mich wie ein Vorwurf, und manchmal schlug ich einen anderen Weg ein, um nicht an ihm vorbeizukommen.

Wenn die Hitze am frühen Nachmittag lähmend wurde, hing der Gestank von menschlichen Exkremten wie eine Glocke über Amopolo. Die Bayaka beklagten sich darüber, aber keiner von ihnen versuchte, Abhilfe zu schaffen. Die Kinder schissen direkt hinter den Hütten, und es vergingen meistens Tage, bis jemand die Haufen beseitigte. Wenn die Männer nicht in den Raffiasümpfen Blätter sammelten und die Frauen nicht auf den Maniok-Feldern der Dorfleute schufteten, hockten sie alle einfach inmitten der Sandflöhe, des Drecks und des Abfalls und knabberten an Palmnüssen oder Stücken von gekochten Maniok-Knollen, die wie Erbrochenes rochen. Eines Tages durchzuckte mich der Gedanke, daß sie auf ihrem eigenen Friedhof lebten.

Ich blieb bei ihnen, wahrscheinlich nur, weil ich Ngbali immer noch liebte, auch wenn ich kaum noch darauf hoffen konnte, daß sie meine Gefühle jemals erwidern würde. Aber dann wurde mir immer stärker bewußt, daß ich ja durchaus die Möglichkeit hatte, diese zum Untergang verdammten Seelen zu verlassen und in einer anderen Welt ein neues Leben zu beginnen. Wilde Trauer schoß in mir hoch, wenn ich daran dachte, daß Ngbali zu diesen Verdammten gehörte, aber in einer Willensanstrengung versetzte ich mich wieder in jene andere Welt hinein, und nach einiger Zeit gelangte ich zu der Überzeugung, daß ich tatsächlich wieder in sie zurückkehren könnte. Vielleicht war es noch nicht zu spät. Mein wachsender Zorn auf Ngbali konnte vielleicht das Sprungbrett werden, das ich brauchte. Ich entschloß mich, diesen Zorn zu nähren, bis er zu einer unbezähmbaren Wut anstieg, die mich aus Amopolo herauskatapultieren würde.

Es war meine Gewohnheit, die glühendheißen Nachmittagsstunden auf meinem Bett ausgestreckt zu verdösen. Eines Nachmittags schlich sich eine Gruppe von Kindern, die zwischen drei und fünf Jahre alt waren, von Singalis unbezähmbarem Sohn Elimbo angeführt, in meine Hütte. Sie sangen »Looyay, Looyay, Looyay«, und als ich verschlafen die Augen öffnete, ergriffen sie kichernd die Flucht. Sie kamen aber bald zurück, und von da an erschienen sie jeden Tag. Nach einiger Zeit tat ich nur noch so, als ob ich eingenickt sei, damit das Spiel von neuem beginnen konnte. Ich fing an, über diese Kinder nachzudenken, von denen die meisten so jung waren, daß sie sich nicht an eine Zeit erinnern konnten, in der es mich nicht gegeben hatte. Ich war hingerissen von ihrem unbeschwerten Lachen, ihrer unumwundenen Zuneigung zu mir, ihrem Vertrauen darauf, daß ich immer da sein würde. Ich wußte, was wahrscheinlich in Amopolo auf sie zukommen würde – wie konnte ich sie da im Stich lassen! So erfand ich immer wieder Gründe dafür, noch ein bißchen länger in Amopolo zu bleiben.

Yondumbé

Ich hatte immer wieder davon gesprochen, daß wir auf dem Hügel auf der anderen Seite des Flusses eine zweite Siedlung gründen sollten. Ich glaubte, daß die höhere Lage eine entscheidende Verbesserung mit sich bringen würde, und wenn wir weiter wegzögen, würden wir sicherlich bei den Behörden von Bomandjombo auf Widerstand stoßen. Aber die Bayaka hatten so sehr mit ihren Leiden und ihren Zwangsvorstellungen zu tun gehabt, daß sie mir kaum Gehör geschenkt hatten. Ich war daher überrascht, als Singali eines Tages in meine Hütte kam und mir mit einiger Erregung in der Stimme mitteilte, daß er es müde sei, den Häuptling für die *bilo* zu spielen, und die Zeit gekommen sei, sich weiter von Bomandjombo zu entfernen. Er und seine Männer hätten schon den idealen Platz für Amopolo II gefunden.

Am nächsten Tag ging ich mit Mabuti und Singali los, um mir diesen Ort anzusehen. Wir überquerten die Brücke, stiegen den Hügel hinauf und marschierten immer weiter. Bald lag die Stelle, die ich ausgesucht hatte, schon um einiges hinter uns. Obwohl es mir persönlich gefiel, daß wir immer weiter gingen, machte ich mir Sorgen darüber, daß die Behörden sich einem solchen Umzug in den Weg stellen würden. Mabuti und Singali stritten die ganze Zeit darüber, ob der Platz, den sie im Auge hatten, zwei oder drei Kilometer vom Dorf entfernt war. Nachdem wir ungefähr eine Meile zurückgelegt hatten, hielten sie an und sagten: »Hier ist es.«

Wir standen vor der letzten verwilderten Pflanzung, hinter der schon der unberührte Urwald aufragte. Ich erkannte die Stelle sofort wieder: Vor mir wölbte sich der Blütenbogen, der einst meine Vision ausgelöst hatte! Die Ranken blühten nicht mehr, und der Bogen selbst war von Pflanzengirlanden überwuchert, aber ich erkannte ihn sofort. Und jetzt wurde mir die wahre Bedeutung dieses Symbols klar: Hier war die Stelle, wo wir unser neues Leben beginnen würden. Ich wußte, daß uns ein harter Kampf bevorstand. Wenn wir ein paar Monate im Wald lebten, war das in Ordnung, wenn wir aber ein neues Dorf aufbauten, bedeutete das eine einschneidende Veränderung, die uns wahrscheinlich Probleme mit der Obrigkeit einbringen würde. Ich wußte aber auch, daß die Bayaka recht hatten, wenn sie halbherzige Änderungen ablehnten, sich also mit dem Platz, den ich ausgesucht hatte, nicht zufrieden gaben. Ich würde um diesen Platz kämpfen, den Ort meiner Vision, auch wenn die Behörden mich deswegen am Ende zwingen würden, die Bayaka zu verlassen.

Am nächsten Morgen zog ich mit einem Arbeitstrupp, zu dem auch Sombolo gehörte, aus, und wir nahmen die große Aufgabe, den Platz zu roden, in Angriff. Um die Mittagszeit wurden wir von einem Mann aus dem Dorf entdeckt, der prompt die Behörden informierte. Am darauffolgenden Tag zitierte mich der Bürgermeister in sein Büro und wies mich an, mit dem Unsinn aufzuhören. Ich könnte nicht mir nichts dir nichts ein ganzes Dorf verlegen – ich bräuchte dafür eine offizielle Genehmigung, seine Genehmigung, und die werde er mir nicht geben. Ich wußte, daß er seine Gründe hatte. Oft durchkämmten seine Wachen in den frühen Morgenstunden Amopolo und schleppten Männer fort, damit sie einen Tag lang ohne Bezahlung in Bomandjombo Arbeiten verrichteten. Seit meiner Ankunft hatten sich die Bayaka immer häufiger dieser Form der Versklavung entzogen, indem sie in den Wald geflohen waren, so daß die Wachen oft unverrichteter Dinge wieder abgezogen waren. Der Bürgermeister hatte also in der Vergangenheit schon Grund dafür gehabt zu bedauern, daß ich gekommen war, und jetzt war ich dabei, ihm sein ganzes Reservoir an Arbeitskräften wegzunehmen.

Aber ich blieb hartnäckig. Ich reichte den schriftlichen

Antrag ein, die Bayaka-Siedlung wegen der unhaltbaren hygienischen Zustände und der Gesundheitsgefährdung der Einwohner zu verlegen. Der Bürgermeister konterte, indem er offizielle Nachforschungen der Polizei über meine Aktivitäten anordnete und den Polizeichef ausdrücklich anwies, irgend etwas aufzuspüren, aufgrund dessen man mich loswerden könne. Ich wurde zwei Tag lang verhört. Ich unterbreitete meinen Fall Biléma, dem Häuptling der Sanghasangha, und er gab mir seine uneingeschränkte Unterstützung. Dorfbewohner, die auf die *mbo*-Arbeit der Bayaka angewiesen waren, um zurechtzukommen, erschienen bei mir, um sich über die Verlegung der Siedlung zu beschweren. Ich nahm mir immer die Zeit, ihnen ausführlich zu erklären, warum die Bayaka Amopolo verlassen mußten, und am Ende gaben mir die meisten von ihnen, wenn auch widerstrebend, recht.

Ich war mir überhaupt nicht sicher, daß ich Erfolg haben würde, und befürchtete sogar, daß man mich in die Verbannung schicken könnte. Aber endlich hatte meine Anwesenheit in Amopolo für mich eine Bedeutung bekommen; ich hatte, als ich zum erstenmal einen Fuß in die Siedlung gesetzt hatte, gespürt, daß ich hierhergezogen worden war, um eine Aufgabe zu erfüllen. Es hatte schon etwas Schicksalhaftes an sich gehabt, wie es mich damals getrieben hatte, nur mit einem One-Way-Ticket und fünfhundert Dollar in der Tasche, die große Reise anzutreten.

Ich verstand jetzt auch meine starke Reaktion auf die *mokoondi*, die mich immer etwas verblüfft hatte. Ich hatte immer gewußt, daß sich hinter den *mokoondi* die Männer verbargen, trotzdem hatte ich aber das Gefühl gehabt, daß sie gleichzeitig noch etwas mehr als nur diese vermummten Männer waren. Jedesmal, wenn ich mir die Aufnahmen von meinem ersten Besuch angehört hatte, hatten mich ihre mißtönenden Schreie in Erregung versetzt, und schließlich hatten sie mich zu den Bayaka zurückgerufen. Jetzt meinte ich zu wissen, woran das gelegen hatte: Sie hatten mit diesen Schreien ums Überleben gekämpft. Als die

Menschen immer tiefer in Armut versanken und immer mehr verkamen, hatten die *mokoondi* ihre Stimmen erhoben und einen Sirenengesang begonnen, um jemanden zu sich zu locken, der sie erlösen würde. Ich begriff jetzt sogar, warum Ejengi solche Verwüstungen angerichtet hatte. Er hatte den Verfallsprozeß beschleunigt, um ihn deutlicher hervortreten zu lassen, hatte alles auf die Spitze getrieben, so daß es nicht länger ingoriert werden konnte.

Jetzt, wo sich mir das alles zu einem vollständigen Bild zusammenfügte, konnte ich die Bayaka nur dafür bewundern, wie sie mich auf diesen Augenblick vorbereitet hatten. Sie hatten mich ins Innerste ihrer Welt gezogen und behutsam auf mich eingewirkt, bis ich mich mit der Idee anfreundete, für immer bei ihnen zu bleiben, ja sogar gar nicht mehr wußte, daß ich eine andere Wahl hatte. Sie hatten mir eine imaginäre Autorität über sich verliehen, die ich – wenn auch nur widerwillig – angenommen hatte, so daß ich sie jetzt, ohne überhaupt darüber nachzudenken, in ein gelobtes Land führte. Dieses ganze Programm war wohl kaum bewußt durchgeführt worden, dazu schien es viel zu subtil und zu komplex zu sein, und es schien sich über eine zu lange Frist zu erstrecken. Die chaotischen und unberechenbaren täglichen Ereignisse hatten überdies die allgemeine Entwicklung verschleiert. Aber diese Entwicklung war zweifellos eingetreten, so als wären die Bayaka von einer höheren Weisheit oder einem Instinkt geleitet worden, einem Vermögen, das noch stärker war als die Summe ihrer individuellen Fähigkeiten.

Ich fragte mich, ob Ngbali etwas von meiner Auseinandersetzung mit dem Bürgermeister, dem Kampf, den ich kämpfte, und dem Risiko, das ich einging, mitbekam. Nichts in ihrem Verhalten deutete darauf hin. Ihr einziges Zugeständnis bestand darin, daß sie mir erlaubte, sie häufiger anzublicken; dabei schien sie aber völlig unbeteiligt zu sein. Paradoxerweise verlieh mir die Angst, sie verloren haben zu können, mehr Mut für meine Zusammenstöße mit den Behörden, zu denen es täglich kam, als diese ihre

Untersuchungen durchführten. Ich wurde geradezu tollkühn – was hatte ich denn noch zu verlieren – und machte die wildesten Vorhersagen darüber, was die Umsiedlung uns alles an Gutem einbringen würde.

In einem schriftlichen Statement wagte ich die Prophezeiung, daß die Bayaka noch vor dem Ende des folgenden Jahres ihre Musik in Amerika vorstellen würden. Bomandjombo würde an ihrem Ruhm teilhaben, und das Geld würde nur so in das Dorf hineinfließen. Tatsächlich traten die Bayaka später in Paris auf und kehrten als Helden – und mit viel Geld – in ihre Heimat zurück. Der Polizeichef befürwortete meinen Vorschlag gegenüber dem Bürgermeister, und der Bürgermeister, der andeutete, daß auch er gerne einmal Amerika besuchen würde, erteilte offiziell seinen Segen. Wir konnten endlich umziehen.

Die Bayaka selbst waren aber noch nicht so weit. Zum einen stand man bei den Einwohnern von Bomandjombo mit einer Gesamtsumme von mehr als einhundert Dollar in der Kreide. Die Bayaka wollten ihre Schulden jetzt auf einen Schlag begleichen: Sie rechneten sich aus, daß sie das zu einem weiteren Monat – oder auch zwei – Arbeit in den Raffiasümpfen verpflichten würde. Dafür, daß ich ihnen zusicherte, sie mit dem Minimum an Tabak und Marihuana zu versorgen (die Forderung nach *mbaku* wies ich kategorisch zurück), das sie täglich brauchten, und ihnen hin und wieder ein Stück Seife, ein paar Batterien, ein Tütchen Salz, eine Handvoll Erdnüsse zukommen zu lassen, versprachen sie mir, fleißig zu arbeiten, bis sie alle alten Schulden zurückgezahlt hatten, und keine neuen zu machen. Sie hielten Wort.

Um unseren Anspruch auf den neuen Platz aufrechtzuerhalten, aber auch um die erste meiner vielen Vorhersagen gegenüber den Behörden Wirklichkeit werden zu lassen, stellte ich einen Arbeitstrupp zusammen, der aus sechs Jugendlichen bestand, die von Andrea angeführt wurden. Ihre Aufgabe war es, auf dem neuen Gelände zehn Latrinen anzulegen. Andrea hatte die Bayaka von Mosapola mit bemerkenswertem Erfolg bei der Arbeit gehalten. Mit der Mannschaft von Amopolo gelang ihr das ebenfalls. Jeden Morgen kam sie um sieben Uhr in ihrem Kleinlaster herbei. Ihre Leute ließen sich die Autofahrt zu ihrem Arbeitsplatz nie entgehen. Wenn sie nachmittags, auf der Ladefläche sitzend, zurückkehrten, sangen sie. Der langsam näherkommende Klang ihrer Stimmen zauberte ein Lächeln auf die Züge aller, die in Amopolo zurückgeblieben waren, und erfüllte uns mit Selbstvertrauen.

Im großen und ganzen ging das Leben weiter wie zuvor, aber die Aussicht darauf, daß in Amopolo II alles besser sein würde, ließ die Umstände viel weniger deprimierend erscheinen. Mokokos Frau Sao brachte ihr erstes Kind zur Welt. Es war eine ungewöhnlich schwere Geburt. Sao lag zwei Tage lang in den Wehen. In der zweiten Nacht lag sie vor Schmerzen schreiend in ihrer Hütte, eine Gruppe besorgter Frauen hatte sich um sie geschart, während eine Gruppe beunruhigter Männer draußen auf dem Boden hockte. Mowooma begann sie anzureden, das heißt, er sprach mit lauter Stimme in Richtung ihrer Hütte: sie sei doch eine bedeutende Persönlichkeit, die Frau des ältesten Sohnes des Häuptlings, warum müsse sie uns also derart erschrecken? Sie solle einfach das Baby zur Welt bringen, damit alles vorbei sei und wir alle in dieser Nacht in Frieden schlafen könnten! Genau in diesem Moment gebar Sao ein Mädchen.

Und meine Beziehung zu Ngbali? Da gab es die üblichen Höhen und Tiefen. Manchmal vergingen Tage, ohne daß ich sie überhaupt zu Gesicht bekam. Dann wieder besuchten mich ihre Mutter und ihre Großmutter in meiner Hütte, und schließlich wurde ich zu einem Mahl in ihre Hütte eingeladen, das von Ngbali höchstpersönlich serviert wurde. Wenn ich ihr dann aber weitere Besuche abstattete oder ihr kleine Geschenke überreichte, zog sie sich zurück, nahm eine indifferente Haltung an oder wirkte ganz einfach schüchtern. Entmutigt nahm ich dann von weiteren

Avancen Abstand und wartete darauf, daß ihre Mutter mich besuchte, um das Ganze wieder von vorne beginnen zu können. Einmal waren die Frauen ein paar Tage lang eifrig damit beschäftigt, sich neue Tätowierungen zuzulegen. Als ich mich mit einer von ihnen unterhielt, bemerkte ich beiläufig, daß ich *mateé* sehr attraktiv fände. Am nächsten Tag tauchte Ngbali mit einem Gesicht auf, das so voller Tätowierungen war wie kaum ein zweites in Amopolo. War das eine Reaktion auf das, was ich gesagt hatte, fragte ich mich, oder hätte sie sich diese Tätowierungen in jedem Fall zugelegt?

Vielleicht durch die Zuversicht inspiriert, mit der ich der Zukunft entgegensah, schrieb ich jetzt mehr als je zuvor. Oft fragte ich mich, ob wohl schon jemals unter den prüfenden Blicken so vieler Zuschauer ein Buch entstanden war. Eines Nachts standen Ndoko und Bokia an gegenüberliegenden Enden meines Tisches, während ich mit dem vierten Kapitel kämpfte. Im Wechsel wiesen sie sich gegenseitig auf meine Fähigkeiten hin, so als ob ich gar nicht anwesend wäre. Jeder versuchte die Ruhmesreden des anderen zu überbieten; sie trugen immer dicker auf, bis sie mich schließlich mit Jesus Christus verglichen. Nachdem sie auch meine Großzügigkeit in angemessener Weise herausgestrichen hatten, beschrieben sie die Geschenke, die sie sich von mir erwarteten. Bokia wünschte sich ein »kleines Radio«, Ndoko hingegen wollte nichts Extravagantes, er gab sich mit einer Taschenlampe zufrieden. Würde der weiße Mann ihnen diese Dinge geben? Einen kurzen Augenblick lang zuckte Zweifel in ihnen auf, aber dann triumphierte das Vertrauen. Natürlich würde er sie ihnen geben! Als sie wieder mit ihren Lobpreisungen anfingen, schmiß ich sie raus.

Manchmal schienen die Bayaka mich einzig aus dem Grund aufzusuchen, um kleine Theaterstücke aufführen zu können. Einmal betraten Dabusu und Musako meine Hütte; sie hatten sich in ihre besten Kleider geworfen und sahen genau wie zwei Leute aus dem Dorf aus. Musako hatte sogar eine Sonnenbrille auf der Nase. Fast eine Stunde lang taten sie so, als stritten sie. Augenscheinlich wollten sie mir eine Freude damit machen, aber sie sprachen auf Sango, und ich verstand kein einziges Wort. Dann zogen sie wieder ab – ohne mich um eine Zigarette gebeten zu haben! Andere Besuche galten überhaupt nicht meiner Person, sondern fanden aus rein praktischen Gründen statt. So kamen einmal Biléma und Lalié mit Engulé zu mir, um diesem im Schein meiner Lampe einen Splitter herauszuziehen. Fünfzehn Minuten lang mußte ich mitanhören, wie Engulé vor Schmerz stöhnte, als Lalié mit einer Sicherheitsnadel in seinem Finger herumbohrte, und wie Biléma während dieser Prozedur unaufhörlich gute Ratschläge aus sich raussprudelte. Einmal kam ein alter Mann namens Momboli zu mir. Vom Palmwein beschwipst, bestand er darauf, daß ich ihn, wenn ich in meinem »Papier« etwas über ihn schrieb, unter keinen Umständen Momboli nennen sollte; es gebe zu viele Mombolis, einen in Mosapola, einen in Emona und sogar einen am Mokala-River im Kongo! Nein, ich solle ihn *Contre-Boeuf* nennen, auf diese Weise könne es keine Verwechslung geben.

Spät in der Nacht, sehr spät, wenn es so aussah, als schliefen alle, stahl sich oft Balonyona in meine Hütte. Er trippelte auf Zehenspitzen hinter meinen Rücken, beugte sich vor und flüsterte nur das eine Wort in mein Ohr: »Schokolade«. Ich hatte ihn einmal, mit verschwörerischer Miene, von meinem heißen Kakao kosten lassen, und er war zu dem Schluß gekommen, daß es ein Getränk sein müsse, das es in sich hatte, eine Art von Superkaffee, den man nur heimlich genießen konnte, wenn die anderen, vor allem die Kinder, es nicht mitbekamen. Wenn ich Balonyona dann seinen Kakao reichte, schlürfte er ihn mit feierlichem Gesicht und beteuerte jedesmal, daß er niemals, wirklich niemals, zulassen würde, daß ein Kind auch nur den Geruch von Schokolade in die Nase bekäme. Das könnte gefährlich sein! Er, ein erwachsener Mann, könne bereits spüren, wie die Schokolade »nach seinen Augen greife«, und dabei habe er doch die Tasse erst zur Hälfte geleert! In dieser Nacht werde er keinen Schlaf finden, die Schokolade sei heute einfach zu stark. Und so redete er weiter, bis er den letzten Tropfen getrunken hatte. Dann schwor er noch einmal, daß er den Kindern nie etwas sagen werde, und schlüpfte wieder aus der Hütte, um im Dunkel der Nacht zu verschwinden.

Eines Tages teilte man mir mit, daß die Latrinen fertig seien. Ich gab das am Abend den anderen bekannt und erwartete, daß jedermann am nächsten Morgen auf das neue Gelände ziehen würde. Aber die Bayaka begannen diesen Tag wie jeden anderen. Niemand packte seine Sachen zusammen. Da sie ihre Schulden fast vollständig abgearbeitet hatten, fragte ich sie, warum sie zögerten. Sie antworteten mir, daß sie gar nicht zögerten; die Frauen müßten erst ausziehen und das Gelände vom Gestrüpp säubern und die Hütten bauen. Okay, sagte ich, dann sollen sie es tun.

Eine Woche lang war eine Gruppe von Frauen unter der Führung von Esoosi damit beschäftigt, Plätze zu schaffen, auf denen man die ersten Hütten errichten konnte. Meine Hütte und zwei andere wurden aufgebaut, dann kam die Arbeit wieder zum Erliegen. Aus den Tagen wurden Wochen, und immer noch rührte sich niemand. Ich spürte, daß die Bayaka unzufrieden waren, und sie beklagten sich hinter meinem Rücken bei Mike und Andrea, daß der neue Lagerplatz zu weit von Bomandjombo entfernt sei. Ich bemerkte, daß einige Männer wieder mit der Arbeit an ihren Bambushütten in Amopolo begannen. Mowooma hatte die seine erst vor kurzem fertiggestellt, es war ein richtiger Palast geworden, und mir kam plötzlich der Gedanke, daß er sie vielleicht nicht gerne wieder verlassen würde; es wäre nur verständlich. So ungefähr die einzige, die noch darauf brannte, umzuziehen, war Bakus Frau. Sie war derart dahingeschwunden, daß sich die Decke, unter der sie Tag und Nacht lag, kaum noch wölbte. Sie rief mich jetzt jeden Tag zu sich herüber und fragte, ob wir uns noch nicht in Bewegung setzten. Und jeden Tag antwortete ich, daß wir es vielleicht morgen tun würden. Schließlich wurde mir klar, daß ich als erster in das neue Lager übersiedeln müßte, ich hatte aber auch Angst, Ngbali zurückzulassen. Ich wollte irgendeine Garantie dafür, daß sie und ihre Familie mir folgen würden. Keine der Frauen aus ihrer weitverzweigten Familie hatte bislang den neuen Lagerplatz besucht.

Ein Monat ging ins Land. Als ich mir einmal den Platz auf dem Hügel anschaute, war ich beunruhigt, als ich sah, in welchem Ausmaß ihn sich der Urwald schon wieder zurückerobert hatte. Dann starb eines Tages Bakus Frau – nur ungefähr eine Stunde, nachdem sie mich wieder gefragt hatte, wann wir umziehen würden. Als das *élélo* begann, stieg eine wilde, rasende Verzweiflung in mir hoch. Zehn Minuten später aber verstummten die Klagen plötzlich, und Mokoko kam zu mir, um mir mitzuteilen, daß Bakus Frau wieder zum Leben erwacht sei. Gott wolle sie noch nicht, erklärte er, und habe sie zurückgeschickt.

Eines Nachmittags ließ man mich in Mowoomas Hütte kommen. Na großartig, dachte ich zynisch, als ich hinüberging, Ngbali wird mir wieder ein Essen vorsetzen. Aber ich irrte mich. Mowooma hatte ein großes Stück Fleisch, das er mir verkaufen wollte. Da ich kein Geld hatte, wollte er es mir auf Kredit geben. Meine Frau, Ngbali, würde es für mich zubereiten, sagte er. Sie könne es am Abend braten, und ich könne es dann gleich am Morgen essen. Ngbali war die ganze Zeit dabei, sie lag verführerisch träge auf einer Schilfmatte ausgestreckt, hatte den Kopf in den Schoß einer ihrer Tanten gebettet und schaute mir lange und ungeniert in die Augen.

Endlich wurde mir eine unzweideutige Botschaft übermittelt, und Ngbali schien das offensichtlich zu billigen: Sie war doch meine Frau! Als ich aber am nächsten Tag wieder zu Mowooma ging, um mein Mahl einzunehmen, war von Ngbali keine Spur zu sehen. Ihre Mutter bediente mich statt ihrer. Als ich mich beiläufig erkundigte, wo ihre Tochter sei, sagte sie mir, daß sie zu Sombolo und seinen Leuten unterwegs sei, die schon seit einem Monat im Wald lebten. Sie würde zwei Wochen lang bei ihnen bleiben.

Ich brütete mindestens eine Stunde lang in meiner Hütte vor mich hin. Dann war mir klar, daß es jetzt, da Ngbali weg war, nichts mehr gab, was mich in Amopolo hielt. Ich konnte zum neuen Lagerplatz umsiedeln. Am nächsten Tag ging ich in das Dorf und kaufte einen Vorrat an Ölsardinen und Brot. Als ich wieder in Amopolo war, packte ich meine Sachen zusammen und wartete auf eine Mitfahrgelegenheit. Alle scharten sich um mich.

»Ziehst du wirklich heute um?« fragten sie.

»Ich ziehe wirklich um«, antwortete ich, »ich werde Sardinen und Brot essen und den Frieden und die Ruhe genießen. Ihr könnt meinetwegen alle hier bleiben – ihr macht sowieso zuviel Krach. Ich verlasse Amopolo für immer.«

Am Nachmittag kam Anna Kretsinger mit einem Lastwagen. Sie war die erste freiwillige Helferin des Peace Corps gewesen, die nach Bomandjombo entsandt worden war, und jetzt, zwei Jahre später, war sie zurückgekehrt, um an dem Dzanga-Sangha-Projekt mitzuarbeiten. Als wir gerade wegfahren wollten, hörten wir einen Schrei. Simbu und seine Frau Mandubu sprangen mit einem in aller Hast vollgestopften Tragekorb auf die Ladefläche. Anna fuhr uns die einundeinehalbe Meile zu dem neuen Gelände und ließ uns aussteigen. Sie versprach, in ein paar Tagen nach mir zu sehen und mir noch mehr Sardinen zu bringen.

Und dann waren wir drei allein.

Drei Tage und Nächte lang hatten Simbu, Mandubu und ich Yondumbé ganz für uns. Das Lager war nach dem Ndumbe, einem Fluß, der uns unser Trinkwasser lieferte, benannt worden. Das vage, aber bedrückende Gefühl, eine Mission erfüllen zu müssen, die Vorstellung, Werkzeug des Schicksals zu sein, die im Laufe der Jahre stärker geworden war und eine eigene Spannung in mir aufgebaut hatte, wichen ganz plötzlich von mir.

Ich mochte die Bewegung und die Aktivitäten im Himmel über uns, wenn die Sonne hinter den Bäumen versank und es in unserem Pionierlager in dem Maße, in dem die Schatten wuchsen, kühler wurde. Wolken segelten majestätisch vorbei, und unter ihnen veranstalteten alle Arten von fliegenden Geschöpfen ein grandioses Schauspiel. Graupapageien glitten auf dem Weg zu ihren Schlafplätzen vorüber und erfüllten die Luft mit ihren gellenden Pfiffen. Schwarze Nashornvögel stiegen auf, stießen ab und zu einen Krächzer aus, ließen sich kurz auf Baumwipfeln nieder, bevor sie sich wieder auf ihren Weg machten. Kleinere schwarz-weiße Nashornvögel führten eindrucksvolle Flugmanöver aus, sie sausten im Sturzflug herab und verschwanden irgendwo über dem Urwald. Fledermäuse wirbelten überall herum, ihre durchdringenden schrillen Schreie waren für das menschliche Ohr gerade noch wahrnehmbar. Blaue Turakos kamen zu Gruppen von vier oder fünf in den Bäumen zusammen, und mehrere Minuten lang stiegen ihre kollernden Schreie in den klaren Abendhimmel.

In der Nacht hallten die langgezogenen Rufe der Baumschliefer durch den Wald. Eulen riefen sich gegenseitig etwas zu – immer hörte man aus der einen Richtung eine Reihe tiefer Schreie, denen dann aus der anderen ein helles *wooo!* folgte, das sich beängstigend menschlich anhörte. Eines Morgens sprachen Simbu und ich darüber, was für ein guter Platz Yondumbé aufgrund des Wildreichtums sei. Daß Affen und Baumschliefer da waren, war seiner Meinung nach ein Segen, als ich dann aber anfing, das *wooo* einer Eule zu imitieren, unterbrach er mich rasch und sagte: »Mach dir keine Sorgen – die werden verschwinden, wenn mehr Menschen hierher kommen.«

Nach ein paar Tagen besuchten uns die ersten Bayaka aus Amopolo. Sie kamen, um zu sehen, wie es uns ging, um Zigaretten zu bitten, vor allem aber um sich ihr neues Heim anzuschauen. Sie waren alle ungewöhnlich aufgeräumt, es schien fast so, als ob sie ein wildes Freudengefühl mit Mühe unter Kontrolle hielten, und was sie sahen, gefiel ihnen offenbar sehr. Diejenigen, die lange genug blieben, um die alltägliche Flugshow mitzubekommen, konnten Ausrufe des Entzückens nicht unterdrücken.

Biléma und Bosso waren die ersten, die zu uns zogen. Sie erzählten mir, daß einen Tag nach meinem Weggang die baufällige Hütte von Balonyona eingestürzt war und daß er jetzt mit seiner Familie in meiner hauste. Engulé und Mbina kamen als nächste, ihnen folgten Mobo und seine Angehörigen. Danach setzte ein stetiger Zuwanderungsfluß ein, und als Sombolo mit Yéyé auftauchte, um einen Platz für seine Hütte abzustecken und vom Gestrüpp zu befreien, war ich überglücklich. Nach zwei Wochen waren nur noch Joboko und Wadimo und ihre Sippen in Amopolo. Sogar Mowooma hatte, anscheinend ohne es zu bedauern, seine grandiose Hütte den Elementen überlassen.

Einer der ersten, der sich fest in Yondumbé niederließ, war Baku. Er trug seine Frau zu uns heraus und brachte sie in einer Hütte unter, die Mandubu gebaut hatte. Dann ging er nach Amopolo zurück und holte den kleinen Baja. Ich erinnere mich an einen Nachmittag, an dem ich mit Baku und einigen anderen Männern auf einem alten Termitenhügel saß, der sich schon ein paar Meter innerhalb des Waldes befand. Plötzlich tauchte Baja auf dem Pfad auf. Er legte den Weg mit unendlicher Vorsicht zurück, hielt an, um Zweige und Blätter von jeder Stelle wegzuräumen, auf die er seinen Fuß zu setzen gedachte. Er brauchte eine halbe Stunde, um zu uns zu gelangen. Als er an einem hohen Baum mit glattem Stamm vorbeikam, lehnte er den Kopf in den Nacken und starrte in die riesige Krone hinauf, die sich vor dem Himmel abzeichnete. So stand er zehn Minuten lang. Ab und zu tätschelte er den Baum sanft.

In der Nacht starb seine Mutter, aber dieses eine Mal löste ein Todesfall keine Hysterie aus, und niemand wurde bezichtigt, *gundu* eingesetzt zu haben. Nur die engere Familie nahm an dem *élélo* teil, und am Morgen wurde die Verstorbene in aller Stille beigesetzt. Eine Woche lang trug ich Baja jeden Tag zu seinem Baum und gab ihm eine

Büchse Sardinen. Er war eine Stunde damit beschäftigt, sie zu verspeisen, da er immer nur ein winziges Stück nach dem anderen in den Mund nahm. Zuerst hatte ich keine Hoffnung, daß er am Leben bleiben würde, aber, wie der Rest von uns, hatte auch er das Schlimmste hinter sich. Er überlebte.

Mit unserem Umzug fand eine verhaßte Tradition ihr Ende: die *mbo*-Arbeit. Es vergingen viele Monate, bevor die Männer wieder in die Raffiasümpfe hinabstiegen, und dann taten sie es, um Blätter für die Dächer ihrer eigenen Bambushütten zu sammeln. Die Männer hatten wieder genug Zeit, auf die Jagd zu gehen – was sie auch jeden Tag taten, so als hätten sie gerade erst die Freuden ihrer alten Lebensweise entdeckt.

Eines Nachts hockte die Eule mit der menschlichen Stimme in einem Baum hinter Bakus Hütte. Ungefähr alle dreißig Sekunden schrie sie: *wooo!* Baku ließ sich nach einiger Zeit zu einer Antwort provozieren: »Aw! Laß mich in Ruhe!« *Wooo!* schrie die Eule. »Hau ab!« rief Baku. »Such dir jemand anders! Ich besitze nichts. Ich habe meine Frau in der Erde begraben. Ich will heute nacht nur schlafen.« *»Wooo!«* »Gut, also was hab' ich dir getan? Warum belästigst du mich? Es gibt noch viele andere Leute in Yondumbé. Geh weg!« *»Wooo!«* »Gut, das reicht! Ich werde nicht schlafen, ich werde hier mit offenen Augen bis zur Morgendämmerung liegen. Du brauchst also deine Zeit nicht mit mir zu verschwenden, du könntest irgendwo anders hingehen.« *»Wooo!«*

Ich mußte vor mich hinlachen, aber dann erbarmte ich mich Bakus und rief ihm zu, daß es doch nur ein Vogel sei.

»Ja, das ist richtig – nur ein Vogel!« bestätigte nervös die halbe Bevölkerung Yondumbés, und ich begriff, daß alle voller Anspannung dem Dialog Bakus mit der Eule zugehört hatten.

Ich fühlte mich in Yondumbé recht glücklich; ich meinte sogar, daß ich einen Grund hatte, stolz zu sein. Ich hatte mich danach gesehnt, echte Bayaka ausfindig zu machen, deren Urwaldkultur noch nicht von Einflüssen der Außenwelt verdorben worden war. Aber was, fragte ich mich jetzt, hätte ich in einer solchen Kultur mit meinen Zigaretten und Geschenken bewirkt? Ich hätte doch nur Korruption, Neid und Rivalität entstehen lassen. Was aber die Bayaka von Amopolo betraf, so konnte ich mit Fug und Recht behaupten, daß ich ihnen einiges Gutes gebracht hatte.

Aber ich konnte mir selbst noch nicht gratulieren. Ich wußte noch nicht, was Ngbali sagen würde, wenn sie Yondumbé zu Gesicht bekäme. Manchmal redete ich mir selbst ein, daß sie auf eine solche Tat von mir gewartet hatte, um einen Beweis für die Ehrenhaftigkeit meiner Absichten zu erhalten. Aber dann machte ich mir mit genauso überzeugenden Argumenten klar, daß sie noch viel zu jung war, um solch einen Wunsch zu verspüren.

An dem Tag, an dem sie zurückkam, setzte ich mich nachmittags zu ihr und ihren Angehörigen, um die Geschichten über ihre Urwaldabenteuer mitanzuhören. Hin und wieder hielt sie im Reden inne, um in der Runde herumzublicken, und ich merkte, daß sie erfreut war, mich zu sehen. Am Abend lud man mich zum Essen, und als Ngbali mir das Mahl servierte, wußte ich, daß unsere Beziehung wieder auf ein Hoch zusteuerte. Diesmal, so nahm ich mir vor, würde ich es nicht zerstören, indem ich zu stürmisch vorpreschte. Vielleicht war Ngbali trotz ihrer Jugend so weise, wie es mir manchmal vorkam. Ich begriff jetzt erst, was sie vermutlich schon immer gewußt hatte: daß sie es niemals vermocht hätte, ihr Volk zu verlassen, um mit mir in Amerika zu leben, und daß ich es nicht geschafft hätte, den Rest meines Lebens in Amopolo zu verbringen und zuzusehen, wie die Bayaka verkamen und ausgebeutet wurden.

Kurze Zeit nach Ngbalis Rückkehr trafen Joboko und Wadimo mit ihren Familien ein. Sie waren noch in der alten Siedlung geblieben, um Jobokos jüngere Schwester, die nach einer kurzen heftigen Krankheit gestorben war, zu begraben. Es war die letzte Tragödie, die sich in Amopolo abspielte. Ich ging ein paar Tage später hin und verspürte tiefe Befriedigung, als ich die verlassenen und verfallenen Hütten, die Berge von Abfall sah und den schmutzigen Sand, auf den die Sonne wütend herunterbrannte. Was für ein Trümmerhaufen dachte ich! Wir waren gerade noch davongekommen.

Eines Nachts wanderten die Männer durch unser neues Dorf und hielten ihre *so*-Zeremonie ab. Ich schloß mich ihnen an und machte meine erste Aufnahme seit Monaten. Von der Zeremonie ging eine große heilende Kraft aus. Es war, als brächten die Männer mit ihrem Tanz den ganzen Kosmos wieder ins Lot.

Am Abend darauf zogen Ngbali und mehrere andere Mädchen durch Yondumbé und sangen ihre *limngokoo*-Lieder. Der Gesang war schön, aber ich wußte, daß das, was später in der Nacht kommen würde, wenn sich alle Männer zurückgezogen hatten und die Frauen ihren eigenen *mokoondi* herbeiriefen, noch um vieles schöner sein würde. Ich saß vor meiner Hütte und hörte den Mädchen zu und verspürte am ganzen Körper ein lustvolles Kribbeln, das ich zuletzt vor Jahrzehnten verspürt hatte, als ich ein Kind gewesen war und vor Aufregung in der langen Nacht vor dem Weihnachtsmorgen keinen Schlaf gefunden hatte. Ich hatte gedacht, daß Alter und Erfahrung ein solches Gefühl ein für allemal ausgelöscht hätten, aber es war wiedergekommen, und ich gab mich ihm genüßlich hin. Es war die Vorfreude auf die Nacht die kommen würde, die Nacht, in der Ngbali endlich mir gehören würde. Dann würde man auch bis zum Morgengrauen den Klang der Frauenstimmen vernehmen, und ihr Gesang würde sich wie ein Segen anhören.

Als die Männer anfingen, sich in ihre Hütten zurückzuziehen und ich mich darauf vorbereitete, meine Behausung aufzusuchen, kam die alte Esoosi und fragte etwas besorgt, ob ich vorhabe, das *limngokoo* der Frauen aufzuzeichnen. »Kommt gar nicht in Frage«, sagte ich, »ich bin ein Mann.

Ich werde wie die anderen Männer von meinem Bett aus zuhören.« Esoosi lachte und ging los, um sich zum Chor der anderen Frauen zu gesellen.

In dieser Nacht hörte ich den beglückendsten Gesang der Welt.

Anhang

Das Dzanga-Sangha-Dense-Forest-Reservat

Die in diesem Buch berichteten Ereignisse haben sich im Südwesten der Zentralafrikanischen Republik abgespielt, in einem Territorium, das heute das Dzanga-Sangha-Dense-Forest-Reservat ist. Auf dem Gebiet dieses Reservats gibt es zwei neugeschaffene Nationalparks: den Dzanga-Park im Osten und den Ndoki-Park im äußersten Süden. Das Reservat und beide Parks werden in Zusammenarbeit mit der Regierung der Zentralafrikanischen Republik vom World Wide Fund for Nature finanziert. Jegliche Jagd, die Urbarmachung des Landes und jede kommerzielle Ausbeutung sind grundsätzlich verboten. Für die Bedürfnisse der vielen Tausend Menschen, die in diesem Gebiet leben, ist in der Gründungscharta Rechnung getragen worden. Kontrollierte Urbarmachung des Landes und die Jagd mit traditionellen Methoden sind erlaubt. In einer Region ist die Jagd auf Großwild, vor allem auf den Bongo, die größte aller Waldantilopen, gestattet. Diese Safaris werden sorgfältig überwacht, sie bringen der Wirtschaft der Region jene Einnahmen, die sie dringend braucht.

Leider gestattet die Charta aber auch die kommerzielle Nutzung des Regenwaldes, und in jüngster Zeit haben mehrere Gesellschaften Interesse daran bekundet, das einst stillgelegte Sägewerk von Bomandjombo wieder in Betrieb zu nehmen. Der Regenwald kann sich zwar von kontrolliert vorgenommenen Rodungen bis zu einem gewissen Grad wieder erholen, es gibt aber andere, viel schlimmere Auswirkungen. Die für den Holzabtransport angelegten Wege machen große Gebiete des Dschungels den Wilderern zugänglich. Auf lange Sicht ist der Holzabbau wirtschaftlich nicht lohnend; die erste Gesellschaft, die auf dem Gebiet des Reservats tätig wurde, ging bankrott, und ein Versuch, das Sägewerk wieder zum Leben zu erwecken, scheiterte 1989.

Für die Bayaka wäre eine Wiederaufnahme des Holzabbaus eine Katastrophe. Der Lohn, den sie sich im Sägewerk verdienen könnten, würde sie dazu verführen, ihre traditionellen Tätigkeiten aufzugeben. Für ein paar Pennies pro Baum würden sie dabei helfen, ihren eigenen Wald zu zerstören. Das Geld, das sie verdienen, könnte den Verlust nie wettmachen. Es würde mit Sicherheit noch mehr Alkoholismus geben, die gesellschaftliche Ordnung würde sich auflösen, es würde zu mehr Gewalttätigkeiten kommen, die Menschen würden von Hunger und Unterernährung bedroht sein. Die Bayaka selbst hätten auf viele soziale und ökonomische Faktoren, die zu diesem Mißstand führen würden, keinen Einfluß.

Das Dzanga-Sangha-Reservat und seine Charta bieten den Bayaka eine Reihe vielversprechender Möglichkeiten; einiges davon wird schon in die Tat umgesetzt. Aber der Holzabbau würde allen positiven Entwicklungen ein Ende setzen. Ich selbst bin dafür, daß man ein für alle Mal die kommerzielle Nutzung des Waldes auf dem Gebiet des Reservats verbietet. Dies kann jedoch nur geschehen, wenn man die nötigen Mittel aufbringt, um die entsprechenden Kozessionen für eine Forstwirtschaft erwerben oder pachten zu können.

Die Erhaltung des Regenwaldes und der Schutz der Kultur seiner ursprünglichen Bewohner fällt nicht nur in den Verantwortungsbereich der Nationen, auf deren Territorien es Regenwälder gibt. Im Gegenteil: Die Hauptverantwortung liegt vor allem bei den Industrienationen, welche die Möglichkeit haben, den Ländern, die um wirtschaftliche Entwicklung bemüht sind, andere Wege zum Aufbau einer eigenen Wirtschaft zu öffnen.

Wenn Sie daran mitwirken wollen, daß das Dzanga-Sangha-Projekt ein Erfolg wird, senden Sie bitte eine Geldspende an folgende Adresse:

Umweltstiftung WWF-Deutschland
Infodienst
60591 Frankfurt
Tel. 069/605003-58
Spendenkonto 6600-600 Postgiroamt Frankfurt
Stichwort: Dzanga-Sangha
BLZ 50010060

Diskografie

Die meisten Anthologien traditioneller afrikanischer Musik enthalten auch ein, zwei Lieder der Pygmäen. In die folgende Diskografie wurden Schallplatten aufgenommen, die weitgehend oder ausschließlich der Musik der Pygmäen gewidmet sind. Sie wurde von Fred Gales von der Universität Amsterdam zusammengestellt; ich habe einige Kommentare angefügt.

Arom, Simha, *Music of the Ba-Benzelé Pygmies*. Barenreiter Musicaphon Bm 30 L2303. 1965. Die fünfzehn Titel liefern eine ausgezeichnete Einführung in die Musik der Ba-Benjellé. Einige der Interpreten, darunter Adamos Schwiegervater, leben heute in Monasao. Die fünf gesungenen Fabeln sind besonders gut.
–, *Anthologie des Pygmées Aka*. Ocora 558526/7/8 (3 Lps) 1978. Auch als CD. Hervorragende Aufnahmen von den Aka, die in der Nähe des ungefähr siebzig Meilen südlich von Bangui liegenden Dorfes Mongoumba leben. Schöne Aufnahme von *mobandi*, der Musik, die man macht, bevor man am nächsten Tag zum Einsammeln des wilden Honigs aufbricht.
–, *Aka Pygmy Music*. Philips 6586016. 1973. Weitere Aufnahmen aus derselben Region.
–, *Baka Pygmy Music*. EMI/Odeon 3 C 064-18265. 1977. Auch als CD. Das einzige verfügbare Album mit Musik der Baka aus dem nördlichen Kamerun. Enthält schöne Beispiele für »Wasser-Trommel-Musik«: Junge Mädchen singen und schlagen dazu im Rhythmus auf die Oberfläche eines Urwaldflusses.

Arrigoni, Georges, *Cérémonie du Bobé chez les Pygmées du Nord Congo*. Ocora C 560010. 1991. Nur als CD. Ich kenne diese Aufnahmen nicht. Drei verschiedene Pygmäen-Gruppen sind an ihnen beteiligt: Ba-Ngombé (Baka), Ba-Benjellé (Bayaka) und Mikaya. Aufgenommen in der Nähe von Ouesso im nördlichen Kongo.

Bonnaud, Fredy. *Pygmées.* Playasound PS 333509. In den siebziger Jahren bei den Aka aufgenommen.

Demolin, Didier, *Pygmées du Haut-Zaire, Kano-Efe-Asua.* Fonti Musicali FMD 190. 1991. Nur als CD. Exzellenter Überblick über die Musik der Pygmäen im Wald von Ituri.
–, *Polyphonies des Pygmées Efe.* Fonti Musicali FMD 185. 1990. Ich kenne diese Aufnahmen nicht, aber sie sind sicher gut. Die Efe sind die einzigen Pygmäen, die fast ausschließlich mit Pfeil und Bogen jagen.

Guillaume, H., *Chasseurs Pygmées.* ORSTAM.SELAF Ceto 795. 1982. Musik der Aka. Die Aufnahmen vermitteln auch einen guten Eindruck von den im Urwald herrschenden akustischen Verhältnissen. Enthält die einzigen Beispiele für *mbiti*-Musik. *Mbiti* ist ein Bogen, den die Frauen aus einem Schößling, einem großen Blatt und einem Strick aus Raffiafasern herstellen.

Huchin, C., *Chants et Danses Pygmées.* Chant du Monde LDY 4176. 1957. Im nördlichen Kongo aufgenommen. Ich kenne diese Aufnahmen nicht.

Quersin, Benoit, *Polyphonies Mongo: Batwa, Ekonda.* Ocora OCR 53. 1971. Die Batwa-Pygmäen scheinen ihren ursprünglichen musikalischen Stil verloren zu haben. Sie imitieren heute die Musik ihrer nicht-pygmäischen Nachbarn. Die Twa leben zusammen mit den Ekona, die keine Pygmäen sind. Die Musik der Ekonda weist ebenfalls eine polyphone Struktur auf, was darauf hindeutet, daß sie in der Vergangenheit von der der Pygmäen beeinflußt wurde. Seite A enthält Musik der Batwa; Seite B Musik der Ekonda. Aufgenommen in der Nähe des Lake Tumba in Zentral-Zaire. Eine faszinierende Platte.

Sallee, Pierre, *Musique des Pygmées Bibayak.* Ocora 558504. 1975. Auch als CD. Aufnahmen von den Baka im nördlichen Gabun aus den Jahren 1966 und 1973. Enthält auch einen Auszug aus einer Ejengi-Zeremonie; der Geist heißt bei den Bibayak »Tsinghi«.

Tracey, Hugh, *Mbuti Pygmy*. International Library of African Music, *The Sound of Africa series* TR-125. 1952. Viele kurze Aufnahmen von den Pygmäen aus dem Wald von Ituri.

Turnbull, Colin, *The Pygmies of the Ituri Forest.* Folkways Ethnic Series FE 4457. 1958. Seit Turnbull diese Aufnahmen machte, haben sich die technischen Möglichkeiten verbessert; sie gehören aber immer noch zu den besten.
–, *Music of the Rain Forest Pygmies of North-east Congo*. Lyrichord LLST 7157. 1967. Weitere exzellente Aufnahmen von den Pygmäen im Wald von Ituri.

[Unbekannt], *Polyphony of Deep Rain-Forest: The Music of Pygmy in Ituri*. Victor VDP 1100 CD / Ethnic Sound. 1983. Nicht so interessant wie die Aufnahmen Demolins und Turnbulls aus dem Wald von Ituri. Anmerkungen auf Japanisch.

Einige meiner eigenen Aufnahmen sind auf Musikkassetten erhältlich:

Mokoondi. Zu beziehen über: South Photosynthesis, P.O. Box 2111, Mill Valley, CA 94942-2111. Auszüge aus einer Zeremonie, bei der die Bayaka die *mokoondi* herbeirufen, um einen wichtigen Jagdzug vorzubereiten. 1989 in Amopolo aufgenommen.

Voices of the Forest. Zu beziehen über: Henry W. Targoswski, 16 Langridge, Rhyl Street, London NW 5 4LY, England. Anthologie der Bayaka-Musik, einschließlich typischer Urwald-Geräusche. Sehr suggestiv. Enthält die einzig existierende Aufnahme von einem »Erd-Bogen«. Aufgenommen in Amopolo, Mombongo, Sao-sao und Yondumbé, 1986-1992.

Bayaka Harp Songs. Zu beziehen über: Sound Reporters, P.O. Box 10214, 10001 EE Amsterdam, Niederlande. Eine Sammlung von *geedal*-Stücken, vorgetragen von drei Spielern: Balonyona, Mamadu und Akété, die in den meisten Titeln von einem Chor und einer Rhythmusgruppe begleitet werden. 1987 in Amopolo aufgenommen.

Thomas Ross
im Carl Hanser Verlag

Der Tod des heiligen Baumes
Bericht aus dem innersten Indien

1991. Gebunden. 353 Seiten

»Der heilige Baum steht in der Nähe eines kleinen Dorfes am Punpun-Fluß im Süden des indischen Bundeslandes Bihar. Der Fluß wird Dorf und Baum zum Schicksal, denn die Ingenieure in der fernen Landeshauptstadt Patna haben beschlossen, dort einen Staudamm zu bauen. Thomas Ross hat dieses Dorf, dessen Namen und genaue Lage er uns nicht verrät, besucht, noch ehe von diesen Plänen die Rede war. Er hat die Bauern dort kennen- und schätzengelernt und sich dann mit ihrem Schicksal identifiziert. Als Chronist schildert er in diesem Buch, das sich streckenweise wie ein spannender Roman liest, wie sich die Wolken des Schicksals über dem Dorf auftürmen, bis die Polizei ein Blutbad unter den Menschen anrichtet, die den heiligen Baum umklammern und gegen die anrückenden Bauarbeiter verteidigen. [...] Thomas Ross hat mit diesem ›Bericht aus dem innersten Indien‹ einen guten Einblick in die Nöte und Probleme, aber auch in die Vorstellungswelt der indischen Bauern gegeben. Auch über die materiellen Zusammenhänge, die Ablösung der früheren Grundherrschaft, die neue Macht der reichen Bauern, die Befugnisse der Beamten, die Rolle der Gerichte etc. wird der Leser unterrichtet. Wer diese Gegend Indiens aus eigener Anschauung kennt, kann bestätigen, daß dieser Bericht sehr treffend und wahrheitsgetreu ist.«

Frankfurter Rundschau

»Das Buch ist ein von der ersten bis zur letzten Seite packender Tatsachenbericht aus dem innersten Indien.«

Deutsches Allgemeines Sonntagsblatt

Im Juni 1993 verlieh die Deutsch-Indische Gesellschaft in Stuttgart Thomas Ross, dem langjährigen ehemaligen Korrespondenten der *FAZ* in Indien, gemeinsam mit Heinz Mode den Rabindranath-Tagore-Literaturpreis für beider Verdienste um das Indienbild in Deutschland. Thomas Ross ist es in seinem Buch »gelungen, sich von gängigen Klischees zu befreien und Indien in seiner ganzen Vielfalt und Widersprüchlichkeit zu beschreiben«.

Bruce Chatwin
im Carl Hanser Verlag

Auf Reisen
Photographien und Notizen

Herausgegeben von David King
und Francis Wyndham
Aus dem Englischen von Anna Kamp
1993. Gebunden. 160 Seiten

Daß Bruce Chatwin, »Englands meistgepriesener travelwriter« (*Die Zeit*), der inzwischen fast zu einem Mythos geworden ist, auch Photograph war, wußten selbst seine Freunde kaum. Chatwin photographierte keine Monumente, keine Sehenswürdigkeiten. Das, was ihm ablichtenswert erschien, ist eine »Kunst ohne Künstler«, unprätentiös, von anonymer Hand geschaffen, eine Synthese des Kostbaren und Schönen mit dem Funktionalen: eine schön dekorierte Tür, eine zerfallene Hütte, ein Stück Wüste, ein Palast aus Lehm, Gesichter, Landschaften, Gesichter, die wie Landschaften sind. Bilder von seinen Reisen in Peru, im Senegal, in Afghanistan, in Patagonien, in den USA und England. Die Texte und Notizen Chatwins sind skizzenhafte Impressionen, die, weil nicht von irgendeiner Handlung, sondern nur von der Reiseroute diktiert, überaus lebendig und – nicht zuletzt in den humoristischen Aperçus – sehr privat wirken.